Leonid Luks

Der Abschied vom Kommunismus – die Rückkehr nach Europa?

Beiträge zur russischen und polnischen Zeitgeschichte

STUDIEN ZUR
IDEEN-, KULTUR- UND ZEITGESCHICHTE
herausgegeben von
Gunter Dehnert, John Andreas Fuchs und Leonid Luks (Geschäftsführender Herausgeber)

ISSN 2199-8949

1 Leonid Luks
   Der Abschied vom Kommunismus – die Rückkehr nach Europa?
   Beiträge zur russischen und polnischen Zeitgeschichte
   ISBN 978-3-8382-0404-8

Leonid Luks

DER ABSCHIED VOM KOMMUNISMUS – DIE RÜCKKEHR NACH EUROPA?

Beiträge zur russischen und polnischen Zeitgeschichte

ibidem-Verlag
Stuttgart

Bibliografische Information der Deutschen Nationalbibliothek
Die Deutsche Nationalbibliothek verzeichnet diese Publikation in der Deutschen Nationalbibliografie; detaillierte bibliografische Daten sind im Internet über http://dnb.d-nb.de abrufbar.

Bibliographic information published by the Deutsche Nationalbibliothek
Die Deutsche Nationalbibliothek lists this publication in the Deutsche Nationalbibliografie; detailed bibliographic data are available in the Internet at http://dnb.d-nb.de.

Andrej Sacharov (1921-1989) - Symbolfigur der sowjetischen Dissidentenbewegung.
©RIA Novosti archive, image #25981 / Vladimir Fedorenko / CC-BY-SA 3.0

Jerzy Turowicz (1912-1999) - langjähriger Chefredakteur der Krakauer Zeitschrift "Tygodnik Powszechny", die den katholischen Nonkonformismus im kommunistischen Polen versinnbildlichte.
Foto: Mariusz Kubik / CC-BY-SA 3.0

∞
Gedruckt auf alterungsbeständigem, säurefreien Papier
Printed on acid-free paper

ISSN: 2199-8949
ISBN-13: 978-3-8382-0404-8

© *ibidem*-Verlag
Stuttgart 2014

Alle Rechte vorbehalten

Das Werk einschließlich aller seiner Teile ist urheberrechtlich geschützt. Jede Verwertung außerhalb der engen Grenzen des Urheberrechtsgesetzes ist ohne Zustimmung des Verlages unzulässig und strafbar. Dies gilt insbesondere für Vervielfältigungen, Übersetzungen, Mikroverfilmungen und elektronische Speicherformen sowie die Einspeicherung und Verarbeitung in elektronischen Systemen.

All rights reserved. No part of this publication may be reproduced, stored in or introduced into a retrieval system, or transmitted, in any form, or by any means (electronic, mechanical, photocopying, recording or otherwise) without the prior written permission of the publisher. Any person who does any unauthorized act in relation to this publication may be liable to criminal prosecution and civil claims for damages.

Printed in Germany

Inhaltsverzeichnis

Einleitung 9

I. Die Erosion des spätsowjetischen Systems

Zur Dynamik der Entstalinisierungsprozesse in der
Sowjetunion – der sowjetische Dissens
zwischen dem 20. Kongress der KPdSU und der Perestrojka   17

Chruščev-Gorbačev. Tauwetter oder Reformpolitik?
Ein politischer Strukturvergleich   53

Russische Intellektuelle aus Ost und West diskutieren über
die „Perestrojka"   68

„Es gibt keine Alternative zu Perestrojka" (Inogo ne dano) –
Das programmatische Manifest der sowjetischen Reformer   76

Wie war Stalin möglich? – zur Geschichtsdebatte
der Perestrojka   80

Abschied vom Leninismus – zur ideologischen Dynamik
der Perestrojka   91

Die Neue Ökonomische Politik – Vorbild für die Perestrojka?   102

Das Ende der Doppelherrschaft in der Sowjetunion.
Eine Revanche der russischen Demokraten   109

II. Identitätskrise der „zweiten" russischen Demokratie in der El'cin-Ära (1991-1999)

Weder Petrograd noch Weimar – die „zweite" russische
Demokratie geht ihre eigenen Wege   117

Die Revolution der enttäuschten Hoffnungen –
Moskau im Herbst 1992   125

Das neue Russland: demokratisch oder nationalistisch?   133

Auf Konfrontationskurs – zur Verfassungskrise in Russland   144

Die rechtsextreme Herausforderung –
Eine Gefahr für das erneuerte Russland?   152

III. Ungefestigte Demokratien im Vergleich

"Weimar Russia?" – Notes on a Controversial Concept   161

Eine „nicht-wehrhafte Demokratie"? – zum 95. Jahrestag
der russischen Februarrevolution   185

IV. Zur Auseinandersetzung der polnischen Katholiken mit dem Kommunismus

„Lieber schweigen als lügen" – Die *Tygodnik-Powszechny*-
Gruppe als Symbol des katholischen Nonkonformismus
im kommunistischen Polen (1945-1989)   197

V. Polens Abschied vom Kommunismus

Der Gorbačev-Kurs in Polen   261

Auf der Suche nach Authentizität – Polen im Herbst 1987   272

„Die Landschaft nach der Schlacht" – die Perestrojka auf
Polnisch   282

Geräuschloser Abschied vom Kommunismus –
Polens friedliche Revolution   292

VI. Polen und seine Nachbarn

Aleksander Wat über das „janusköpfige Russland"   303

Schmilzt das Eis? Die polnisch-sowjetischen Beziehungen
auf dem Prüfstand   312

Moskau und das „andere" Polen   322

Vorurteile und Annäherungsversuche – Katholiken und Juden im
kommunistischen Polen   325

Die Deutsche Frage im Spiegel der nichtoffiziellen polnischen
Publizistik der 1970er Jahre   338

Das Dreieck Polen-Deutschland-Russland und die östliche
Dimension der europäischen Idee   350

Putins neoimperiale Doktrin und die polnisch-ukrainischen
Parallelen   353

Namensregister   357

Einleitung

Die Überwindung der europäischen Spaltung ruft bis heute Staunen hervor. Damit ist vor allem das Szenario gemeint, nach dem die „Rückkehr nach Europa" der „vergessenen" östlichen Hälfte des alten Kontinents 1989–1991 erfolgte. Auf die damalige Wende waren die Europäer in Ost und West wenig vorbereitet. Dies nicht zuletzt deshalb, weil die kommunistischen Regime, auch kurz vor den umwälzenden Ereignissen des Jahres 1989, im Allgemeinen als unbezwingbar galten.

Einer der prominentesten polnischen Regimekritiker, Jerzy Turowicz, Chefredakteur des hochangesehenen katholischen Blattes *Tygodnik Powszechny* erklärte Ende 1987: „Wir haben es niemals verhehlt, dass uns der real existierende Sozialismus nicht gefällt. Aber wir haben wiederholt, darauf hingewiesen, dass wir nicht danach streben, [ihn] abzuschaffen, denn wir wissen, dass dies unmöglich ist".[1]

Diese Meinung war im damaligen Polen – dem größten Unruheherd im gesamten Ostblock – relativ verbreitet. „Die Freiheit kam ‚wie eine Diebin in der Nacht'‚" fügte ein anderer polnischer Regimekritiker, Henryk Woźniakowski, einige Jahre später (1996) hinzu: „Niemand hatte gedacht, dass es so rasch gehen würde".[2]

Als der sowjetische Dissident Andrej Amal'rik 1969 die These aufstellte, die Sowjetunion werde das Jahr 1984 nicht erleben,[3] galt dies in Ost und West gleichermaßen als unseriös. 1981 schrieb der Korrespondent der *Neuen Zürcher Zeitung*, Reinhard Meier, Folgendes dazu: „Nach längeren

---

1 Trzy ćwiartki wieku. Z Jerzym Turowiczem rozmawia Jacek Żakowski, in: *Powściągliwość i Praca*, Dezember 1987, S. 12.
2 Woźniakowski, Henryk: Die Intellektuellen und die Kirche, in: Lobkowicz, Nikolaus / Luks, Leonid (Hrsg.): *Der polnische Katholizismus vor und nach 1989. Von der totalitären zur demokratischen Herausforderung*. Köln/Weimar/Wien 1998, S. 43–55, hier S. 48.
3 Amal'rik, Andrej: Kann die Sowjetunion das Jahr 1984 erleben?, in: Ders.: *UdSSR – 1984 und kein Ende. Essays*. München 1981, S. 13–65.

Moskau-Erfahrungen halte ich die Prognose von einem baldigen Kollaps der Sowjetmacht für verfehlt".[4]

In den 1970er Jahren erreichte die Sowjetunion die lang ersehnte militärisch-strategische Parität mit den Vereinigten Staaten und die Bestätigung der Nachkriegsordnung, d. h. der europäischen Spaltung durch die westlichen Demokratien, und zwar in der KSZE-Schlussakte von Helsinki. Und auch in der Dritten Welt dehnte sich damals der kommunistische Einfluss scheinbar unaufhaltsam aus. Mitte 1975 – nach der amerikanischen Niederlage in Vietnam – bezeichnete Aleksandr Solženicyn die weltpolitische Entwicklung seit 1945 als einen Dritten Weltkrieg, der nun mit einem Debakel des Westens zu Ende gegangen sei.[5]

Auch im Inneren des Imperiums schien die damals herrschende Brežnev-Equipe ihre Macht endgültig gesichert zu haben. Die in den 60er Jahren entstandene Bürgerrechtsbewegung hörte Ende der 70er Jahre praktisch auf zu existieren.

Seit der bolschewistischen Machtergreifung im Oktober 1917 betrachteten die Kommunisten jede Infragestellung ihres Machtmonopols als eine gegenrevolutionäre Verschwörung, die sie mit allen ihnen zur Verfügung stehenden Machtmitteln zu ersticken suchten. Sie waren zwar bereit, der Gesellschaft im wirtschaftlichen oder im kulturellen Bereich gewisse Zugeständnisse zu machen, ihr Machtmonopol hüteten sie jedoch wie ihren Augapfel. Auch 1989 war diese Denkweise für viele Kommunisten noch prägend. Die gewaltsame Zerschlagung der Protestbewegung auf dem Pekinger Platz des Himmlischen Friedens am 4. Juni 1989 hatte diesen Sachverhalt anschaulich vor Augen geführt.

Warum verliefen die Entwicklungen an der westlichen Peripherie des Sowjetreiches zur gleichen Zeit nach einem ganz anderen Szenario? Warum ließen sich die Kommunisten dort beinahe widerstandslos entmachten? Dabei muss man darauf hinweisen, dass diese friedliche Demontage der kommunistischen Diktaturen nur in denjenigen Ländern stattfand, die beinahe gänzlich von der Sowjetunion abhängig waren. Die Führungs-

---

4   Meier, Reinhard / Meier, Kathrin: *Sowjetrealität in der Ära Breschnew*. Stuttgart 1981, S. 9; Das Buchkapitel, in dem diese These aufgestellt wird, trägt den Titel „Die Sowjetunion wird das Jahr 2000 erleben".
5   Solženicyn, Aleksandr: *Publicistika. Stat'i i reči*. Vermont-Paris 1989, S. 203 ff.

DIE RÜCKKEHR NACH EUROPA? EINLEITUNG 11

schichten in den unabhängigen kommunistischen Staaten, so in Rumänien, Albanien oder in Jugoslawien, wehrten sich viel hartnäckiger gegen die liberalen Impulse, die damals aus Moskau kamen.

Mit diesen Fragen werden sich die Beiträge des ersten und des fünften Abschnitts der in diesem Band gesammelten Texte befassen, und zwar am Beispiel der Sowjetunion (der Metropole des Ostblocks) und Polens – der unruhigsten Provinz an der westlichen Peripherie des „äußeren Sowjetimperiums", die vor allem seit dem Schicksalsjahr 1956 zum Vorreiter vieler Demokratisierungsprozesse im gesamten kommunistischen Machtbereich wurde.

Alle polnischen Auflehnungsversuche gegen das eigene Regime und gegen die Abhängigkeit des Landes von der östlichen Hegemonialmacht waren indes zum Scheitern verurteilt, solange die Kreml-Machthaber bereit waren, ihre Gesinnungsgenossen an der Weichsel auch in den prekärsten Situationen zu unterstützen (Ähnliches betraf auch alle anderen Vasallenregime an der westlichen Peripherie des Ostblocks).

Bis zum Beginn der Gorbačevschen Perestrojka stellte das sowjetische Regime für die Dogmatiker in Warschau, Budapest, Prag oder Ost-Berlin einen ruhenden Pol dar. Mit ihm konnten sie immer rechnen, wenn sie innere Krisen aus eigener Kraft nicht bewältigen konnten. Unter Gorbačev geriet aber dieser Pol selbst in Bewegung: „Mit sowjetischen Panzern zum Erhalt der politischen Macht [der osteuropäischen Verbündeten Moskaus] war nicht mehr zu rechnen", schreibt Gorbačev in seinen Erinnerungen.[6]

Erst dieser Paradigmenwechsel in der Politik Moskaus gegenüber seinen osteuropäischen Vasallenstaaten bestimmte den Charakter der Umwälzungen von 1989. Die Tatsache, dass das 1953 in Ost-Berlin, 1956 in Budapest und 1968 in Prag erprobte Szenario der gewaltsamen Unterdrückung des Freiheitsstrebens der Völker Osteuropas sich 1989 nicht wiederholte, auch die Tatsache, dass die Öffnung der Berliner Mauer friedlich verlief, war in erster Linie darauf zurückzuführen, dass die sowjetischen Panzer in den Kasernen verblieben.

---

6   Gorbatschow, Michail: *Erinnerungen*. Berlin 1995, S. 845.

Wie konnte es zu diesem Paradigmenwechsel in der sowjetischen Außen- und Innenpolitik kommen? Auch auf diese Fragen werden mehrere Beiträge des Bandes eingehen. Einige Texte werden sich auch mit den Vorläufern der Perestrojka bzw. der polnischen Revolution von 1989 beschäftigen. So mit den sowjetischen Dissidenten, die durch eine „Hintertür" pluralistische Komponenten in die politische Kultur der Sowjetunion einbrachten, sowie mit den unabhängigen katholischen Gruppierungen in Polen, die bereits seit 1945 mit ihrer Devise „Lieber schweigen als lügen" das Wahrheitsmonopol der polnischen Kommunisten in Frage stellten. Neben den unabhängigen katholischen Kreisen nahmen an dem „geistigen Prolog" zur polnischen Wende von 1989 auch regimekritische Marxisten bzw. ehemalige Marxisten teil, deren Wirken in diesem Band ebenfalls erörtert wird (vgl. dazu den vierten Abschnitt dieses Buches).

Die Rückkehr Polens nach Europa verlief, vor allem nach der Bildung der nichtkommunistischen Regierung Mazowiecki im September 1989, trotz einiger Turbulenzen, recht reibungslos. Eine besondere Rolle spielte dabei der Beitritt Polens zur NATO im Jahre 1999. Dieser Vorgang befreite Polen endgültig aus der geopolitischen Falle, in der es sich seit dem ausgehenden 18. Jahrhundert befunden hatte, als seine mächtigen Nachbarn beschlossen, der polnischen Souveränität ein Ende zu setzen. 1797 erklärten die Teilungsmächte (Russland, Preußen und Österreich) den polnischen Staat völkerrechtlich für erloschen. Die polnische Gesellschaft hatte sich mit diesem „Verdikt" niemals abgefunden. Ihr beinahe ununterbrochener Kampf um die Wiederherstellung der Unabhängigkeit brachte indes nur vorübergehende Erfolge. Zwar kehrte der polnische Staat infolge der Niederlage aller Teilungsmächte im Ersten Weltkrieg nach einer 123jährigen Abwesenheit auf die politische Landkarte Europas zurück. Dennoch befand sich die 1918 entstandene Zweite Polnische Republik, ähnlich wie die Erste, weiterhin in einer geopolitischen Falle. Die beiden potentiell mächtigsten Staaten Europas – Deutschland und Russland – waren nicht bereit, sich auf Dauer mit der polnischen Unabhängigkeit abzufinden. Im geheimen Zusatzprotokoll zum Hitler-Stalin-Pakt vom August 1939 machten sie das polnische Territorium zu einer Manövriermasse, die sie dann unter sich aufteilten. Nach der Zerschlagung des polnischen Staates im September 1939 erklärten die beiden Tyrannen den polnischen Staat für erloschen und knüpften dadurch quasi wieder an die Entscheidung der Teilungsmächte vom Jahre 1797 an. Die Wiederherstellung der polnischen Unabhängigkeit nach der Zerschlagung der nationalsozialistischen Besatzung durch die Rote Armee stellte nur einen formellen Akt dar. Die 1944/45 errichtete Volksrepublik Polen war in Wirklichkeit nicht souverän. Deshalb wurde ihr seitens der unabhängigen polnischen Historiographie nicht die Bezeichnung Dritte Republik verliehen. Erst der nach der friedlichen Revolution von 1989 entstandene polnische Staat wird als der Nachfolger der Zweiten Polnischen Republik betrachtet.

Mit dem Beitritt zur NATO wurden Polens Grenzen wie Polens Unabhängigkeit nun durch die mächtigste Militärallianz der Welt geschützt. Dessen ungeachtet prägen viele traumatische Erinnerungen der letzten zweieinhalb Jahrhunderte immer noch die polnischen Deutschland- und Russlandbilder. Einen besonders vielschichtigen Charakter hatte der polnische Russland- und Deutschlanddiskurs in der kommunistischen Zeit, als die Kluft zwischen der offiziösen Außenpolitik der Warschauer Regierung und der Einstellung der unabhängigen polnischen Öffentlichkeit zu den beiden Nachbarn immer größer wurde. Mit den innerpolnischen Kontroversen um die russische und die deutsche Frage in der Volksrepublik Polen werden sich die Abhandlungen des sechsten Abschnitts des Bandes befassen. Ein Beitrag wird auch auf das diffizile und schmerzliche polnisch-jüdische Verhältnis eingehen.

Während die Rückkehr Polens nach Europa, die im Beitritt Polens zur EU im Jahre 2004 gipfelte, ein kontinuierlicher und erfolgreicher Prozess war, gestaltete sich die Entwicklung Russlands im ausgehenden 20. und zu Beginn des 21. Jahrhunderts, trotz vielsprechender Ansätze in der Epoche Gorbačevs und El'cins, wesentlich holpriger.

Nach mehr als 70 Jahren bolschewistischer Herrschaft stellte der Übergang Russlands von einer Gesinnungsdiktatur zu einer offenen Gesellschaft, von einer Plan- zu einer Marktwirtschaft und von einem Polizei- zu einem Rechtsstaat ein äußerst schwieriges Unterfangen dar. Dies umso mehr, als es sich bei dieser Umwälzung um einen beispiellosen Vorgang handelte, der sich erheblich von den Transformationsprozessen in den anderen Ländern des ehemaligen Ostblocks unterschied. Denn anders als zum Beispiel Polen musste Russland auch den Übergang von einem Imperium zum Nationalstaat verkraften und den gewaltigen militärisch-industriellen Komplex einer Supermacht in die neuen Wirtschaftsstrukturen integrieren.

Kein Wunder, dass die Geburt eines neuen Russland mit erheblichen Schmerzen verbunden war, die innerhalb weniger Jahre zu einer weitgehenden und scheinbar endgültigen Diskreditierung der demokratischen Ideen im Lande führten, die seinerzeit zum kläglichen Scheitern des kommunistischen Putschversuchs vom August 1991 wesentlich beigetragen hatten. Die heftigen Proteste gegen die Manipulationen bei den Duma-Wahlen vom Dezember 2011 zeigen indes, dass die demokratischen Ideen der Gorbačev- und der frühen El'cin-Epoche aus dem gesellschaftlichen Bewusstsein keineswegs verschwunden sind.

Dem dornigen Weg des postsowjetischen Russland zur offenen Gesellschaft in der El'cin-Periode und der autoritären Wende im Lande nach dem Machtantritt Vladimir Putins im Jahre 2000 sind die Beiträge des zweiten und des dritten Abschnitts des Buches gewidmet, wobei auch manche Parallelen zwischen der ungefestigten „zweiten" russischen Demokratie und den früheren demokratischen Experimenten in Russland (Februar-Oktober 1917) und in Deutschland (Weimarer Republik) erörtert werden.

Bei einem Großteil der Beiträge dieses Bandes handelt es sich um Momentaufnahmen, um unmittelbare Reaktionen auf die umwälzenden Entwicklungen im europäischen Osten im ausgehenden 20. Jahrhundert. Dies betrifft auch die überarbeiteten Artikel, die in der Regel durch Texte erweitert wurden, die aus der gleichen Zeit stammten. Diese „Momentaufnahmen" werden durch Beiträge ergänzt, die die damaligen Ereignisse aus einer zeitlichen Perspektive zu betrachten versuchen.

Da dieses Buch aus einer Reihe eigenständiger Beiträge zu verwandten Themen besteht, enthält es zuweilen Wiederholungen, die kaum zu vermeiden waren.

DIE RÜCKKEHR NACH EUROPA? EINLEITUNG 15

Die Texte des Buches haben in der Regel den Charakter von Essays und Skizzen und erheben keinen Anspruch auf erschöpfende Beantwortung der eingangs gestellten Fragen.

Zitate aus dem Russischen und aus dem Polnischen wurden, wenn nicht anders vermerkt, in der Regel vom Autor übersetzt.

I. Die Erosion des spätsowjetischen Systems

Zur Dynamik der Entstalinisierungsprozesse in der Sowjetunion – der sowjetische Dissens zwischen dem 20. Kongress der KPdSU und der Perestrojka

1. Am Anfang war Chruščev

Thomas Nipperdey begann sein Buch über die Geschichte Deutschlands im 19. Jahrhundert mit folgenden Sätzen: „Am Anfang war Napoleon. Die Geschichte der Deutschen [...] in den ersten eineinhalb Jahrzehnten des 19. Jahrhunderts steht unter seinem überwältigenden Einfluss".[1] Wenn man über die Geschichte der sowjetischen Dissidentenbewegung schreibt, muss man sagen: „Am Anfang war Chruščev". Der „posthume Tyrannensturz" den der Erste Sekretär der KPdSU auf dem 20. Parteitag der KPdSU vollzog, leitete einen eigendynamischen Prozess der Erosion der bestehenden Herrschaftsstrukturen und Methoden ein, der, ungeachtet aller Restaurationsversuche der regierenden Oligarchie, nicht mehr einzudämmen war. Die Tatsache, dass die höchste Instanz der KPdSU – der Parteitag – die „gottähnliche Gestalt", die das Wesen des sowjetischen Systems im Verlauf eines Vierteljahrhunderts verkörperte, als ein pathologisches Monstrum entlarvte, musste zwangsläufig die Fundamente des Regimes erschüttern. Denn der Stalin-Kult stellte nicht nur eine von oben verordnete bürokratische Maßnahme dar. Er wurde auch von Millionen von Sowjetmenschen – Tätern und Opfern, wenn auch in unterschiedlichem Ausmaß – verinnerlicht. Der Literaturwissenschaftler Natan Ėjdel'man sprach während der Gorbačevschen Perestrojka von einer Stalin-Hypnose, die die sowjetische Gesellschaft Mitte der 30er Jahre erfasst und die bis zum Tode des Despo-

---

1 Nipperdey, Thomas: *Deutsche Geschichte 1800-1866. Bürgerwelt und starker Staat.* München 1983, S. 11.

ten angedauert habe.[2] Viele Interpreten versuchen dieses Phänomen mit dem „uneuropäischen", rückständigen Charakter Russlands zu erklären.[3] Dabei lassen sie aber außer Acht, dass zur gleichen Zeit das mächtigste Industrieland Europas, dessen Bildungssystem weltweit als Vorbild galt – Deutschland – auch von einem Führerwahn erfasst wurde. So hat der Ausbruch eines massenpathologischen Irrationalismus mit dem zivilisatorischen Entwicklungsgrad des jeweiligen Landes nur begrenzt etwas zu tun. Der Fall in einen totalitären Abgrund ist aus jeder Höhe möglich. Der Unterschied zwischen dem deutschen und dem sowjetischen Führerkult bestand allerdings darin, dass in Deutschland nach der militärischen Niederlage des Dritten Reiches nicht nur der Führer-Kult sein Ende fand, sondern auch das System, von dem er errichtet wurde. Die Lage in der Sowjetunion war diametral anders. Hier wurde der Sturz des Götzen vom gleichen System vollzogen, das ihn seinerzeit auf das Podest gehoben hatte. So musste die Chruščevsche Entstalinisierung nicht nur den Bruch, sondern auch die Kontinuität verkörpern. Eine Stunde Null hat es in der Sowjetunion nicht gegeben.

Die Partei veränderte zwar grundlegend die bisherige Herrschaftstechnik – Verzicht auf den Massenterror, auf die uferlose wirtschaftliche Ausbeutung der eigenen Bevölkerung, auf die Schürung der Kriegs- und Einkreisungspsychose –, die Bewahrung ihres Herrschafts- Informations- und Wirtschaftsmonopols hielt sie aber für eine Selbstverständlichkeit. Sie ging davon aus, dass nur die Partei das Recht habe, ihre eigenen Fehler zu korrigieren.

Nur die herrschende Oligarchie entschied also über die Ausmaße der „Reparatur" des Systems und über die Methoden, die dabei angewendet werden durften. In Polen und in Ungarn ging diese Rechnung nicht auf. Dort verlor die Partei nach dem Tode Stalins partiell (Polen) oder gänzlich

---

2   Ėjdel'man, Natan: Stalinskij gipnoz, *Moskovskie Novosti,* 24.7.1988, S. 2.
3   Siehe dazu u. a. Lacis, Otto: Perelom, in: *Znamja* 6/1988, S. 124-178; Ders.: Stalin protiv Lenina, in: Kobo, Ch. (Hrsg.): *Osmyslit' kul't Stalina.* Moskau 1989, S. 215-246; O Staline i stalinizme. Beseda s D.A.Volkogonovym i R.A. Medvedevym, in: *Istorija SSSR* 4/1989, S. 89-108, hier S. 103; Graeme, Gill: *The Origins of the Stalinist political System.* Cambridge University Press 1990, S. 16; Löhmann, Reinhard: *Studien zur Sozialgeschichte des Personenkultes in der Sowjetunion (1929-1935).* Münster 1990, S. 34 f.

(Ungarn) die Kontrolle über die Ereignisse und war gezwungen, ihre „führende Rolle" entweder mit Hilfe von substantiellen Zugeständnissen an die Gesellschaft oder mit Hilfe von sowjetischen Panzern wiederherzustellen. In der Sowjetunion hingegen schien die Gesellschaft keinen vergleichbaren „Störfaktor" darzustellen. Sie war durch den „roten" und dann durch den stalinistischen Terror jahrzehntelang diszipliniert und jeder Eigenständigkeit beraubt worden. In den osteuropäischen Vasallenstaaten Moskaus indes war die Terrorphase viel kürzer; für eine gründliche Disziplinierung der Gesellschaft nach sowjetischer Manier hatte sie nicht ausgereicht. Daher war hier auch das Widerstandspotential, zumindest in solchen Ländern wie Polen und Ungarn, die auf eine lange Tradition des Kampfes gegen Fremdherrschaft zurückblicken konnten, wesentlich größer.

Bei den westlichen Sowjetologen war nach 1956 die These verbreitet, die Moskauer Machthaber hätten keinen Massenterror mehr benötigt, um ihre Herrschaft zu sichern. Die Gesellschaft sei nach Jahren des Terrors zu einem gehorsamen Instrument in ihren Händen geworden und reagiere in einer beinahe Pavlovschen Manier auf alle Signale, die von oben kämen.[4] So stellte das Aufkommen der regimekritischen Tendenzen in diesem angeblich gleichgeschalteten und pazifizierten Land, und zwar unmittelbar nach dem 20. Parteitag, eine große Überraschung sowohl für die Moskauer Machthaber als auch für die westlichen Beobachter dar.[5]

---

4 Brzezinski, Zbigniew: The Nature of Soviet System, in: Ders.: *Ideology and Power in Soviet Politics*. New York u. a. 1967, S. 65-94, hier S. 70; Ders.: Totalitarismus und Rationalität, in: Seidel, Bruno / Jenkner, Siegfried (Hrsg.): *Wege der Totalitarismus-Forschung*. Darmstadt 1968, S. 267-288.

5 Zur Entstehung der sowjetischen Dissidentenbewegung siehe u. a. Alekseeva, Ljudmila: *Istorija inakomyslija v SSSR. Novejšij period*. Moskau 2001, S. 208-216; Bukovskij, Vladimir: *I vozvraščaetsja veter...* New York 1978, S. 127-224; Grigorenko, Pjotr: *Erinnerungen*. München 1981, S. 305-391; Litvinov, Pavel: O dviženii za prava čeloveka v SSSR, in: Litvinov, Pavel u. a. (Hrsg.): *Samosoznanie. Sbornik statej*. New York 1976, S. 63-88, hier S. 78 f.; Čalidze, Valerij: *Prava čeloveka i Sovetskij Sojuz*. New York 1974, S. 59-76; Peskov, N.: Delo „Kolokola", in: *Pamjat'. Istoričeskij sbornik*. Vypusk pervyj. Moskau / New York 1976, S. 269-285; Čukovskaja, Lidija: *Process isključenija (Očerk literaturnych nravov)*. Paris 1979, S. 9-19; VSChON. Programma. Sud. V tjur'mach i lagerjach. Paris 1975, S. 7-28; Levitin-Krasnov, Anatolij: Rodnoj prostor. *Demokratičeskoe dviženie. Vospominanija Čast' IV*. Frankfurt/Main 1981, S. 20-51; Ètkind, Efim: *Process Iosifa Brodskogo*. London 1988; Beyrau, Dietrich: *Intelligenz und Dis-*

Anders als in manchen ostmitteleuropäischen Staaten spielten reformkommunistische bzw. revisionistische Strömungen keine allzu große Rolle im sowjetischen Dissens. Die Spaltung der Machtelite in einen liberalen und einen dogmatischen Flügel, die 1955/56 in Polen und in Ungarn und 1968 in der Tschechoslowakei das Aufkommen des Reformkommunismus mitbedingte, konnte in der Sowjetunion vermieden werden.

Da die KPdSU für den Druck von unten wenig empfänglich war, waren die sowjetischen Regimekritiker von Anfang an gezwungen, sich anderer Methoden zu bedienen, als dies die Nonkonformisten anderer Länder des sowjetischen Imperiums taten. Zwar konnten kritisch denkende sowjetische Autoren zur Zeit des „Tauwetters" nicht selten in den offiziellen Organen zu Wort kommen, vor allem in der Zeitschrift *Novyj mir*, dennoch konnte ein Äquivalent zu den sogenannten revisionistischen Zeitschriften Polens von 1955/56 oder der Tschechoslowakei von 1968 in der Sowjetunion nicht entstehen. Daher entwickelten sowjetische Regimekritiker bereits sehr früh den zensurfreien Samizdat, der das Informationsmonopol der Partei zumindest partiell aushöhlte und sich umwälzend auf die Entwicklung der politischen Kultur im gesamten Ostblock auswirken sollte.

Die Tatsache, dass die sowjetischen Regimekritiker, anders als ihre polnischen, ungarischen oder tschechoslowakischen Gesinnungsgenossen, keine Gönner im liberalen Spektrum des regierenden Establishments besaßen, zwang sie auch zur Entwicklung neuer organisatorischer Strukturen im Kampf gegen das Machtmonopol der Partei. Um ihre Schwäche zu kom-

---

sens. Die russischen Bildungsschichten in der Sowjetunion 1917-1985. Göttingen 1993, S. 156-219, 229 ff.; Luks, Leonid: Dissens in Osteuropa, in: Fetscher, Iring / Münkler, Herfried (Hrsg.): *Pipers Handbuch der politischen Ideen*. München / Zürich 1987, S. 577-588, hier S. 577 f.; Horvath, Robert: *The Legacy of Dissent. Dissidents, democratisation and radical nationalism in Russia*. London / New York 2005, S. 20 ff.; *Političeskij dnevnik 1964-1970*. Amsterdam 1972, S. 51-58, 125, 164-197, 264-275; Gorjaeva, T. M. (Hrsg.): *Istorija sovetskoj cenzury. Dokumenty*. Moskau 1997, S. 541-547, 551-555; Šragin, Boris: Toska po istorii, in: Litvinov, *Samosoznanie*, S. 243-277; Meerson-Aksenov, Michail: Roždenie novoj intelligencii, ebda., S. 89-116, hier S. 104-108; Glazov, Yuri: The Soviet Intelligentsia, Dissidents and the West, in: *Studies in Soviet Thought*, 19, 1979, S. 321-344, hier S. 322 f.; Brahm, Heinz (Hrsg.): *Opposition in der Sowjetunion*. Düsseldorf 1972; Korotkow, A. u. a., (Hrsg.): *Akte Solschenizyn. Geheime Dokumente des Politbüros der KPdSU und des KGB*. Berlin 1994, S. 19-47.

pensieren, waren sie zu einer außerordentlichen geistigen Flexibilität gezwungen, um den scheinbar omnipotenten Parteiapparat herauszufordern. Ihre Suche nach einer wirksamen Kampfstrategie stellte einen langwierigen Prozess dar. Zunächst versuchten die Regimekritiker konspirative Organisationen zu gründen und knüpften dabei an alte revolutionäre Traditionen des Zarenreiches an. Dabei ließen sie außer Acht, dass der Unterdrückungscharakter des Zarenregimes sich mit demjenigen des sowjetischen Staates, auch in seiner poststalinistischen Phase, kaum messen konnte. Die Untergrundorganisationen wurden von den Sicherheitsorganen in der Regel schnell entdeckt und ihre Mitglieder hart bestraft.[6] Der befreiende Durchbruch kam erst am 5. Dezember 1965. Die Ereignisse dieses Tages leiteten eine Wende in der Geschichte der sowjetischen Dissidentenbewegung wie auch in der sowjetischen Geschichte als solcher ein.

2. Die Protestdemonstration vom 5. Dezember 1965 oder die Geburt eines „anderen" Russland

Neue Epochen kündigen sich langsam und unterschwellig an, ihre Geburt wird allerdings durch symbolhafte Ereignisse eingeleitet, die den Anbruch einer Zeitenwende für alle sichtbar machen. Während der von Goethe beobachteten „Kanonade von Valmy" im September 1792 hatte sich die Geburt des neuen Frankreich endgültig vollzogen. Die Barrikaden vor dem Moskauer „Weißen Haus" im August 1991 symbolisierten den Übergang zu einem postkommunistischen Russland. Was die sowjetische Dissidentenbewegung anbetrifft, so verhalf ihr die Protestdemonstration am 5. Dezember 1965 am Moskauer Puškin-Platz über Nacht zu ihrer neuen Identität.

---

6   Vgl. dazu u. a. Peskov, *Kolokol*; Grigorenko, *Erinnerungen*, S. 340-353; *VSChON*; Zum Programm von VSChON siehe auch *Chronika tekuščich sobytij* Nr. 1, 30.4.1968 (im folgenden *Chronika*) – http://www.memo.ru/History/DISS/Chr; Amal'rik, Andrej: *Aufzeichnungen eines Revolutionärs*. Berlin u. a. 1983, S. 48, 70; Ders.: *UdSSR – 1984 und kein Ende. Essays*. Frankfurt/Main u. a. 1981, S. 13.

Auf dieser Kundgebung im Zentrum der sowjetischen Hauptstadt wollte eine kleine Schar von Regimekritikern gegen die Willkür der sowjetischen Justiz protestieren, die die Schriftsteller Andrej Sinjavskij und Julij Daniėl' nur deshalb zu Staatsfeinden erklärte, weil sie im Ausland regimekritische Werke publizierten. Die Protestkundgebung verlief im Rahmen der sowjetischen Legalität. Ihre Veranstalter beriefen sich auf die berüchtigte Stalinsche Verfassung von 1936, die in ihrem Artikel 125 den Sowjetbürgern „die Freiheit des Wortes[...], der Presse[...], der Versammlungen und Meetings [...], der Straßenzüge und Kundgebungen" garantierte.[7]

Dieser Versuch, die Willkür der Herrschenden mit Hilfe der von ihnen selbst verabschiedeten Gesetze zu bekämpfen, stellte eine konzeptionelle Leistung von erstaunlicher Einfachheit und Durchschlagskraft dar. Übereinstimmend verbinden Zeitzeugen dieses Konzept mit dem Namen des Mathematikers Aleksandr Esenin-Vol'pin, der seine Gesinnungsgenossen dazu aufforderte, die sowjetischen Gesetze nicht als reine Makulatur, sondern als Grundlage für ihr Handeln zu betrachten.[8] Er nutzte dabei das schlechte Gewissen der Machthaber aus, die ähnlich wie die totalitären Herrscher anderer Länder dazu neigten, demokratische Fassaden zu errichten, um die wahren Machtverhältnisse im Staate zu verschleiern. Es genügt nur darauf hinzuweisen, dass die sowjetische Verfassung vom Dezember 1936, mit allen hier verkündeten Freiheiten und Rechtsgarantien, gerade in der Zeit des Großen Terrors verabschiedet wurde, als die Stalinsche Despotie ihren massenmörderischen Charakter besonders deutlich offenbarte. Kaum jemand von den Urhebern dieser Verfassung, wenn man vielleicht von dem im März 1938 hingerichteten Nikolaj Bucharin absieht, hatte indes angenommen, dass die in diesem Dokument als Lippenbekenntnis formulierten Grundsätze zu einer Ausgangsbasis für den Kampf um Bürgerrechte werden könnten.

---

7   Zit. nach Altrichter, Helmut (Hrsg.): *Die Sowjetunion. Von der Oktoberrevolution bis zu Stalins Tod. Band 1. Staat und Partei.* München 1986, S. 288.
8   Bukovskij, *I vozvraščaetsja*, S. 208-215; Amal'rik, *Aufzeichnungen*, S. 48 f., Levitin-Krasnov, *Rodnoj prostor*, S. S. 77; Alekseeva, *Istorija*, S. 217 f.; siehe dazu auch *Chronika* Nr. 8, 30.6.1968, Nr. 9, 31.8.1969, Nr. 13, 30.4.1970; Beyrau, *Intelligenz und Dissens*, S. 182, 188; Horvath, *The Legacy*, S. 55 f.

Einer der Gründer der Bürgerrechtsbewegung, Vladimir Bukovskij, schreibt, dass niemand den Machthabern hätte verbieten können, statt einer Verfassung ein Gesetz folgenden Inhalts zu erlassen: „In der Sowjetunion ist alles verboten, was vom ZK der KPdSU nicht ausdrücklich erlaubt ist". Dies hätte aber wahrscheinlich andere Staaten schockiert. Die Propagierung der sozialistischen Idee im Ausland wäre dadurch erschwert worden. Deshalb hätten sie in ihren Gesetzen viele Freiheiten und Rechte verankert, seien aber davon ausgegangen, dass niemand so kühn sein werde, die Einhaltung dieser Gesetze einzufordern.[9]

Die Kundgebung vom 5. Dezember zeigte aber, dass die Rechnung der Partei nicht aufging. Die Demonstranten nahmen die Verfassungstheorie, also die Fassade ernst, und versetzten dadurch dem System, das auf einer propagandistischen Lüge basierte, einen Schlag, von dem es sich nicht mehr erholen konnte.

Das genial einfache Konzept Esenin-Vol'pins, das von nun an das Vorgehen der Bürgerrechtler bestimmen sollte, fasst Bukovskij folgendermaßen zusammen:

> Wir lehnen dieses Regime nicht deshalb ab, weil es sozialistisch ist, sondern deshalb, weil es auf Willkür und Gesetzlosigkeit basiert, weil es versucht, allen mit Gewalt seine idiotische Ideologie aufzuzwingen [...] Wir wollen in einem Rechtsstaat leben, mit unantastbaren Gesetzen, [...] in einem Staat, in dem der Verzicht auf Lüge nicht mit der Beraubung von Freiheit bestraft wird.[10]

Die Wirksamkeit der von Esenin-Vol'pin entwickelten Strategie war allerdings untrennbar mit dem atmosphärischen Wandel verbunden, der in der UdSSR nach dem Tode Stalins, vor allem aber nach dem 20. Parteitag der KPdSU fühlbar wurde, nicht zuletzt mit der von Chruščev angekündigten Rückkehr zur „sozialistischen Gesetzlichkeit", die sein despotischer Vorgänger in einer derart brutalen Weise verletzt hatte. In der Stalin-Zeit hätten Appelle an die Machthaber, sie sollten die von ihnen selbst verabschiedeten Gesetze achten, tödliche Folgen nicht nur für die Appellierenden

---

9   Bukovskij, *I vozvraščaetsja*, S. 213.
10   Ebda.

selbst, sondern auch für viele ihrer Freunde, Kollegen und Familienangehörigen gehabt. Die Stalin-Riege richtete ihren Vernichtungsfeldzug nicht nur gegen tatsächliche, sondern auch gegen „potentielle" Gegner des Regimes, und als solcher konnte jeder Sowjetbürger gelten. Der Vorsitzende der Komintern, Georgi Dimitroff, notierte am 7. November 1937 folgende Aussagen Stalins in diesem Zusammenhang:

> Und wir werden jeden [...] [Feind] vernichten, sei er auch ein alter Bolschewik, wir werden seine Sippe, seine Familie komplett vernichten. Jeden, der mit seinen Taten und in Gedanken [sic!] einen Anschlag auf die Einheit des sozialistischen Staates unternimmt, werden wir erbarmungslos vernichten.[11]

Nach dem Tode Stalins wurde das Regime wesentlich berechenbarer. Jetzt wurde nur das eindeutig nonkonforme Verhalten bestraft. Abgesehen davon setzten jetzt die Regimekritiker zwar ihre Freiheit oder ihre berufliche Karriere, aber nur selten, so wie in der Stalin-Zeit, ihr Leben aufs Spiel. Andrej Sacharov schrieb dazu im Jahre 1988 im Sammelband *Es gibt keine Alternative zu Perestrojka*: „Das System [hat sich] nach dem 20. Parteitag der KPdSU von den Extremen und Exzessen der Stalin-Zeit befreit, wurde 'zivilisierter' , nahm, wenn auch nicht ein ausgesprochen menschliches Antlitz, so doch keineswegs das Äußere eines Tigers an".[12]

Nach dem Sturz Chruščevs im Oktober 1964 hielten allerdings viele Regimekritiker die Rückkehr des Regimes zu den von Sacharov so anschaulich beschriebenen „raubtierhaften" Herrschaftsmethoden für denkbar. Dies insbesondere nach der Verhaftung von Sinjavskij und Daniėl' im Herbst 1965. Ein Schauprozess in stalinistischer Manier gegen die beiden Autoren, sogar Todesurteile wurden befürchtet.[13]

---

11 Dimitroff, Georgi: *Tagebücher 1933-1943*, hrsg. v. Bernhard H. Bayerlein. Berlin 2000, S. 162.
12 Sacharov, Andrej: Die Unvermeidlichkeit der Perestroika, in: Afanas'ev, Jurij (Hrsg.): *Es gibt keine Alternative zu Perestroika*. Nördlingen 1988, S. 160-176, hier S. 161.
13 Alekseeva, *Istorija*, S. 216 f.

Die Kundgebung vom 5. Dezember war als Botschaft an die Machthaber geplant, dass regimekritische Kräfte eine Restalinisierung des Systems nicht widerstandslos hinnehmen würden.

Die letzte politische Protestkundgebung dieser Art hatte in Moskau am 7. November 1927 stattgefunden. Es handelte sich damals um eine trotzkistische Gegendemonstration anlässlich des zehnjährigen Jubiläums der Oktoberrevolution. Diese Demonstration stellte im Grunde den letzten Akt des organisierten zivilen Ungehorsams dar, der die Entwicklung Russlands seit dem Dekabristen-Aufstand von 1825 unterbrochen geprägt hatte. Dieser Tradition hatte erst der Stalinsche Terror der 30er Jahre ein Ende gesetzt. Stalin war es gelungen, alle Segmente der sowjetischen Gesellschaft in bloße Rädchen eines totalitären Mechanismus zu verwandeln. Dies war vielleicht die größte Zäsur in der Geschichte des Landes, dessen Freiheitsdrang weder die Zaren noch Lenin zu ersticken vermocht hatten.

Nach dem Tode des Tyrannen begann sich die Gesellschaft zwar vom Trauma der Stalin-Jahre zu erholen, es fanden wiederholt Widerstandsakte statt (Aufstände im Gulag, Veröffentlichungen von regimekritischen Werken im Ausland, Gründung des Samizdat oder konspirativer Organisationen), dennoch gelang es den Regimekritikern zunächst nicht, wie bereits gesagt, eine wirksame Strategie im Kampfe gegen den Totalitätsanspruch der Partei zu entwickeln. Erst die Bürgerrechtsbewegung, deren erste Umrisse während der Demonstration vom 5. Dezember 1965 sichtbar wurden, vermochte dies. Über den Charakter dieser Bewegung schrieb einer ihrer Protagonisten, Andrej Amal'rik, Folgendes: „Im Wesentlichen vollbrachten die Andersdenkenden eine Tat von genialer Einfachheit – in einem unfreien Land begannen sie sich wie freie Menschen zu benehmen und eben dadurch die moralische Atmosphäre und die das Land beherrschende Tradition zu verändern".[14]

Die Demonstration vom 5. Dezember, die die Chronistin der sowjetischen Dissidentenbewegung, Ljudmila Alekseeva, als die erste Demonstration zum Schutz der Bürgerrechte in der Geschichte der Sowjetmacht bezeichnet, sah keineswegs imposant aus. Bukovskij spricht von etwa 200 Demonstranten, Alekseeva und ein anderes führendes Mitglied der Bewe-

---

14 Amal'rik, *Aufzeichnungen*, S. 44.

gung, Pavel Litvinov, nennen eine niedrigere Zahl. Da sich auch KGB-Agenten unter die Demonstranten mischten, ist die genaue Zahl der Demonstrierenden ohnehin kaum zu ermitteln.[15]

Die Demonstration verlief nach dem von Esenin-Vol'pin entworfenen Szenario. Sie wurde von ihm als „Glasnost'-Meeting" bezeichnet. Auf den Plakaten, die die Demonstranten mit sich trugen, wurde Transparenz im Prozess gegen Sinjavskij und Daniėl' (glasnost' suda) gefordert. Eine andere Devise lautete: „Achtet die sowjetische Verfassung".[16]

Die Sicherheitskräfte jagten die Kundgebung sehr schnell auseinander, 20 Demonstranten wurden vorübergehend festgenommen. Dieser so leichte Erfolg der Behörden stellte aber in Wirklichkeit einen Pyrrhus-Sieg dar, denn die Herausbildung einer Bürgerrechtsbewegung, die am 5. Dezember 1965 ihre „Feuertaufe" erlebte, ließ sich nicht mehr aufhalten. Die Tatsache, dass der im Februar 1966 begonnene Prozess gegen Sinjavskij und Daniėl' „öffentlich" verlief, stellte nach Ansicht Alekseevas eine der Folgen der Demonstration vom 5. Dezember dar. Auch die Anwesenheit der westlichen Korrespondenten am Puškin-Platz, die über die Demonstration berichteten, habe dazu beigetragen.[17]

Zwar wurde die „Öffentlichkeit" der Gerichtsverhandlung von den Machthabern sehr eigenwillig interpretiert. Nur ein vom KGB ausgesuchtes Publikum hatte Zugang zum Gerichtssaal, allerdings auch die Ehefrauen der Angeklagten. Die letzteren berichteten den westlichen Korrespondenten in ausführlichen Interviews über den Ablauf des Prozesses. Auf diese Weise wurde die von den Demonstranten vom 5. Dezember geforderte Transparenz der Gerichtsverhandlung zumindest partiell hergestellt.[18]

---

15 Bukovskij, *I vozvraščaetsja*, S. 229 ff.; Alekseeva, *Istorija*, S. 218; Litvinov, *O dviženii*, S. 79; siehe dazu auch Levitin-Krasnov, *Rodnoj prostor*, S. 77 ff.; Amal'rik, *UdSSR*, S. 19; Beyrau, op. cit., S. 187 f.
16 Alekseeva, *Istorija*, S. 218.
17 Ebda.
18 Zum Prozess gegen Sinjavskij und Daniėl' siehe u. a. *Sinjavskij i Daniėl' na skam'e podsudimych*. New York 1966; Smirnov, Petr (Hrsg.): *Za pjat' let. Dokumenty i pokazanija*. München 1972, S. 13-45; Dopolnenija k sborniku materialov po delu Sinjavskogo i Daniėlja izdannomu pod nazvaniem „Belaja kniga", in: *Chronika* Nr. 4, 31.10.1968; Alekseeva, *Istorija*, S. 218 ff.; Levitin-Krasnov, *Rodnoj prostor*, S. 81; Beyrau, *Intelligenz*, S. 186 f.

3. Bürgerrechtsbewegung vs. Revolutionäre Intelligencija

Der Zweikampf der kleinen Schar sowjetischer Bürgerrechtler mit dem autokratischen Staat erinnert auf den ersten Blick an die Auseinandersetzung der revolutionären russischen Intelligencija mit der zarischen Autokratie im 19. und zu Beginn des 20. Jahrhunderts. Doch viele Bürgerrechtler distanzierten sich bewusst von ihren angeblichen Vorläufern, vor allem aber von deren Ideologie. So lehnten sie die für die Intelligencija typische Verklärung der Revolution ab und waren nicht bereit, Gewalt für das Erreichen von hehren Zielen anzuwenden. Einer der Gründer der Bürgerrechtsbewegung, Pavel Litvinov, sagt in diesem Zusammenhang:

> Im Zentrum der Aufmerksamkeit der [Bürgerrechtler] steht der *Schutz des Menschen vor der staatlichen Willkür* und nicht die Frage des Neuaufbaus von Staat und Gesellschaft. Die Bürgerrechtler widmen sich also den praktischen Aufgaben und distanzieren sich dadurch von den Verirrungen der alten Intelligencija – von deren blindem Glauben, man könne mit Hilfe von mechanischen Mitteln die absolute Gerechtigkeit auf Erden erreichen.[19]

Bei den Bürgerrechtlern habe es sich um eine Bewegung gehandelt, die sich in erster Linie um eine ethische und nicht um eine politische Erneuerung bemüht habe, fügt der Publizist und Orientalist Grigorij Pomeranc hinzu. Sie hätte nach dem Lutherschen Prinzip gehandelt: „Ich stehe hier und kann nicht anders".[20]

Die Übergänge zwischen den „Moralisten" und den „Politikern" innerhalb der Dissidentenbewegung waren indes fließend. Andrej Amal'rik schreibt:

> Die Einteilung ist konventionell, weil jeder zu einem gewissen Teil Moralist und zu einem anderen Politiker ist [...]. Ich meine damit nicht, dass die 'Politiker' für eine sofortige Parteigründung und feierliche Verabschiedung eines 'Programms' eingetreten wären. Aber in

---

19   Litvinov, *O dviženii*, S. 86 f.
20   Pomeranc, Grigorij: *Zapiski gadkogo utenka*. Moskau 2003, S. 287 f.

der Gesellschaft machte sich das Bedürfnis nach einer ideologischen Alternative bemerkbar. Mehr als einmal wurden die Teilnehmer der Bewegung gefragt: 'Wie sieht euer Programm aus? Wie sollte eurer Meinung nach die Gesellschaft beschaffen sein?' [...] Es war [...] klar, dass, wenn wir die Frage nicht beantworten würden, wie unsere Gesellschaft beschaffen sein sollte, jene darauf antworten werden, die uns aus dem totalitären Regen in die totalitäre Traufe bringen wollen.[21]

Mit seinem ausgeprägten Interesse für politische Gestaltungsmöglichkeiten gehörte Amal'rik einer Minderheit innerhalb der Dissidentenbewegung an. Für die Mehrheit stand die Frage des moralischen Widerstandes im Vordergrund. Auch in einem anderen Punkt vertrat Amal'rik eine Minderheitsposition, und zwar in der Frage der Einstellung der Bürgerrechtsbewegung zu den breiten Bevölkerungsschichten. Die Ehrfurcht gegenüber dem einfachen Volk, seine Verklärung, wie sie für die revolutionäre Intelligencija im Zarenreich typisch gewesen war, war den Bürgerrechtlern weitgehend fremd. Auch in dieser Hinsicht bestand ein grundlegender Unterschied zwischen den beiden Widerstandsformationen. Amal'rik schreibt in diesem Zusammenhang: „Bei den Intellektuellen [aus den Bürgerrechtskreisen] ist an die Stelle des Schuldkomplexes gegenüber dem Volk [wie er für die Intelligencija charakteristisch gewesen war – L. L.] ein eigenartiger Schuldkomplex des Volkes getreten".[22]

Dieser Paradigmenwechsel innerhalb der russischen Bildungsschicht fand bereits im Jahre 1917 statt. Die von der Intelligencija seit Generationen verklärte Revolution führte damals zu einem Aufstand des Volkes gegen die verhasste europäisierte Bildungsschicht, zur Zerstörung der dünnen und brüchigen zivilisatorischen Hülle des Petersburger Russland. Nun wandte sich die Mehrheit der Intelligencija von den Geistern, die sie gerufen hatte, ab und sah in dem bis dahin so bewunderten einfachen Volk eine Bedrohung für die russische Kultur. Dieses Trauma von 1917 prägte auch das Denken des intellektuellen Kerns der Bürgerrechtsbewegung. Deshalb war sie zunächst auch nicht imstande, aus dem intellektuellen Ghetto aus-

---

21 Amal'rik, *Aufzeichnungen*, S. 77.
22 Ebda., S. 272.

zubrechen und eine schichtenübergreifende oppositionelle Bewegung ins Leben zu rufen, wie dies z. B. die polnischen Dissidenten nach der Gründung des Komitees zur Verteidigung der Arbeiter (KOR) im Jahre 1976 taten.

Amal'rik gehörte zu den wenigen sowjetischen Bürgerrechtlern, die sich um den Abbau der Vorurteile der intellektuellen Dissidenten gegenüber den breiteren Bevölkerungsschichten bemühten: „Die weitverbreitete Ansicht, dass die ‚Freiheit des Wortes' der ‚Mehrheit' des Volkes kaum etwas bedeutet, weil diese nur an ihr Wohlergehen denkt, scheint mir überhaupt nicht wahr zu sein", so Amal'rik: „Es stimmt schon, dass sie sich darum Sorgen macht, aber nicht nur darum. Das Bedürfnis zu reden und seine Seele zu erleichtern, ist fast in jedem Menschen tief verankert".[23]

Die Verklärung des einfachen Volkes durch die Intelligencija im Zarenreich war nicht zuletzt eine Folge der petrinischen Reformen und der Europäisierung Russlands gewesen. Dadurch hatte die europäisierte Bildungsschicht den unmittelbaren Zugang zu den unteren Volksschichten verloren, die noch den vorpetrinischen Weltbildern verhaftet blieben. Das einfache Volk galt der Intelligencija nun als rätselhaft und fremd, sie sehnte sich nach einer Verschmelzung mit ihm, um ihre Entfremdung zu überwinden und erneut Wurzeln zu fassen. Demgegenüber existierte keine vergleichbare kulturelle Kluft zwischen der sowjetischen Intelligenz und den einfachen Bevölkerungsschichten. Die alten russischen Bildungsschichten waren durch den „roten" und stalinistischen Terror weitgehend dezimiert bzw. zur Emigration gezwungen worden. Die sowjetische Intelligenz aus der sich die Dissidentenbewegung rekrutierte war in der Regel proletarischer, kleinbürgerlicher oder bäuerlicher Herkunft und litt nicht unter ähnlichen Entfremdungsgefühlen wie die alte Intelligencija. Daher war bei ihr auch die Sehnsucht nach einer Verschmelzung mit dem Volk bei weitem nicht so stark ausgeprägt, wie dies bei den Bildungsschichten im Zarenreich der Fall war.

Trotz grundlegender programmatischer und mentaler Unterschiede zwischen der vorrevolutionären Intelligencija und den Bürgerrechtlern be-

---

23   Ebda., S. 243; siehe dazu auch Ders.: *SSSR i Zapad v odnoj lodke*. London 1978., S. 206, 219 f.; Čalidze, Valerij (Hrsg.): *SSSR – rabočee dviženie?* New York 1978.

standen aber durchaus Parallelen zwischen den beiden Gruppen. Zu den Eigenschaften, die für beide charakteristisch waren, gehörten ihr moralischer Rigorismus, ihre Opferbereitschaft, ihr Verantwortungsbewusstsein dem Gemeinwesen gegenüber und ihr Freiheitsdrang.

Weitgehend fremd allerdings war der revolutionären Intelligencija im Zarenreich die Verklärung des Rechts und das Streben nach der Errichtung eines Rechtsstaates. Über den Rechtsnihilismus der russischen Intelligencija beklagte sich bereits Bogdan Kistjakovskij, einer der Autoren des 1909 erschienenen Sammelbandes *Vechi*.[24]

Wenn man nach Vorläufern der Bürgerrechtsbewegung in der russischen Geschichte sucht, die den Rechtsfragen eine vergleichbare Bedeutung beimaßen, so sind es neben der 1905 entstandenen Partei der Konstitutionellen Demokraten die Dekabristen. Ähnlich wie die sowjetischen Bürgerrechtler strebte auch die Mehrheit der Dekabristen nicht nach der Verwirklichung einer Utopie, nicht nach der Errichtung eines nie dagewesenen sozialen Paradieses auf Erden, sondern nach der Beendigung des russischen „Sonderweges" und nach der Einführung einer konstitutionellen Monarchie in Russland, wie sie in den fortschrittlichsten Ländern des Westens bereits existierte. Auch die Bürgerrechtler waren nicht an Utopien interessiert, sondern an der Anlehnung Russlands an die allgemein menschlichen Werte und an die in der gesamten zivilisierten Welt geltenden Normen – also an einer „Rückkehr Russlands nach Europa".

4. Metanoia oder der Ruf nach Reue und die Absage an den russischen Messianismus

Im Jahre 1970 erschienen in der russischen Exilzeitschrift *Vestnik RSChD* in Paris vier Artikel, die die noch junge unabhängige Gegenöffentlichkeit Russlands stark erschütterten. Ihre Wirkung lässt sich mit derjenigen vergleichen, die der 1836 erschienene „Philosophische Brief" Petr Čaadaevs

---

24 Kistjakovskij, Bogdan: V zaščitu prava, in: *Vechi, Sbornik statej o russkoj intelligencii*. Moskau 1909, S. 125-155.

auf die damals in ihrer Entstehung begriffene unabhängige Öffentlichkeit des Petersburger Russlands hatte. Auch die Argumentation der *Vestnik*-Autoren und diejenige Čaadaevs weist Parallelen auf. In beiden Fällen handelt es sich um eine schonungslose Kritik an der Ideenwelt der russischen Intelligenz und an der russischen Staatstradition.

Die Artikel wurden entweder anonym oder unter Pseudonymen veröffentlicht, die später, zumindest teilweise, entschleiert wurden. Eingeleitet wurde der Zyklus durch einen anonymen Text, der den Titel „Metanoia" (Reue) trug. Der Autor spricht von einem geistigen Prolog der russischen Revolution, der aus den mentalen Tiefen der russischen Nation komme. Dort habe sich ihr Abfall von Gott und ihre geistige Verirrung angebahnt. Davon habe der Bolschewismus profitiert: „Der Bolschewismus – das war kein Tatarenjoch, kein Überfall der Waräger. Die Revolution wurde nicht nur von den Juden gemacht. Die kommunistische Herrschaft stellt keine äußere Macht dar, sie ist das organische Geschöpf der russischen Entwicklung, die Verkörperung der sündhaften Seite der russischen Geschichte. Deshalb kann man sich dieser Herrschaft nicht mechanisch entledigen. Man muss sie innerlich überwinden, durch Reue".

Diesem Aufruf zur Reue folgten bittere Worte, die die Empörung vieler russischer Leser hervorriefen. Der Autor schreibt: „Kein anderes Land hat der Welt so viel Böses zugefügt wie Russland. Man kann jetzt nicht einfach zu einem sündenfreien Zustand zurückkehren, der in der russischen Geschichte niemals existierte. Der einzige Weg, der dem Lande verbleibt, ist der Weg der Wiedergeburt durch Reue".[25]

Mit Recht wiesen die Kritiker des Textes darauf hin, dass es auch andere Länder gab, die der Menschheit nicht weniger Leid zugefügt hatten als Russland. Die überspitzte Formulierung des *Vestnik*-Autors stellte eindeutig eine Provokation dar. Aber nicht weniger provokativ waren die Äußerungen Petr Čaadaevs gewesen, der in seinem „Philosophischen Brief" von 1836 Folgendes über die tausendjährige Entwicklung Russlands sagte: „Geschichtliche Erfahrung kennen wir nicht, Zeitalter und Menschenalter sind fruchtlos an uns vorübergegangen. Man könnte sagen, das allgemeine Gesetz der Menschheit sei in unserem Falle widerrufen worden. Einsam

---

25   N.N.: Metanoia, in: *Vestnik RSChD* Nr. 97, 1970, S. 407, hier S. 6.

stehen wir da in der Welt, haben ihr nichts gegeben, haben sie nichts gelehrt; wir haben keine einzige Idee zur Gesamtheit der menschlichen Ideen beigetragen; wir haben nichts zum Fortschritt des menschlichen Geistes beigesteuert, und alles, was von diesem Fortschritt zu uns kam, haben wir entstellt".[26]

Čaadaevs Diagnose war natürlich sehr ungerecht. Die russische Ikonenmalerei, die sakrale Architektur und andere Äußerungen der russischorthodoxen Frömmigkeit stellten einen unverwechselbaren Beitrag Russlands zur Entwicklung der europäischen Kultur als solcher dar. Dennoch regte Čaadaev, ungeachtet der Einseitigkeit, die seine Kritik auszeichnete, die russische Bildungsschicht zu einem intensiven Nachdenken über ihre Identität an. Aleksandr Gercen bezeichnete den Brief Čaadaevs als einen Schuss, der in der dunklen Nacht erschallte und die gesamte russische Bildungsschicht wachrüttelte.[27] Ähnliches lässt sich auch über den *Vestnik*-Zyklus von 1970 sagen.

Ein anderer *Vestnik*-Autor, O. Altaev,[28] setzte sich mit der Ideenwelt der russischen bzw. sowjetischen Intelligenz auseinander und knüpfte an die schonungslose Kritik der russischen Intelligencija im Sammelband *Vechi* von 1909 an.

Altaev spricht von sechs Versuchungen der russischen bzw. sowjetischen Intelligenz und beginnt mit derjenigen, die bereits die *Vechi*-Autoren entlarvt hatten – der für die Intelligencija so charakteristischen Verklärung der Revolution. Die Intelligenz habe jahrzehntelang dem revolutionären Götzen gedient, was zur gänzlichen Entfremdung zwischen ihr und dem zarischen Staat und schließlich zur Zerstörung dieses Staates geführt habe. Die Abwendung vom Staat stellt für Altaev das zentrale Wesensmerkmal der Intelligenz dar. Diese Eigenschaft zeichne auch die sowjetische Intelligenz aus. Allerdings äußere sie sich in einer ganz anderen Form, als dies

---

26 Zit. nach Tschižewskij, Dmitrij / Groh, Dieter: *Europa und Rußland. Texte zum Problem des westeuropäischen und russischen Selbstverständnisses*. Darmstadt 1959, S. 84.
27 Gercen, Aleksandr: Byloe i dumy, in: Ders.: *Sočinenija*. Moskau 1956-57, Bd. 5, S. 138.
28 Unter diesem Pseudonym verbarg sich der regimekritische Schriftsteller Vladimir Kormer (1939-1986).

bei der Intelligencija im Zarenreich der Fall war. Denn der sowjetische Staat sei ein Geschöpf der Intelligenz, das Ergebnis ihres unbedingten Glaubens an die Revolution: „Die Intelligenz würde es vorziehen, die Sowjetmacht als etwas Äußeres, als eine Art Fremdherrschaft zu betrachten. Mit einer solchen Interpretation kann sie aber niemanden überzeugen, auch sich selbst nicht. Sie ist innerlich unfrei, weil sie sich am Bösen, an den Verbrechen aktiv beteiligt hat".[29]

Die zweite Versuchung der Intelligenz, so Altaev, bestehe in der Tendenz, den Bolschewismus, trotz seines totalitären und terroristischen Charakters zu beschönigen. Besonders deutlich spiegelt sich diese Haltung im Programm der 1920/21 entstandenen „Smena-Vech-Bewegung" (Umstellung der Wegmarken) wider. Man habe 1920 gehofft, dass sich das Sowjetregime nach der Beendigung des Bürgerkrieges „normalisieren" werde: „Man setzte auf eine ‚thermidorianische' Wandlung[30] des Bolschewismus. [...]. Die Unterdrückung des Aufstandes der Kronstädter Matrosen wurde als erster Schritt in diese Richtung betrachtet. Ähnliches bezieht sich auch auf die damit eng verknüpfte Neue Ökonomische Politik".[31]

Es ist zwar nicht ganz klar, warum der Autor die Unterdrückung des Kronstädter Aufstandes mit der „thermidorianischen" Illusion der „Smenovechovcy" in Verbindung bringt. Was aber die Neue Ökonomische Politik anbetrifft, so stellte sie für die Smena-Vech-Gruppe in der Tat einen Beweis dafür dar, dass die „jakobinische" Entwicklungsphase des Bolschewismus zu Ende sei.

Ein weiterer wichtiger Grund für die Rehabilitierung des Bolschewismus wird allerdings von Altaev nicht erwähnt. Manche seiner „weißen" Opponenten waren bereit, vor dem Bolschewismus zu kapitulieren, weil sie ihm für die weitgehende Wiederherstellung der territorialen Integrität des russischen Reiches dankbar waren. Dadurch hätten die „weißen Ideen" zumindest auf Umwegen gesiegt, meinten Vertreter dieser Gruppierungen.

---

29   Altaev, O.: Dvojnoe soznanie intelligencii i psevdo-kul'tura, in: *Vestnik RSChD* Nr. 97, 1970, S. 8-32, hier S. 19; siehe dazu auch Meerson-Aksenov, *Roždenie*, S. 102.
30   Am 9. Thermidor 1794 ist es in Frankreich gelungen, der jakobinischen Schreckensherrschaft ein Ende zu setzen.
31   Altaev, op. cit., S. 27 f.

Die Bolschewiki hätten ihre politische Laufbahn als militante Feinde des russischen Reiches, als Verfechter seiner Desintegration begonnen. Letztendlich hätten sie sich aber als seine Wiederhersteller und Retter erwiesen. Zwar sei der bolschewistische Staat in seiner Form immer noch „rot", internationalistisch und revolutionär, sein Inhalt sei aber „weiß" patriotisch und national.[32]

Diese Aussagen zeugen von einer weitgehenden Verkennung der Janusköpfigkeit und Bipolarität des Bolschewismus. Er war nämlich zugleich national und international, partikular und universal. Mit keinem von diesen Polen identifizierte er sich gänzlich. Er neigte dazu, sowohl national gesinnte als auch revolutionär gesinnte Strömungen lediglich zu instrumentalisieren. Deshalb musste er beinahe zwangsläufig seine Verbündeten enttäuschen, die ihm wiederholt Verrat an den hehren nationalen bzw. weltrevolutionären Zielen vorwarfen.

Bei der dritten und aus der Sicht des Autors verwerflichsten Versuchung der sowjetischen Intelligencija handelt es sich um den Glauben vieler ihrer Vertreter, dass das Stalinsche Programm der Kollektivierung der Landwirtschaft und der Industrialisierung, das auf den Trümmern der Neuen Ökonomischen Politik entstanden war, den Weg zu einer „lichten Zukunft" ebnen könne. Dies ungeachtet der Tatsache, dass das neue System auf Bergen von Leichen, auf verwüsteten Dörfern und auf einem Millionenheer von Zwangsarbeitern basierte. Diesen Glauben der Intelligenz, die vor der erschreckenden Wirklichkeit des Stalinschen Regimes „feige die Augen verschloss", bezeichnet Altaev als die „sozialistische Versuchung": „Dieser Spuk endete mit dem schrecklichen Jahr 1937. Alles Lebendige wurde zerstört, die Nation verwandelte sich in ein Sklavenheer [...]. Die unbändige, allgegenwärtige Angst lähmte alle [...]. Sie war unerträglich. Man hatte das Gefühl, [...] die Erde könne dies nicht mehr ertragen".[33]

Und dann kam der 22. Juni 1941. Altaev hebt hervor, dass der Kriegsbeginn von der sowjetischen Intelligenz „mit Erleichterung und Freude" begrüßt wurde: „Das Böse befand sich jetzt [auf der anderen Seite der Bar-

---

32   Vgl. dazu insbesondere *Smena Vech. Sbornik statej.* Prag 1921; Ustrjalov, Nikolaj: *Pod znakom revoljucii.* Charbin 1927; Šul'gin, Vasilij: *Dni. 1920.* Moskau 1989, S. 243 ff.
33   Altaev, *Dvojnoe soznanie,* S. 28.

rikaden]. Die Intelligenz strebte nun danach, es zu vernichten, um dadurch die Menschheit zu erretten. Mit der Waffe in der Hand fühlte sich der sowjetische Intellektuelle nach allen Erniedrigungen, die er vorher erlitten hatte, wieder stark, kühn und frei".[34]

Später, während der Gorbačevschen Perestrojka bezeichnete der Moskauer Historiker Michail Gefter den Zustand, in dem sich die sowjetische Gesellschaft in den ersten Kriegsjahren befand, als „spontane Entstalinisierung".[35]

Der sowjetische Schriftsteller Konstantin Simonov bezeichnete während der Brežnev-Zeit den Krieg als den einzigen lichten Fleck in der sowjetischen Geschichte der letzten Jahrzehnte.[36]

Wie grauenhaft muss die sowjetische Wirklichkeit vor dem 22. Juni 1941 gewesen sein, wenn dieser Krieg, der die Sowjetunion etwa 27 Millionen Menschenleben gekostet hatte, als ein „lichter Fleck", als eine Art innere Befreiung empfunden wurde!

Nach Kriegsende hielt die auf ihren Sieg so stolze Nation eine Rückkehr zur gespenstischen Wirklichkeit der Vorkriegszeit für undenkbar. Kühne Zukunftsvisionen entwarfen damals sogar derart treue Diener Stalins wie der populäre Schriftsteller Aleksej Tolstoj. Am 22. Juli 1943 schrieb er in sein Notizbuch: „Das Volk wird nach dem Krieg vor nichts mehr Angst haben. Es wird neue Forderungen stellen und Eigeninitiative entwickeln. [...] Die chinesische Mauer zwischen Russland [und der Außenwelt] [...] wird fallen".[37]

All diese Hoffnungen bezeichnet Altaev als die vierte Versuchung der sowjetischen Intelligenz – die „Kriegsversuchung".

Die Wirklichkeit sah bekanntlich ganz anders aus. Die rosigen Erwartungen der Intelligenz beantwortete das Regime, so Altaev, „mit dem Stalinschen Byzantinismus, mit dem Kampf gegen den Kosmopolitismus, mit neuen Verhaftungswellen. Der Sklavenstaat musste seine Wirtschaftsstrukturen wiederherstellen und bediente sich erneut der Sklavenarbeit,

---

34 Ebda., S. 29.
35 Gefter, Michail: *Iz tech i ětich let*. Moskau 1991, S. 418.
36 Kakaja že ona, pravda o vojne?, *Pravda*, 20.6.1991, S. 3.
37 Zit. nach Okljanskij, Jurij: *Roman s tiranom*. Moskau 1994, S. 69.

die nichts kostete". Das System habe erneut sein kannibalisches Wesen offenbart.[38]

Die nächste Versuchung der Intelligenz war für Altaev mit dem "Tauwetter" verbunden, das nach dem Tode Stalins begann: „Die Intelligenz glaubte, dass [dem Tauwetter] nun Frühling und Sommer folgen würden. Dann kam aber mit den ungarischen Ereignissen vom Oktober 1956 und mit dem Feldzug Chruščevs gegen die Kulturschaffenden das Ende des „Tauwetters"".[39]

Damit, so Altaev, habe sich der Glaube an die Reformfähigkeit des Regimes, als Illusion erwiesen. Ihr folgte allerdings sofort die nächste, die Altaev als die „technokratische" Versuchung bezeichnet. Die von ihr befallenen Intellektuellen vertraten die Ansicht, das sowjetische System werde sich früher oder später mit den Sachzwängen der Moderne arrangieren müssen. Da die weitere Entwicklung der Produktivkräfte ohne den technologischen und wissenschaftlichen Fortschritt nicht möglich sei, werde die herrschende Elite gezwungen sein, das System zu liberalisieren, um der nichtreglementierten Kreativität freie Entfaltungsmöglichkeiten zu gewähren. Nur auf diese Weise könne die UdSSR den Anschluss an die Moderne finden.

Diese Gedankengänge, die damals auch im Westen verbreitet waren, und die der sogenannten Konvergenztheorie zugrunde lagen, werden von Altaev als Illusionen entlarvt. Ein vorwiegend rational handelndes, entideologisiertes kommunistisches Regime sei undenkbar:

> Durch die Anwendung neuer Rechenmaschinen wird der [herrschende] Apparat keine humaneren Züge annehmen. Im Gegenteil, er wird dadurch noch genauer und kaltblütiger seine eigenen Untertanen und andere Völker unterdrücken. [...] Das Böse fällt niemals von selbst. Es wird nur neuere, raffiniertere Methoden anwenden [...], es wird aber immer sich selbst treu bleiben. Die tschechoslowakischen Ereignisse [von 1968] haben dies deutlich gezeigt.[40]

---

38 Altaev, *Dvojnoe soznanie*, S. 29.
39 Ebda.
40 Ebda., S. 32.

Die Verfechter der Konvergenz-Theorie vernachlässigten in der Tat den Umstand, dass es sich bei den kommunistischen Regimen um Ideokratien handelte, deren Herzstück das ausgeklügelte ideologische System darstellte, das ununterbrochen an die neuen Erfordernisse der Zeit angepasst werden musste. Als Gorbačev versuchte, auf diesen Primat des Ideologischen zu verzichten und das sowjetische Regime im Sinne der Konvergenztheorie zu „normalisieren", brach es zusammen.

Der Autor des dritten Artikels im *Vestnik*-Zyklus, V. Gorskij, setzt sich mit einer anderen in Russland verbreiteten Versuchung auseinander, die nicht nur auf die Intelligenz beschränkt war, und zwar mit dem Glauben an die Auserwähltheit der russischen Nation, mit dem russischen Messianismus: „Das Bewusstsein des russischen Menschen, sowohl des orthodoxen Kommunisten als auch des Regimekritikers, befindet sich im Bann des stolzen Ausspruchs von Mönch Filofej [Urheber der Theorie von „Moskau – dem Dritten Rom", die er zu Beginn des 16. Jahrhunderts entwickelte – L. L.] von der besonderen Sendung Russlands".[41]

Diesen zu Beginn der Neuzeit formulierten Glauben hätten auch die slawophilen Denker geerbt, die das einfache russische Volk als Verkörperung der christlichen Tugenden betrachteten, setzt Gorskij seine Ausführungen fort. Sie seien davon überzeugt gewesen, dass dieses Volk eine gottlose, unchristliche Staatsmacht niemals akzeptieren würde. Gorskij zitiert einen der führenden Slawophilen, Konstantin Aksakov, über den Charakter des russischen Volkes: „Die russische Geschichte hat die Bedeutung einer universalen Beichte. Man kann sie nur als eine Hagiographie lesen [...]. In diesem Volk wird nicht der Mensch mit seinen Taten, sondern nur Gott gerühmt".[42]

Gorskij zitiert auch Dostoevskij, der sagte, dass nur das russische Volk, das die christliche Wahrheit in einer besonders vollkommenen Form verkörpere, imstande sei, diese Wahrheit zu erfassen und damit die Menschheit zu retten.

---

41 Gorskij, V.: Russkij messianizm i novoe nacional'noe soznanie, in: *Vestnik RSChD* Nr. 97, 1970, S. 33-68, hier S. 34.
42 Ebda., S. 51.

All diese Vorstellungen seien, so Gorskij, durch die Ereignisse von 1917 in erschütternder Weise widerlegt worden. Gorskij lehnt es, ähnlich wie andere Autoren des *Vestnik*-Zyklus kategorisch ab, die Katastrophe von 1917, also die Abkehr des Volkes von den Idealen der Heiligen Rus', als das Werk fremder Mächte oder nichtrussischer Völker, so vor allem der Juden, zu betrachten. Diese Interpretation der damaligen Ereignisse war seit 1917 im Lager der russischen Rechten stark verbreitet. Gorskij hingegen betont, dass die nichtrussischen Provinzen des Russischen Reiches sich gegen den Bolschewismus wesentlich hartnäckiger wehrten als der russische Kern des Imperiums: „Der Bolschewismus konnte sich relativ glimpflich in Moskau und in Petersburg etablieren, an der [nichtrussischen] Peripherie hingegen wurde er verzweifelt bekämpft. Der Bürgerkrieg fand in erster Linie dort und nicht in Zentralrussland statt".[43]

Diese These ist allerdings historisch nicht korrekt. Es gab zahlreiche antibolschewistische Aufstände in Zentralrussland (Astrachan' und Volga-Gebiet, Iževsk, Tambov, Kronstadt usw.) wie auch in dem überwiegend von Russen bewohnten Sibirien.[44]

Immer wieder hebt Gorskij hervor, dass der Bolschewismus, trotz seines verschwörerischen und volksfeindlichen Charakters, eine rätselhafte Symbiose mit den einfachen Volksschichten einging, die sich *„freiwillig von all den Werten abwandten, die sie seit Jahrhunderten angebetet hatten".*[45]

Ähnlich bewerten diese unnatürliche Allianz auch viele Akteure der Ereignisse von 1917. Der Philosoph Fedor Stepun schreibt in diesem Zusammenhang: Lenin sei wohl der einzige russische Politiker gewesen, der vor keinen Folgen der Revolution Angst gehabt habe. Das Einzige, was er

---

43   Ebda.
44   Siehe dazu u. a. Pavljučenkov, Sergej: *Voennyj kommunizm v Rossii: vlast' i massy*. Moskau 1921; Ders.: *Krest'janskij Brest, ili predystorija bol'ševistskogo nėpa*. Moskau 1996; Pipes, Richard: *Die Russische Revolution*. Bd. 2, Berlin 1992; Volkogonov, Dmitrij: *Lenin*. Berlin 1994; Werth, Nicolas: Ein Staat gegen sein Volk, in: Courtois, Stéphane u. a. (Hrsg.): *Das Schwarzbuch des Kommunismus*. München 1998; Katzer, Nikolaus: *Die weiße Bewegung in Rußland. Herrrschaftsbildung, praktische Politik und politische Programmatik im Bürgerkrieg*. Köln 1999; Mawdsley, Evan: *The Russian Civil War*. London 1987.
45   Gorskij, op. cit, S. 51; siehe dazu auch Meerson-Aksenov, *Roždenie*, S. 102.

von der Revolution gefordert habe, sei ihre weitere Vertiefung gewesen. Diese Offenheit Lenins gegenüber allen Stürmen der Revolution sei den dunklen Sehnsüchten der russischen Massen entgegengekommen.[46]

Gorskij hält die „sozialistische Wahl" die große Teile der Nation 1917 getroffen hatten, für einen bewussten Verzicht auf die Bürde der Freiheit: „Die Verwirklichung der sozialistischen Religion des allgemeinen Wohlergehens und der Sattheit ist nur durch die Versklavung der Menschen, durch die Despotie möglich".

Mit diesem Verzicht auf Freiheit war nach Ansicht Gorskijs auch der sowjetische Expansionismus verbunden, der nicht nur von den Herrschenden, sondern auch von beträchtlichen Teilen der Bevölkerung mitgetragen wurde: „Das Volk mit einer Sklavenmentalität will auch andere Völker ihrer Freiheit berauben".[47]

Die imperiale Ideologie, sowohl im Zarenreich als auch in der UdSSR, stellt für Gorskij eine Möglichkeit für die politisch entmündigte Gesellschaft dar, ihre Minderwertigkeitskomplexe zu kompensieren.

Der Autor lässt hier allerdings die Tatsache außer Acht, dass dieses Phänomen nicht nur für Russland, sondern auch für andere Obrigkeitsstaaten bzw. totalitäre Regime charakteristisch war, so z. B. für das Wilhelminische Reich oder für das NS-Regime.

Um die Folgen der 1917 begonnenen Katastrophe zu überwinden, müsse sich Russland von der messianischen Versuchung befreien, so lautet das Fazit des Autors. Nicht die imperiale Größe, sondern der Kampf um Freiheit und geistige Werte sollten das Land in erster Linie inspirieren: „Die wesentlichste Aufgabe Russlands besteht nicht in der Errettung anderer Völker, sondern in der tiefen und endgültigen Abkehr von den früher begangenen Untaten".[48]

Der abschließende Artikel des Zyklus knüpft an die einleitenden Betrachtungen der Artikelserie an. In seinem Essay „Wie soll man leben?" ruft M. Čelnov, ähnlich wie der anonyme Autor des Artikels „Metanoia" seine Landsleute zur Reue auf:

---

46   Stepun, Fedor: *Byvššee i nesbyvšeesja*. London 1990, Bd. 1-2, hier Bd. 2, S. 104.
47   Gorskij, *Russkij messiunizm*, S. 61.
48   Ebda., S. 63.

Jede Versklavung stellt die Folge von sündhaften Handlungen dar, die man nur durch Reue bewältigen kann. Da diese Versklavung von innen kam, ist die Hoffnung auf einen Retter von außen vergeblich. Bei den Bolschewiki handelte es sich weder um Tataren noch um Waräger. [...] Sie sind auf russischem Boden gewachsen und sind das Ergebnis aller historischen Sünden Russlands [...]. Sie sind sowohl Erben der Heiligen Rus' als auch der Todeszellen der Čeka und der Konzentrationslager.

Da der Bolschewismus Folge eines nationalen Sündenfalls sei, lasse er sich nur durch die nationale Reue überwinden, so lautet das Fazit Čelnovs.[49]

Ähnliche Thesen konnte man übrigens auch zu Beginn der Gorbačevschen Perestrojka hören. Besonders vehement vertrat sie damals der Moskauer Historiker Jurij Afanas'ev. Auch andere Postulate der *Vestnik*-Autoren erlebten zur Zeit der Perestrojka ihre zweite Geburt. Ähnliches lässt sich auch über die Argumente ihrer Kritiker sagen.

5. Der Sammelband *Iz pod glyb* als Reaktion auf den *Vestnik*-Zyklus von 1970

Der Ruf nach Reue und nach der Abkehr vom russischen Sendungsgedanken rief im sowjetischen Dissens höchst unterschiedliche Reaktionen hervor. Die nun begonnene Kontroverse erinnert, wie bereits gesagt, an diejenige, die Petr Čaadaev 1836 mit seinem Philosophischen Brief auslöste, und die seinerzeit die Identitätssuche der unabhängigen russischen Öffentlichkeit begleitete.

Der u. a. von Aleksandr Solženicyn 1974 herausgegebene Sammelband *Iz pod glyb* stellte nicht zuletzt eine Antwort auf den *Vestnik*-Zyklus dar. Besonders intensiv setzten sich hier Solženicyn selbst und der Mathematiker Igor' Šafarevič mit den Thesen der *Vestnik*-Autoren auseinander.

---

49 Čelnov, M.: kak byt', in: *Vestnik RSChD* Nr. 97, 1970, S. 69-80, hier S. 76.

DER SOWJETISCHE DISSENS 41

Mit Entrüstung weist Solženicyn folgende These V. Gorskijs zurück: „Als das russische Volk seine gotteslästerliche Auflehnung begann, *wusste es*, dass die Verwirklichung der sozialistischen Religion nur auf dem Wege des Despotismus möglich sei".[50] Woher konnte das Volk dies wissen? – fragt Solženicyn. Habe es etwa über ein ausgeprägtes politisches Bewusstsein verfügt?

Mit anderen Worten Solženicyn spricht die russischen Soldaten, Arbeiter und Bauern von jeder politischen Verantwortung los, sie werden von ihm nachträglich quasi entmündigt.

Für viele russische Denker, die die Ereignisse von 1917 analysierten, verhielten sich die Dinge indes ganz anders. Als die russischen Soldaten massenhaft die Front verließen und die Offiziere, die sie daran zu hindern suchten, lynchten, wussten sie, dass sie dadurch die soeben entstandene russische Demokratie wehrlos machten. Als die Arbeiter die Fabrikbesitzer und die Bauern die Gutsbesitzer gewaltsam enteigneten, ohne auf eine gesetzliche Neuregelung der Besitzverhältnisse zu warten, wussten sie, dass sie die ihnen gewährten Freiheiten missbrauchten. Ihre Angst vor Strafe wurde allerdings durch die bolschewistische Propaganda abgemildert, die sie dazu aufrief „das Geraubte zu rauben" und diesen Vorgang als Äußerung des gesunden Klasseninstinkts verklärte. Kein Wunder, dass diese Leninschen Parolen auf breite Zustimmung stießen.

Es ist zwar richtig, dass die russischen Volksmassen 1917 noch nicht ahnen konnten, dass ihr Zweckbündnis mit den Bolschewiki zur Errichtung einer Tyrannei führen würde, wie sie Russland in seiner tausendjährigen Geschichte nicht gekannt hatte. Sie waren allerdings entschlossen, die Umverteilung des Besitzes, die ohne die Legitimierung der demokratisch gewählten Konstituante erfolgt war, aber von der bolschewistischen Diktatur durch ihr Bodendekret vom 8. November 1917 nachträglich bestätigt wurde, um jeden Preis zu verteidigen. Dies festigte das Zweckbündnis mit den Bolschewiki zusätzlich.

---

50 Solženicyn, Aleksandr: Raskajanie i samoograničenie, in: *Iz pod glyb*. Paris 1974, S. 115-150, hier S. 131, siehe dazu auch Ders.: *Sobranie sočinenij*. Paris 1981, Bd. 10, S. 100 f., 159; Pikanterweise handelt es sich bei V. Gorskij (alias Evgenij Barabanov) um einen der Mitverfasser des Sammelbandes *Iz pod glyb*.

Auch die Worte Gorskijs, das Volk habe sich von seinen uralten religiösen Idealen abgewandt und sich an der Zerstörung von Kirchen und Ikonen beteiligt, riefen die Empörung Solženicyns hervor. Er wies darauf hin, dass die Bauern in Hunderten von Revolten die Kirchen vor der bolschewistischen Zerstörungswut beschützt hatten. Solche Revolten sind in der Tat historisch belegt. Es lässt sich aber auf der anderen Seite nicht leugnen, dass die russischen Arbeiter und Bauern die revolutionären Ideale wesentlich hartnäckiger als die religiösen verteidigten – dies ungeachtet ihrer Ablehnung der bolschewistischen Tyrannei, die sie durch unzählige Aufstände zum Ausdruck brachten. Die Abwendung der Volksschichten von den Bolschewiki bedeutete aber keineswegs, dass sie sich von den Idealen der Revolution, vom revolutionären Mythos, der auf das Diesseits und nicht auf das Jenseits gerichtet war, abgewandt hatten. Der Hass gegen das alte Regime und all seine Erscheinungen stellte die alles beherrschende Emotion bei den russischen Unterschichten dar, und dies war, trotz all ihrer antibolschewistischen Ressentiments, ein gemeinsamer Nenner zwischen ihnen und dem neuen Regime.[51]

Anders als die *Vestnik*-Autoren unterstreicht Solženicyn nicht den russischen, sondern den internationalen Charakter der bolschewistischen Revolution und sucht nach den Verantwortlichen in erster Linie bei den nichtrussischen Völkern, die sich durch den revolutionären Mythos angezogen fühlten: „Kann man etwa leugnen, dass die bolschewistische Revolution in ihren ersten Jahren den Charakter einer fremdländischen Invasion

---

51 Der russische Philosoph Semen Frank schrieb 1924 in diesem Zusammenhang: „Als die [revolutionäre] Leidenschaft in den Seelen der Intelligenz bereits seit 1905 abebbte, und vor allem als sich die Intelligenz im Oktober 1917 entsetzt und bestürzt von dem von ihr entzündeten Brand abwandte, griff das Feuer dieses Glaubens über auf die Seelen einfacher russischer Bauern, Soldaten und Arbeiter. Denn wie viele lasterhafte und eigennützige Begehrlichkeiten an der russischen Revolution, wie an jeder Revolution auch beteiligt waren, ihre Stärke, ihre Hartnäckigkeit, ihre dämonische Macht und Unbesiegbarkeit sind nur aus diesem brennenden Glauben zu erklären, in dessen Namen Tausende von Russen, 'Rotarmisten' und Arbeitern in den Tod gingen, in dem sie ihr Heiligtum, die 'Revolution' verteidigten" (Frank, Semen: *Krušenie kumirov*. Berlin 1924, S. 19 f.). Deutsche Übersetzung nach Simon L. Frank: Jenseits von rechts und links. Anmerkungen zur russischen Revolution und zur moralischen Krise Europas, in: Ders.: *Werke in acht Bänden*. Freiburg / München 2012, Bd. 7, S. 75.

annahm? So gab es Fälle, dass in den Versorgungsabteilungen, die viele russische Dörfer zerstörten, kaum jemand Russisch sprach. Und der Čeka-Apparat setzte sich aus unzähligen Letten, Polen, Juden, Ungarn und Chinesen zusammen".[52]

Schon 1974 versuchte Solženicyn den russischen Charakter der russischen Revolution in Frage zu stellen. Ihren Höhepunkt erreichte diese apologetische Tendenz in seinem 2001/02 erschienenen Buch *Zweihundert Jahre zusammen*, in dem er das russisch-jüdische Verhältnis analysierte.[53]

Über die in Russland verbreitete Tendenz, die russische Revolution zu entrussifizieren, schrieb bereits 1921 der Vordenker der ansonsten umstrittenen bereits erwähnten Smena-Vech-Bewegung Nikolaj Ustrjalov Folgendes: „[Die Revolution] ist ausgesprochen russisch, ganz in unserer Psychologie und Geschichte verwurzelt. Selbst wenn man mit mathematischer Genauigkeit beweisen würde, wie dies manche zur Zeit ohne Erfolg zu tun versuchen, dass 90% der Revolutionäre Nichtrussen, in erster Linie Juden sind, würde dies den ausgesprochen russischen Charakter der Bewegung nicht widerlegen".[54]

Die Tatsache, dass die *Vestnik*-Autoren im russischen Sendungsgedanken eine der Ursachen für die Katastrophe von 1917 sahen, entlarvte sie in den Augen von Solženicyn als Fremdlinge, die mit Russland nichts gemein hätten und die versuchten, das russische Nationalbewusstseins zu untergraben. Sogar der brillante Stil der Autoren, der keine Archaismen und Neologismen enthält, wie sie für Solženicyns Prosa typisch sind, wird von ihm als nichtrussisch [sic!] bezeichnet. Es handele sich dabei, so Solženicyn, um eine eilig übersetzte Begrifflichkeit, die sich an die westliche Philosophie anlehne.[55]

Erwartungsgemäß polemisiert Solženicyn auch gegen den Satz des Autors der „Metanoia": „Kein Land hat der Welt so viel Böses zugefügt wie Russland".

Diese im polemischen Eifer formulierte Äußerung war natürlich äußerst ungerecht. Mit Recht weist Solženicyn auf solche Phänomene wie die

---

52   Solženicyn, Raskajanie, S. 135.
53   Ders.: *Dvesti let vmeste (1795-1995)*, 2 Bände. Moskau 2001-2002.
54   Ustrjalov, Nikolaj: Patriotika, in: *Smena vech*, S. 46.
55   Solženicyn, *Raskajanie*, S. 131.

Französische Revolution und das Dritte Reich hin, deren zerstörerisches Potential sich mit demjenigen der russischen Katastrophen durchaus messen kann.[56]

In ihrer Gesamtheit fügte sich allerdings die Argumentation der *Vestnik*-Autoren, trotz einiger überzogener Formulierungen, nahtlos in die Tradition des Sammelbandes *Vechi* ein. Dies beweist, dass die russische Intelligenz imstande war, mit ihren Illusionen und Versuchungen selbstkritisch umzugehen.

Dass der Autor vom *Archipel Gulag*, der *Krebsstation* und dem *Ersten Kreis der Hölle* eine solche Offenheit für eine Art Sakrileg hielt, stellt eher eine Überraschung dar.

Auch Igor' Šafarevič setzt sich scharf mit den *Vestnik*-Autoren auseinander – und zwar vor allem mit deren Absage an den russischen Sendungsgedanken: „Will man etwa dem russischen Volk verbieten zu denken, dass seine Existenz irgend einen [höheren Sinn] hat?" Die Gedankengänge der *Vestnik*-Autoren setzen nach Ansicht Šafarevičs die Versuche der kommunistischen Machthaber fort, das russische Volk der Erinnerung an die eigene Geschichte zu berauben.

Was den Aufruf der *Vestnik*-Autoren zur Reue anbetrifft, so meint Šafarevič, dass man diesen Appell auch an die nichtrussischen Völker des Russischen Reiches richten müsse, denn die Schuld an der seit 1917 eingesetzten Entwicklung „tragen mehr oder weniger alle".[57]

Dieser Einwand Šafarevičs ist sicher berechtigt. Wenn man bedenkt, dass die nationalen Minderheiten 1917 mehr als die Hälfte der Bevölkerung des Russischen Reiches stellten, muss ihr Anteil an der damaligen Katastrophe natürlich auch als hoch bewertet werden.

Vehement wendet sich Šafarevič gegen die im *Vestnik*-Zyklus geäußerte These, dass Russland eine Art Kolonialreich sei. Diese These wurde auch von zahlreichen Dissidenten aus den nichtrussischen Sowjetrepubliken vertreten. V. Gorskij sagt in seinem Artikel den unvermeidlichen Zerfall des Sowjetreiches voraus, da es in erster Linie durch den repressiven Apparat des kommunistischen Regimes zusammengehalten werde:

---

56 Ebda.
57 Šafarevič, Igor': Obosoblenie ili sbliženie, in: *Iz pod glyb*, S. 97-113, hier S. 107.

Nicht nur die osteuropäischen Satelliten, sondern auch das Baltikum, die Ukraine, der Kaukasus und die Völker Zentralasiens werden ihr Recht auf Austritt [aus dem Imperium] zu verwirklichen suchen. Es ist jetzt nicht leicht, sich die künftigen Grenzen Russlands wie auch die Art seiner Beziehungen mit den unabhängig gewordenen Völkern vorzustellen. Es kann sich hier eine Föderation oder auch eine andere Form des friedlichen Zusammenlebens entwickeln. Aber auch kompliziertere Beziehungen aufgrund der jahrhundertealten Unterdrückung dieser Völker und aufgrund ihres wachsenden Nationalbewusstseins sind möglich. Eines ist aber sicher. Der Zerfall des Imperiums stellt für Russland weder einen erniedrigenden noch einen unnatürlichen Vorgang dar. Ohne seine Kolonien wird Russland weder ärmer noch politisch unbedeutender. Nach der Befreiung von der Bürde einer Besatzungsmacht wird sich Russland seinen wirklichen Problemen widmen können: dem Aufbau einer freien und demokratischen Gesellschaft, der religiösen Wiedergeburt und der Entwicklung seiner nationalen Kultur.[58]

Für Šafarevič hingegen stellt die Perspektive eines Zerfalls des Russischen Reiches einen Alptraum dar. Er weist darauf hin, dass die kommunistischen Machthaber alle Nationen der UdSSR, auch die Russen, in gleicher Weise unterdrückten. Sie alle würden ihrer nationalen und religiösen Eigenart beraubt. Das gemeinsame Ziel aller sowjetischen Nationen müsse deshalb die Bekämpfung dieses „antinationalen Regimes" und nicht die Zerstörung der seit Jahrhunderten entstandenen Bindungen zwischen den Völkern des Russischen Reiches sein. Das Fazit Šafarevičs lautet: Klassenkonflikte gehörten in Russland der Vergangenheit an, sie hätten ihr zerstörerisches Potential bereits verloren. Ganz anders verhalte es sich aber mit den nationalen Konflikten. Unterschwellig nähmen sie an Intensität zu. Sollten sie an die Oberfläche gelangen, werde es kaum möglich sein, sie einzudämmen.[59]

---

58 Gorskij, *Russkij messianizm*, S. 67. Siehe dazu auch Fedotov, Georgij: *Novyj Grad*. New York 1952, S. 198 f.
59 Šafarevič, *Obosoblenie*, S. 113.

Sowohl die Argumentation Gorskijs als diejenige Šafarevičs stellte eine Vorwegnahme der Perestrojka-Diskurse zur Nationalitätenfrage dar, die die Auflösung der Sowjetunion gedanklich einleiten sollten.

6. Neowestler vs. Neoslawophile – die alt-neue Kontroverse

Ursprünglich beteiligten sich an der Bürgerrechtsbewegung Vertreter verschiedener ideologischer Richtungen, da die Organisation bewusst keine programmatischen Alternativen zum bestehenden System ausarbeitete und im Vorfeld des Politischen blieb. Dennoch nahmen allmählich, seit Beginn der 70er Jahre, die ideologischen Auseinandersetzungen innerhalb der Bewegung an Schärfe zu. Die sowjetische Dissidentenbewegung schuf also keinen Gegenpart zur „monolithischen" kommunistischen Partei, sie wurde immer heterogener. Trotz der außergewöhnlichen Vielfalt der Stimmen, die nun zu Wort kamen, lassen sich bei der Analyse der politisch-ideologischen Diskussionen im Lager der sowjetischen Dissidenten der 60er und 70er Jahre zwei Grundströmungen deutlich erkennen. Sie knüpften in gewisser Weise an die alte, bereits in den 30er Jahren des 19. Jahrhunderts begonnene russische Kontroverse zwischen den „Westlern" und den „Slawophilen" an. Wenn die „Neo-Westler" von den Mängeln des sowjetischen Regimes sprachen, sahen sie in ihnen in der Regel eine Neuauflage der alten Fehler des zarischen Regimes. Wenn sie sich z. B. über die Unterdrückung der geistigen Freiheit in der Sowjetunion und über die Allmacht der Zensur beklagten, wiesen sie darauf hin, dass dieses Phänomen in Russland schon immer die Regel mit nur seltenen Ausnahmen gewesen sei. Auch die politische Emigration stelle für Russland nichts Neues dar. Einer der ersten russischen Emigranten sei Fürst Kurbskij gewesen, der dem despotischen Regime Ivans des Schrecklichen den Rücken gekehrt habe. Und schließlich sei auch die Erklärung der unliebsamen Kritiker des Regimes zu psychisch Kranken in Russland nicht neu. So sei z. B. der scharfe Kritiker des russischen „Sonderweges" Petr Čaadaev nach der Veröffentlichung seines „Philosophischen Briefes" im Jahre 1836 für geisteskrank erklärt worden.

Nach Ansicht des Historikers Aleksandr Janov habe sich Stalin bei der Errichtung seines diktatorischen Regimes bewusst das Regime Ivans des Schrecklichen zum Vorbild genommen. Der staatlich organisierte Terror Ivans IV. habe, so Janov, den stalinistischen Terror vorweggenommen.[60] Auch Andrej Amal'rik sieht keinen qualitativen Unterschied zwischen dem sowjetischen Regime und dem vorrevolutionären russischen Herrschaftssystem. Die Unterdrückung der Andersdenkenden, eine chauvinistische und imperialistische Außenpolitik seien in der neueren russischen Geschichte die Regel gewesen.[61]

Auch einige westliche Historiker versuchen den sowjetischen Totalitarismus nicht zuletzt mit den Besonderheiten der russischen Geschichte zu erklären. So weisen z. B. Mosche Lewin und Robert C. Tucker auf erstaunliche Parallelen zwischen dem Stalinschen Regime und dem Herrschaftssystem Ivans des Schrecklichen bzw. Peters des Großen hin.[62] Diese Erklärung der Ursprünge des Stalinismus lässt allerdings die Tatsache außer Acht, dass, wie bereits gesagt, beinahe zur gleichen Zeit in Deutschland – trotz grundlegend unterschiedlicher Voraussetzungen – auch eine totalitäre Revolution stattfand und ein Führerkult etabliert wurde. Diese Parallelität in der Entwicklung Russlands und Deutschlands zeigt, dass weder der Stalinismus noch der Nationalsozialismus durch die geschichtliche Eigenart Russlands und Deutschlands allein erklärt werden können. In gleichem Maße müssen auch gesamteuropäische Zusammenhänge bei der Erklärung beider Phänomene berücksichtigt werden. Abgesehen davon vernachlässigen solche Kontinuitätsthesen wie „von den Zaren zu Stalin" oder „von Bismarck zu Hitler" die Tatsache, dass der moderne totalitäre Staat einen qualitativen Bruch mit der jeweiligen Vergangenheit darstellt und

---

60 Yanov, Alexander: *The origins of autocracy. Ivan the Terrible in Russian history*. Berkeley u. a. 1981.
61 Amal'rik, *UdSSR*, S. 35 ff., 43 f.
62 Tucker, Robert C.: Stalinism as Revolution from Above, in: Ders. (Hrsg.): *Stalinism. Essays in Historical Interpretation*. New York 1977, S. 96-100; Lewin, Mosche: The Social background of Stalinism, ebda., S. 124-130.

dass er die Traditionen, zu denen er sich offiziell bekennt, in der Regel nur instrumentalisiert und pervertiert.

Die Nachahmung des Westens und die Übernahme der westlichen Entwicklungsmodelle war nach Ansicht der Vertreter der „neo-westlerischen" Strömung in der Dissidentenbewegung für Russland immer segensreich. Sollte in Russland irgendwann eine freiheitliche Gesellschaftsordnung entstehen, so werde dies nur dann geschehen, wenn Russland den Weg des westlichen Parlamentarismus einschlage.[63]

Eine entgegengesetzte Position bei dieser Diskussion vertrat die Strömung, die in ihrer Argumentation in gewisser Hinsicht an die in den 30er Jahren des 19. Jahrhunderts entstandene slawophile Strömung anknüpfte. Gelegentlich wurde sie auch als Neo-Slawophilentum bezeichnet. Aleksandr Solženicyn war der bedeutendste Vertreter dieser Strömung. Neben ihm kann man u. a. solche Namen wie den bereits erwähnten Igor' Šafarevič, Vadim Borisov oder Vladimir Osipov anführen. Für diese Autoren war Russland kein rückständiges europäisches Land, dessen Geschichte im Wesentlichen aus Unfreiheit und Staatsdespotismus bestand. Die Besonderheit der Entwicklung Russlands, die sich von der Entwicklung des Westens unterschied, war für sie keine Abweichung vom Normalen und Gesunden. Im Gegenteil, diese Besonderheit sei ein kostbares Gut, das den eigentlichen Wert der russischen Geschichte ausmache. Das sowjetische System stelle nicht eine Fortsetzung der alten russischen Tradition, sondern im Gegenteil einen Bruch mit ihr, ein qualitativ neues Phänomen dar. Der Bolschewismus sei im Grunde eine aus dem Westen importierte Erscheinung, eine Ausformung der materialistisch-atheistischen Denkströmung, deren Heimat nicht in Russland, sondern im Westen liege. Der Bolschewismus habe nicht die russische Tradition fortgesetzt, wie die Neo-Westler behaupteten, sondern vielmehr sie zu zerstören versucht.

---

63 Vgl. dazu u. a. Litvinov, *Samosoznanie*; Belocerkovskij, V.: *Demokratičeskie al'ternativy*. Achberg 1976; Sacharov, Andrej: *O strane i mire*. New York 1975, S. 34, 64; Ders.: Dviženie za prava čeloveka v SSSR i Vostočnoj Evrope – celi, značenie, trudnosti, in: *Chronika* Nr. 51, 1.12.1968; *Andrej Sacharov v bor'be za mir*. Frankfurt/Main 1973, S. 122 f., 156; Vystuplenija Sacharova, in: *Chronika* Nr. 44, 16.3.1977; Amal'rik, Andrej: Neskol'ko myslej o Rossii sprovocirovannych stat'ej Ladova, in: *Sintaksis* 3, 1979, S. 67-73.

Mit einer derart radikalen Verneinung des russischen Charakters des Bolschewismus verfielen die Neoslawophilen in ein anderes Extrem als ihre neo-westlerischen Kontrahenten. Denn die Tatsache, dass die Marxsche Utopie von der totalen Gleichheit und von der Abschaffung des Privateigentums ausgerechnet in Russland an die Macht gelangen konnte, stellte wohl keinen Zufall dar. Manche Elemente der politischen Kultur Russlands z. B. die alten russischen Gerechtigkeitsideale, trugen zu diesem Triumph der im „Kommunistischen Manifest" formulierten ideologischen Postulate bei.

Die Wiederherstellung der russischen Eigenart war für die Neo-Slawophilen die wichtigste anstehende Aufgabe. Nur sie könne zur Gesundung Russlands, zur Wiedererlangung seines inneren Gleichgewichts führen. Russland müsse für seine Entwicklung Anregungen und Modelle in seiner Vergangenheit und nicht im Westen suchen.[64] Die hektische, konfliktbeladene westliche Gesellschaft war für die Neo-Slawophilen kein Ideal. Ähnlich wie die alten Slawophilen sehnten sie sich nach einer sozialen, politischen und geistigen Harmonie, die ihrer Ansicht nach, in einigen Perioden der russischen Vergangenheit bereits verwirklicht worden sei.

---

[64] Siehe dazu u. a. VSChON. Programma. Sud. V tjur'mach i lagerjach; Sud'ba VSChONovcev, in: *Chronika* 19, 30.4.1971; Solženicyn, Aleksandr. Na vozvrate dychanija i soznanija, in: *Iz pod glyb*, S. 7-28; Borisov, Vadim: Nacional'noe vozroždenie i nacija-ličnost', ebda., S. 199-215; Šafarevič, Igor': Est' li u Rossii duduščee, ebda., S. 261-276; Osipov, Vladimir: K voprosu o celi i metodach legal'noj oppozicii, in: *Iz žurnala Veče* Nr. 7, 8, 9, 10, Frankfurt/Main 1975, S. 3-13; Ders.: Otkrytoe pis'mo Gennadija Šimanova, ebda., S. 13-19; Bor'ba s tak nazyvaemym rusofil'stvom, ili put' gosudarstvennogo samoubijstva, ebda., S. 19-51; Sud nad Osipovym, in: *Chronika* Nr. 37, 30.9.1975; Skuratov, A.: Snova „neistovye revniteli?", in: *Veče* Nr. 5, Frankfurt/Main 1973, S. 164-169; Rassuždenija o nacional'nom charaktere uže est' nacionalizm, in: *Istočnik* 4/1996, S. 73-77; Solženicyn, Aleksandr: Pis'mo voždjam Sovetskogo Sojuza, in: Ders. *Sobranie sočinenij*, Bd. 9. Paris 1981, S. 134-167; Ders.: Sacharov i kritika pis'ma voždjam, ebda., S. 193-200; Ders.: Slovo na prieme v Hooverovskom institute, ebda., S. 269-275; Reč' v Harvarde, ebda., S. 280-297; Ders.: Persidskij trjuk, in: Ders.: *Sobranie sočinenij*, Bd. 10, S. 379 f. Zur Auseinandersetzung mit der neoslawophilen bzw. russophilen Ideologie siehe u. a. Janov, Aleksandr: Ideal'noe gosudarstvo Gennadija Šimanova, in: *Sintaksis* Nr. 1, 1978, S. 31-53; Alekseeva, *Istorija*, S. 354-369; Amal'rik, Ideologii v Sovetskom obščestve, in: Ders.: *SSSR i Zapad*, S. 78-94; Horvath, *The Legacy*, S. 150-184; Donald, W.: Treadgold, Solzhenitsyn's Intellectual Antecedents, in: Dunlop u. a., John. B. (Hrsg.): *Solzhenitsyn In Exile. Critical Essays and documentary materials.* Stanford, California 1985, S. 243-266.

In der zweiten Hälfte der 1970er Jahre nahmen die Auseinandersetzungen zwischen den beiden Strömungen, wie bereits erwähnt, an Schärfe zu, nicht zuletzt deshalb, weil die überwiegende Mehrheit ihrer Wortführer sich nun im Westen befand, nachdem sie vom Regime zur Emigration gezwungen worden waren. Solange sie noch in der Sowjetunion gelebt hatten, rief der Druck des Staatsapparates, der sich gegen beide in gleicher Weise richtete, einen gewissen Solidarisierungseffekt hervor. Als dieser Druck entfiel, begann sich die Kluft zwischen den ideologischen Kontrahenten immer weiter zu vertiefen.

Trotz dieser tiefen weltanschaulichen Kluft waren sich die Vertreter beider Strömungen in einem Punkt einig. Sie alle kritisierten scharf die Entspannungspolitik des Westens. Die demokratischen Staaten unterschätzten ihrer Meinung nach die Gefährlichkeit des sowjetischen Regimes. Der Westen leide unter einer Willensschwäche, strebe lediglich nach der Sicherung seines eigenen Wohlstandes und unterstütze nur lauwarm seine einzigen Verbündeten im Ostblock – die regimekritischen Kräfte. Sollte sich diese Haltung nicht ändern, werde der Kommunismus unaufhaltsam weiter expandieren: „Der Westen hat den Dritten Weltkrieg bereits verloren", schrieb 1975 Aleksandr Solženicyn: „Noch zwei, drei Jahrzehnte einer solchen glorreichen friedlichen Koexistenz und den Begriff des 'Westens' wird es nicht mehr geben".[65]

Mit dieser Sicht unterschätzten die sowjetischen Dissidenten, wenn man von solchen Ausnahmen wie z. B. Andrej Amal'rik oder Evgenij Barabanov (V. Gorskij) absieht, die innere Brüchigkeit des sowjetischen Systems. Ähnliches kann man auch von der überwältigenden Mehrheit der westlichen Sowjetologen sagen.

***

In der Sowjetunion gelang es dem Regime Ende der 1970er / Anfang der 1980er Jahre die organisatorische Infrastruktur der Bürgerrechtsbewegung, die ohnehin sehr bescheiden war, weitgehend zu zerschlagen. Dies

---

65   Solženicyn, *Sobranie sočinenij*, Bd. 9, S. 204.; siehe dazu auch ebda. S. 125-133, 206-230, 256-268, 345-365; Bd. 10, S. 50 ff., 56f., 386 ff.; Sacharov, *O strane i mire*, S. 35 f., 55 f., 60 ff., 65 f.; *Sacharov v bor'be za mir*, S. 148 f., 156 f.; Amal'rik, *SSSR i Zapad*, S. 95-119; Bukovskij, *I vozvraščaetsja*, S. 382.

geschah ungeachtet der Tatsache, dass die Sowjetunion im August 1975 die Schlussakte der Konferenz über Sicherheit und Zusammenarbeit in Europa (KSZE) in Helsinki unterschrieben hatte, die die „Achtung der Menschenrechte einschließlich der Gedanken-, Gewissens- und Überzeugungsfreiheit" garantierte. Die sowjetische Führung fand sich mit dieser für sie nicht ungefährlichen Formulierung nicht zuletzt deshalb ab, weil die KSZE die europäische Nachkriegsordnung, d. h. im Grunde die sowjetische Hegemonie im östlichen Europa, bestätigte. Den sowjetischen Dissidenten, vor allem der 1976 gegründeten Helsinki-Gruppe um Jurij Orlov, half die Berufung auf die Helsinki-Akte wenig. Sie wurden weiterhin verfolgt.[66] Die Verbannung Andrej Sacharovs im Januar 1980 – der integrierenden Gestalt der gesamten sowjetischen Dissidentenbewegung – stellte eine Art Symbol für das Ende der von der Bürgerrechtsbewegung dominierten Periode der Tätigkeit der sowjetischen Regimekritiker dar. Unmittelbar danach verkündete der stellvertretende Leiter des KGB, General Cvigun, die Dissidentenbewegung existiere in der Sowjetunion nicht mehr, dieses Problem sei nun gelöst.

Die apodiktische Feststellung Cviguns war, wie wir heute wissen, zu voreilig. Zwar vermochte die Dissidentenbewegung, wie bereits gesagt, breitere Bevölkerungsschichten nicht zu beeinflussen, sie blieb sogar innerhalb der Bildungsschicht weitgehend isoliert. Dessen ungeachtet gelang es ihr, die politische Kultur im Lande grundlegend zu verändern.[67]

Als einen nachträglichen Sieg der Dissidentenbewegung lässt sich die Tatsache bewerten, dass das Gorbačevsche „Neue Denken" sich in manchen Punkten, bewusst oder unbewusst, an die von den Bürgerrechtlern entwickelten Denkmodelle anlehnte. Dadurch löste der Generalsekretär der KPdSU eine der größten Umwälzungen in der Geschichte des 20. Jahrhunderts aus, die letztendlich zur Überwindung der europäischen Spaltung und zur Auflösung des Sowjetimperiums führte. Denn die „Klassenkampf-

---

66   Alekseeva, *Istorija*, S. 304-314; Horvath, *The Legacy*, S. 63 f., 67 ff.
67   „[Die Bürgerrechtsbewegung hat zwar] nicht zum Aufbau einer demokratischen Gesellschaftsordnung geführt, aber die moralische Atmosphäre in der sowjetischen Gesellschaft hat sich verändert", schrieb Andrej Amal'rik in seinen Erinnerungen (*Aufzeichnungen*, S. 52); siehe dazu auch Pomeranc, *Zapiski*, S. 328; Horvath, *The Legacy*, S. 95.

moral", die das Herzstück der kommunistischen Ideologie darstellt, ließ sich mit dem von Gorbačev propagierten „absoluten Vorrang der allgemein menschlichen Werte",[68] von dem auch die Bürgerrechtler ausgingen, nicht vereinbaren. Die bis dahin geltende kommunistische Wertehierarchie wurde gesprengt und mit ihr das gesamte politische Gebäude, das auf ihr basierte.

Geringfügig revidierte Fassung eines Aufsatzes, der in der Zeitschrift *Osteuropa* (11/2010, S. 127-151) veröffentlicht wurde.

---

68   Gorbatschow, Michail: *Perestroika. Die zweite russische Revolution. Eine neue Politik für Europa und die Welt.* München 1987, S. 185.

Chruščev – Gorbačev: Tauwetter oder Reformpolitik?
Ein politischer Strukturvergleich

Die von Michail Gorbačev eingeleitete politische Wende wird in Ost und West immer häufiger mit dem Chruščevschen „Tauwetter" verglichen. Dabei schneidet Chruščev neben dem neuen strahlenden Bild Gorbačevs in vielen Kommentaren relativ schlecht ab. Ihm werden Sprunghaftigkeit und Voluntarismus vorgeworfen und sein Kurs gilt im Allgemeinen als gescheitert.[1] Solche harten Urteile sind jedoch kaum gerechtfertigt. Bei dem Programm von 1956 handelte es sich immerhin um eine der größten Zäsuren in der neueren russischen Geschichte, um eine wahre Revolution von oben. Und anders als die Mehrzahl der Umwälzungen dieser Art (Ivan der Schreckliche, Peter der Große oder Stalin) hatte sie nicht die Errichtung oder Festigung eines „Leibeigenenregimes" zum Inhalt, sondern seine weitgehende Abschaffung. Am ehesten, wenn man nach Analogien sucht, ähneln die Vorgänge um 1956 dem Reformwerk des Zaren Alexander II., dessen Kernstück die Bauernbefreiung (1861) bildete.

Die vom 20. Parteitag der KPdSU eingeleitete Entwicklung lässt sich darüber hinaus auch als eine Art „Gegenrevolution" bezeichnen, denn sie richtete sich gegen die Auswüchse der ihr vorausgegangenen stalinistischen Umwälzung.[2] Es ging dabei jedoch um eine „sich selbst beschränkende Gegenrevolution". Nicht auf alle sogenannten „Errungenschaften" Stalins wollte sie verzichten. Und in dieser Inkonsequenz lag vielleicht ihre größte Schwäche.

---

1 Vgl. u. a. Meissner, Boris: *Das Aktionsprogramm Gorbatschows. Die Neufassung des dritten Parteiprogramms der KPdSU*. Köln 1987, S. 11; Karpinskij, L.: Nelepo mjat'sja pered dver'ju, in: *Moskovskie novosti*, 1.3.1987; Bovin, A.: Perestrojka i sud'by socializma, in: *Izvestija*, 11.7.87.

2 Vgl. dazu Fehér, Ferenc: The Social Character of Khrushchevism: A Transition or a New Phase?, in: Miller, Robert F. / Fehér, Ferenc (Hrsg.): *Khrushchev and the Communist World*. London-Sydney 1984, S. 12-38.

Trotz ihrer Rebellion gegen das Erbe des Vorgängers waren Chruščev und seine Anhänger letztendlich Zöglinge Stalins, die manche Denkmuster des Diktators verinnerlicht hatten und als unantastbare Dogmen ansahen. Dazu zählte z. B. die Ablehnung jeglicher gesellschaftlicher und innerparteilicher Spontaneität bzw. das Verbot einer offenen Austragung von Konflikten. Es gab zwar, wie man inzwischen weiß, heftige Auseinandersetzungen zwischen den Gegnern und den Befürwortern der Entstalinisierung.[3] Sie fanden jedoch ausschließlich innerhalb der höchsten Parteigremien statt und wurden der Öffentlichkeit vorenthalten. Isaac Deutscher sagte einmal, dass die Entstalinisierung in einer stalinistischen Manier durchgeführt worden sei; von oben und mit bürokratischen Mitteln.[4]

Die Stalinsche Konzeption von einer monolithischen, alle „Abweichungen" bekämpfenden Partei blieb also auch nach 1956 in der KPdSU vorherrschend. Von einer Restauration der vorstalinistischen Verhältnisse, mit ihren manchmal leidenschaftlichen Kontroversen, konnte keine Rede sein. Innerparteiliche Gegner Stalins – Trockij, Zinov'ev, Bucharin u. a. – wurden auch im Rückblick weiterhin als Gegner der Partei angesehen und, ungeachtet einiger Versuche, vor allem in Bezug auf Bucharin, nicht rehabilitiert. Die KPdSU durfte auch nach dem 20. Parteitag nur mit einer Stimme sprechen. Dieser bürokratische Führungsstil innerhalb einer Partei, die über das absolute Machtmonopol im Lande verfügte, musste zwangsläufig auch auf alle anderen gesellschaftlichen Strukturen abfärben, so auf den wirtschaftlichen, literarischen oder künstlerischen Bereich. Auch hier gab es keine Rückkehr zur aufregenden Vielfalt und Experimentierfreude der 20er Jahre.

Chruščev teilte die politische Entwicklung Stalins bekanntlich in zwei Phasen ein. Bis etwa 1934 habe der Diktator im Großen und Ganzen im Sinne der Partei gehandelt und erst seine Wendung gegen die Mitglieder der eigenen Fraktion, gegen die sogenannten „Sieger" des 17. Parteitages

---

3   *Chruščev erinnert sich*, hrsg. von Strobe Talbott. Reinbek 1971, S. 350-355, Medwedjew, Roy: *Chruschtschow, Eine politische Biographie*. Stuttgart / Herford, 1984, S. 125-127.
4   Deutscher, Isaac: Russia in Transition, in: Ders.: *Ironies of History. Essays on Contemporary Communism*. London 1967, S. 27-51.

vom Januar 1934, sei der eigentliche Sündenfall gewesen.[5] (Der 17. Parteitag wurde deshalb als „Parteitag der Sieger" bezeichnet, weil hier die Stalinisten ihren endgültigen Triumph über alle innerparteilichen Gegner wie auch über die bäuerliche „Individualwirtschaft" gefeiert hatten. Mehr als die Hälfte der Delegierten des Kongresses ließ Stalin später liquidieren).

Bei dem 20. Parteitag handelte es sich in gewisser Weise um eine verspätete Rache der „Sieger" vom Januar 1934 an ihrem Bezwinger. Die Geheimrede Chruščevs war eine Art nachgeholter Trauerrede. Ihre dramatischen Höhepunkte erreichte sie vor allem dort, wo Chruščev den Leidensweg der einstigen Gefährten Stalins schilderte.[6]

Auch in seinem politischen Programm knüpfte der 20. Parteitag, wie paradox es auch klingen mag, in mancher Hinsicht an dasjenige von 1934 an. Die Jahre 1934-35 stellten in der UdSSR eine Art Atempause zwischen zwei erschreckenden Terrorwellen dar. Das Nachlassen des Terrors, das damals zu beobachten war, wurde von einigen Akteuren der Ereignisse, z. B. von Bucharin, auf den Einfluss des „gemäßigten" Flügels der Stalinschen Fraktion, vor allem auf den des Leningrader Parteisekretärs Kirov, zurückgeführt. Nach der erfolgreich durchgestandenen Kollektivierung hätten Kirov und seine Gesinnungsgenossen die Fortdauer des Ausnahmezustandes nicht für sinnvoll gehalten. In der Außenpolitik hätten sie für die Aufgabe des radikalen antiwestlichen Kurses und für eine Annäherung an Frankreich und England plädiert. Die Volksfrontstrategie und die Politik der kollektiven Sicherheit – beides gegen die immer stärker werdende faschistische Gefahr gerichtet – waren die wichtigsten Resultate dieser Wende.[7]

Wie stark erinnern diese Entwicklungen an manche Kernpunkte des Chruščevschen Programms! Der Verzicht auf Massenterror und die all-

---

5 Chruschtschows historische Rede, in: *Ost-Probleme*, Nr. 25/26, 22. Juni 1956, S. 867-897. Zum 17. Parteitag der KPdSU siehe auch Schapiro, Leonard: *Die Geschichte der Kommunistischen Partei der Sowjetunion*. Frankfurt/Main 1962, S. 420-422.

6 *Chruschtschows historische Rede*, S. 873-879.

7 Nikolaevsky, Boris: *Power and the Soviet Elite. „The letter of an old Bolshevik" and other essays*, hrsg. von J. Zagoria. New York 1965, S. 31-36; siehe dazu auch Luks, Leonid: *Entstehung der kommunistischen Faschismustheorie. Die Auseinandersetzung der Komintern mit Faschismus und Nationalsozialismus 1921-1935*. Stuttgart 1985, S. 168-175.

mähliche Normalisierung der Lebensverhältnisse, die stärkere Berücksichtigung der Konsumwünsche der Bevölkerung, Entspannung in den Ost-West-Beziehungen, aber auch im Verhältnis zu den anderen Arbeiterparteien, hier sind insbesondere die jugoslawischen Kommunisten zu erwähnen. Es versteht sich von selbst, dass zwischen den beiden historischen Konstellationen auch wesentliche Unterschiede bestanden, daher konnte der Kurs von 1956 keine getreue Kopie des alten Programms sein. Es ist jedoch auffallend, in wie vielen Punkten, ungeachtet dieser diametral verschiedenen Ausgangssituationen, doch eine Übereinstimmung herrschte; nur mit einem großen Unterschied – bei der Wende von 1956 handelte es sich, im Gegensatz zu der von 1934, nicht nur um eine Atempause. Die wichtigsten Veränderungen des durch das „Tauwetter" von 1956 verwandelten Systems sind auch nach dem Sturz Chruščevs nicht angetastet worden. Zwar versuchten seine Nachfolger ein restauratives Klima zu schaffen und Russland in seiner Entwicklung „einzufrieren" – ein Vorgang, den man auch aus der vorrevolutionären Geschichte des Landes kennt – dennoch ließ sich das System, das sie zu bewahren suchten, im Grunde nicht mehr als stalinistisch bezeichnen. So gab es z. B. keine Rückkehr zum Massenterror. Die Parteioligarchie wollte das erneute Aufkommen einer willkürlichen Despotie verhindern, denn sie wusste, dass sie selbst wahrscheinlich deren erstes Opfer geworden wäre. Die Macht der Führung wurde jetzt gewissen institutionellen Schranken unterworfen und davon profitierte nicht nur die politische Elite, sondern auch die gesamte Bevölkerung. Die herrschenden Gruppierungen beachteten nun bei ihrer Machtausübung bestimmte Spielregeln und legten sich bei der Durchsetzung ihrer Ziele Selbstbeschränkungen auf.

Sie gingen zwar gegen Andersdenkende, z. B. gegen die Ende der sechziger Jahre entstandene Bürgerrechtsbewegung, sehr hart vor. Dass aber diese Bewegung überhaupt entstehen konnte, wies auf das Ausmaß der Veränderungen hin, die in der Sowjetunion inzwischen im Vergleich zur Stalinzeit stattgefunden hatten.[8] Es gab auch kein Zurück zur rück-

---

8 Zur sowjetischen Bürgerrechtsbewegung siehe u. a. Alekseeva, Ljudmila: *Istorija inakomyslija v SSSR, Novejšij period*. Benson, Vermont 1984; Tökös, R.L. (Hrsg.): *Dissent in the USSR, Politics, Ideology and People*. Baltimore 1976; Luks,

sichtslosen wirtschaftlichen Ausbeutung der Bevölkerung, wie sie für das frühere Regime typisch gewesen war. Die relativ liberalen Arbeitsgesetze vom Frühjahr 1956, die den drakonischen Stalinschen Arbeitskodex von 1940 aufhoben und den Arbeitnehmern recht große Bewegungsfreiheit garantierten, blieben weiterhin in Kraft. Die Mindest- und Durchschnittslöhne wurden fortwährend erhöht.[9] Auch die von Chruščev eingeführte Neuerung der Getreideeinfuhren sollte sich als fester Bestandteil der sowjetischen Wirtschaftspolitik etablieren. Zwar zeugt diese Maßnahme von der Schwäche der sowjetischen Landwirtschaft, zugleich weist sie aber auch auf einen weicheren Herrschaftsstil der Machthaber hin. 1963 gestand Chruščev, dass er durch die Weizenimporte der Bevölkerung Hungerkatastrophen, wie sie sein Vorgänger immer wieder in Kauf genommen hätte, ersparen wollte.[10] Auch seine Nachfolger möchten der Gesellschaft keine allzu großen Lasten aufbürden.[11] Angesichts der hier aufgezeigten Kontinuitäten scheint die These vom gänzlichen Scheitern des Chruščevschen Programms wenig begründet zu sein.

Nun möchte ich noch auf eine andere Kontroverse im Zusammenhang mit dem Kurs von 1956 eingehen, nämlich auf die Frage, ob die damaligen Reformen das sowjetische System qualitativ verändert haben. Von vielen Beobachtern wird dies verneint. Sie begründen ihr Nein damit, dass die Chruščev-Führung das uneingeschränkte Macht-, Wirtschafts- und Infor-

---

Leonid: Dissens in Osteuropa, in: *Pipers Handbuch der politischen Ideen*, hrsg. von Fetscher, Iring / Münkler, Herfried. München 1987, Bd. 5, S. 577-588, hier S. 577-580.

9   Simon, Gerhard: Chruschtschowismus: Wie wandlungsfähig ist das Sowjetsystem?, in: *Berichte des Bundesinstitutes für ostwissenschaftliche und internationale Studien* 20/1986, S. 17; Ruban, Maria-Elisabetz / Gloeckner, Eduard / Lodahl, Maria / Scherzinger, Angela mit einem Beitrag von Klaus von Beyme, *Wandel der Arbeits- und Lebensbedingungen in der Sowjetunion 1955-80. Planziele und Ergebnisse im Spiegelbild sozialer Indikatoren*. Frankfurt/Main 1983, S. 203-205.

10   Conquest, Robert: *Russland nach Chruschtschow*. München 1965, S. 102; siehe dazu auch Chruschtschows Beschreibung der Hungersnot in der Ukraine in den Jahren 1946-47, in: *Chruschtschow erinnert sich*, S. 231-248.

11   Dazu Ruban u. a., Wandel, S. 33-37; Mlynář, Zdeněk: Chruschtschow und Gorbatschow – Ähnlichkeiten und Unterschiede, in; *Osteuropa-Info* 68/1987, S. 18-28, hier S. 20-21.

mationsmonopol der Partei unangetastet gelassen hatte.[12] Formal gesehen ist dieser Einwand durchaus berechtigt, dennoch liegt hier eine gewisse optische Täuschung vor. In Wirklichkeit höhlte Chruščev das stalinistische System weitgehend aus, und das, woran er sich klammerte, war eher seine Fassade. Stalin hatte sich übrigens früher ähnlich verhalten. Auch er hatte versucht, bei der Aushöhlung des von den alten Bolschewiki geschaffenen Systems[13] dessen äußere Merkmale zu bewahren. In beiden Fällen wurde die Fassade oft mit dem Wesen des Systems verwechselt, nicht zuletzt darauf ist auch die Kontinuitätsthese zurückzuführen. So blieb für Zbigniew Brzezinski das sowjetische System auch nach 1956 totalitär. Chruščev könne es sich erlauben, den Terror abzumildern, weil Stalin alle unabhängigen Gruppierungen und Kräfte bereits liquidiert hätte. Die Bevölkerung sei nun derart gefügig geworden, dass das Aufkommen eines aktiven Widerstandes nicht mehr zu erwarten sei.[14] Die Tatsache, dass die neue Führung die Stalinsche These von dem sich fortwährend verschärfenden Klassenkampf verwarf und die Konsumwünsche der Bevölkerung stärker berücksichtigte, stellte für die Mehrheit der westlichen Politologen zunächst keine echte Zäsur dar. Die populistische Wende mache die Sowjetunion nicht weniger totalitär, so Zbigniew Brzezinski und Carl J. Friedrich. Das System erhalte dadurch bloß neue Eigenschaften, die es noch stärker als zuvor in die Nähe der früheren faschistischen Regime rückten.[15] Von quali-

---

12   Wolfe, Bertram: The Durability of Despotism in the Soviet System, in: Ders.: *An Ideology in Power.* New York 1969, S. 270-293; Barghoorn, F.C.: Changes in Russia: The Need for Perspective, in: Brzezinski, Zbigniew (Hrsg.): *Dilemmas of Change in Soviet Politics.* New York-London 1969, S. 35-44, Schapiro, Leonard: *Totalitarianism.* London 1972.
13   Zu qualitativen Veränderungen des sowjetischen Systems in der Stalin-Zeit siehe Cohen, Stephen: Bolshevism and Stalinism, in: Tucker, Robert C. (Hrsg.): *Stalinism. Essays in Historical Interpretation.* New York 1977, S. 3-29; Tucker, Robert C.: *Stalin as Revolutionary.* New York 1973.
14   Brzezinski, Zbigniew: The Nature of Soviet System; in: Ders.: *Ideology and Power in Soviet Politics.* New York-Washington-London 1967, S. 65-94, hier S. 70; Ders.: Totalitarismus und Rationalität, in: Seidel, Bruno / Jenkner, Siegrfried (Hrsg.): *Wege der Totalitarismus-Forschung.* Darmstadt 1968, S. 267-288.
15   Brzezinski, Totalitarismus und Rationalität; Friedrich, Carl J.: The Evolving Theory and Practice of Totalitarian Regimes, in: Friedrich, Carl J. / Curtis, Michael / Barber, Benjanim: *Totalitarianism in Perspective: Three Views.* London

tativen Veränderungen in der UdSSR könne nur dann die Rede sein, so das Fazit der oben beschriebenen Position, wenn die Machthaber einen institutionell verankerten Pluralismus und das Prinzip der Gewaltenteilung akzeptieren würden.[16]

Damit wurde mit anderen Worten den im Westen herrschenden politischen Kriterien ein allgemeingültiger Charakter verliehen, die Eigenart der russischen Entwicklung hatte sich auf diese Weise der Aufmerksamkeit der Autoren weitgehend entzogen. So z. B. die Tatsache, dass grundlegende Veränderungen sich hier oft nach einem anderen Muster als im Westen vollzogen. Den formal rechtlichen Faktoren maß man in Russland in der Regel keine allzu große Bedeutung zu. Deshalb fanden hier immer wieder Umwälzungen statt, die den politisch-institutionellen Rahmen kaum antasteten. Von der Stalinschen Revolution war in diesem Zusammenhang bereits die Rede. Noch stärker wird dieser Sachverhalt durch eine andere Entwicklung veranschaulicht, die im vorrevolutionären Russland aufgetreten war, nämlich durch das Reformwerk Alexanders II. Das politische System hatte sich infolge der damaligen Wende, so infolge der Abschaffung der Leibeigenschaft, kaum verändert, denn nach wie vor stellte das Zarenreich eine uneingeschränkte Selbstherrschaft dar – wenn man von der unabhängigen Gerichtsbarkeit absieht, die infolge der Justizreform von 1864 entstand. Trotz dieser scheinbaren Kontinuität hatte sich jedoch das Land innerhalb kürzester Zeit bis zur Unkenntlichkeit gewandelt. Ähnliches lässt sich auch über die Zeit nach 1956 sagen.

Zu den wenigen Beobachtern, die das Ausmaß der damaligen Veränderungen sofort erkannten, gehörte Isaac Deutscher. Das Vorgehen Chruščevs sei wesentlich mehr als ein taktisches Manöver, schrieb er unmittelbar nach dem 20. Parteitag. Hier sei nicht nur Stalin als Mensch, sondern auch der Stalinismus mit seinen Herrschaftsmethoden angegriffen worden. Daher sei die Rückkehr zu dieser Art von Machtausübung im Grunde nicht mehr möglich.[17] Den moralischen Puristen, die Chruščevs

---

1969, S. 123-164.
16 Siehe Anm. 12 und 15.
17 Deutscher, Isaac: Khrushchov on Stalin, in: Ders.: *Ironies of History*, S. 3-17; Ders.: The Meaning of de-Stalinization, ebda., S. 18-26.

Enthüllungen für unglaubwürdig hielten, da dieser selbst sich an den Verbrechen Stalins beteiligt hatte, stellte Deutscher entgegen: da alle Antistalinisten bereits längst liquidiert worden seien, sei die sozial unumgängliche Aufgabe der Entstalinisierung den Stalinisten zugefallen.[18]

An einer anderen Stelle, ebenfalls im Jahre 1956, schrieb Deutscher, in der Sowjetunion vollziehe sich nun der Zusammenbruch eines totalitären Systems. Das in der westlichen Politologie vorherrschende Axiom, dass totalitäre Regime sich nur durch äußere Niederlagen abschaffen ließen, beginne nun seine Gültigkeit zu verlieren.[19] Andere Politologen brauchten etwas mehr Zeit, um zur gleichen Schlussfolgerung zu gelangen. Dennoch sollte sie seit Anfang der sechziger Jahre einen immer stärkeren Verbreitungsgrad erfahren. Dadurch gerieten die Anhänger der Totalitarismus-Theorie allmählich in eine Außenseiterposition. Immer lauter wurde nun die Forderung nach einer neuen Definition des sowjetischen Systems. Und seit Ende der sechziger Jahre gehörte die Initiative in der wissenschaftlichen Diskussion bereits eindeutig den „Revisionisten", die die Ansicht vertraten, dass die Sowjetunion seit dem Tode Stalins in eine posttotalitäre Entwicklungsphase eingetreten war.[20]

Demnach unterscheidet sich die Ausgangssituation der Gorbačev-Führung grundlegend von derjenigen der unmittelbaren Nachfolger Stalins. Sie hat nicht ein totalitäres Regime zu beseitigen, sondern ein verkrustetes semitotalitäres System zu reformieren und zu modernisieren. Die Konturen des Gorbačevschen Programms hatten sich recht früh herauskristallisiert. Bereits die ZK-Rede, die er einen Monat nach seinem Machtantritt im April 1985 hielt und seine Äußerungen vom Mai und Juni desselben Jahres wiesen darauf hin, dass der Kampf gegen den Brežnevschen-Immobilismus sein Hauptziel war. Nach anderthalb Jahrzehnten Stagnation

---

18 Ebda.
19 Deutscher, Russia in Transition, ebda.
20 Vgl. Ludz, Peter Christian: Offene Fragen in der Totalitarismus-Forschung, in: Seidel / Jenkner, *Wege der Totalitarismus-Forschung*, S. 466-512; Ders.: Entwurf einer soziologischen Theorie totalitär verfasster Gesellschaft, ebda., S. 532-599; Curtis, Michael: Retreat from Totalitarianism, in: Friedrich / Curtis / Barber, *Totalitarianism*, S. 53-121; Tucker, Robert C.: The Dictator and Totalitarianism, in: Ders.: *The Soviet Political Mind. Stalinism and Post-Stalinism Change*, rev. ed. New York 1971, S. 34-35.

hatte die Sowjetunion – wie bekannt – weitgehend den wirtschaftlichen und technologischen Anschluss an den Westen verloren. Zwar hob der neue Generalsekretär mit Stolz die inzwischen erreichte militärisch-strategische Parität im Verhältnis zu den Vereinigten Staaten hervor. Dennoch sei auch diese Leistung, so Gorbačev, aufgrund der unterentwickelten technologischen Infrastruktur des Landes auf die Dauer gefährdet.[21] Die Gorbačev-Führung wurde demnach mit einem uralten russischen Problem konfrontiert, das sich zu Beginn der 80er Jahre erneut dramatisch zuspitzte – wie kann man den sich schnell entwickelnden und immer wieder davoneilenden Westen einholen? Ähnlich wie andere Reformer vor ihm entwarf der neue Parteiführer die Vision von einem modernen, wirtschaftlich mächtigen und unabhängigen Russland. Was bei diesem Programm zunächst auffiel, war sein vorwiegend technokratischer Charakter. Der propagandistische, auf Schaueffekte ausgerichtete Regierungsstil der Brežnev-Zeit wurde verurteilt, von der Partei und von der Gesellschaft wurden mehr Effizienz, Sachlichkeit und Disziplin gefordert.[22] In gewisser Hinsicht ließ sich die neue Linie in ihrem Anfangsstadium als eine Neuauflage des Andropov-Kurses bewerten. Es handelte sich hier um einen Modernisierungsversuch, der die Frage der Liberalisierung weitgehend ausklammerte. Die Partei konzentrierte ihre Aufmerksamkeit vor allem auf die Lösung der gegenwärtigen und künftigen Aufgaben, an einer grundlegenden Auseinandersetzung mit den politischen Fehlern der Vergangenheit war sie nicht allzu stark interessiert. Ihre Kritik beschränkte sich vor allem auf wirtschaftliche Mängel des Systems und auf Auswüchse des Bürokratismus.[23] Mit diesem Lamento konnte sie allerdings die Sowjetbürger kaum beeindrucken, denn an solche Klagen waren sie praktisch seit Lenin gewöhnt. Auch Disziplinierungskampagnen unterschiedlichster Art stellten für sie nichts Neues dar und sie wussten recht gut mit ihnen umzugehen, d. h. ihnen auszuweichen. Alle diese Methoden waren also kaum dazu geeignet, das Land zu neuen Ufern zu führen und es zeugt von der großen Lernfähig-

---

21 Gorbačev, Michail: *Izbrannye reči i stat'i*. Moskau 1985, S. 9-12, 18-21, 69-81, 109-111.
22 Ebda.
23 Vgl. dazu den politischen Bericht Gorbačevs an den 27. Parteitag der KPdSU, *Pravda*, 26.2.1986.

keit der Gorbačev-Führung, dass sie das auch sehr schnell einsah. Die Katastrophe von Černobyl' spielte bei diesem Umdenkungsprozess sicherlich die Rolle eines Beschleunigers. Denn etwa von diesem Zeitpunkt an füllt sich die Perestrojka allmählich mit neuem Inhalt, die Ereignisse beginnen sich zu überschlagen. Erst jetzt lassen sich Parallelen zu den Entwicklungen von 1956 aufstellen. Man gelangt nun zu der Einsicht, dass eine „eingefrorene", von ihrer Vergangenheit weitgehend abgeschnittene Gesellschaft die von ihr geforderten kreativen Leistungen kaum erbringen kann. Mit dieser Erkenntnis ist wohl die neue liberale Wende verbunden, die in einigen Punkten weit über das Konzept von 1956 hinausgeht.

Es war bereits davon die Rede, in welch stalinistischer Manier die Entstalinisierung von Chruščev durchgeführt worden war. Die Gesellschaft und die Parteibasis durften nicht einmal bei den Regierungsmaßnahmen, die ihren Interessen eindeutig entsprachen, mitwirken. Merkwürdigerweise wurde dieses Vorgehen von der Bevölkerung im Großen und Ganzen auch akzeptiert. Wenn man allerdings bedenkt, in welch desintegriertem Zustand Stalin die Nation hinterließ, wird diese Passivität leicht verständlich. Nun hat sich aber die Situation stark verändert. Die sowjetische Gesellschaft von heute lässt sich nicht ohne weiteres per Befehl verändern oder erneuern. Sie ist kein gefügiges Objekt mehr in den Händen der Machthaber. Auf der anderen Seite entwickelte sie sich noch nicht – anders als z. B. in Polen zur Zeit der Solidarność-Bewegung – zu einem eigenständigen Subjekt, zu einem gleichberechtigten Partner der Regierung. Dies ist auch nicht verwunderlich, denn jahrzehntelang hatte die Staatsführung versucht, alle Ansätze für eine derartige Entwicklung im Keime zu ersticken. Und darin besteht das eigentliche Dilemma der heutigen Reformer. Wenn sie wollen, dass ihr Erneuerungskurs nicht im Sande verläuft, sondern sich mit Substanz füllt, brauchen sie eine spontane Mitwirkung der Gesellschaft und keine Scheinpartizipation wie bisher. Mit diesem Vorhaben drohen sie aber auf eklatante Weise Denk- und Verhaltensnormen zu verletzen, die seit der Errichtung des Stalinschen Regimes, also praktisch seit mehr als einem halben Jahrhundert, die politische Kultur der Sowjetunion bestimmen. Ängste, die derartige Neuerungen im regierenden Apparat hervorrufen, sind daher durchaus verständlich. Spontane Partizipation kann eventuell zum Kontrollverlust führen, und eine solche Aussicht stellt für die Bürokraten im Allgemeinen, für die sowjetischen aber im Besonderen, einen wahren Alptraum dar. Den Äußerungen der Reformer kann man entnehmen, wie stark der Parteiapparat trotz umfangreicher personaler Veränderungen die neuen Initiativen zu sabotieren versucht. Im Juni 1986 erklärte Gorbačev: „Zwischen dem Volk, [...] das Veränderungen will, das davon träumt und der Staatsführung befindet sich eine Verwaltungsschicht, [...] [die] keine Umgestaltungen will [...]."[24]

In solchen Ländern wie Polen (1956,1980/81), Ungarn (1956) oder der Tschechoslowakei (1968) war es in vergleichbaren Konfliktsituationen möglich, die Bevölkerung oder die Parteibasis zu mobilisieren. Die Dogmatiker gerieten so unter einen permanenten Druck von unten und mussten eine Position nach der anderen räumen. Etwas Ähnliches versucht nun auch die Gorbačev-Führung in die Wege zu leiten. Künstlerische und wissenschaftliche Verbände sollen demokratisch umstrukturiert werden, fassadenhafte Organisationen wie die Sowjets oder die Gewerkschaften sollen mehr Eigenständigkeit und Kompetenz erhalten.[25] Der administrativ-bürokratische Führungsstil, der sich vor einem halben Jahrhundert etabliert hatte, wird einer heftigen Kritik unterworfen.[26] Und dies macht eine scharfe Auseinandersetzung mit der eigenen Geschichte unumgänglich. Noch im Juni 1986 meinte Gorbačev, eine allzu intensive Beschäftigung mit den Fehlern der Vergangenheit würde die Gesellschaft nur unnötig von den aktuellen Aufgaben ablenken.[27] Ein halbes Jahr später auf dem ZK-Plenum vom Januar 1987 sprach er bereits ausdrücklich von den unzulänglichen theoretischen Vorstellungen vom Sozialismus, die auf dem Niveau der

---

24 Siehe „Nur durch Kritik und Selbstkritik können wir uns kontrollieren", *Frankfurter Rundschau*, 18.9.1986.
25 O perestrojke i kadrovoj politike partii. Doklad General'nogo sekretarja CK KPSS M. S. Gorbačeva na plenume CK KPSS 27 janvarja 1987 goda, *Pravda*, 28.1.1987.
26 Vgl. dazu u. a. Sociologija v kontekste revoljucionnoj perestrojki obščestva, in: *Sociologičeskie issledovanija* 3, 1987, S. 3-11; Šmelev, Nikolaj: Avansy i dolgi, in: *Novyj mir* 6, 1987, S. 142 -158, Bovin, A.: Perestrojka i sud'by socializma, *Izvestija*, 11.7.1987.
27 „Nur durch Kritik und Selbstkritik können wir uns kontrollieren".

dreißiger und vierziger Jahre stecken geblieben seien.[28] Noch deutlicher wurde er bei einem Treffen mit Vertretern der Massenmedien und der künstlerischen Verbände im Juli 1987: „Das, was in den Jahren 1937-38 geschehen war, können und dürfen wir niemals vergeben und rechtfertigen. Niemals!"[29]

Die ursprüngliche Absicht, sich mit der Geschichte so wenig wie möglich zu befassen, wurde also fallen gelassen. Die Perestrojka verwandelte sich demnach in einen eigendynamischen Prozess, an den sich seine Urheber immer neu anpassen müssen. Darin liegt sicher einer der größten Erfolge der Reformer. Denn ohne diese Eigendynamik hätte der neue Kurs sehr schnell den Charakter einer bürokratisch gelenkten, fassadenhaften Veranstaltung angenommen, wie dies früher häufig der Fall gewesen war, und damit seinen Sinn verloren.

Die Beschleunigung der Perestrojka, die vor allem seit Černobyl' zu beobachten ist, wirft nicht nur das Land selbst aus den gewohnten Bahnen, sondern bereitet auch den ausländischen Beobachtern beträchtliches Kopfzerbrechen. Da alles sich nun im Fluss befindet, werden viele Analysen, vor allem aber Prognosen zum weiteren Verlauf des „Umbaus" über Nacht ungültig. So war z. B. Boris Meissner noch vor Kurzem davon überzeugt, dass die Absicht der sowjetischen Führung, die bestehenden Strukturen zu demokratisieren, sich eher auf eine verbale Ebene beschränken werde.[30] Und ein derart scharfsinniger Beobachter der sowjetischen Szene wie Zdeněk Mlynář meinte noch Anfang 1987: „[Gorbačev will nicht über] die Vergangenheit und über deren Bewertung eine ernste Auseinandersetzung innerhalb der Partei [...] und in der Gesellschaft hervorrufen."[31]

Als Mlynář dies feststellte, war eine schonungslose Abrechnung mit manchen dunklen Seiten der sowjetischen Geschichte in der Literatur, im Film und in mehreren Wissenschaftszweigen bereits in vollem Gange. Und was bei dieser neu entfachten Diskussion besonders auffällt, ist die Tatsache, dass weder die Partei noch andere Organisationen und Verbände nur

---

28 O perestrojke i kadrovoj politike partii.
29 Praktičeskimi delami uglubljat' perestrojku, *Izvestija*, 16.7.1987.
30 Meissner, *Das Aktionsprogramm*, S. 39, 50-51, 54-55.
31 Mlynář, Zdeněk: Kreuzweg der politischen Reform, in: *Sozialismus* 2, 1987, S. 45-48.

mit einer Stimme sprechen. Die Offenheit, mit der zur Zeit unterschiedliche Standpunkte formuliert werden, leidenschaftliche Kontroversen, die sowohl in den Medien als auch auf Versammlungen einzelner Verbände stattfinden, stellen das eigentlich Neue im Vergleich zum ersten „Tauwetter" dar, sie erinnern beinahe an die zwanziger Jahre. Darin sieht man, dass Glasnost', welche zum Motto der neuen Führung erhoben wurde, längst keine Floskel mehr ist.

Dogmatiker warnen vor den verheerenden Folgen der „zersetzenden" Kritik an allen nationalen Werten. Die sowjetischen Medien gäben nur einer Partei, nämlich den angriffslustigen Zerstörern, die Möglichkeit, sich zu äußern, beklagte sich im März 1988 der Schriftsteller Jurij Bondarev. Wenn man diesen Kräften keine neue Niederlage à la Stalingrad bereiten könne, würden sie das Land in einen Abgrund stürzen.[32]

Die Befürworter der Erneuerung gehen ihrerseits auch nicht gerade schonend mit ihren Gegnern um. Auch sie sprechen vom Sein oder Nichtsein des Landes: „Zurückgehen können wir nicht, es gäbe keinen Raum für Rückzug" erklärte auf dem ZK-Plenum vom Januar 1987 Gorbačev. „Die Perestrojka muss zu einem unumkehrbaren Prozess werden".[33] Diesen beschwörenden Appell richtet der Generalsekretär nicht nur an die konservativen Teile des Establishments, sondern auch an die Bevölkerung. Denn dies scheint das eigentliche Problem der Reformer zu sein, dass die erwartete spontane Unterstützung von unten für ihr Vorhaben eher zögernd kommt. Es sind nämlich nicht nur die berüchtigten Bürokraten, die sich in den letzten sechs Jahrzehnten an einen apodiktischen Führungsstil, an die propagandistische Scheinwelt, an die Verschleierung der tatsächlichen Konflikte gewöhnten. Das gleiche trifft auch auf große Teile der Bevölkerung zu, wenn man die kleine nonkonformistische Minderheit ausnimmt. Kontroverse Diskussionen in den Medien, offene und schonungslose Berichte über die Drogenproblematik oder Jugendkriminalität – Probleme, die nach den bisherigen offiziellen Verlautbarungen lediglich den „dekadenten" Westen plagten – all das ruft große Verunsicherung hervor. Wie

---

32   Perestrojka – volja, mužestvo i otvetstvennost', *Literaturnaja Rossija*, 27.3.1988.
33   O perestrojke i kadrovoj politike partii.

Mlynář mit Recht konstatiert, sind autoritäre Tendenzen, die Forderung nach der starken Hand nicht nur in der herrschenden Elite, sondern auch in der Bevölkerung stark verbreitet.[34] Auch die an die Basis gerichtete Aufforderung, sich stärker an den Entscheidungsprozessen in den Betrieben, in den Kommunen oder in den Gewerkschaften zu beteiligen, trifft anscheinend noch nicht auf die gewünschte Resonanz. So beklagte sich vor kurzem der Dramatiker Šatrov, der zu den wichtigsten Wortführern des neuen Kurses gehört, dass viele Menschen mit dem Demokratisierungsvorhaben der Führung nichts anfangen könnten. Sie sagten: „[Wofür] gebt ihr uns irgendwelche Rechte, alles soll beim Alten bleiben, damals war alles so klar!"[35]

Im Gegensatz zu Chruščev kann Gorbačev den breiten Bevölkerungsschichten keine sofortigen Vorteile versprechen. Die Urheber des ersten „Tauwetters" hatten solche Trümpfe in der Hand wie die Abschaffung des Massenterrors, die Abkehr von der rücksichtslosen wirtschaftlichen Ausbeutung der Bevölkerung, die Entlassung von Millionen aus den Arbeitslagern. Das, was die jetzige Führung all dem entgegensetzen kann, ist ihre Vision vom modernen, hochentwickelten Russland. Dieses Programm setzt aber, ähnlich wie alle anderen Modernisierungsprogramme der Geschichte, eine gewisse Durststrecke voraus. Gorbačev scheint – ähnlich wie der letzte große Reformer der Zarenzeit, Stolypin – auf die Starken zu setzen. Auf diejenigen, die bereit sind, mehr Initiative zu entwickeln und mehr zu leisten.[36] Dies kann eine größere soziale Differenzierung und damit auch neue soziale Spannungen nach sich ziehen.

Ähnlich wie das „Tauwetter" von 1956 enthält auch die Perestrojka viele Widersprüche. Ihre Initiatoren betonen immer wieder, dass der Umbau die Grundlagen der sozialistischen Gesellschaftsordnung nicht antasten darf, was dies auch immer heißen mag. Sie bremsen und beschleunigen zugleich. Aber gerade diese Widersprüche weisen darauf hin, dass es sich bei der Perestrojka um einen authentischen Prozess und keineswegs um

---

34 Mlynář, *Kreuzweg der politischen Reform*, S. 48.
35 Nie bać się prawdy, *Polityka* (Warschau), 14.2.1987, S. 1.
36 Siehe: O perestrojke i kadrovoj politike partii, ebd.; Zaslavskaja, T.: Čelovečeskij faktor razvitija ėkonomiki i social'naja spravedlivost', in: *Kommunist* 13, 1986, S. 61-73.

einen manipulativen Vorgang handelt, wie dies manchmal behauptet wird.[37] Und es gehört zum Wesen der spontanen Prozesse, dass sie sowohl für die Beobachter als auch für die Akteure selbst immer wieder Überraschungen bereithalten.

Veröffentlicht in: *Dialoge, Reihe des Lehrinstituts für Russische Sprache des Landes NRW*, Band 1, 1987/1988, S. 119-130 (geringfügig revidierte Fassung).

---

37 Vgl. dazu Sinowjew, A.: Das neue Potemkinsche Dorf, Michail Gorbatschows Programm – eine sowjetische Routineangelegenheit, *Suddeutsche Zeitung*, 4./5.7.1987.

Russische Intellektuelle aus Ost und West diskutieren über die „Perestrojka"

Seit dem Machtantritt Gorbačevs sind nun rund drei Jahre vergangen. Wie stark hat die von ihm initiierte Perestrojka bereits die Sowjetunion verändert? Wie gefährdet ist sein neuer Kurs?
    Mit diesen Fragen befasste sich eine Konferenz, die vom 2. bis zum 4. März 1988 stattfand und deren Zustandekommen schon vom Ausmaß der Veränderungen zeugt, die sich in der UdSSR in der jüngsten Zeit vollzogen. Noch vor einem Jahr wäre eine derartige Zusammenkunft undenkbar gewesen, denn hier trafen zwei Welten zusammen, die seit Jahrzehnten unter extremen Berührungsängsten leiden – Vertreter des sowjetischen Kulturlebens und Repräsentanten des russischen Exils. Bescheidene Vorläufer solcher Treffen hatte es bereits gegeben, so z. B. internationale wissenschaftliche und literarische Symposien, zu denen auch die beiden verfeindeten Lager ihre Emissäre entsandten. Mit den wirklich brisanten Themen der sowjetischen Gegenwart und Vergangenheit hatten sie sich aber in der Regel nur am Rande befasst. Die Tagung von der hier die Rede ist, war dagegen ausschließlich solchen Fragen gewidmet. Sie hatte den sehr weitgefassten Titel „Die Rolle der schöpferischen Intelligenz im Reformprozess der Sowjetunion und künftige Perspektiven", was aber den einzelnen Referenten große Entfaltungsmöglichkeiten gab. Die Begegnung fand quasi auf neutralem Boden statt. Weit von Moskau und von den Zentren der russischen Emigration wie Paris oder München entfernt, nämlich in Humlebäk – einem kleinen Ort nördlich von Kopenhagen, dem Sitz des bekannten Museums für moderne Kunst, der „Louisiana".
    Auf wundersame Weise hätten sich die Grenzen zwischen Ost und West hier in Humlebäk verwischt – so leitete der Direktor der „Louisiana", Knud W. Jensen, die Konferenz ein. Dass dieses Wunder überhaupt zustande gekommen war, war nicht zuletzt dem diplomatischen Geschick des dänischen Slawistenverbandes und des „Zentrums für Ost-West-Forschung"

der kleinen süddänischen Universität in Esbjerg zu verdanken, die die Tagung organisierten.

Wer traf sich in „Louisiana"? Diese Frage war nicht weniger interessant als der Verlauf der Tagung selbst. Es handelte sich hier beinahe ausschließlich um liberal gesinnte Anhänger der Perestrojka aus Ost und West. Für Dogmatiker innerhalb und außerhalb der UdSSR kommen solche Annäherungsversuche nach wie vor nicht in Frage. In manchen Punkten scheint nun der grenzüberschreitende Dialog besser zu funktionieren als das Gespräch mit den jeweiligen Kontrahenten im eigenen Lager. Die sowjetischen Anhänger der Perestrojka versuchen jetzt alle Reserven zu mobilisieren, um die innenpolitischen Opponenten zu bezwingen, selbst wenn diese Reserven sich in dem bisher als unberührbar geltenden Exil befinden. Trotz einer sorgfältigen Auswahl der Teilnehmer verlief indes die Tagung keineswegs reibungslos. Das jahrzehntelange Nichtbeachten der anderen Seite, die feste Überzeugung von der eigenen moralischen Überlegenheit konnten nicht ohne Folgen bleiben.

Der aus Leningrad stammende und zur Zeit an der Pariser Sorbonne lehrende Literaturwissenschaftler Efim Ėtkind sorgte für den ersten dramatischen Höhepunkt der Tagung. Sein Vortrag „Die Einheit der russischen Literatur" befasste sich mit ihrer gewaltsam unterdrückten und verdrängten Hälfte. Dies war eine Art Requiem für Hunderte von verfolgten und liquidierten Schriftstellern, deren Werke aus der offiziellen Literatur verbannt worden waren. Er sprach in diesem Zusammenhang von der Kategorie des Hasses, welche die sowjetische Kulturpolitik praktisch seit der Oktoberrevolution bestimme, die aber in der stalinistischen Epoche eine zusätzliche qualitative Steigerung erfahren habe. Als Illustration dafür zitierte er den Stalinisten Surkov, der auf dem ersten sowjetischen Schriftstellerkongress im Jahre 1934 von dem „wunderbaren Begriff des Hasses" geschwärmt habe. Mehr als 600 Schriftsteller seien nach 1937, so Ėtkind, infolge von Hasskampagnen unterschiedlichster Art in den Straflagern und Gefängnissen verschwunden. Die Perestrojka habe viele von ihnen posthum rehabilitiert und ihre Werke den sowjetischen Lesern zum ersten Mal zugänglich gemacht. Die Schatten kehrten nun aus dem Reich der Toten zurück, wodurch sich das Gesamtbild der sowjetischen Literatur radikal verändere.

Diese Rückkehr der Schatten wurde von dem Referenten zwar uneingeschränkt begrüßt, er versäumte es aber nicht, darauf hinzuweisen, wie unwillkommen das plötzliche Auftauchen des bisher Verdrängten für manche Gralshüter des Dogmatismus sei. So habe der Schriftsteller Proskurin das gesteigerte Interesse der sowjetischen Öffentlichkeit für diese Kategorie von Literatur als eine Art Nekrophilie bezeichnet.

Ėtkinds Vortrag rief den Leiter der sowjetischen Delegation Grigorij Baklanov auf den Plan. Baklanov leitet die Literaturzeitschrift *Znamja*, die zu den wichtigsten Presseorganen der Perestrojka zählt. *Znamja* trug in den letzten anderthalb Jahren viel zur Wiederherstellung der Einheit der russischen Literatur bei, also zur Rückkehr der Schatten aus dem Reich der Toten, wie Ėtkind diesen Prozess definierte. In den Spalten dieser Zeitschrift wird derzeit die Auseinandersetzung mit den Fehlern der Vergangenheit nicht selten mit ähnlichen Argumenten geführt, wie sie auch den Ėtkindschen Vortrag auszeichneten. Baklanov maß also mit zweierlei Maß, als er sich gegen die gleichen Anklagen, nur weil sie aus dem Munde eines Emigranten kamen, verwahrte. Die These vom Hass als einer dominierenden Emotion in der sowjetischen Entwicklung wies er entschieden zurück. Sogar in den dreißiger Jahren sei es dem stalinistischen Schreckensregime nicht gelungen, die humanistische Komponente aus der sozialistischen Ideologie gänzlich zu verbannen. Nicht der Hass, sondern das humanistische Ideal habe die Sowjetbürger inspiriert, als sie in den Krieg gegen den Faschismus zogen. Die Ėtkindsche Interpretation der Geschichte der sowjetischen Literatur sei beleidigend und diffamierend.

Diese Polemik hat die Konferenz sehr stark belastet. Das Fazit des ersten Tages war deshalb eher deprimierend. Viele Teilnehmer hielten die Tagung bereits für gescheitert. Der befreiende Durchbruch kam erst am Morgen des zweiten Tages mit dem Vortrag von Jurij Afanas'ev, dem Leiter des Historisch-Archivalischen Instituts in Moskau. Afanas'ev zählt zu den konsequentesten Kritikern des Stalinismus in seinem Lande. Nicht zuletzt deshalb wird er von den Parteidogmatikern immer wieder scharf angegriffen. Dieser Umstand steigerte natürlich seine Glaubwürdigkeit in den Augen der Exilrussen. Das Interesse für seinen Vortrag war deshalb außerordentlich groß und die gespannten Erwartungen wurden keineswegs enttäuscht. Zunächst räumte Afanas'ev ein, dass es sich bei diesem Treffen um ein äußerst fragiles Unternehmen handele, das jederzeit zerbrechen könne. Dies wäre sehr bedauerlich. Er gehe davon aus, dass diejenigen, die nach Humlebäk gekommen seien, der Perestrojka einen Erfolg wünschten, denn sonst wäre ihre Anwesenheit hier kaum zu verstehen. Man solle aus diesem Grunde nach Gemeinsamkeiten suchen: An die Emigranten gewandt sagte er anschließend: „Ihr müsst uns als Realität akzeptieren, so wie z. B. Reagan uns akzeptiert, wenn er mit Gorbačev spricht. Man muss aber zugleich betonen, dass diese Realität in der Form wie sie sich heute darstellt, niemanden befriedigt. Weder uns noch euch".

Die wichtigste Voraussetzung für die grundlegende Veränderung dieser unbefriedigenden Wirklichkeit besteht für Afanas'ev in der schonungslosen Auseinandersetzung mit dem Stalinismus. Der Stalinismus habe den verwerflichen Begriff des „Volksfeindes" kreiert, der immer noch sehr tief im nationalen Bewusstsein sitze; das Stalinsche Regime habe das Land hermetisch von der Außenwelt und von der eigenen Vergangenheit abgeriegelt, was der sowjetischen Kultur einen außerordentlichen Schaden zugefügt habe. Diesem Zustand solle ein Ende gemacht werden. Dann ging Afanas'ev auf die Frage der Rehabilitierung der Opfer des Stalinschen Terrors ein. Niemand dürfe bei diesem Prozess ausgespart werden. Alle Verfolgten, auch Trockij, sollten von den seinerzeit erhobenen absurden Anschuldigungen freigesprochen werden. Den Höhepunkt des Vortrages stellte der Aufruf zur nationalen Reue dar. Alle Generationen, auch die Nachgeborenen, sollten sich an diesem Prozess beteiligen.

Der Vortrag rief beinahe ungeteilte Zustimmung im Saal hervor. Der Appell Afanas'evs an die anwesenden Vertreter des Exils, Gemeinsamkeiten zu suchen, stieß auf positive Resonanz. Dies ließ sich zahlreichen Äußerungen des angesprochenen Teils des Publikums entnehmen. Auf Kritik traf der Redner nur in den eigenen Reihen. Geäußert wurde sie von der jungen Literaturwissenschaftlerin Natal'ja Ivanova, die am nächsten Tag über die Aufarbeitung der Geschichte durch die Literatur sprach. Ivanova, die sich in der letzten Zeit durch mutige und scharfsinnige Artikel hervorgetan hatte, gehört, ähnlich wie Afanas'ev zu den entschiedensten Wortführern der Perestrojka. Die Frage nach der nationalen Reue wurde von ihr allerdings anders beantwortet. Afanas'evs Formel war für sie nicht konkret genug. Die unvorstellbaren Verbrechen des Stalinismus seien von ganz konkreten Personen verübt worden, die niemals zur Verantwortung gezogen worden seien. Das Versäumte müsse nun nachgeholt werden, „das Vaterland muss seine Helden kennenlernen", fügte sie ironisch hinzu.

Die Analogie zur deutschen Problematik ist bei dieser Polemik unverkennbar. Wie gewaltig sind aber auch die Unterschiede! In der Sowjetunion wird jetzt ein innerer Läuterungsprozess von Vertretern derselben Partei in die Wege geleitet, die seinerzeit auch für die stalinistischen Verbrechen verantwortlich war. Die jetzige Führung will nicht nur Bruch, sondern auch Kontinuität verkörpern. Abgesehen davon symbolisiert Stalin für sein Land, anders als Hitler für Deutschland, nicht das beispiellose außenpolitische Debakel, sondern einen triumphalen Sieg. Deshalb ruft der gegenwärtige Versuch der sowjetischen Reformer, dieses Sieger-Denkmal endgültig vom Sockel zu stürzen, Verwirrung bei einem großen Teil der Bevölkerung hervor. Bei der ersten Entstalinisierung, die vom XX. Parteitag der KPdSU im Jahre 1956 eingeleitet worden war, waren die Erinnerungen an die stalinistischen Verbrechen noch sehr frisch, deswegen wurde sie von der Bevölkerungsmehrheit eher mit Dankbarkeit als mit Empörung aufgenommen. Inzwischen ist aber die Erinnerung an den früheren Terror verblasst, und mit dem verstorbenen Diktator verknüpfen viele Sowjetbürger immer stärker vor allem den Sieg über das nationalsozialistische Deutschland. Daher auch die entrüsteten Reaktionen auf die antistalinistische Wende der Gorbačev-Führung, von denen sowjetische Delegierte immer wieder berichteten.

Natal'ja Ivanova sprach in Anlehnung an den Publizisten Burtin vom vulgären bzw. naiven Stalinismus. Er äußere sich in empörten Briefen, die nach den jeweiligen antistalinistischen Publikationen die Zeitschriftenredaktionen überfluteten.

Aber wesentlich gefährlicher als dieser spontane Stalinismus scheint nach Ansicht vieler sowjetischer Kongressteilnehmer der Widerstand des bürokratischen Apparats gegen den neuen Kurs zu sein. Die jetzige Revolu-

tion werde nicht selten mit den Händen derjenigen gemacht, die die Revolution in Wirklichkeit haßten, sagt der Dramatiker Michail Šatrov.
Man gewinnt so den Eindruck, der auch von zahlreichen sowjetischen Publikationen bestätigt wird, dass die Gegner des neuen Kurses sich nun zu einer breiten Koalition formieren. Sie bedienen sich des Machtapparats, dessen Schlüsselpositionen sie immer noch beherrschen, um die Perestrojka auszuhöhlen. Sie appellieren auch an konservative Instinkte der Bevölkerung und lassen solche Organisationen wie z. B. „Pamjat'", die die Perestrojka als ein Werk von Juden und Freimaurern diffamiert, beinahe ungehindert agieren. So bleibt den Verfechtern der Reform keine andere Wahl als ein Appell an die öffentliche Meinung, mit deren Hilfe sie ein Gegengewicht zu den bürokratischen Strukturen zu schaffen versuchen. Nicht zuletzt deshalb wurde dem Thema öffentliche Meinung sehr viel Aufmerksamkeit auf der Tagung gewidmet. Ausführlich sprach darüber der Chefredakteur der Moskauer Zeitschrift *Sel'skaja molodež'*, Popcov. Vor Beginn der Perestrojka habe sich die herrschende Bürokratie unablässig darum bemüht, die Entstehung einer authentischen Öffentlichkeit zu verhindern. Gesellschaftliche Organisationen und Massenmedien seien jeglicher Eigendynamik beraubt worden. Statt Druck auf die Herrschenden auszuüben hätten sie sich in beliebig manipulierbare Vollzugsorgane der Funktionäre verwandelt. Nun begännen sich aber die Sachverhalte grundlegend zu verändern. Das hierarchisch konstruierte Kommandosystem werde jetzt in eine völlig ungewohnte Atmosphäre der Transparenz und Vielfalt getaucht. All das beunruhige den Apparat außerordentlich. Er müsse sich nun an einen ganz neuen Führungsstil anpassen. In diesem Zusammenhang gingen Popcov und andere Tagungsteilnehmer auf ein äußerst interessantes Phänomen ein – nämlich auf die sogenannten informellen Vereinigungen, die sich zur Zeit in der Sowjetunion lawinenartig entwickeln und deren Zahl bereits etwa 30.000 beträgt. Es handelt sich dabei um Diskussionsklubs, ökologische Gruppierungen, Friedensinitiativen unterschiedlichster Art und ähnliches. Zwar versuchen offizielle Organisationen, z. B. die kommunistische Jugendorganisation „Komsomol", diese neuen Prozesse mitzugestalten, dennoch entglitten sie ihrer Kontrolle. Dieser Vorgang erinnert sehr stark an manche polnische Entwicklungen, vor allem an die des Tauwetters

von 1956, das dem stalinistischen Kommandosystem im Ostblock einen ersten empfindlichen Schlag versetzt hatte. Solche Zustände wollen nun sowjetische Dogmatiker um jeden Preis verhindern. Wie der Moskauer Filmregisseur Aleksej German in seinem Vortrag berichtete, hätten sie den Reformeifer der sowjetischen Filmemacher mit dem Hinweis auf Polen zu bremsen versucht. So hätten seinerzeit auch die Polen angefangen.

Die Ausgangssituation Polens war aber insofern günstiger als dort der voll ausgebildete Stalinismus nicht länger als fünf bis sechs Jahre existierte, in der Sowjetunion hingegen beinahe drei Jahrzehnte. Die stalinistischen Denkmodelle wurden von einem großen Teil des Apparates aber auch von beträchtlichen Teilen der Bevölkerung verinnerlicht. Deshalb handelt es sich bei deren Überwindung um einen äußerst langwierigen Prozess. Appelle an die Öffentlichkeit allein reichen nicht aus, um ihre Vorherrschaft zu brechen. Diesem Sachverhalt tragen sowjetische, Reformer durchaus Rechnung. Deshalb versuchen sie Verbündete auch außerhalb der Sowjetunion zu gewinnen, wie dies auf der hier besprochenen Konferenz deutlich wird.

Die anwesenden Emigranten knüpften allerdings ihre Unterstützung für die Perestrojka an gewisse Bedingungen. So begrüßte z. B. der Herausgeber der Zeitschrift *Strana i mir*, Kronid Ljubarskij, die Freilassung von 300 politischen Gefangenen seit Anfang 1987. Er wies aber zugleich darauf hin, dass sich etwa 400 namentlich bekannte Dissidenten immer noch in Haft befänden. Fünfzig Jahre nach seiner Hinrichtung werde jetzt Bucharin rehabilitiert, so der Referent. Wolle man denn nicht aus diesem Fall eine entsprechende Lehre ziehen und die jetzigen politischen Gefangenen nicht erst posthum, sondern sofort von jeder Schuld freisprechen? Trotz dieser bitteren Worte beschloss Ljubarskij seinen Vortrag mit folgenden Sätzen: „Viele von uns sind bereit, der sowjetischen Regierung erneut einen Vertrauenskredit zu gewähren. Dies ist viel, wenn man bedenkt, was sich in den letzten siebzig Jahren ereignet hatte."

In ähnlichem Sinne äußerte sich auch der in Kopenhagen lebende russische Publizist Boris Weil'. Er reflektierte über die Erosion der sozialistischen Ideologie, die bisher das sowjetische Regime legitimierte und wies dabei auf den wachsenden Einfluss der extrem nationalistischen Kräfte, die mit der offiziellen Ideologie zu konkurrieren suchten. Bei der Wahl zwischen Gorbačev und den russischen Chauvinisten ziehe er Ersteren vor. Mit seiner Konzeption vom sozialistischen Pluralismus sei Gorbačev offener gegenüber den universalen Werten als die Chauvinisten, die zur maßlosen Selbstverherrlichung und zur Selbstisolierung ihres Landes neigten.

Die abschließende Diskussion war von einer Idylle weit entfernt. Popcov war empört über den moralisierenden Ton, den manche Emigranten seiner Ansicht nach angeschlagen hätten. Sie hätten die sowjetische Delegation praktisch auf eine Anklagebank gesetzt; so könne ein partnerschaftlicher Dialog nicht zustande kommen. Er warnte alle vor der Illusion, die Sowjetunion könnte auf ihre sozialistischen Grundlagen verzichten. Baklanov beendete seinerseits sein Schlusswort mit dem Satz, die Partei habe nicht vor, die Macht an irgendeine andere Kraft abzutreten und Selbstmord zu begehen. Dass die Mehrheit der Emigranten, die im Saal anwesend waren, keinen Anspruch darauf erhoben hatte, das Land mitzuregieren, ließ er außer Acht.

Es wäre durchaus möglich, bei der abschließenden Bewertung der Konferenz sich vor allem auf solche Äußerungen zu konzentrieren und sie daher als gescheitert anzusehen. Ein solches Urteil wäre aber sicher ungerecht. Wenn man bedenkt, wie lange die Periode der Sprachlosigkeit und der gegenseitigen Nichtanerkennung war, wird man sich über die zahlreichen Dissonanzen bei diesem ersten Annäherungsversuch nicht wundern. Im Gegenteil, ein reibungsloser Verlauf einer solchen Begegnung hätte eher misstrauisch stimmen müssen. Dies wäre nur um den Preis der Selbstaufgabe eines der Kontrahenten zu erzielen gewesen. Dazu ist es aber nicht gekommen. Beide Seiten bekannten sich deutlich zu ihren jeweiligen Positionen und trotzdem sprachen sie miteinander. Ein noch vor Kurzem undenkbarer Präzedenzfall ist damit geschaffen worden. Die Perestrojka hat ein weiteres Tabu aus dem Weg geräumt, und dies stimmt eher optimistisch.

Veröffentlicht in *OSTEUROPA* 6/1988 (geringfügig revidierte Fassung).

„Es gibt keine Alternative zu Perestrojka" (Inogo ne dano) – Das programmatische Manifest der sowjetischen Reformer[1]

Dieser Sammelband, herausgegeben von Jurij Afanas'ev, ist am Vorabend der 19. Parteikonferenz der KPdSU im Juni 1988 erschienen. Dieser Zeitpunkt wurde nicht zufällig gewählt. Autoren des Bandes, die zu den entschiedensten und profiliertesten Wortführern der Perestrojka zählen, wollten ihre Gesinnungsgenossen auf der Konferenz mit einer Art programmatischer Schrift versehen. Die Lage des Landes wird von ihnen als dramatisch geschildert. Das in den dreißiger Jahren von Stalin geschaffene Kommandosystem habe nun seine Möglichkeiten völlig ausgeschöpft. Eine moderne Industriegesellschaft könne nicht bloß reglementiert werden, dies zerstöre ihre Eigendynamik und wirke sich verheerend auf die geistige und wirtschaftliche Produktivität aus. Die Befreiung der Gesellschaft von der erstickenden Umarmung des Parteiapparats stellt insofern eines der wichtigsten Ziele der Autoren dar.

Wie lässt sich dieses Vorhaben aber in einem Einparteiensystem, das keine Opposition duldet, verwirklichen? Mit dieser Frage befasst sich in erster Linie der Historiker Leonid Batkin. Mit seiner Schilderung des jetzigen Zustandes der Sowjetunion knüpft er, ohne es ausdrücklich zu erwähnen, an die westliche Totalitarismus-Diskussion an. Das Wort „Partei", so Batkin, stamme vom lateinischen „pars" – Teil. In der Sowjetunion hingegen sei dieser „Teil" zu einem allumfassenden Ganzen geworden. Die Partei habe alle politischen, wirtschaftlichen und gesellschaftlichen Lebensbereiche absorbiert. Deshalb hält der Autor die These von der KPdSU als der führenden Kraft in der sowjetischen Gesellschaft für völlig abwegig. Der Geführte müsse über irgendwelche eigenständigen Strukturen verfügen, um auf Impulse der Führung entsprechend reagieren zu können. Eine amorphe, völlig atomisierte Gesellschaft hingegen lasse sich nicht als rele-

---

1   Afanassjew, Juri (Hrsg.): *Es gibt keine Alternative zu Perestrojka: Glasnost' De-*

vanter Partner des regierenden Apparats bezeichnen. Der „Dialog" zwischen Partei und Gesellschaft nehme hier deshalb zwangsläufig einen fassadenhalten, manipulatorischen Charakter an. Zwar wird die Einparteienherrschaft von Batkin nicht in Frage gestellt, er will sie aber durch die Schaffung von nicht-offiziellen, „parallelen" Strukturen im kulturellen, wirtschaftlichen und gesellschaftlichen Bereich auflockern.

Diese Konzeption erinnert sehr stark an die Ende der siebziger Jahre in den Kreisen der tschechoslowakischen „Charta 77" entstandene Theorie von einer „parallelen Polis". Ihr Autor, Václav Benda, plädierte damals ebenfalls für die Entwicklung von unabhängigen Verlagen, Bildungsstätten und von anderen nichtoffiziellen Einrichtungen, die parallel zu den regimeabhängigen agieren sollten. Die Prager Führung hat auf diese Initiativen seinerzeit sehr gereizt reagiert. Aber auch in der heutigen sowjetischen Nomenklatura gibt es, trotz Perestrojka, äußerst starke Widerstände gegen die Auflockerung von bürokratischen Kontrollmechanismen. Die Autoren des Bandes führen solche Reaktionen in erster Linie auf das immer noch lebendige Stalinsche Erbe zurück.

„Stalin ist erst gestern gestorben", lautet die Überschrift des Beitrages, den der Historiker Michail Gefter schrieb, und diese Worte könnten als eine Art Motto des Bandes fungieren. Für Gefter besteht das Wesen des Stalinismus in der Vernichtung aller alternativen Entwicklungsmöglichkeiten. Das System erhalte dadurch einen monolithischen Charakter und der von Stalin vorgezeichnete Weg scheine nun der einzig mögliche zu sein.

Auch Andrej Sacharov hält die Abschaffung von pluralistischen Strukturen und die völlige Bürokratisierung des Systems für den schwersten Ballast, den die Stalin-Epoche dem Land hinterlassen habe.

Die Bürokratie ist ein notwendiger Teil der modernen Gesellschaft [...]. Doch überall sind mit ihrer Tätigkeit [...] auch [...] negative Erscheinungen verbunden: das administrative Weisungssystem der Leitung [...], die Geringschätzung der demokratischen Kontrolle von unten [...]. Unter den ‚antipluralistischen' Bedingungen unseres Lan-

---

mokrutie. Sozialismus. Nördlingen 1988.

des haben diese Erscheinungen einen qualitativ anderen, tonangebenden Charakter angenommen.

Mit Anerkennung spricht Sacharov von dem Chruščevschen Versuch, das von Stalin geschaffene Regime zu „zivilisieren" und von terroristischen Exzessen zu befreien. Zwar sei infolge dieser Reformen kein „Sozialismus mit menschlichem Antlitz" errichtet worden, dennoch habe das System seine „raubtierhaften" Züge verloren. Seinen zutiefst undemokratischen Charakter habe es jedoch beibehalten, weil der Apparat sich hartnäckig der Aufweichung von bürokratischen Herrschaftsstrukturen widersetze.

Der politische Kommentator der Zeitung *Izvestija*, Aleksandr Bovin, pflichtet Sacharov bei: „Dem [Chruščevschen] ‚Tauwetter' folgte kein Frühling. Die Leninschen Prinzipien wurden in Partei und Staat nicht konsequent genug wiederhergestellt. Das lag darin begründet, [...] dass jene Kräfte [in der Partei], die die Resonanz der Beschlüsse der KPdSU auf ein Minimum reduzieren wollten, starke Positionen behielten."

Aber nicht nur der Apparat steht nach Ansicht mehrerer Autoren einer konsequenten Erneuerung des Landes im Wege. Manche Stalinsche Verhaltens- und Denkmuster seien nicht nur von Vertretern der Machtelite, sondern auch von breiteren Bevölkerungsschichten verinnerlicht worden. Dieser „Stalinismus von unten" gebe den Dogmatikern innerhalb der Führung einen beträchtlichen Rückhalt.

Nach Ansicht der Autoren gebe es ein Mittel, das sich besonders gut eigne, die Stalin-Mythologie zu bekämpfen, nämlich die Wahrheit über die damaligen Verbrechen, und zwar die ganze Wahrheit und nicht eine vorsichtig dosierte, wie dies bis dahin der Fall gewesen sei. In diesem Punkt werden indes die Herausgeber des Bandes mit einem Dilemma konfrontiert: Der bolschewistische Terror hatte bekanntlich nicht erst mit Stalin begonnen. Auch zur Zeit des Bürgerkrieges (1918-1921) hatte das Land eine Schreckensperiode erlebt und diese war untrennbar mit dem Namen Lenins verbunden — der Leitfigur der Perestrojka. Die Frage nach den leninistischen Ursprüngen des Stalinismus gewinnt deshalb in der sowjetischen Geschichtsdebatte eine immer größere Brisanz. Die Autoren des Bandes gehen jedoch diesem Problem in der Regel aus dem Weg. Dennoch wird der Drang der sowjetischen Öffentlichkeit, die ganze Wahrheit über die eigene Vergangenheit zu erfahren, immer stärker, und er macht vor den Klassikern des Marxismus-Leninismus nicht mehr Halt, wie dies in letzter Zeit die Artikel solcher Autoren wie Igor' Kljamkin oder Aleksandr Cypko zeigten.

Veröffentlicht in: *Kommune* 7/1989 (geringfügig revidierte Fassung).

Wie war Stalin möglich? – Zur Geschichtsdebatte der Perestrojka

Die Auseinandersetzung mit Stalin und mit dem Stalinismus rückt etwa seit Anfang 1987 immer stärker in den Vordergrund der „Perestrojka". Das Signal hierzu gab Gorbačev selbst, als er auf dem Januarplenum des ZK sich scharf gegen die unzulänglichen theoretischen Vorstellungen vom Sozialismus wandte, die auf dem Niveau der dreißiger und vierziger Jahre steckengeblieben seien.

Der Schatten des vor dreieinhalb Jahrzehnten verstorbenen Diktators hört also nicht auf, die politischen Diskussionen des Landes entscheidend mitzuprägen. An der Bewertung seiner Person und des von ihm errichteten Systems scheiden sich immer noch die Geister. Anders als in der Brežnev-Zeit gehört die Initiative bei dieser Diskussion indes eindeutig denjenigen, die dem stalinistischen Erbe einen kompromisslosen Kampf ansagen. Die erste Schlacht gegen die Dogmatiker hatten sie Mitte der sechziger Jahre, also nach dem Sturz Chruščevs verloren. Nun erneuern sie ihre Offensive. Solche Symbolfiguren des ersten „Tauwetters" wie Vladimir Dudincev und Aleksandr Tvardovskij melden sich mit ihren bis dahin unbekannten, antistalinistischen Werken wieder zu Wort (im Falle Tvardovskijs geschieht dies allerdings posthum). Der Roman Anatolij Rybakovs *Die Kinder des Arbat* und der Film Tengiz Abuladzes *Die Reue*, die mit dem Stalinismus schonungslos abrechnen, werden von einem großen Teil der sowjetischen Medien als die wichtigsten Kulturereignisse der vergangenen Jahre gefeiert. Das Massenblatt *Ogonek* veröffentlicht seit vielen Monaten regelmäßig Biographien prominenter Opfer des Stalinschen Terrors und nimmt nicht einmal an deren oppositionellen, zum Beispiel trotzkistischen Vergangenheit Anstoß. Die zweite Entstalinisierung ist also in vollem Gange.

Dennoch ruft dieser Erfolg bei ihren Wortführern nicht nur Triumphgefühle hervor. Zwar begrüßen sie das Erscheinen der Schriften Dudincevs, Tvardovskijs oder Rybakovs, aber die Tatsache, dass diese Werke den sowjetischen Lesern jahre- bzw. jahrzehntelang vorenthalten worden waren, stimmt sie erbittert und zornig. Jedes künstlerische Produkt entstehe in einer bestimmten politischen und historischen Konstellation, schreibt in der Zeitschrift *Oktjabr'* der Publizist Burtin. Es richte sich in erster Linie an die Zeitgenossen und erst durch sie an die nächsten Generationen. Das Herausreißen eines Kunstwerkes aus dem natürlichen Zeitkontext erschwere außerordentlich seine Rezeption. Manche seiner Qualitäten gingen dadurch unwiederbringlich verloren. Durch ihren prohibitiven Kurs, durch ihre Politik der Verbote hätten die Dogmatiker der Brežnev-Zeit der sowjetischen Kultur unermesslichen Schaden zugefügt.

Auch die Zeitschrift *Ogonek* setzt sich mit den Restalinisierungstendenzen, die in der Brežnev-Periode aufgekommen waren, heftig auseinander. Es entbehrt im übrigen nicht einer gewissen Pikanterie, dass ausgerechnet der *Oktjabr'* und der *Ogonek*, die vor dem Machtantritt Gorbačevs als besonders dogmatische Presseorgane gegolten hatten, nun, neben solchen Zeitschriften wie *Moskovskie Novosti*, *Novyj mir* oder *Znamja*, zu den wichtigsten Vorreitern der Perestrojka gehören. Der Grad der Veränderungen, die sich in der Sowjetunion in der letzten Zeit vollzogen hatten, wird hierdurch besonders eindrucksvoll vor Augen geführt.

So kritisiert der Historiker Vasilij Polikarpov in der Ausgabe des *Ogonek* vom Juli 1987 die Einstellung mancher Brežnevschen Parteifunktionäre zu den Opfern des Stalinschen Terrors, die in der Chruščev-Zeit ohne Wenn und Aber rehabilitiert worden waren. Dazu zählte zum Beispiel einer der wichtigsten Akteure der Oktoberrevolution Fedor Raskol'nikov. Ende der dreißiger Jahre war Raskol'nikov ähnlich wie viele andere Vertreter der alten bolschewistischen Garde zum „Volksfeind" deklariert worden. Dem Schicksal unzähliger seiner Freunde, nämlich einer Liquidierung, war er höchstwahrscheinlich nur dadurch entgangen, dass er von einer diplomatischen Mission im Ausland nicht in die Heimat zurückkehrte. Diese Entscheidung Raskol'nikovs, so Polikarpov, habe seiner Rehabilitierung im Jahre 1963 nicht im Wege gestanden. Nach dem Sturz Chruščevs hätten sich jedoch die Sachverhalte verändert. Im Jahre 1965 habe der einflussreiche Kulturfunktionär Trapeznikov die Entscheidung Raskol'nikovs, in die Sowjetunion nicht zurückzukehren, als Fahnenflucht und Hochverrat bezeichnet. Die Verleumdungskampagne gegen den bereits rehabilitierten Helden der Revolution sei nun beinahe in der alten Manier erneuert worden. Diese Linie habe eindeutig gegen das Vermächtnis des 20. Parteitages verstoßen.

Auch andere Wortführer der Perestrojka prangern das Brežnev-Regime wegen seiner Abkehr von dem Kurs des 20. Parteitages an. Zwei kostbare Jahrzehnte, die zur weiteren Demokratisierung des Landes hätten verwendet werden können, habe man unwiederbringlich verloren. Der politische Kommentator der Zeitung *Izvestija*, Bovin, sagt in diesem Zusammenhang Folgendes: Das in den dreißiger Jahren, also unter Stalin errichtete System habe seine Möglichkeiten bereits gänzlich ausgeschöpft. Das krampfhafte Festhalten an ihm habe das Land in eine permanente Krise geführt. Die Zeit sei reif, ja überreif, um das bestehende Regime gründlich zu erneuern.

Diese Argumente der Anhänger der Perestrojka erinnern sehr stark an diejenigen mancher sowjetischen Dissidenten. Auch die Letzteren wollten zu einem Zeitpunkt an das Vermächtnis des 20. Parteitages anknüpfen, als es für die Parteiführung bereits zur Last wurde. Diese Übereinstimmung führt dazu, dass einige Wortführer des neuen Kurses gewisses Verständnis für das Verhalten der Dissidenten zeigen. Besonders deutlich tritt dies in dem Artikel des bereits erwähnten *Oktjabr'*-Autors Burtin zutage. In der zweiten Hälfte der sechziger Jahre habe sich die Regierung, so Burtin, gegen die Demokratisierungsprozesse gewandt, die der 20. Parteitag ausgelöst hätte. Die Unterdrückung derart spontaner gesellschaftlicher Bestrebungen habe nicht ohne Folgen bleiben können. Die Befürworter der Demokratisierung hätten sich nun zwangsläufig in Oppositionelle verwandeln müssen.

Und so wird ein zusätzliches Tabu gebrochen. Ein offizielles sowjetisches Organ gibt praktisch zu, dass die Entstehung der Dissidentenbewegung angesichts des restaurativen Charakters des Brežnev-Regimes sozusagen unumgänglich gewesen sei. Die Anhänger der Perestrojka haben sich demnach in ihrer Offensive sehr weit vorgewagt. Man vermisst indes bei ihnen in der Regel die Zuversicht, die für die Mitgestalter des ersten „Tauwetters" so charakteristisch gewesen war. Viele Wortführer des heutigen Umbaus hatten sich seinerzeit mehr oder weniger aktiv an den Chruščevschen Reformen beteiligt und sind insofern „gebrannte Kinder". Die Leichtigkeit, mit der der dogmatische Flügel der Partei in der zweiten Hälfte der sechziger Jahre die liberalen, antistalinistischen Bestrebungen hatte eindämmen können, hat sie traumatisiert. Sie warnen unentwegt vor einem ähnlichen Ausgang des heutigen Reformkurses. Jedes Zögern auf dem Weg der Perestrojka würde für das Land katastrophale Folgen haben, meint der populäre Schriftsteller Čingiz Ajtmatov. Nicht weniger deutlich äußert sich hierzu auch Gorbačev selbst. Die Reformer wissen aber wohl, wie sehr das stalinistische Erbe ihnen im Wege steht. Deshalb versuchen sie aus den Fehlern ihrer Vorgänger, die die erste Entstalinisierungswelle in der Zeit Chruščevs in die Wege geleitet hatten, zu lernen, um sich nun, im zweiten Anlauf, von diesem Ballast gänzlich zu befreien.

Das Land befindet sich zur Zeit in einer Art Wahrheitsrausch. Ein Tabu nach dem anderen wird gebrochen, ein Denkmal nach dem anderen gestürzt.

Von einem Teil der Öffentlichkeit wird dieser Prozess begeistert begrüßt, von einem anderen ausdrücklich abgelehnt. Viele halten das Wühlen in der Vergangenheit für einen recht unappetitlichen Vorgang; der Schriftsteller Proskurin bezeichnete ihn sogar als eine Art von Nekrophilie. Seine Gesinnungsgenossen wollen schon jetzt einen Schlussstrich unter die soeben begonnene Debatte ziehen. So enthält das deutsche Syndrom der „Vergangenheitsbewältigung" ein östliches Pendant.

Das Ausmaß der Radikalisierung der jetzigen Diskussion wird darin sichtbar, dass die Position, die Chruščev in seinem berühmten Geheimreferat auf dem 20. Parteitag vertreten hatte und die seinerzeit zu den konsequentesten Abrechnungen mit dem Stalinismus zählte, heutzutage eher im „konservativen" Spektrum der Kritik anzusiedeln wäre. Chruščev hatte bei seiner Bewertung Stalins eine „Sowohl-als-auch-These" aufgestellt. Zwar habe der Diktator unverzeihliche Fehler und Verbrechen begangen, aber auch Beachtliches zum Aufbau des Sozialismus beigetragen, etwa durch die Beseitigung der „linken" und der „rechten Abweichler" in der Partei und durch die Kollektivierung der Landwirtschaft. Der eigentliche Sündenfall

Stalins begann für den Redner erst nach 1934, als er sich gegen die Mitglieder der eigenen Fraktion wandte.

In der heutigen Diskussion würde die hier geschilderte Bewertung in etwa der Position des Generals Volkogonov entsprechen, der vor kurzem eine Stalin-Biographie veröffentlichte (*Oktjabr'* 10, 11/1988) und dessen Thesen höchst unterschiedliche Reaktionen im Lande hervorrufen. Der Autor spricht zwar von den unverzeihlichen Fehlern und Verbrechen Stalins, fügt aber sofort hinzu: „In diese Jahre fällt aber auch die Errichtung der Grundlagen für all das, worauf wir heute stehen. [...] Deshalb wäre es politisch fehlerhaft und moralisch unehrlich, bei der Verurteilung der Stalinschen Verbrechen die realen Errungenschaften des Sozialismus in Zweifel, zu ziehen" (*Literaturnaja gazeta* 50/1987). Formulierungen dieser Art irritieren die radikalen Wortführer der Perestrojka außerordentlich. Einer von ihnen – der Historiker Jurij Afanas'ev – definierte die Ausführungen Volkogonovs als einen Versuch, Stalin zu opfern, um den Stalinismus zu retten. Denn das, worauf der General so stolz ist, nämlich die in den dreißiger Jahren errichteten Grundlagen des Systems, betrachtet die Mehrheit der Reformer als den Beginn einer verheerenden Entwicklung, deren Folgen die Sowjetunion bis heute noch nicht überwinden konnte.

Dass die Stalinismus-Debatte nach dreißigjähriger Verspätung mit einer derartigen Wucht ausbricht, zeigt, wie unentbehrlich sie für die Identitätsfindung der Nation ist – ähnlich wie die Auschwitz-Debatte in Deutschland. Als Chruščev seinerzeit meinte, er könne dem Lande diese selbstqüälerische Auseinandersetzung ersparen, erlag er einer Illusion. An dieser Debatte führt anscheinend kein Weg vorbei. Von der Beantwortung der Frage „Wie war Stalin möglich?" hängt das Schicksal der Perestrojka sicher nicht weniger ab als von der Lösung der katastrophalen Versorgungslage oder des immer brisanter werdenden Nationalitätenproblems.

Wie wird diese Frage beantwortet? Die Aufmerksamkeit der Betrachter richtet sich zunächst auf die engsten Vertrauten Stalins, auf das sogenannte „Stalinsche Umfeld" (Anatolij Butenko), das für die Verwandlung der bolschewistischen Diktatur in ein persönliches Willkürregiment Stalins die größte Verantwortung trug. Es handelte sich dabei indes um seltsame Komplizen. Die Paradoxie ihres Schicksals habe darin bestanden, dass sie

Henker und Opfer zugleich gewesen seien, schreibt der Publizist Amlinskij: „Ihr Leben war durch nichts gesichert. Weder durch die Treue gegenüber dem Führer noch durch den Verrat an den gestrigen Freunden. [...] Deshalb haftete [ihrer ganzen Macht] etwas Unseriöses und Brüchiges an" (*Literaturnaja gazeta* 36/1988). Die Selbstenthauptung einer herrschenden Elite, der absolut alle Machtmittel im Staate zur Verfügung standen, stellt im Grunde einen in der neuesten Geschichte beispiellosen Vorgang dar, der den jakobinischen Terror weit in den Schatten stellt. Obwohl von den Sowjetologen seit Jahrzehnten intensiv erforscht, gibt er immer noch außerordentlich viele Rätsel auf. So ist man für jeden zusätzlichen Hinweis dankbar.

Sehr aufschlussreich sind in diesem Zusammenhang die Erinnerungen eines der prominentesten Vertreter des Stalinschen Umfelds – Anastas Mikojans (*Ogonek* 50/1988) – und die Polemik, die sie auslösten. Mikojan beschreibt zwei Gesichter Stalins: das eines aufmerksamen und unprätentiösen Parteiführers und dasjenige eines launischen, zu jedem Verbrechen fähigen Despoten. Die letzteren Eigenschaften habe Stalin sehr lange und geschickt zu verbergen gewusst. Und als sie dann sichtbar geworden seien, sei es bereits zu spät gewesen, etwas dagegen zu unternehmen.

Wie hatte sich Mikojan selbst nach dieser Erkenntnis verhalten? Diese Frage wird von seinem Sohn in einem Zeitungsartikel beantwortet (*Sovetskaja kultura* vom 13.8.1988): Da ein offenes Aufbegehren gegen Stalin nicht mehr möglich gewesen sei, so Sergo Mikojan, habe sein Vater vor folgendem Dilemma gestanden: entweder freiwillig aus dem Leben zu scheiden, wie dies sein Freund Ordžonikidze getan hatte, und damit ein Todesurteil gegen seine gesamte Familie auszusprechen oder dem Despoten weiter zu dienen und zu versuchen, wenigstens die Ressorts, für die er unmittelbar die Verantwortung trug, der Terrormaschinerie zu entziehen. Mikojan habe sich für das Letztere entschieden und auf diese Weise vielen Menschen das Leben gerettet.

Für den Philosophen Anatolij Butenko ist indes eine derartige Betrachtungsweise zu apologetisch. Innere Zweifel der Komplizen Stalins, Hinweise auf die Auswegslosigkeit ihrer Situation hätten im Grunde keine

Relevanz. All diese Gefühle hätten sie nicht daran gehindert, an der Errichtung der Stalinschen Despotie – der „Hölle auf Erden", wie er sie nennt – unermüdlich weiterzuarbeiten. Abgesehen davon habe das Stalinsche Umfeld eine äußerst wichtige dekorative Funktion erfüllt. Es habe dem Führer-Regime die Weihe der Kollegialität verliehen. Dadurch sei der Anschein erweckt worden, als habe die Partei den leninistischen Prinzipien die Treue bewahrt. Butenko wendet sich auch gegen die Kategorie des „Plötzlichen" und „Unerwarteten", die sowohl bei Anastas als auch bei Sergo Mikojan eine sehr wichtige Rolle spielt. Das stalinistische System sei nicht vom Himmel gefallen. Schon Ende der zwanziger Jahre, nach der Beseitigung der innerparteilichen Gegner, habe die Fraktion Stalins in der Partei ein diktatorisches Regiment errichtet, das sich jeglicher Kontrolle von unten entzog. Offene Auseinandersetzungen um die Richtigkeit des politischen Kurses seien nicht mehr möglich gewesen. Die nach außen demonstrierte Geschlossenheit sei zum kategorischen Imperativ geworden. Dass dieses willkürliche Regiment schließlich auch einen willkürlichen Despoten gebar, hält der Philosoph für eine kaum vermeidbare Nemesis der Geschichte.

So wie in der deutschen Auseinandersetzung mit der Vergangenheit spielt nun auch in der sowjetischen Geschichtsdebatte die Frage des Widerstandes eine wichtige Rolle. Gab es ihn überhaupt? Wenn ja, warum war er dann so erfolglos? In diesem Zusammenhang kam die sogenannte Rjutin-Affäre an den Tag, die im Westen schon seit langem bekannt ist, in der Sowjetunion aber bisher zu den streng gehüteten Geheimnissen zählte. Es handelte sich dabei um eine oppositionelle Gruppierung, die der Altbolschewik Martem'jan Rjutin zu Beginn der dreißiger Jahre gebildet hatte und die eine Absetzung Stalins anstrebte. 1932 hatte die Gruppe eine Denkschrift verfasst, in der Stalin als ein machthungriger Despot und „böser Dämon der russischen Revolution" bezeichnet wurde. Unmittelbar nach dem Entstehen dieses Papiers wurde die Gruppe entdeckt und zerschlagen. Am 28. Juni 1988 erschien in einem der wichtigsten Organe der Perestrojka, *Moskovskie Novosti*, eine Hommage auf diesen 1937 hingerichteten Gegner Stalins. Der Autor – Lev Razgon – schreibt: Hätte es mehr solche

Leute wie Rjutin gegeben, hätte die sowjetische Geschichte vielleicht einen anderen Verlauf genommen.

Auch anderen Versuchen, die Errichtung der Stalinschen Despotie zu verhindern, wird in den sowjetischen Medien viel Aufmerksamkeit geschenkt. So weist der schon erwähnte Lev Razgon darauf hin, dass Stalins Forderung nach der Hinrichtung Rjutins von der Mehrheit des Politbüros abgelehnt worden sei.[1] Der Diktator habe sich vorerst mit einer Gefängnisstrafe für einen seiner hartnäckigsten Gegner begnügen müssen. Dies weise darauf hin, dass Stalin 1932 immer noch weit davon entfernt war, allmächtig zu sein. Auch zwei Jahre später, auf dem 17. Parteitag der Bolschewiki, konnte man ihn noch nicht als einen solchen bezeichnen. Dieser Kongress, auf dem die Stalinisten ihren „Sieg" über das russische Bauerntum (erfolgreiche Durchführung der Kollektivierung) und über alle innerparteilichen Gegner feierten, war noch keineswegs eine rein akklamatorische Veranstaltung. Von den etwa 1.225 Delegierten stimmten bei den Wahlen des neuen Zentralkomitees etwa 300 gegen Stalin (gelegentlich werden auch andere Zahlen genannt). Dieser Sachverhalt – im Westen gleichfalls seit langem bekannt – wird jetzt auch in der Sowjetunion offiziell (etwa in den Erinnerungen von Mikojan) bestätigt. Warum hatte aber diese Unzufriedenheit keine praktischen Folgen? Warum konnte Stalin innerhalb der nächsten fünf Jahre mehr als die Hälfte dieses unbotmäßigen Gremiums liquidieren? Warum entpuppte sich dieser Kongress der Sieger bald als ein „Kongress der Selbstmörder"? – so nannte ihn vor Kurzem der Moskauer Historiker Michail Gefter.

Die Antworten, die darauf gegeben werden, weisen in manchen Punkten erstaunliche Ähnlichkeiten mit der deutschen Diskussion über die Gründe für das Scheitern des Widerstandes gegen Hitler auf. So hatten viele Gegner Stalins – wenn man von solchen Ausnahmen wie Rjutin absieht – starke Bedenken, Gesetze des bolschewistischen Ehrenkodexes in der Auseinandersetzung mit dem Diktator zu verletzen. Die Anwendung von Gewalt im innerparteilichen Kampf war sogar für die entschlossensten Kämp-

---

[1] Dokumentarische Belege für die Forderung Stalins nach einer sofortigen Hinrichtung Rjutins konnten allerdings nach der partiellen Öffnung der sowjetischen Archive nicht gefunden werden.

fer der Opposition – die Trotzkisten – tabu. Aleksandra Safonova, ehemalige Trotzkistin, die wie durch ein Wunder die „Säuberungen" der dreißiger Jahre überlebte, wurde vor Kurzem nach den Gründen für dieses „ritterliche" Verhalten der Opposition gefragt. Sie antwortete: „Wir lehnten prinzipiell den Terror ab und verübten [im Kampfe gegen Stalin] keinen einzigen Gewaltakt" (*Nedelja* 41/1988). Wenn man bedenkt, mit welchem Gegner die bolschewistischen „Abweichler" es zu tun hatten, macht eine derartige Argumentation sprachlos. Dabei darf man nicht, vergessen, dass es sich bei den Trotzkisten keineswegs um Gewalt verabscheuende Pazifisten handelte. Zur Zeit des Bürgerkrieges (1917-1920) hatten sie keine Bedenken, den „revolutionären" Terror gegen die „Klassengegner" anzuwenden, und auch im Nachhinein hielten sie dieses Vorgehen für legitim.

Diese Verhaltensweise erinnert an diejenige der konservativen Kritiker Hitlers. Auch sie lassen sich keineswegs als Pazifisten bezeichnen. Aber die Frage, ob Gewalt gegen das 1933 errichtete Willkürregime angewendet werden dürfe, rief bei vielen von ihnen unzählige selbstquälerische Gewissenskonflikte hervor. Der preußische Ehrenkodex stellte hier eine Art Äquivalent zum altbolschewistischen dar. Nur eine kleine Schar von Entschlossenen interpretierte die in ihm enthaltenen Gebote als eine Anleitung zur Bekämpfung des Tyrannen. Viele hingegen zogen aus demselben Normenkatalog völlig entgegengesetzte Schlüsse, was sie weitgehend handlungsunfähig machte.

Im Zusammenhang mit dem Scheitern des innerbolschewistischen Widerstandes befasst sich die jetzige sowjetische Debatte auch immer intensiver mit dem Stalin-Kult, der seit Beginn der dreißiger Jahre zu einer Art Staatsdoktrin wurde. Dabei weisen viele Autoren darauf hin, dass sich an der Entwicklung dieses Kultes auch viele Altbolschewiki beteiligt hatten, die man keineswegs als Marionetten Stalins bezeichnen konnte. Was veranlasste solche altgedienten Parteiführer wie S. Kirov, S. Ordžonikidze, A. Mikojan und andere, sich an der Pervertierung der ursprünglichen bolschewistischen Ideen, an die sie sicher noch glaubten, derart eifrig zu beteiligen?

In der Geschichtsdebatte der Perestrojka wird zur Erklärung dieser Verhaltensweise immer wieder das Bürgerkriegssyndrom angeführt. Damit ist die Sehnsucht vieler Bolschewiki nach dem Herrschaftsmodell gemeint, das während des Bürgerkrieges entwickelt worden war (Kriegskommunismus) und das auf Terror und totaler Staatskontrolle beruhte. Die Politik der kleinen Schritte, die nach der Wende von 1921 (Neue Ökonomische Politik) verkündet worden war, sei diesen Parteikreisen verhasst gewesen. Sie hätten den langwierigen Prozess der Errichtung des Sozialismus durch einen frontalen Angriff auf die Gesellschaft abkürzen wollen. Auf solche Bestrebungen führen viele sowjetische Autoren die Entwicklung des bürokratischen Kommandosystems mit einem Führer an der Spitze und die Entmündigung der Partei zurück (I. Seljunin, V. Kozlov, G. Bordjugov, F. Burlackij und andere).

Dennoch vermag eine solche Argumentation nicht zu überzeugen. Mit der Anlehnung an die Methoden des Kriegskommunismus kann man zwar die Rückkehr zum Massenterror (1930), nicht aber die Verwandlung der Partei in ein willfähriges Organ der Führung und den Stalin-Kult erklären. Denn während des Bürgerkrieges, auch zur Zeit der akutesten Krisen, hatte die Partei nicht aufgehört zu diskutieren. Der offizielle Kurs wurde immer wieder von unten in Frage gestellt. Die Bolschewiki, die damals die Gesellschaft einem brutalen Zwangssystem unterworfen hatten, pflegten im Umgang miteinander einen ganz anderen Stil. So reicht das Bürgerkriegssyndrom für die Erklärung des Phänomens „Stalin" keineswegs aus.

Das Interesse der jetzigen Diskussion bezieht sich indes nicht nur auf das Vorgehen und die Motive der unmittelbar Verantwortlichen für die Entstehung des Stalin-Kultes, sondern auch auf die Reaktion der breiten Bevölkerungsschichten auf ihn. So befassen sich viele Autoren mit der Massenhysterie, die der Kult hervorrief, wodurch ihm eine beinahe unwiderstehliche Kraft verliehen wurde.

Viele Wortführer der Perestrojka versuchen, solche Reaktionen auf die Rückständigkeit des Landes zurückzuführen. Der Wirtschaftswissenschaftler O. Lacis hält etwa den Führerkult für das Attribut eines frühen Sozialismus, der auf einer unerfahrenen und rückständigen Arbeiterklasse gründet. Dem niedrigen Bildungsgrad der bolschewistischen Funktionärsschicht, die Mitte der zwanziger Jahre die alten Bolschewiki abzulösen begann, wird dabei eine große Bedeutung beigemessen. In diesem Erklärungsmodell spiegelt sich der ausgesprochen sowjetozentrische Charakter der jetzigen Diskussion wider, die nur am Rande Ergebnisse der westlichen Forschung registriert. So übersehen die Anhänger der Rückständigkeitsthese, dass Anfang der dreißiger Jahre auch Deutschland, dessen Bildungssystem vielen Staaten als Vorbild gedient hatte, ebenfalls einem Führerkult erlag.

Die Perestrojka stünde auf einem brüchigen Fundament, wenn ihr Gelingen von der steigenden Zahl der Hochschulabsolventen abhängig wäre. So argumentieren nämlich manche sowjetischen Reformer. Die scharfsinnigsten Verfechter der Perestrojka sind sich indes darüber im Klaren, dass die Garantien für die Unumkehrbarkeit des neuen Kurses anderswo zu suchen sind, etwa in der Errichtung von Kontrollmechanismen, die das neuerliche Aufkommen einer Willkürherrschaft unmöglich machen würden. Deshalb ist jetzt vom „sozialistischen Rechtsstaat" und von der bisher verpönten Gewaltenteilung die Rede. Diese Diskussionen haben zwar noch nicht vermocht, die Machtstrukturen im Lande zu verändern, sie trugen aber dazu bei, sie transparenter zu machen. So wurde eine, wenn auch noch bescheidene Grundlage für den Übergang von einer geschlossenen in eine offene Gesellschaft gelegt. Solange dieser Prozess andauert, wird die Sehnsucht zahlreicher Stalin-Epigonen nach der Zeit, in der „Zucht und Ordnung herrschten", (hoffentlich) keine akute Gefahr für das Land darstellen.

Überarbeitete Fassung eines Artikels, der am 17.1.1989 in der *Frankfurter Allgemeinen Zeitung* veröffentlicht wurde.

Abschied vom Leninismus – Zur ideologischen Dynamik der Perestrojka

Den Abschied vom Erbe Lenins hatten die Urheber der Perestrojka weder erwartet noch beabsichtigt. Denn ursprünglich handelte es sich bei der Gorbačevschen Reform eher um ein technokratisches Unternehmen, das den Fragen der Vergangenheitsbewältigung bzw. der Revision der ideologischen Grundlagen des bestehenden Systems auszuweichen versuchte. Eine Auseinandersetzung mit den Fehlern der Vergangenheit würde die Gesellschaft nur unnötig von den aktuellen Aufgaben ablenken, beteuerte Gorbačev noch im Juni 1986.[1]

Da aber das sowjetische System aus der Ideologie seine Legitimität schöpft, lassen sich hier ideologische Fragestellungen bei grundlegenden Erneuerungsversuchen auf die Dauer nicht ausklammern. Abgesehen davon wäre eine Modernisierung des Landes mit dem ideologisch-politischen Instrumentarium, das die Brežnev-Epoche Gorbačev hinterlassen hatte, kaum denkbar. Denn keine andere bisherige Führung in Moskau war derart stark auf das status-quo-Prinzip fixiert wie die Brežnev-Riege.[2] Die allmächtige Parteinomenklatura wollte nun endlich in Ruhe die Früchte ihrer Herrschaft genießen, was die früheren Parteiführer ihr verwehrt hatten. Von Stalin wurde sie terrorisiert, von Chruščev durch seine Experimentiersucht und Unstetigkeit verunsichert. Erst die Brežnev-Führung verzichtete auf die dauernde Konfrontation mit der Parteielite und suchte vor allem nach einem Konsens mit ihr.[3] Fedor Burlackij – einer der engagiertesten

---

1 Nur durch Kritik und Selbstkritik können wir uns kontrollieren, *Frankfurter Rundschau,* 18.9.1986.
2 Burlackij, Fedor: Brežnev: krušenie ottepeli. Razmyšlenija o prirode političeskogo liderstva, *Literaturnaja gazeta,* 14.9.1988; Medvedev, Roy: Preimuščestva posredstvennosti. L. I. Brežnev. Nabrosok političeskogo portreta, in: *Moskovskie novosti* 11.9.1988.
3 Breslauer, George W.: *Khrushchev and Breshnev as Leaders. Building Authority in Soviet Politics.* London 1982, S. 12; Gill, Graeme: Khrushchev and Systemic Development, in: McCauley, Martin (Ed.): *Khrushchev and Khrushchevism.*

Verfechter der Perestrojka – schrieb 1988: „Menschen, die sich in der Umgebung Brežnevs befanden, hatten nur einen einzigen Wunsch – dass er ewig lebe."[4]

So verwandelte sich die Sowjetunion im Zeitalter der Elektronik und der grenzüberschreitenden Kommunikation in einen lebenden Anachronismus – in ein bürokratisches Schlaraffenland, das auf Reglementierung und Bevormundung basierte. Der Anschluss an die Moderne – eines der Hauptanliegen der Perestrojka – war angesichts dieser Ausgangssituation kaum möglich. Deshalb geriet allmählich auch die ideologische Front im Lande in Bewegung.[5]

Zu den entschiedensten Verfechtern der Perestrojka zählten diejenigen Politiker und Publizisten, die sich seinerzeit an dem vom 20. Parteitag der KPdSU eingeleiteten Reformprozess aktiv beteiligt hatten und die im Zuge der Brežnevschen Restauration kaltgestellt worden waren. Burlackij, der selbst zu dieser Gruppe gehörte, schreibt über ihr Schicksal nach dem Sturz Chruščevs: „Männer des 20. Parteitages oder einfach kühne Erneuerer wurden nicht mehr wie in den 30-er Jahren erschossen [...], sie wurden stillschweigend versetzt, [...] unterdrückt. Überall triumphierte das Mittelmaß."[6]

Nun bekam die einst entmachtete Gruppe, die sogenannten „Sechziger", eine neue Chance. Ihre ideologischen und politischen Vorstellungen haben die erste Phase der Perestrojka sehr stark geprägt. Die Leichtigkeit, mit der es der regierenden Bürokratie nach dem Sturz Chruščevs gelungen war, den Erneuerungsprozess abzuwürgen und das verlorene Terrain wiederzugewinnen, bildete für die „Männer des 20. Parteitages" ein Trauma. Sie sahen darin die verspätete Rache Stalins und führten den Sieg der Nomenklatura vor allem darauf zurück, dass Chruščev es nicht gewagt hatte, die in den dreißiger Jahren entstandenen stalinistischen Strukturen gründlich zu erschüttern. Sie sehnten sich nach der leninistischen Vergangenheit,

---

4 Bloomington/Indianapolis 1987, S. 30-45.
   Burlackij, Brežnev.
5 Auf dem ZK-Plenum vom Januar 1987 sprach Gorbačev bereits ausdrücklich von den unzulänglichen Vorstellungen vom Sozialismus, die auf dem Niveau der dreißiger und vierziger Jahre steckengeblieben seien *(Pravda,* 28.1.1987).
6 Burlackij, Brežnev.

nach der Frühzeit des Bolschewismus, in der die Partei noch kein willfähriges Organ in den Händen der despotischen Führung, sondern eine offen und polemisch diskutierende Gemeinschaft der Gleichgesinnten war. Und auch Gorbačev, der sich bei seinen Auftritten eher einer nüchternen Sprache bedient, verfiel bei der Erwähnung Lenins in der Regel in einen schwärmerischen Ton: „Die Hinwendung zu Lenin [...] hat eine äußerst stimulierende Rolle bei der Suche nach Erklärungen und Antworten auf die anfallenden Fragen gespielt", sagte er z. B. im November 1987.[7]

Lenin, vor allem in seinen letzten Jahren (nach 1921), symbolisierte für die „Männer des 20. Parteitages" die innerparteiliche Demokratie, den Kampf gegen die bürokratischen Auswüchse – all das, was der von Stalin entwickelte bürokratische Apparat später abwürgte. Die Befreiung der Gesellschaft von der erstickenden Umarmung dieses Apparats galt den Reformern als eine der wichtigsten Aufgaben der Perestrojka.[8]

Die herrschende Nomenklatura reagierte auf die Auflockerung der bürokratischen Kontrollmechanismen sehr gereizt. Die Reformer führten derartige Widerstände auf das immer noch lebendige Stalinsche Erbe zurück. „Stalin ist erst gestern gestorben", schrieb der Moskauer Historiker Michail Gefter Mitte 1988 in dem vielzitierten Sammelband „Es gibt keine Alternative zu Perestrojka".[9]

Aber nicht nur der bürokratische Apparat stand nach Ansicht der Reformer der Perestrojka im Wege. Manche Stalinschen Verhaltens- und Denkmuster seien nicht nur von Vertretern der Machtelite, sondern auch von breiten Bevölkerungsschichten verinnerlicht worden. Einige Autoren sprachen in diesem Zusammenhang vom vulgären bzw. naiven Stalinismus. Er äußere sich z. B., so die Literaturkritikerin Natal'ja Ivanova im Frühjahr 1988, in empörten Briefen, die nach der jeweiligen antistalinistischen Publikation die Zeitschriftenredaktionen überfluteten.[10] Der Publizist Len Kar-

---

7   *Moskovskie Novosti,* 1.11.1987, S. 8.
8   Siehe dazu insbesondere Afanas'ev, Jurij (Hrsg.): Es gibt keine Alternative zu Perestrojka, Nördlingen 1988
9   Ebda., S. 379. Vgl. dazu den Artikel „Es gibt keine Alternative zu Perestrojka" in diesem Band.
10 Siehe Luks, Leonid: Russische Intellektuelle aus Ost und West diskutieren über Perestrojka, in: *Osteuropa,* 6/1988, S. 500-503.

pinskij führte Mitte 1988 das Phänomen des „Volksstalinismus" auf folgende Ursachen zurück:

> Dazu gehört die aufrichtige Identifizierung Stalins mit den Idealen des Sozialismus [...], die Nostalgie nach der eigenen kämpferischen Jugend [...] und auch] das Bedürfnis nach Schutz, nach einer väterlich übergeordneten Kraft, die das Laster bestraft, die Tugend belohnt und alles auf den rechten Platz rückt."[11]

Nach Ansicht der Reformer gebe es ein Mittel, das sich besonders gut eigne, die Stalin-Mythologie zu bekämpfen, nämlich die Wahrheit über die damaligen Verbrechen, und zwar die ganze Wahrheit und nicht eine vorsichtig dosierte: „Die Wahrheit über die Realität ist genauso unteilbar wie die Realität selbst", schreibt der Literaturkritiker Igor' Vinogradov. Und weiter heißt es bei ihm: „Eine portionierte Wahrheit, die in Etappen ans Licht gebracht wird, ist bestenfalls eine halbe Wahrheit, [...] d. h. eine Wahrheit verbunden mit Lügen [...]. Eine mit Lügen gewürzte Wahrheit aber [...] das ist, entschuldigen Sie, alles andere als Wahrheit."[12]

Mit ihrem Wahrheitspostulat gerieten allerdings diejenigen Verfechter der Perestrojka, die den Stalinismus mit Hilfe der Leninschen Ideen bekämpfen wollten, in ein großes Dilemma. Denn der Wahrheitsrausch, in dem sich das Land nun befand, begann auch mächtig am Lenin-Denkmal zu rütteln. Es stellte sich allmählich heraus, dass eine pluralistische und offene Gesellschaft mit Leninschen Prinzipien kaum zu vereinbaren war; denn die Missachtung gegenüber den elementarsten demokratischen Spielregeln gehörte zum Wesen des Leninschen Systems. So hatte z. B. der Gründer des Bolschewismus bekanntlich absolut keine Bedenken, die demokratisch gewählte Verfassunggebende Versammlung mit ihrer nichtbolschewistischen Mehrheit im Januar 1918 gewaltsam auseinanderzujagen.[13]

---

11 Karpinskij, Len: Weshalb bleibt der Stalinismus auf der Bühne? in: Afanas'ev, *Es gibt keine Alternative*, a.a.O., S. 724-756, hier S. 732.
12 Vinogradov, Igor': Kann die Wahrheit etappenweise ans Licht kommen? in: ebda., S. 355-378, hier S. 358.
13 Radkey, Oliver Henry: *The Elections to the Russian Constituent Assembly in 1917*, Cambridge, Mass. 1950; Černov, Viktor: *Pered burej. Vospominanija*, New York 1953, S. 356-366; Višnjak, Mark: *Dan'prošlomu*, New York 1954, S. 353-381.

ABSCHIED VOM LENINISMUS 95

Offen verhöhnte er die sogenannte „formale" Legalität und die Grundprinzipien der „bürgerlichen" Demokratie. Das Rätesystem, das die Grundlage des am 7. November 1917 errichteten Staates bilde, verkörpere eine höhere Entwicklungsstufe der Demokratie, behauptete Lenin.[14] Wie verhielt es sich aber mit dem Verhältnis Lenins zu der von ihm so gepriesenen Räte- bzw. Sowjetdemokratie?

Der ehemalige deutsche Kommunist Arthur Rosenberg schrieb Anfang der dreißiger Jahre Folgendes hierzu: Lenin habe sich der Räte bloß bedient, um den alten Staatsapparat zu zerschlagen. Auf dessen Trümmern habe er dann eine Diktatur der „kleinen disziplinierten Minderheit der Berufsrevolutionäre über die große und wirre Masse" errichtet. Aber noch bedenklicher als das diktatorische Vorgehen Lenins und der Bolschewiki ist in den Augen Rosenbergs ihr pseudodemokratisches Gehabe, z. B. die Tatsache, dass sie das Rätesystem nach dessen weitgehender Aushöhlung bloß als Dekorum, als Deckmantel für ihre unbeschränkte Diktatur beibehalten hätten. Auf diese Weise sei der Rätegedanke, so Rosenberg, der in Wirklichkeit die radikalste Demokratie verkörpere, die man sich denken könne, vollkommen diskreditiert worden.[15]

So hatte sich, wie Rosenberg mit Recht sagt, bereits 1918 und keineswegs erst unter Stalin, wie dies Gorbačev immer wieder betont, eine unüberbrückbare Kluft zwischen dem Bolschewismus und den 1917 entstandenen basisdemokratischen Einrichtungen aufgetan. Die Rückkehr zu

---

14   Lenin, Vladimir: *Polnoe sobranie sočinenij*, Bd. 1-55, 5. Aufl., Moskau 1958-1965, hier Bd. 35, S. 238-242.
15   Rosenberg, Arthur: *Geschichte des Bolschewismus*, Frankfurt a. M. 1987, S. 151. Rosenberg knüpft an die berühmte Bolschewismuskritik Rosa Luxemburgs aus ihrer Schrift über die Russische Revolution vom Herbst 1918 an. Hier lesen wir u. a.: „Lenin und Trotzki haben an die Stelle der aus allgemeinen Volkswahlen hervorgegangenen Vertretungskörperschaften die Sowjets als die einzige wahre Vertretung der arbeitenden Massen hingestellt. Aber mit dem Erdrücken des politischen Lebens im ganzen Lande muss auch das Leben in den Sowjets immer mehr erlahmen. Ohne allgemeine Wahlen, ungehemmte Presse- und Versammlungsfreiheit erstirbt das Leben in jeder der öffentlichen Institutionen, wird zum Scheinleben, in dem die Bürokratie allein das tätige Element bleibt": (Luxemburg, Rosa: *Politische Schriften*, hrsg. u. eingel. v. O. Flechtheim, Bd. 1-3. Frankfurt a. M. 1967, hier Bd. 3, S. 127 ff.).

Lenin wäre hier also kaum mit dem erhofften emanzipatorischen Effekt verbunden.

Die Lenin-Euphorie ließ in der Publizistik der Perestrojka allmählich nach. Immer häufiger wurde das von Lenin während des russischen Bürgerkrieges geschaffene System des Kriegskommunismus (1918-1921) als der unmittelbare Vorläufer des Stalinschen Kommandosystems angesehen. Der Wirtschaftswissenschaftler Vasilij Seljunin schrieb z. B. im Mai 1988: „Die Tatsachen weisen unmissverständlich darauf hin, dass die Liquidierung des Kulakentums vorwiegend in der Periode des Kriegskommunismus und nicht Anfang der 30er Jahre (während der stalinistischen Kollektivierung) stattgefunden hatte." An einer anderen Stelle charakterisiert Seljunin den Kriegskommunismus als die Periode der uferlos sich ausdehnenden Gewalt: „Ursprünglich war sie gegen die Gegner der Revolution gerichtet, dann gegen die potentiellen Gegner (der rote Terror) und schließlich wurde sie für die Lösung rein wirtschaftlicher Aufgaben angewandt." [16]

Noch schärfer setzte sich mit Lenin, aber auch mit Marx der Philosoph Aleksandr Cypko (Ende 1988) auseinander. Stalin galt für Cypko keineswegs als Verfälscher der sogenannten „Klassiker", sondern eher als Vollstrecker ihres Vermächtnisses.[17]

Solche Thesen haben die dogmatischen Kräfte in der Partei außerordentlich verunsichert. Ihre Reaktionen stellten eine Mischung aus Empörung und Panik dar. „Die antileninistischen Ideen finden in der letzten Zeit eine große Verbreitung in unserer Partei und in unserem Land", beklagte sich Anfang 1990 der Leiter des ZK-Instituts für Marxismus-Leninismus, G. Smirnov: „Alle Katastrophen, die das Land erlebt hatte", so Smirnov weiter, „werden auf die Hypertrophie des Klassenkampfes und auf den utopischen Charakter der sozialistischen Bestrebungen von Marx und Lenin zurückgeführt".[18]

Der Vorsitzende des sowjetischen Rundfunk- und Fernsehkomitees, Michail Nenašev, bezeichnete im Februar 1990 die Person und das Gedankengut Lenins als die letzte Verteidigungsbastion der KPdSU. Deshalb hielt

---

16 Seljunin, Vasilij: Istoki, in: *Novyj mir* 5/1988, S. 162-189, hier S. 167, 169.
17 Cypko, Aleksandr: Istoki stalinizma, in: *Nauka i žizn'* 11, 12/1988, 1, 2/1989.
18 *Sovetskaja Rossija*, l.2.1990.

er „die ideologische Passivität und Hilflosigkeit", mit denen die Partei auf die Kritik am Leninismus reagierte, für äußerst beunruhigend.[19]

Die Verteidiger Lenins befinden sich nun unter permanentem Rechtfertigungsdruck. Sie versuchen jetzt, dem Parteigründer ein neues Image zu verleihen. Jahrzehntelang hat die sowjetische Historiographie das taktische Geschick, mit dem Lenin 1917 die Schwächen des noch nicht gefestigten liberalen Systems in Russland ausnutzte, um es zu beseitigen, als Zeichen politischer Genialität bewertet. Lenins Kompromisslosigkeit gegenüber den Gegnern der Bolschewiki im revolutionären Lager (Menschewiki und Sozialrevolutionäre) wurde bewundert. Nun werden aber andere Züge im Leninschen Charakter entdeckt, z. B. seine Offenheit gegenüber den nichtbolschewistischen Standpunkten. Bei seinem Treffen mit den litauischen Kommunisten im Januar 1990 sagte Gorbačev:

> Ich sehe keinerlei Tragödie in einem Mehrparteiensystem [...]. Nach der Revolution hatten wir eine Regierung, die [...] wie mir scheint, mindestens drei Parteien bildeten [in Wirklichkeit waren es zwei Parteien – Bolschewiki und linke Sozial-Revolutionäre – L. L.], so dass ich denke, dass dies weder für die Bolschewiki noch für Lenin eine (prinzipielle) Frage war.[20]

Ein Weiterbestehen dieses Bündnisses hätte vielleicht den Bürgerkrieg mit allen seinen Schärfen verhindern können, meint der Historiker Genrich Ioffe.[21]

Damit verkennt Ioffe allerdings das Wesen der bolschewistischen Partei als einer „Partei neuen Typs", wie die Bolschewiki sie selbst stolz definierten. Das Streben nach der Alleinherrschaft gehörte zu den wichtigsten Antriebskräften der Bolschewiki; denn nur als Alleinherrscher konnten sie die politische und soziale Realität des von ihnen regierten Landes an ihre Doktrin anpassen. Sie fühlten sich im Besitz der historischen Wahrheit und

---

19   Ebda.
20   *BPA/Ostinformationen* vom 15.1.1990 (Anhang), S. 38.
21   Ioffe, Genrich: Ugroza voennoj diktatury, *Moskovskie Novosti*, 5.11.1989, S. 8.

duldeten keine Kompromisse mit den Kräften, die diesen ihren Anspruch in Frage stellten.

Natürlich müsse die Partei, das am besten organisierte und disziplinierte Element im proletarischen Staate, in diesem Staat eine führende Rolle spielen, erklärte Lenin im April 1920.[22] Jeden Versuch, die Partei einer gesellschaftlichen Kontrolle zu unterwerfen, lehnte Lenin mit aller Entschiedenheit ab und bezeichnete solche Bestrebungen als Überreste des anarcho-syndikalistischen Denkens.

Wer kann aber diese Partei, die sich allen Kontrollmechanismen von außen entzog, zur Ordnung rufen, wenn sie das von ihr regierte Land in eine Sackgasse führt? Erst in seinen letzten Regierungsjahren begann sich Lenin mit dieser Frage auseinanderzusetzen. Dennoch wirkt er mit allen seinen Versuchen, die von ihm befürchtete Katastrophe zu verhindern, äußerst unbeholfen. Denn an seiner Konzeption von der Partei als der „Avantgarde der Arbeiterklasse" hielt er fest. Die Duldung anderer politischer Subjekte im Lande außer den Bolschewiki kam für ihn nicht in Frage. Er wollte die Kontrollmechanismen in die Partei selbst einbauen. Deshalb war das Scheitern seines Konzepts im Grunde vorprogrammiert. Mit Hilfe seiner Ideen ließ sich die „innerparteiliche Demokratie" kaum bewahren; denn abgesehen von dem nebulösen „bolschewistischen Ehrenkodex" vermachte er seinen Nachfolgern kein anderes Rezept hierfür.[23]

Und so begann die Partei, die bereits unter Lenin alle eigenständigen politischen Einrichtungen im Lande zerstörte, um sich dem Einfluss von außen zu entziehen, allmählich auch die Kontrolle über sich selbst zu verlieren. Als Stalin zwölf Jahre nach dem Tod des Parteigründers die physische Liquidierung der sogenannten alten Leninschen Garde einleitete, war die Partei nicht imstande, sich diesem Vernichtungsfeldzug in irgendeiner Weise zu widersetzen.

---

22 Lenin, Detskaja bolezn' levizny v kommunizme, in: *سočinenija*, Bd. 41, S. 1-104.
23 Vgl. dazu u. a. Nikolaevsky, Boris J.: *Power and the Soviet Elite. The letter of an old Bolshevik and other essays*, hrsg. v. J. Zagoria, New York 1965; Avtorchanov, Abdurachman: *Proischoždenie partokratii*, Bd. 1-2, Frankfurt a. M. 1973. Zur Auseinandersetzung mit dem Leninschen Vermächtnis siehe auch Popov, G.: S točki zrenija Leonida Krasina in: *Ogonek* 24/1989, S. 10 f.; Volobuev, P.: Lenin i naša istoričeskaja sud'ba, *Pravda*, 20.4.1990.

„[Das bolschewistische Erbe] hinterlässt uns kein Parteimodell, das wir heute benötigen", schreibt einer der Verfechter der Perestrojka, der Philosoph Anatolij Butenko, in der *Pravda*. Bei der Leninschen Partei habe es sich lediglich um ein Instrument für den Kampf um die politische Macht gehandelt. Andere Aufgaben habe sie nicht zu lösen vermocht. Der KPdSU fehle gänzlich die Erfahrung einer demokratischen Konkurrenz mit den anderen politischen Kräften.[24]

Noch schärfer setzt sich der Historiker Jurij Afanas'ev mit Lenin auseinander: „Unsere gesamte Geschichte besteht aus Gewalt und Gewaltanwendung. Wenn unser Führer und Gründer tatsächlich Grundlagen gelegt hat, dann [war dies] die Einführung der staatlichen Politik der massiven Gewalt und des massiven Terrors als Prinzip".[25]

Der 7. November 1917 wird nun von vielen Gruppierungen in der Sowjetunion, auch von vielen Kommunisten, nicht mehr als verheißungsvoller Neuanfang, sondern als der Beginn eines Irrweges betrachtet. „72 Jahre auf der Straße nach Nirgendwo", konnte man auf einem der Plakate lesen, die die Demonstranten auf einer Protestkundgebung in Moskau trugen, die anlässlich des Jahrestages der Oktoberrevolution stattfand. Die Tatsache, dass die bolschewistische Bewegung sich 1917 von der Sozialdemokratie endgültig abgespalten hatte, wird nun von vielen sowjetischen Kommunisten als katastrophaler Fehler angesehen. Der Sekretär der Estnischen KP, M. Titma, sagte vor Kurzem: die klassische Sozialdemokratie habe ein Zukunftsmodell entworfen, das auf demokratischen Grundlagen basierte, die Kommunisten hingegen hätten für die Diktatur des Proletariats gekämpft: „Eine These", so Titma wörtlich, „die jede Form von Gewalt rechtfertigt – vom Zarenmord bis zur Verwandlung riesiger Bevölkerungsschichten in Staub und Asche". Und seine Schlussfolgerung lautet: „Die Sozialdemokratie hat den historischen Streit mit dem Kommunismus gewonnen"[26].

Die demokratische Revolution in Ostmitteleuropa von 1989 beschleunigte zusätzlich die Demontage des Leninismus in der Sowjetunion.

---

24 *Pravda*, 28.2.1990.
25 *Izvestija*, 14.3.1990.
26 *Moskovskie Novosti*, 28.1.1990, S. 7.

Der Verzicht Gorbačevs auf die führende Rolle der Partei auf dem Februar-Plenum des ZK von 1990 stellt einen verzweifelten Versuch des Urhebers dieser Revolution dar, sich an ihr immer schneller werdendes Tempo anzupassen.

Man darf jedoch nicht vergessen, dass die Kritik am Leninismus in der heutigen Sowjetunion nicht nur von den Demokraten geübt wird. Auch militante Gegner der Moderne und der mit ihr verknüpften emanzipatorischen Bestrebungen bekämpfen den Gründer des Bolschewismus. Die Katastrophen, die das Land im 20. Jahrhundert erlebt hatte, sind für sie die Folge einer Verschwörung dunkler Mächte, der Russlandhasser („Russophoben") gegen das tiefgläubige russische Volk.[27] Dass die Revolution von 1917 die Folge langfristiger Prozesse war, der allmählichen Aushöhlung der Autokratie und der orthodoxen Kirche, der Abkehr des angeblich zaren- und kirchentreuen Volkes von den bisherigen Wertvorstellungen[28] – all das nimmt die militante russophile Partei kaum zur Kenntnis. Komplizierte Erklärungsversuche passen nicht in ihr manichäisches, die Sachverhalte vereinfachendes Weltbild. Die These vom Bolschewismus als Bestandteil der jüdischen Weltverschwörung gegen das russische Volk klingt für sie wesentlich überzeugender. Man entdeckt insofern erstaunliche Parallelen zwischen der heutigen Sowjetunion und dem Weimarer Staat. In beiden Fällen handelt es sich um einen plötzlichen Übergang von einem patriarchalisch-autoritären System zu einer offenen Gesellschaft.

Für die Weimarer Rechte symbolisierte die Demokratie Dekadenz, außenpolitische Niederlage und wirtschaftlichen Verfall. Ähnliche Stimmen kann man heute auch in der Sowjetunion hören. Krisen, die die Auflösung der diktatorischen Mechanismen begleiten, werden als eine Art Weltuntergang empfunden. Auch der Verlust der sowjetischen Hegemonialstellung in Ostmitteleuropa und die Unabhängigkeitsbestrebungen der sowjetischen Teilrepubliken – eine unmittelbare Folge der emanzipatorischen Prozesse in Osteuropa – schmerzen die Moskauer Konservativen, und zwar sowohl

---

27 Siehe u. a. Šafarevič, Igor': Rusofobija, in: *Naš Sovremennik* 6/1989, S. 167-192, 11/1989, S. 162-172; Pis' mo pisatelej Rossii, in: *Literaturnaja Rossija* vom 2.3.1990, S. 2-4.

28 Vgl. dazu u. a. Luks, Leonid: Intelligencija und Revolution. Geschichte eines siegreichen Scheiterns, in: *Historische Zeitschrift*, Bd. 249(1989), S. 265-294.

die Parteidogmatiker als auch die militanten Monarchisten. Immer häufiger wird nun in der sowjetischen Publizistik die Parallele zum tragischen Ausgang des demokratischen Experiments in Weimar gezogen. Dennoch besteht ein großer Unterschied zwischen den beiden Situationen. Der Verfall der Weimarer Republik hatte sich auf dem Hintergrund der allgemeinen Krise des europäischen Liberalismus abgespielt. Diktaturen unterschiedlichster Art feierten damals ihre Siege, das demokratische Prinzip schien abgewirtschaftet zu haben. Heute hingegen befindet sich die Demokratie, nicht zuletzt dank der Perestrojka, in ganz Europa auf dem Vormarsch. So könnte ein Sieg der Konservativen in Moskau für die Sowjetunion eine ähnliche Isolation zur Folge haben, wie sie bereits vor dem Beginn der Perestrojka bestanden hatte. Eine derartige Abkopplung von den allgemein europäischen Prozessen wollen jedoch die sowjetischen Reformer um jeden Preis verhindern.

Veröffentlicht in: *Zeitschrift für Politik*, 37, 1990, 4, S. 353-360.

Die Neue Ökonomische Politik – Vorbild für die Perestrojka?

Die 1921 begonnene Neue Ökonomische Politik (NÈP) gehört zu den wenigen großangelegten Versuchen, das sowjetische System grundlegend zu reformieren. So ist es nicht verwunderlich, dass die sowjetischen Reformer seit Beginn der Perestrojka ihre Aufmerksamkeit auf diese Periode richten, um daraus Anregungen für die Erneuerung des Regimes zu entnehmen.

Vor allem in der ersten Phase der Perestrojka – etwa bis zu den friedlichen Revolutionen von 1989 in Osteuropa, die zur Entmachtung der Kommunisten führen sollten – wurde der Frage nach kommunistischen Alternativen zum stalinistischen Kommandosystem viel Aufmerksamkeit gewidmet. Viele Verfechter der Perestrojka träumten von einem „Kommunismus mit menschlichem Antlitz". In diesem Zusammenhang gewann das Programm des wichtigsten Protagonisten der Neuen Ökonomischen Politik – Nikolaj Bucharins – in der Publizistik der Perestrojka eine außerordentliche Popularität. 1988, als der hundertste Geburtstag dieses von Stalin entmachteten und 1938 hingerichteten Politikers gefeiert wurde, konnte man von einer Art Bucharin-Renaissance im Lande sprechen. Der einstige Gefährte Lenins verkörperte für viele die helle und „weiche" Seite des Bolschewismus, Stalin hingegen die doktrinäre und terroristische. Das von Stalin in den dreißiger Jahren auf den Ruinen der NÈP errichtete Kommandosystem gilt den sowjetischen Reformern als die Neuauflage des in den Jahren 1918-1921 – während des russischen Bürgerkrieges – errichteten Systems des „Kriegskommunismus", das auf dem „roten Terror" basiert hatte.

Für manche Autoren stellt der Kampf zwischen „Kriegskommunismus" und „NÈP" den roten Faden der sowjetischen Geschichte dar. Der „Kriegskommunismus" verkörperte den Versuch, die gesellschaftliche Realität gewaltsam an die bolschewistische Doktrin anzupassen, die „NÈP" hingegen – die Anpassung der Doktrin an die Realität.

Und in der Tat pendelten die Bolschewiki in ihrer Entwicklung ständig zwischen diesen beiden Polen, wobei sie ihr Überleben nicht selten der

Fähigkeit verdankten, einschneidende Kursänderungen vorzunehmen, wenn die Umstände dies erforderten, beispielhaft hierfür war eben auch die Verkündung der Neuen Ökonomischen Politik in März 1921, die die Politik des „Kriegskommunismus" ablösen sollte.

Zur Zeit des Kriegskommunismus (1918-1921) wähnten die Bolschewiki, kurz vor der Verwirklichung ihrer sozialistischen Endziele zu stehen. Industrie und Banken waren verstaatlicht, der Privathandel abgeschafft, die gesamte Wirtschaftsorganisation zentralisiert und vom Obersten Volkswirtschaftsrat gelenkt, die Bauern wurden einer „Versorgungsdiktatur" unterstellt und zur Abgabe ihrer „Überschüsse" (manchmal handelte es sich dabei um beinahe alle erwirtschafteten Erträge) gezwungen. Der Staat allein durfte produzieren, die Güter verteilen und über Arbeitskräfte verfügen. Das Geld verlor jeglichen Wert. Das kapitalistische System galt nun als endgültig überwunden. Deshalb empfand die Mehrheit der Bolschewiki die Ablösung des Kriegskommunismus durch die Neue Ökonomische Politik, deren Grundrisse Lenin am 9. März 1921 auf dem 10. Parteitag der Bolschewiki verkündet hatte, als empfindliche Niederlage. Die NĖP wurde nun in der Partei mit dem demütigenden Brest-Litovsker-Frieden vom März 1918 verglichen. Damals hatte Lenin auf Raum verzichtet, um die Zeit für das Überleben des Regimes zu gewinnen. Nun warfen die Kritiker der NĖP Lenin vor, er opfere für das gleiche Ziel – die Gewinnung einer Atempause – die hehren sozialistischen Prinzipien.

Lenin, der die Politik des „Kriegskommunismus" mitkonzipiert hatte, fiel der Verzicht auf die „sozialistischen Errungenschaften", die angeblich während des Bürgerkrieges erzielt worden waren, keineswegs leicht. In seinem politischen Verhalten kann man ein ähnliches Spannungsverhältnis entdecken, wie im Verhalten der von ihm gegründeten Partei – der wirklichkeitsfremde Doktrinär kämpfte in ihm andauernd mit dem pragmatisch denkenden Machtpolitiker. Und gerade als Machtpolitiker sah er 1921 ein, dass die Bolschewiki durch Nachgiebigkeit wesentlich mehr erreichen würden als durch dogmatische Starrheit. Denn die Fortsetzung der terroristischen Politik des „Kriegskommunismus" entbehrte in den Augen der Bevölkerungsmehrheit nach dem von den Bolschewiki gewonnenen Bürgerkrieg (Ende 1920) jeglicher Berechtigung. Der Widerstand der Bauern gegen diese Politik nahm überall zu, in einigen Provinzen erreichten die Bauernrevolten bereits die Dimension eines neuen Bürgerkrieges. Die letzte Warnung aber, die die Bolschewiki erhielten, war der am 1. März 1921 ausgebrochene Aufstand der Kronstädter Matrosen. Kronstadt wurde von den Bolschewiki seit 1917 wiederholt als die treueste Bastion der Revolution bezeichnet. Vier Jahre lang kämpften die Kronstädter Matrosen an allen Fronten des Bürgerkrieges Nun aber nach dem Sieg der Bolschewiki im Bürgerkrieg erhob sich diese „treueste Bastion der Revolution" im Namen der Sowjetdemokratie gegen die bolschewistische Diktatur. Im Aufruf der Aufständischen an die Bevölkerung konnte man folgende Sätze lesen:

> Mit vereinter Kraft haben Matrosen, Soldaten, Arbeiter und Bauern im Oktober 1917 die Bourgeoisie hinweggefegt. Es schien, als hätten die arbeitenden Massen endlich zu sich selbst gefunden. Nun aber ergriff die eigensüchtige bolschewistische Partei die Macht. Diese Partei beschloss, das Land nach dem Muster der Gutsherren im alten Russland durch ihre Kommissare zu regieren. Die Zeit ist gekommen, die Autokratie der Kommissare hinwegzufegen. Der wachsame Posten der sozialistischen Revolution – Kronstadt – ist der erste, der im Namen der dritten Revolution der arbeitenden Menschen die Fahne der Revolte erhebt.

Noch während des Aufstandes verkündete Lenin, die diktatorischen Maßnahmen in der Wirtschaft seien nur während des Bürgerkrieges gerechtfertigt gewesen. Nun sei aber der Bürgerkrieg zu Ende und daher die Fortsetzung dieser Politik nicht mehr vertretbar. Sie werde von der Mehrheit der russischen Bevölkerung, vor allem von den Bauern, abgelehnt. Deshalb müsse die bolschewistische Regierung auf maximale Zugeständnisse gegenüber den unzufriedenen Massen eingehen, um deren Unterstützung wieder zu gewinnen. In der Rede wurden zugleich die Grundsätze der Neuen Ökonomischen Politik angekündigt, deren Kern die Befreiung der Bauern von dem staatlichen Zwangssystem darstellte. Nun beschränkten sich die Verpflichtungen der Bauern gegenüber dem Staat lediglich auf die Entrichtung einer „Naturalsteuer". Ihre Überschüsse durften sie wieder auf dem freien Markt verkaufen. Die NĖP beseitigte Schranken für die privat-

DIE NEUE ÖKONOMISCHE POLITIK 105

wirtschaftliche Initiative auch in manchen anderen Sektoren. Es kam zur Reprivatisierung vieler Betriebe, die in der Zeit des Kriegskommunismus verstaatlicht worden waren. Zu den wenigen Ausnahmen gehörte die Schwerindustrie. Hier blieben so gut wie alle Betriebe in den Händen des Staates.

Eine der Folgen der Neuen Ökonomischen Politik war der äußerst schnelle Wiederaufbau der russischen Landwirtschaft. Wenn Russland im Jahre 1920 weniger als die Hälfte der Getreideproduktion der Vorkriegszeit erzielt hatte, so erreichte es im Jahre 1925 bereits wieder das Vorkriegsniveau. Die Bauernaufstände, die 1921 noch eine allgemeine Erscheinung im Lande dargestellt hatten, klangen in Jahre 1922 praktisch aus.

In der Frühphase der Perestrojka, als der Kampf gegen den Stalinismus noch mit Hilfe des Leninismus geführt wurde, maß man der von Lenin 1921 durchgeführten Kursänderung eine außerordentliche Bedeutung bei. Es wurde betont, dass Lenin im Gegensatz zu Stalin durchaus imstande gewesen sei, seine Fehler offen einzugestehen. Die katastrophale Lage, in der sich das Land 1921 befunden hätte, sei von ihm nicht verschleiert worden. Stalin habe sich in ähnlichen Situationen völlig anders verhalten. Und in der Tat lässt sich die Errichtung einer propagandistischen Scheinwelt, in der die Wirklichkeit buchstäblich auf den Kopf gestellt wurde, eher als der „Beitrag" Stalins zur Entwicklung des Bolschewismus bezeichnen.

Indes lassen die Apologeten Lenins eines außer Acht. Der sowjetische Staatsgründer war zwar gelegentlich zur Selbstkritik bereit, zugleich war er aber davon überzeugt, dass allein die Bolschewiki das Recht hätten, die von ihnen begangenen Fehler zu korrigieren. Daher auch die Kursänderungen, die in der Geschichte des sowjetischen Regimes so oft vorkamen und die ein Äquivalent für Regierungswechsel darstellen. Denn das Überleben der Einparteiendiktaturen hängt davon ab, ob sie imstande sind, in bestimmten Krisensituationen sich quasi in Opposition zu sich selbst zu stellen. Lenin besaß diese Fähigkeit, um so weniger hielt er es für erforderlich, Zugeständnisse an die echte Opposition zu machen. Unmittelbar nach der Einführung der NEP folgte das Verbot der Menschewiki und der Sozialrevolutionäre – der letzten neben den Bolschewiki noch legal existierenden politischen Gruppierungen in Russland. Jede politische Tätigkeit außerhalb der bolschewistischen Partei wurde nun streng untersagt. Allein den Bolschewiki als der „Avantgarde der Arbeiterklasse", war die „führende Rolle" in allen wichtigen Einrichtungen des Landes – Sowjets, Gewerkschaften usw. – vorbehalten.

Bestrebungen einiger Kommunisten, z. B. der sogenannten „Arbeiteropposition", diese Einrichtungen der Kontrolle der Partei zu entziehen bzw. mit ihrer Hilfe die Partei von außen zu kontrollieren, verwarf Lenin gänzlich. So stellte die Partei, die 1924 – im Todesjahr Lenins – etwa 470.000 Mitglieder zählte, das einzige politische Subjekt im Riesenreich dar. Deshalb hatten die ideologischen Kontroversen, die diese Partei in den zwanziger Jahren erschütterten, eine schicksalhafte Bedeutung für das Land. Und im Mittelpunkt dieser Kontroversen stand die Neue Ökonomische Politik. Zu ihren schärfsten Kritikern gehörte die bolschewistische Linke mit Lev Trockij an der Spitze, die die Auffassung vertrat, der Aufbau der sozialistischen Wirtschaft, z. B. die Industrialisierung, könne nur durch eine stärkere Belastung der Bauern erreicht werden. Besonders deutlich wurden diese Gedankengänge von dem Mitstreiter Trockijs im Jahre 1924 Evgenij Preobraženskij formuliert: Nur durch die Senkung des Lebensstandards der gesamten sowjetischen Landbevölkerung könne die Industrialisierung in der Sowjetunion finanziert werden. Die Bauern, so Preobraženskij, seien eine Art innere Kolonie der sowjetischen Regierung.

Solche Thesen wurden von den Protagonisten der NĖP, vor allem von Nikolaj Bucharin, entschieden zurückgewiesen. Unter den russischen Bedingungen könne die Industrie lediglich auf der Basis einer blühenden Landwirtschaft aufgebaut werden, betonte er wiederholt. 1925 hatte er sich an die russischen Bauern mit dem Aufruf gewandt: „Bereichert euch!", wodurch er die Empörung der Linken hervorrief. Das Bucharinsche Programm lief für sie auf die Restauration des Kapitalismus in Russland hinaus. Stalin, der seit April 1922 das Amt des Generalsekretärs der Partei bekleidete, unterstützte ursprünglich die Linie Bucharins. Die Parteimehrheit bezeichnete die sogenannte „linke Gefahr" als die größte Bedrohung für das Regime. Im Dezember 1927 – auf dem 15. Parteitag der Bolschewiki – war aber die Linke endgültig entmachtet worden und unmittelbar danach

DIE NEUE ÖKONOMISCHE POLITIK 107

veränderte Stalin samt seiner Fraktion seinen Kurs grundlegend. Im Juli 1928 griff er die Thesen Preobraženskijs auf und verkündete, die Industrialisierung Russlands lasse sich nur durch die Senkung des Lebensstandardes der Landbevölkerung finanzieren. Man müsse den Bauern eine Art Tribut auferlegen. Dies werde sicher den Widerstand, vor allem der reichen Bauern hervorrufen, aber sterbende Klassen, so Stalin, ergäben sich nie ohne Kampf. Es stellte sich nun heraus, dass der Bolschewismus seine Militanz aus der Zeit des Kriegskommunismus in den „weichen" Jahren des NĖP-Kurses keineswegs eingebüßt hatte. Seine voluntaristisch-utopistischen Energien waren in den zwanziger Jahren nicht erloschen. An diese Energien appellierte nun Stalin. Er wusste, dass der bauernfreundliche Kurs Bucharins bei der Mehrheit der Bolschewiki sehr unpopulär war. Er verurteilte die Partei zur Untätigkeit und zur Anpassung an die elementaren Kräfte der russischen Gesellschaft. Dies widersprach aber der von Lenin entwickelten Konzeption der Partei als einer Avantgarde, die ihren Willen den Massen vermitteln und sogar aufzwingen sollte.

Bucharin warnte die Partei eindringlich vor den verheerenden Folgen, welche die Abkehr von der Neuen Ökonomischen Politik haben könnte. Stalin beabsichtige die militärfeudale Ausbeutung der russischen Bauern zu erneuern, betonte er im Januar 1929 auf einem ZK-Plenum. Die Sowjetunion brauche für ihre Sicherheit das Vertrauen der Bauern wesentlich mehr als den Ausbau der Schwerindustrie, setzte Bucharin seine Gedankengänge fort, denn im Falle eines Krieges könnte die Passivität oder sogar Feindseligkeit der Massen äußerst gefährlich für das Regime werden. Diese Warnung sollte zwölf Jahre später, zur Zeit des Debakels der Roten Armee in der ersten Phase des deutsch-sowjetischen Krieges, eine besondere Relevanz erhalten.

An die Öffentlichkeit gelangten allerdings diese dramatischen Appelle Bucharins nicht. Die Auseinandersetzung um die neue Generallinie der Partei und damit auch um das Schicksal des Landes vollzog sich beinahe ausschließlich innerhalb der höchsten Parteigremien. Von dem Vorhandensein eines Risses in der Führung erfuhr die Öffentlichkeit erst nach der offiziellen Verurteilung der Bucharin-Fraktion durch die 16. Parteikonferenz der Bolschewiki im April 1929. So verlor die russische Landbevölkerung ihre letzten Verteidiger innerhalb der Machtelite. Der Weg zur Enteignung von mehr als 100 Millionen Bauern war nun offen.

Die Leichtigkeit, mit der es den Gegnern der Neuen Ökonomischen Politik gelungen war, diese zu liquidieren, wird zur Zeit von vielen Verfechtern der Perestrojka als Warnung verstanden. Angesichts der immer stärker werdenden restaurativen Tendenzen im Lande – seit etwa 1990 – gilt die Aufmerksamkeit der Betrachter immer stärker den Ursachen für den Zusammenbruch der NĖP, weniger ihren Anfängen. Immer deutlicher werden ihre Defizite gesehen, vor allem die Tatsache, dass sie es versäumte, die wiedereingeführten marktwirtschaftlichen Mechanismen durch Rechtsstaatlichkeit von oben und durch gesellschaftliche Autonomie von unten zu sichern. Der staatlichen Willkür waren auch nach 1921 keine formalen Grenzen gesetzt. Deshalb konnte die Machtelite 1929, als die inneren Kräfteverhältnisse sich in ihr veränderten, ungestraft zu ihrem doktrinären Kurs zurückkehren und die NĖP mit einem Federstrich abschaffen. In der Zeitschrift *Moskovskie Novosti* konnte man vor Kurzem folgende Worte lesen:

> Eine der wichtigsten Lehren dieser Periode besteht darin, dass das Land und die Nation gefährdet sind, wenn ihre Schicksale in einem so hohen Grad von dem Kräfteverhältnis innerhalb der höchsten Führung abhängig sind. Denn solange demokratische Mechanismen […] nicht funktionieren, bleibt dieses Kräfteverhältnis instabil und wechselhaft.

Diese Beobachtung bezieht sich zwar auf das traurige Ende des Reformkurses von Nikita Chruščev, sie lässt sich aber ohne Weiteres auch auf die NĖP und die Gorbačevsche Perestrojka übertragen. Diese Wiederholungsszenarien zeigen, dass Reformprozesse, die als Revolutionen von oben konzipiert werden, auch ihre innere Logik haben. Sie schlagen sehr schnell in Restaurationen um, wenn die von ihnen ausgelösten Veränderungen die elementaren Interessen der herrschenden Schicht zu gefährden beginnen.

Veröffentlicht in: *Neue Zeit* (Moskau) 20/1991 (geringfügig revidierte Fassung).

Das Ende der Doppelherrschaft in der Sowjetunion.
Eine Revanche der russischen Demokraten

Am 21. August 1991 nahmen die russischen Demokraten eine Art Revanche für das Debakel, das die Bolschewiki ihnen am 18. Januar 1918 – mit dem Auseinanderjagen der Verfassunggebenden Versammlung – beigebracht hatten. Auch sonst wurde die russische Demokratie bisher nur selten durch Siege verwöhnt. Die Euphorie, die nach dem Sturz des Zaren im März 1917 ausgebrochen war, kühlte sehr schnell ab. Die Provisorische Regierung, die solchen liberalen Prinzipien wie Rechtsgleichheit, Glaubensfreiheit usw. zum Durchbruch verhelfen wollte, wurde infolge der permanenten Konfrontation mit den basisdemokratischen Sowjets innerlich gelähmt. Aleksandr Kerenskij – die Schlüsselfigur der Provisorischen Regierung – symbolisierte die Ohnmacht der russischen Demokratie. Einst Liebling der Öffentlichkeit, wurde er durch seine Versuche, zwischen Regierung und Sowjets zu vermitteln, also das Unvereinbare zu vereinbaren, zerrieben.

Wenn man sich die Ereignisse von 1917/18 vergegenwärtigt, hat man den Eindruck, dass hier ein Drehbuch für die Endphase der Perestrojka geschrieben wurde, wenn auch mit umgekehrter Rollenverteilung. Die einstigen „Sieger der Geschichte" befinden sich auf der Verliererseite, und die Stellung Michail Gorbačevs erinnert in verblüffender Weise an diejenige Aleksandr Kerenskijs.

Als Gorbačev zu Beginn der Perestrojka verkündete: „Wir brauchen die Demokratie wie die Luft zum Atmen", läutete er damit im Grunde das Ende des Bolschewismus ein. Denn das demokratische Prinzip, das die Bolschewiki aus ihren Staatsstrukturen am 18. Januar 1918 verbannt hatten, musste zwangsläufig das auf lückenlose Kontrolle programmierte kommunistische System aus den Angeln heben, ähnlich wie früher Lenin mit Hilfe der von ihm geschaffenen „Partei neuen Typs" Russland aus den Angeln gehoben hatte. Bereits im Jahre 1919 schrieb Karl Kautsky: „Die Bolschewiki sind bereit, um sich [an der Macht] zu halten, alle möglichen Konzessionen der Bürokratie, dem Militarismus, dem Kapitalismus zu machen. Aber eine Konzession an die Demokratie erscheint ihnen als Selbstmord."[1]

So grenzt es beinahe an ein Wunder, dass die ans Herrschen gewohnte Parteibürokratie die Etablierung der ersten Ansätze für eine zivile Gesellschaft im Lande, wenn auch unter heftigen Protesten, zunächst zuließ. Das in sich geschlossene kommunistische Staatsgebäude erhielt nun einen Riss, der im Laufe der Zeit immer tiefer wurde. Beide Strukturen – das bereits angeschlagene Kommandosystem und die noch äußerst schwachen demokratischen Einrichtungen – speisten sich aus völlig unterschiedlichen legitimatorischen Quellen, und daher konnten sie nicht miteinander kooperieren, denn jedes der Systeme verneinte das andere.

Sie brauchten einen Vermittler, und dies war Michail Gorbačev, der sowohl die Eigenschaften eines Reformers als auch die eines Apparatschiks in sich vereinte. Eine Zeitlang fungierte er als eine Art Brücke zwischen den beiden Kontrahenten. So wies das von ihm errichtete System in der ersten Phase der Perestrojka durchaus Ähnlichkeiten mit dem Bonapartismus-Modell auf, wie es von Karl Marx in seiner Schrift „Der achtzehnte Brumaire des Louis Bonaparte" beschrieben worden war. Auch Louis Bonapartes Aufstieg war nicht zuletzt dadurch bedingt, dass er zwischen Kräften vermittelte, die sich gegenseitig neutralisierten, nämlich zwischen dem Dritten und dem Vierten Stand (Proletariat).

Indes strebt jede Gesellschaft, die ihren Selbsterhaltungstrieb nicht schon gänzlich eingebüßt hat, danach, den Zustand der Doppelherrschaft – wie er sich auch im Zuge der Perestrojka ergab – so schnell wie möglich zu beseitigen. Denn der legitimatorische Wirrwarr macht nicht nur wirksame Reformen unmöglich, sondern auch das Funktionieren des Staatsmechanismus als solchen. So steuerte die Entwicklung in der UdSSR unvermeidlich auf eine Konfrontation zu. Gorbačevs Stellung büßte ihre bonapartistischen Züge ein. Sie begann immer stärker an diejenige Kerenskijs zu erinnern. Aus einem Schiedsrichter verwandelte er sich in einen Puffer zwischen den beiden Konfliktparteien. Dabei waren die Demokraten am Fort-

---

1   Kautsky, Karl: *Terrorismus und Kommunismus. Ein Beitrag zur Naturgeschichte der Revolution.* Berlin 1919, S. 146.

bestand dieses „Puffers" weit stärker interessiert als die Dogmatiker, denn sie fühlten sich ihren Gegnern hoffnungslos unterlegen. Die russischen Reformer haben sich an ihr Image der ewigen Verlierer gewöhnt. So konnte man z. B. in der Zeit Brežnevs in den Kreisen der sowjetischen Bürgerrechtler häufig den Spruch hören: „Trinken wir auf den Erfolg unserer hoffnungslosen Sache." Nicht anders verhielt es sich mit den Demokraten, als die Reformgegner Anfang 1991 zu einem Gegenschlag ausholten.

Die Chancen für das restaurative Vorhaben der Gegner einer Reform schienen damals in der Tat sehr günstig. Den USA und ihren Verbündeten waren die Hände durch den Golfkrieg gebunden. So konnten sie nicht allzu entschlossen auf das brutale Vorgehen der Dogmatiker, vor allem im Baltikum, reagieren. Im Lager der sowjetischen Demokraten machte sich eine Art Endzeitstimmung breit. Die Soziologin Tat'jana Zaslavskaja bezeichnete Mitte Februar 1991 die Bewegung nach rechts in der Sowjetunion als einen Prozess, der nicht Jahre, sondern wahrscheinlich Jahrzehnte dauern werde. Und der demokratisch gewählte Moskauer Oberbürgermeister Gavriil Popov spottete zur gleichen Zeit über diejenigen, die noch einige Monate zuvor die Zentrale des Parteiapparats als eine „Leiche" bezeichnet hatten. Nun lege aber die totgesagte Zentrale eine erstaunliche Vitalität an den Tag und sei fest entschlossen, das eingebüßte Terrain zurückzugewinnen.

Ein Wandel der politischen Kultur

Die offensichtlichen Veränderungen in der politischen Kultur des Landes haben den damaligen Pessimismus der Demokraten nicht zerstreut. Und zu einem äußerst wichtigen Zeichen für diese Veränderungen wurde z. B. die Tatsache, dass Hunderttausende von Moskauern gegen die Vorgänge im Baltikum im Januar 1991 protestierten. 22 Jahre zuvor – bei der Zerschlagung des Prager Frühlings – waren lediglich sieben Bürgerrechtler auf dem Roten Platz erschienen, um gegen die Intervention der Warschauer-Pakt-Staaten zu protestieren.

Dennoch scheiterten die Befürworter der Umwälzung im Januar 1991 nicht in erster Linie am Widerstand der Demokraten, sondern an der Haltung Gorbačevs. Trotz seines „Paktes" mit den Dogmatikern im Herbst 1990 schreckte er davor zurück, sein Geschöpf – die Perestrojka – eigenhändig zu liquidieren. Oberst Viktor Alksnis – einer der militantesten Verfechter von Zucht und Ordnung – nannte in einem Interview offen den Hauptschuldigen für das Scheitern der Putschpläne vom Jahresbeginn: „[Die] Sache wurde mittendrin aufgegeben. Offenbar zeigte sich auch hierbei das Wesen Gorbačevs als Mensch und als Politiker. Er machte Halt und alles brach zusammen."[2]

Das Schicksal Gorbačevs als des obersten Chefs der Nomenklatura war damit besiegelt. Indes büßte diese Schicht, die bis dahin die Technologie der Macht bis zur Virtuosität beherrscht hatte, ihren gewöhnlich so untrüglichen Herrschaftsinstinkt bereits ein. Denn eine so günstige Konstellation für ihre Restaurationspläne, wie sie zu Jahresbeginn bestanden hatte, als die Demokraten sich beinahe selbst aufgaben, sollte sich nicht mehr wiederholen. Nach der schnellen Beendigung des Golfkrieges rückten die Entwicklungen in der Sowjetunion erneut ins Zentrum der Aufmerksamkeit der westlichen Öffentlichkeit, und in ihrem grellen Licht war es nicht mehr so leicht, derart offen die Ansätze der jungen sowjetischen Demokratie mit Füßen zu treten, wie dies noch im Januar im Baltikum möglich gewesen war. Abgesehen davon trug der landesweite Streik der Bergarbeiter vom Frühjahr 1991 zu einer partiellen Überwindung des Stimmungstiefs der russischen Demokraten bei.

Und dann kam das vielleicht entscheidende Datum der Perestrojka – der 12. Juni 1991. Der Tag, an dem Boris El'cin von etwa 57 Prozent der Wähler zum russischen Staatspräsidenten gewählt wurde. Damit hatte das Land zum ersten Mal in seiner Geschichte ein demokratisch legitimiertes Staatsoberhaupt. Die Demokraten hatten nun einen eindeutigen legitimatorischen Vorsprung gegenüber der Nomenklatura. Denn die KPdSU herrschte nach dem offiziellen Verzicht Gorbačevs auf das Wahrheits- und Machtmonopol der Partei (Februar 1990) lediglich durch die Macht des Faktischen. Zwar gibt es auf der Welt genug Diktaturen, die sich

---

2 *Moskau News*, deutsche Ausgabe, Nr. 3, März 1991, S. 9.

nur auf eine solche Basis stützen. Dennoch handelt es sich bei dem kommunistischen Regime keineswegs um eine gewöhnliche Diktatur, sondern um eine Ideokratie. Wenn aber die kommunistische Ideologie ihren allgemein verbindlichen Charakter verliert und lediglich zur bloßen Privatsache erklärt wird, bricht das ganze seit 1917/18 mühsam aufgebaute Herrschaftsgebäude in sich zusammen.

Trotz all dieser Entwicklungen hielten die russischen Demokraten den kommunistischen Leviathan, der die wichtigsten Machthebel im Staate immer noch unangefochten kontrollierte, für einen kaum bezwingbaren Gegner. Mit Neid blickten sie auf ihre polnischen Gesinnungsgenossen, denen es gelungen war, eine derart mächtige Organisation wie die „Solidarność" zu schaffen. Die Erfahrung aller osteuropäischen Länder habe gezeigt, dass nur eine antitotalitäre Massenbewegung imstande sei, den Angriff der Rechten abzuwehren, meinte Ende März 1991 die Politologin Lilija Ševcova.

Indessen zeigte gerade die polnische Erfahrung, dass für den entschlossen und brutal agierenden kommunistischen Apparat selbst eine solche Organisation kein Hindernis darstellt. In der „Nacht der Generäle" (12./13.12.1981) genügten den polnischen Militärs einige Stunden, um die „Solidarność" mit ihren zehn Millionen Mitgliedern zu zerschlagen. Auf die „schwankenden Massen" (Lenin) haben die Kommunisten nur selten Rücksicht genommen. Die Zerschlagung der russischen Konstituante mit ihrer nichtbolschewistischen Mehrheit am 18. Januar 1918 lieferte dafür einen zusätzlichen Beweis.

Geschichte wiederholt sich nicht

Die Moskauer Putschisten wollten im Grunde am 19. August 1991 den Vorgang vom 18. Januar 1918 wiederholen. Jedoch handelte es sich bei ihnen nicht mehr um die Schüler Lenins oder Stalins, sondern um Zöglinge Brežnevs. Das Ideal, das ihnen vorschwebte, war nicht die Schreckensherrschaft nach leninistischer oder stalinistischer Manier, sondern die aus ihrer

Sicht „goldenen" siebziger Jahre. Also die Jahre, in denen sie in Ruhe ihre Privilegien genießen konnten. Der bedenkenlose Umgang mit dem Massenterror gegenüber dem innenpolitischen Gegner, die Inkaufnahme von Millionen von Opfern setzen indes einen unerschütterlichen Glauben voraus – an die Utopie, wie dies bei Lenin, oder an sich selbst, wie dies bei Stalin der Fall gewesen war. Beides hatten die Putschisten vom 19. August 1991 längst verloren. Die zitternden Hände des formellen Anführers der Junta, Gennadij Janaev, auf der Pressekonferenz vom 19. August 1991 versinnbildlichten das schlechte Gewissen der Umstürzler. Einen farcenhaften Charakter hatte auch ihr Vokabular. Der Rückgriff auf den alten kommunistischen Jargon nach sechs Jahren Glasnost' wirkte beinahe gespenstisch. Der russische Historiker Pavel Miljukov bemerkte einmal, dass Revolutionen dann unausweichlich würden, wenn die Aktivitäten der autoritären Herrscher nicht mehr Furcht, sondern nur noch Spott und Verachtung hervorrufen. Insofern war die revolutionäre Situation am 19. August 1991 durchaus gegeben. Die Kommunisten wirkten nun ähnlich unbeholfen, wie einst ihre demokratischen Widersacher, die sie 1917 auf den „Kehrichthaufen der Geschichte" geschickt hatten.

Lev Trockij zitiert in seiner „Geschichte der russischen Revolution" den französischen Autor Anet, der gesagt hatte, die Provisorische Regierung sei gestürzt worden, bevor sie es gemerkt hätte. Ähnliches konnte man von dem am 19. August 1991 errichteten Staatskomitee für den Ausnahmezustand sagen.

Auf den Barrikaden vor dem „Weißen Haus" – dem Sitz des russischen Parlaments – haben sich die Demokraten Russlands von ihrem Image der ewigen Verlierer endlich befreit. Werden die drei verregneten Augusttage in Moskau (19.8.-21.8.1991) die Bedeutung der „Kanonade von Valmy" (1792) haben? Damals war Goethe Zeuge der Neukonstituierung der französischen Nation. Diesmal beobachtete die ganze Welt auf den Fernsehschirmen die Neubildung Russlands. Und die Umstände, unter denen sich die Staaten neu konstituieren, wirken, wie die Erfahrung zeigt, prägend auf ihre künftige Entwicklung.

Der autoritäre Ursprung des Bismarck-Reiches und die Politik von Blut und Eisen, die zu seiner Errichtung führte, begleiteten seine künftige

Entwicklung wie ein Fluch und führten schließlich ins Verderben. In Frankreich wiederum half die Rückbesinnung auf die Ideen von 1789 mit ihrem ausgesprochen emanzipatorischen Charakter schon oft, sich der Gefahr von rechts zu erwehren. Zum Beispiel während der Dreyfus-Affäre oder im Jahre 1934, als die französischen Rechtsextremisten, von der nationalsozialistischen Machtergreifung inspiriert, eine faschistoide Diktatur in Paris errichten wollten.

Die Zukunft wird zeigen, ob die Ideen der russischen August-Revolution für das künftige Russland eine ähnliche Bedeutung haben werden, wie die Ideen von 1789 für Frankreich. Eines steht aber schon jetzt fest: Russland, das von seinen kleineren Nachbarn bisher in der Regel mit imperialem Eroberungsdrang und Repression assoziiert wurde, trug im August 1991 zu deren Befreiung bei.

Im Frühjahr 1991, also noch vor dem Sieg der russischen Demokraten, richtete der bekannte polnische Publizist Józef Kuśmierek an Boris El'cin einen offenen Brief mit folgenden Worten:

> Sie sind für die Polen der erste russische Politiker, der im Namen Russlands und nicht im Namen des russischen Imperiums spricht. [...] Sie symbolisieren für mich ein Russland, das ich als Pole nicht fürchten muss.[3]

Nun, nach der Bezwingung des parteibürokratischen Leviathans, beginnt das erneuerte Russland das Vakuum auszufüllen, das der Zusammenbruch des Bolschewismus hinterließ. Ähnlich wie früher die Bolschewiki als Erben der Zaren angesehen wurden, fürchten jetzt die kleineren Völker der Region, dass die in den letzten Jahren morsch gewordene Moskauer Zentrale durch das neue, selbstbewusste Russland revitalisiert werden könnte. Das Aufblühen der nationalistischen Emotionen in den postkommunistischen Staaten Osteuropas stellt insoweit ein warnendes Fanal dar. Diese Gefahren werden indes in der russischen Öffentlichkeit durchaus gesehen. Die Zeiten, in denen das Land nur mit einer Stimme sprach, nämlich mit der des Generalsekretärs des ZK der KPdSU, sind längst vorbei. Die Vertei-

---

3   Kuśmierek, Józef: Szanowny panie Jelcyn, *Gazeta Wyborcza*, 2.4.1991, S. 12.

diger des „Weißen Hauses" kämpften schließlich im August 1991 nicht für eine neue, diesmal nationalistische Gesinnungsdiktatur, sondern für ein demokratisches Russland. Und in einem Rechtsstaat lassen sich imperialistische Bestrebungen viel wirksamer bekämpfen als in einer Diktatur. Man kann nur hoffen, dass die Ideen der August-Revolution nicht allzu schnell verblassen werden. Am Beispiel der osteuropäischen Revolutionen von 1989 sieht man, wie schnell die Euphorie über die neugewonnene Freiheit von den Sorgen um das wirtschaftliche Überleben verdrängt werden kann.

Eines könnte indes in diesem Zusammenhang zu einem vorsichtigen Optimismus Anlass geben. Erst jetzt, nach der Überwindung der Doppelherrschaft und nach der Ausschaltung des Bremsfaktors Nomenklatura, kann sich Russland auf den Weg der konsequenten Wirtschaftsreform begeben und damit auch manche, bisher als unlösbar angesehene Probleme bewältigen.

Und schließlich sollte man auf den gesamteuropäischen Zusammenhang hinweisen, in dem sich die jetzige russische Revolution vollzieht. Im Gegensatz zur Revolution von 1917, die sich in einer Phase der äußerst tiefen Krise des europäischen Liberalismus ereignet hatte, findet die im August begonnene Revolution in der Zeit des allgemeinen Siegeszuges der Demokratie auf dem Kontinent statt. Die tragische Entwicklung in Jugoslawien und nationalistische Auswüchse in einigen anderen Ländern Europas stellen eher eine Abweichung von der vorherrschenden Tendenz dar. Die Rückkehr Russlands nach Europa, von der die russischen Demokraten träumen, könnte die 1989 begonnene Demokratisierung des östlichen Teils des Kontinents wirklich unumkehrbar machen.

Veröffentlicht in: *OSTEUROPA* (1992), S. 227-231 (geringfügig revidierte Fassung).

II. Identitätskrise der „zweiten" russischen Demokratie in der El'cin-Ära (1991-1999)

Weder Petrograd noch Weimar – Die „zweite" russische Demokratie geht ihre eigenen Wege

Die Tatsache, dass die im August 1991 entstandene „zweite" russische Demokratie nun den ersten Jahrestag ihres Erfolgs feiern kann, stellt für die russische Geschichte bereits etwas Ungewöhnliches dar. Die im März 1917 errichtete erste russische Demokratie wurde schon nach acht Monaten zerstört. Aber auch dem zweiten demokratischen Experiment auf russischem Boden wurde von unzähligen Experten in Ost und West von Anfang an ein baldiger Zusammenbruch vorausgesagt. Die Regierung Boris El'cins war nämlich nicht imstande, die Auflösung des Imperiums zu verhindern, den wirtschaftlichen Zerfall zu bremsen und einen effektiv funktionierenden Staatsapparat anstelle des kommunistischen zu entwickeln. Darüber hinaus geriet die Mehrheit der demokratischen Gruppierungen nach der Bezwingung des gemeinsamen kommunistischen Gegners in eine Opposition zu den neuen Machthabern. So hing die Equipe El'cins praktisch in der Luft. Und ausgerechnet in dieser Situation wagte sie einen Schritt, der sie Kopf und Kragen kosten konnte, nämlich die Liberalisierung der Preise. Um von der politischen Bühne nicht hinweggefegt zu werden, war sie nun, angesichts ihrer so prekären Lage, zu einem Kompromiss mit den reformwilligen Teilen der alten Strukturen gezwungen. Nach dem im August 1991 vollzogenen politischen Bruch begann sie in einigen Bereichen die Kontinuität wiederherzustellen. Denn nur auf diese Weise ließ sich das Weiterfunktionieren der staatlichen und wirtschaftlichen Mechanismen garantieren.

Nicht anders verhielten sich nach 1917 auch die Bolschewiki. Obwohl sie mit dem kapitalistischen System radikal gebrochen hatten, mussten sie sich bereits einige Monate nach der Machtübernahme, um die Unterstützung der sogenannten bürgerlichen Spezialisten bemühen. Denn anders konnte das Regime nicht überleben. Die Bolschewiki besaßen indes ein durchaus effektives Mittel, um die „Klassengegner" zu zwingen, für sie zu arbeiten – nämlich den „roten Terror". Für die demokratischen Bezwinger der Bolschewiki vom August 1991, die die Anwendung von Gewalt im innenpolitischen Kampf prinzipiell ablehnen, kommt aber eine derartige Vorgehensweise nicht in Frage. Die Einbindung der „kommunistischen" Spezialisten in das neue System kann nur auf freiwilliger Basis erfolgen, und diese ist durchaus gegeben. Denn die flexibleren Teile der alten Strukturen haben erkannt, dass eine Restauration des alten Regimes ein völlig utopisches Unterfangen ist. Das klägliche Scheitern des kommunistischen Putsches vom August 1991, als die KPdSU noch alle Machthebel im Staate unangefochten kontrollierte, veranschaulicht dies besonders deutlich. Russland hat seinen kommunistischen Traum, zumindest für absehbare Zeit, wohl ausgeträumt. Und die Tatsache, dass manche Vertreter der alten Apparate, sich an der neuen Regierung beteiligen, ändert nichts daran. Hier haben sich bloß die Besiegten den Siegern angeschlossen.

Aber das Schicksal der zweiten russischen Demokratie wird nicht in erster Linie von der Kräftekonstellation an der Spitze der Machtpyramide, sondern vom Verhalten der Bevölkerung abhängen, die nun die gleichen politischen Freiheiten genießt, wie dies zuletzt im Schicksalsjahr 1917 der Fall gewesen war. Dennoch wandten sich damals, nicht zuletzt unter dem Einfluss der Leninschen Demagogie, die politisch aktivsten Teile der Bevölkerung von der Freiheit ab und zogen die Gleichheit vor. Diese ließ sich aber nicht ohne revolutionäre Diktatur verwirklichen. Die Kritiker El'cins befürchten jetzt einen ähnlichen Ausgang der russischen Krise.

Der Wirtschaftswissenschaftler Javlinskij, der an der Reformpolitik der Regierung kein gutes Haar lässt, schrieb im Mai dieses Jahres: „Das wichtigste Resultat der Reform war der Verlust der bisher üblichen Orientierungen praktisch durch alle Schichten der Bevölkerung und der Zerfall des alten Systems der Lebenssicherung." Eine soziale Explosion großen Ausmaßes hält er angesichts dieser Entwicklung für wahrscheinlich.

Nicht weniger pessimistisch sind die Experten des unabhängigen „Instituts für das Neue Denken". In einem Memorandum, ebenfalls im Mai 1992 verfasst, werfen sie der Regierung El'cin völlige Konzeptlosigkeit vor. Auch sie halten Hungerrevolten und soziale Explosionen nur für eine Frage der Zeit: „Das Gespenst der Jacquerie wandert bereits durch das Land."

Doch gehen von den russischen Volksschichten tatsächlich derart unermessliche Gefahren für die russische Demokratie aus? Ihr bisheriges Verhalten hat solche Ängste kaum bestätigt. Mit den Wahlen zum Kongress der Volksdeputierten im Frühjahr 1989 und mit den Bergarbeiterstreiks im Sommer desselben Jahres kehrten sie im Grunde zum ersten Mal seit dem russischen Bürgerkrieg auf die politische Bühne zurück. Das aber hat den Demokratisierungsprozess im Lande nur beschleunigt. Erst dadurch wurde die legitimatorische Basis der KPdSU, die sich bis dahin als Sprachrohr der Werktätigen ausgegeben hatte, endgültig ins Wanken gebracht.

Nicht anders verhielten sich die Dinge um die Jahreswende 1990/91, als Gorbačev seine liberal gesinnten Parteigefährten mit Ševardnadze an der Spitze fallen ließ und sich an die Dogmatiker anlehnte. Die zersplitterten demokratischen Gruppierungen im Lande waren damals kaum imstande, den immer aggressiver gewordenen Parteiapparat von seinen restaurativen Plänen abzuhalten. Eine Art Endzeitstimmung machte sich im demokratischen Lager breit. Die Reformen hielt man nun für endgültig gescheitert.

Die Situation änderte sich aber schlagartig nach den im Frühjahr 1991 begonnenen Streiks der Bergarbeiter. Die radikale Kritik der Streikenden an der KPdSU und am bestehenden System verfehlte ihre Wirkung nicht. Die Dogmatiker, die für Ende März 1991 bei einem außerordentlichen Kongress der Volksdeputierten Russlands eine Generalabrechnung mit den Demokraten und die Absetzung El'cins geplant hatten, wurden plötzlich kleinlaut. El'cin, dessen Lage kurz zuvor beinahe ausweglos zu sein schien, ging als Sieger aus dem Kongress hervor. Und schließlich muss daran erinnert werden, dass die Volksschichten, die von manchen Beobachtern als die größte Gefahrenquelle für die russische Demokratie angesehen werden, am 12. Juni 1991 mit etwa 57 Prozent der Stimmen keinen anderen als El'cin zum ersten demokratisch legitimierten Staatsoberhaupt Russlands gewählt hatten.

Wie aber reagierte die russische Bevölkerung auf die außerordentlichen Härten der am 1. Januar 1992 begonnenen wirtschaftlichen Schocktherapie? Der russische Vize-Präsident Ruckoj sprach im Februar 1992 von der in Russland verbreiteten Sehnsucht nach den Löhnen und Preisen der Brežnev-Jahre: „Anscheinend wollen diese Menschen auch die Rückkehr des damaligen politischen Systems", mutmaßte der General besorgt. Die Verfechter der alten Ordnung witterten in der Tat wieder eine Chance. Der im August 1991 gescheiterte Angriff auf das Weiße Haus – den Sitz des russischen Parlaments – sollte in anderer Form wiederholt werden. Diesmal wollten sie das Symbol der russischen Demokratie nicht mit Panzerkolonnen, sondern an der Spitze der verzweifelten Massen erstürmen. Der misslungenen Restauration von oben sollte eine Restauration von unten folgen. Dennoch sahen die Protestkundgebungen, die die Verfechter der untergegangenen Sowjetunion in der russischen Hauptstadt seit Anfang Februar 1992 immer wieder organisierten, nicht sehr bedrohlich aus. Aufrufe zum gewaltsamen Sturz der „demokratischen Ausbeuter" trafen auf keine große Resonanz.

Das Vertrauen in die Regierung ist nach den letzten Meinungsumfragen sogar gestiegen. Dies ungeachtet horrender Preise und katastrophaler Versorgungsmängel. In mancher Hinsicht erinnert die Situation der jungen Wirtschaftsexperten im Kabinett Boris El'cins an diejenige des Urhebers der polnischen Wirtschaftsreform, Leszek Balcerowicz. Als der polnische Finanzminister am 1.1.1990 mit der radikalen Umgestaltung der polnischen Wirtschaft begann, profitierte er von dem beispiellosen Ansehen, das die Regierung Tadeusz Mazowieckis damals genoss. Sie wurde zunächst von mehr als 80 Prozent der Bevölkerung unterstützt. Gegen die Versuche der kommunistischen Regierungen, die Preise auch nur geringfügig zu erhöhen, hatten sich die Polen seit 1956 wiederholt heftig aufgelehnt. Mit der Senkung ihres Lebensstandards um ein Drittel, die ihnen die Schocktherapie von Balcerowicz bescherte, fanden sie sich hingegen im Großen und Ganzen ab.

Nun versucht der Urheber der russischen Wirtschaftsreform, Finanzminister Egor Gajdar in die Fußstapfen seines Vorbildes Balcerowicz zu treten. Ihm kommt das Ansehen El'cins zugute, dem kein anderer russischer Politiker hinsichtlich der Popularität Paroli bieten kann. Dennoch macht sich Gajdar, der auch das Amt des stellvertretenden Ministerpräsidenten bekleidet, keine Illusionen über das Schicksal seines Kabinetts. Vor Kurzem verkündete er: „Die erste postkommunistische Regierung tritt von der politischen Bühne immer recht schnell ab. Dies ist ein unerbittliches Gesetz, und ich sehe darin nichts Schlimmes. Für die Befreiung der Wirtschaft muss man einen politischen Preis bezahlen".

Und die polnische Erfahrung zeigt, dass die Höhe dieses Preises nicht zuletzt vom Verhalten der siegreichen Demokraten selbst abhängig ist. Der zermürbende Machtkampf zwischen dem Wałęsa- und dem Mazowiecki-Flügel der Solidarność, der Anfang 1990 begann, höhlte die Vertrauensbasis der ersten postkommunistischen Regierung des ehemaligen Ostblocks innerhalb kürzester Zeit aus. Der Sieg, den Wałęsa im Dezember 1990 bei den Präsidentschaftswahlen dann erringen konnte, war im Grunde ein Pyrrhussieg; das Vertrauenskapital der Solidarność war bereits verspielt.

Ähnliche Folgen könnte für das demokratische Lager Russlands die immer schärfer werdende Rivalität zwischen El'cin und seinem Stellvertreter Ruckoj haben. Dabei fällt auf, dass Ruckoj, ähnlich wie seinerzeit Wałęsa, über keine überzeugende Alternative zum bestehenden Wirtschaftskurs der Regierung verfügt. Der prominente Wirtschaftswissenschaftler Evgenij Jasin sagt in diesem Zusammenhang: „Die Mehrheit der Kritiker der Schocktherapie Gajdars weiß in der Tiefe ihres Herzens, dass seine Maßnahmen im Grunde unvermeidlich sind".

Ungeachtet ihrer verzweifelten wirtschaftlichen Lage verhält sich die Mehrheit der russischen Bevölkerung, wie bereits gesagt, ausgesprochen pragmatisch. Den rechten und den linken Extremisten, die schnelle und unkomplizierte Auswege aus der gegenwärtigen Krise versprechen, wurde eine eindeutige Abfuhr erteilt. In dieser Verhaltensweise kann man durchaus das Ergebnis eines kollektiven Lernprozesses sehen. Die traumatischen

Erfahrungen von 1917-1920 führen dazu, dass Utopisten und Doktrinäre aller Schattierungen in Russland auf extremes Misstrauen stoßen.

Die zweite demokratische Revolution in Russland unterliegt also nicht dem Gesetz, das die erste zerstört hatte – der fortwährenden Radikalisierung. Es muss freilich auf einen entscheidenden Unterschied zwischen dem ersten und dem zweiten demokratischen Experiment in Russland hingewiesen werden. Das heutige vollzieht sich in der Zeit der allgemeinen Ost-West-Entspannung, des globalen Abrüstens. Als 1917 in Petrograd die erste russische Demokratie siegte, befand sich das Land hingegen schon im dritten Kriegsjahr. So wurde die Armee zwangsläufig zum wichtigsten Akteur der revolutionären Vorgänge. Es handelte sich dabei um etwa zehn Millionen Bauern in Uniform, die sich zwar von den Fesseln der militärischen Disziplin befreiten, ihre Waffen aber behielten. Als die „Männer mit den Gewehren" eine Allianz mit den linksradikalen Utopisten eingingen, die Russland in ein Sprungbrett für die proletarische Weltrevolution verwandeln wollten, hatte die junge Petrograder Demokratie keine Chance mehr. Beinahe widerstandslos hat sie den bolschewistischen Staatsstreich vom 7. November 1917 hingenommen.

Heute versuchen die Erben dieser Utopisten die Gunst der Massen mit ähnlichen Parolen wie 1917 zu gewinnen. Sie protestieren gegen die immer tiefer werdende Kluft zwischen Arm und Reich. Sie fordern soziale Gerechtigkeit und Wohlstand für alle. Dennoch wirken sie in dieser Rolle als Anwälte der Unterdrückten und Unterprivilegierten nicht allzu glaubwürdig. Immerhin hatten sie als allmächtige Alleinherrscher des Landes 74 Jahre Zeit, ihre Versprechungen von 1917 einzulösen. Da dies aber nicht geschah, werden sie bis auf Weiteres eine zweite Chance wohl nicht bekommen. Von links lässt sich die zweite russische Demokratie kaum stürzen. Wie verhält es sich aber mit der Gefahr von rechts?

Bereits einige Monate nach dem Augustsieg der russischen Demokraten hielt der Politologe Migranjan eine Schwenkung des Landes nach rechts, sogar nach extrem rechts, für fast unvermeidlich. Es sei unwahrscheinlich, so seine Begründung, dass Russland nach der Abschüttelung des linken Totalitarismus sich allzu lange in der liberalen Mitte aufhalten werde. Selbst der gemäßigte „zivilisierte Autoritarismus" habe angesichts der

Zerrüttung der Wirtschaft, des Zerfalls der Staatsstrukturen und der immer schärfer werdenden nationalen Konflikte wenig Chancen. Das Land treibe beinahe unaufhaltsam in Richtung eines rechten Totalitarismus „nationalsozialistischer" Prägung. Der Religionsphilosoph Furman sprach ein halbes Jahr später von einer nationalistischen Woge, die das Land nun erfasst und die demokratische Woge von 1988 bis 1991 abgelöst habe. Beide Wellen hätten eine fast unwiderstehliche Kraft an den Tag gelegt. Politische Karrieristen, die sich bis 1991 als Demokraten gebärdet hätten, versuchten nun mit dem nationalistischen Strom zu schwimmen, um ihre Positionen zu bewahren.

Parallelen zur Weimarer Republik gehören zur Zeit zum ständigen Repertoire der russischen Publizistik. Die Ähnlichkeiten sind auf den ersten Blick tatsächlich verblüffend. Wie damals im Weimarer Deutschland assoziiert sich auch im postkommunistischen Russland die Demokratie mit dem Zusammenbruch der hegemonialen Stellung der beiden Länder auf dem europäischen Kontinent, mit dem Verlust von Territorien und mit der Entstehung einer neuen Diaspora. Zur nationalen Demütigung gesellten sich in beiden Fällen eine katastrophale Wirtschaftskrise und ein Verlust der bis dahin als selbstverständlich geltenden Orientierungen. Dabei geschah dieser Zusammenbruch in beiden Ländern praktisch über Nacht, innerlich waren sie darauf völlig unvorbereitet. Im wilhelminischen Deutschland hat man praktisch bis zuletzt an einen Sieg im Weltkrieg geglaubt. Ähnlich fassungslos reagierte die sowjetische Bevölkerung auf den Zusammenbruch des Imperiums, das noch bis 1991 gemeinsam mit den Vereinigten Staaten über die Geschicke der Welt entschied.

Diesen plötzlichen Abstieg führen manche Verfechter der alten Ordnung im heutigen Russland, ähnlich wie dies auch viele Nostalgiker in der Weimarer Republik getan hatten, auf die Verschwörung dunkler Mächte zurück. Besonders eifrig beteiligen sich an der Verbreitung derartiger „Dolchstoßlegenden" ausgerechnet Vertreter der früheren Machtelite, die durch die Überspannung der Kräfte der eigenen Nation während des Kalten Krieges zum Zusammenbruch des Imperiums wesentlich beitrugen. Ihre Argumente sind denjenigen der deutschen Verfechter der Dolchstoßlegende zum Verwechseln ähnlich. Für Hermann Rauschning, den konservativen Kritiker Hitlers, befand sich Deutschland aufgrund der Mythen und Legenden, die der Niederlage von 1918 folgten, in einem wahnhaften Zustand, in einer Art Delirium. Auch die edelsten Pläne und Handlungen könnten die Nationen, die sich in einer solchen Gemütslage befinden, nicht davon abhalten, ihren Marsch in den Abgrund fortzusetzen, so Rauschning.

Drohen auch dem heutigen Russland derartige Reaktionen auf die Krise wie seinerzeit in Deutschland, die statt Heilung nur eine katastrophale Verschlechterung des Krankheitszustandes nach sich ziehen können? Die Zahl der Gruppierungen, die mit nationalsozialistischen Parolen operieren, ist gegenwärtig in Russland unübersehbar. Allein in Moskau erscheinen nahezu vierzig Zeitschriften und Zeitungen faschistischen Charakters, berichtete vor kurzem die Zeitung *Izvestija*. Viele kommunistische Dogmatiker geben jetzt ihr diskreditiertes internationalistisches Credo auf und verbünden sich mit den extremen Nationalisten zur sogenannten „Rot-Braunen" Allianz. Die Demokratie wird von ihnen, genau wie es damals in Deutschland zu beobachten war, als Verkörperung des „nationalen Verrats" diffamiert.

Einiges spricht indes gegen solche Parallelen. So gibt es zum Beispiel zur Zeit keine Versuche seitens des Westens, Russland zu demütigen. Der sowjetischen Niederlage im Kalten Krieg folgte kein Friedensvertrag à la Versailles. Vielmehr versucht der Westen aus wohlverstandenem Eigeninteresse dem mit atomaren Sprengköpfen gespickten Russland bei der Bewältigung seiner Krise beizustehen. Doch sollte die Verarmung der russischen Bevölkerung unaufhaltsam weitergehen und die nationalen Konflikte zwischen Russen und Nichtrussen auf dem Gebiet der ehemaligen Sowjetunion an Schärfe zunehmen, so wären irrationale Reaktionen auf die Krise nicht auszuschließen. Schließlich hat die russische Nation 1917 schon einmal den Irrationalismus dem Pragmatismus vorgezogen. Vielleicht aber wird gerade die Erinnerung an die damalige Entscheidung und an ihre verheerenden Folgen das Land davon abhalten, aufs Neue den Weg in die Utopie und damit in die Katastrophe zu beschreiten.

Überarbeitete Fassung eines Artikels, der am 14.8.1992 in der *Frankfurter Allgemeinen Zeitung* erschienen ist.

Die Revolution der enttäuschten Hoffnungen – Moskau im Herbst 1992

Vor 75 Jahren beendeten die Bolschewiki gewaltsam das erste demokratische Experiment auf russischem Boden. Unmittelbar nach dem Sturz des Zaren im März 1917 bezeichnete Lenin in seinen April-Thesen Russland als das „freieste [Land] von allen kriegführenden [Staaten]". Dann zeigte er meisterhaft, wie man die Freiheiten, die das demokratische System gewährt, zu seiner Zerstörung ausnutzen kann. Später hatte er viele Nachahmer.

Die Bolschewiki konnten triumphieren, weil die linken Demokraten Russlands meinten, dass die Revolution keine Feinde auf der Linken habe. Dadurch waren Sie innerlich gelähmt. Das hielt sie ferner davon ab, den linken Extremismus, der zur Hauptgefahr für die russische Demokratie wurde, energisch zu bekämpfen. Als die Bolschewiki im Januar 1918 die Verfassunggebende Versammlung mit ihrer nichtbolschewistischen Mehrheit gewaltsam auseinanderjagten, leisteten die linksdemokratischen Parteien, hinter denen die Mehrheit der Wähler stand, kaum Widerstand. Dadurch wurden die demokratischen Ideen im Lande diskreditiert.

Die Mannschaft Boris El'cins scheint aus der tragischen Erfahrung ihrer Vorgänger von 1917 gelernt zu haben. Sie bekämpft militante Gegner der Demokratie, unabhängig davon welche Flagge sie vor sich hertragen. Nach dem Verbot der „linken" KPdSU löste sie nun die „rechte" Front der Nationalen Rettung auf. Dennoch hat El'cin, im Gegensatz zu den russischen Demokraten von 1917, mit einer geschlossenen Reihe rechter und linker Radikaler zu tun. Die sogenannte „Rot-Braune-Allianz", in der sich Kräfte vereinen, die sich früher erbittert bekämpft haben, stellt das eigentlich Neue in der politischen Entwicklung Russlands dar. Zu dieser Verwischung von rechts und links kam es, weil die Parteienlandschaft in Russland nach der mehr als siebzigjährigen kommunistischen Alleinherrschaft noch wenig strukturiert ist.

Dies gilt nicht nur für den antidemokratischen Block, sondern auch für das Lager der regierenden Demokraten. Beim Kräftevergleich zwischen der Regierung und der Opposition kann man im Grunde von einem Gleichgewicht der Schwäche sprechen.

Findet zur Zeit in Russland eine Restauration statt? 75 Jahre nach der Oktoberrevolution versucht man in Moskau tatsächlich, die kommunistische Vergangenheit aus dem Bewusstsein zu verdrängen. Städte und Straßen erhalten ihre ursprünglichen Namen wieder, das vorrevolutionäre Russland wird verklärt. Zugleich bekleiden aber unzählige Vertreter der alten Machteliten weiterhin führende Posten im russischen Staats- und Wirtschaftsapparat. Viele sprechen sogar von einer kommunistischen Revanche, die sich nun vollziehe.

Die Beraterin Präsident El'cins, Galina Starovojtova, hält es für einen unverzeihlichen Fehler der Demokraten, dass sie ihren Sieg vom August 1991 im Grunde verschenkt hätten: „Gerade damals bestand eine einmalige Gelegenheit, den geschockten alten Machtapparat abzulösen oder radikal zu erneuern. Das ist aber nicht geschehen. Und so erhielten die alten Strukturen eine Atempause, um sich zu konsolidieren." Hätten die Kommunisten im August 1991 gesiegt, fährt die Politikerin fort, so wären sie gegenüber ihren demokratischen Opponenten wohl nicht so großzügig gewesen.

Vom ehemaligen Moskauer Oberbürgermeister Popov wird indes die von Starovojtova getadelte Großzügigkeit der Demokraten anders bewertet. Russland habe, so Popov, auf blutige Vergeltung gegenüber den Besiegten verzichtet und den Weg der Reform gewählt. Dies sei eine Entscheidung von außergewöhnlicher Tragweite gewesen, und zwar nicht nur für Russland, sondern auch für die übrige Welt. Nicht anders werden diese Vorgänge auch von El'cin beurteilt: „In den Monaten September / Oktober sind wir buchstäblich am Abgrund entlanggelaufen. Wir konnten jedoch Russland vor einer Revolution und die Menschheit vor ihren katastrophalen Folgen bewahren [...]. Dies sehe ich als unseren gemeinsamen Sieg an."

An der Frage, ob es ein Fehler El'cins und seiner Anhänger war, im August 1991 den Weg des Kompromisses und nicht den der Revolution zu gehen, scheiden sich in Russland bis heute die Geister. Man darf dabei jedoch nicht vergessen, wie dürftig die organisatorische Basis der Demokraten in der Stunde ihres Sieges war. Anders als die Bolschewiki im Jahre 1917 verfügten sie nicht über eine straff disziplinierte, hierarchisch organisierte Partei von Berufsrevolutionären. Etwa 18 Millionen sowjetischer Bürokraten, die bis August 1991 die Staats- und Wirtschaftsmechanismen steuerten, ließen sich nicht über Nacht durch aufrechte Demokraten ersetzen. So kam für die siegreichen Demokraten eine gänzliche Zerstörung des alten Staats-, Armee- und Wirtschaftsapparates nach dem bolschewistischen Vorbild von 1917 nicht in Frage.

Dennoch gibt es in Moskau nur wenige Bewunderer der kompromissbereiten, pragmatischen Politik des russischen Präsidenten. Niedergeschlagenheit und Hoffnungslosigkeit – dies sind die vorherrschenden Stimmungen in der Stadt, die noch im August 1991 ein Symbol des demokratischen Aufbruchs war.

Zu den deprimierendsten Erfahrungen im heutigen Moskau gehören Begegnungen mit enttäuschten Demokraten, von denen nicht wenige während des August-Putsches auf den Barrikaden vor dem Weißen Haus ausgeharrt hatten. Inzwischen rufen die damaligen Ideale bei den meisten von ihnen nur höhnisches Gelächter hervor. Die neuen Machthaber werden fast so scharf kritisiert wie ihre kommunistischen Vorgänger. Sie gelten als inkompetent und korrupt. Da sie, anders als die Kommunisten, nicht mit Gewalt gegen ihre Opponenten vorgehen, werden sie zwar nicht gefürchtet, dafür aber umso mehr verachtet.

Ähnlich wie seinerzeit die Weimarer Republik verwandelt sich das postkommunistische Russland in eine Demokratie ohne Demokraten. Die Abwendung großer Teile der einst demokratisch gesinnten Intelligencija von dem neuen Regime hat allerdings nicht nur ideelle, sondern auch durchaus materielle Ursachen. Aufgrund ihrer äußerst prekären Situation ging die Regierung El'cin seit Beginn der wirtschaftlichen Schocktherapie oft den Weg des geringsten Widerstandes. Sie machte große Zugeständnisse gegenüber denjenigen Gruppen von Beschäftigten, die über wirksame Druckmittel verfügten. Dazu zählten die streikerfahrenen Industriearbeiter der Kuzbass-Region. Ihre Gehälter wurden in den letzten Monaten um das Zehnfache und in einigen Branchen sogar um das Fünfzehnfache angehoben. Sie stiegen also schneller als die Preise.

Viel härter hingegen traf die Schocktherapie die wesentlich schlechter organisierten Vertreter der geistigen Berufe oder die Intelligencija als solche – Künstler und Wissenschaftler, Lehrer und Ärzte. Sie wurden, neben den Invaliden und Rentnern, zu den größten Opfern der neuen Sparpolitik der Regierung. Ihr Lebensstandard fiel nach manchen Berechnungen um 40 bis 50 Prozent. All das führt zu einer ungewöhnlichen Verbitterung in den Reihen der ehemaligen Verfechter der Perestrojka, zu einer immer tieferen Kluft zwischen ihnen und ihren einstigen Favoriten aus der Mannschaft El'cins.

Über die ehemaligen Lieblinge der Intellektuellen aus dem Lager der Demokraten schreibt die *Nezavisimaja gazeta*: „Sie sind immer noch attraktiv und liebenswert. Eines hat sich aber inzwischen unwiderruflich geändert. Unser Schicksal geht sie, seitdem sie an der Macht sind, nichts mehr an."

Droht dem russischen Präsidenten nun ein ähnliches Los wie seinerzeit Gorbačev? Auch für den letzten sowjetischen Präsidenten sollte sich der Bruch mit den Intellektuellen, die ihn ursprünglich unterstützt, ja bewundert hatten, verheerend auswirken. Sein hartnäckiges Festhalten an der „sozialistischen Wahl" entfremdete ihn der Realität des von ihm selbst so veränderten Landes. Die Tatsache, dass der Begriff „Kommunismus" bei der Bevölkerungsmehrheit allmählich nur noch negative Assoziationen hervorrief, wurde von Gorbačev nicht rechtzeitig erkannt. So wechselten seine einstigen Gefährten scharenweise ins Lager El'cins über. Nun verlassen sie ihrerseits in großer Zahl das Lager des Siegers vom August 1991. Die demokratischen Werte erlebten jetzt eine ähnliche Erosion wie früher die kommunistischen, schreibt der Publizist Leonid Radzichovskij. Der Begriff „Demokratie" werde allmählich zum Schimpfwort.

So verlieren die Demokraten die geistige Herrschaft über die Gesellschaft, über die sie in den letzten Jahren der Perestrojka beinahe unangefochten verfügten. Ohne diese Hegemonie wäre ihr Sieg kaum denkbar gewesen. Er hat sich zunächst in den Köpfen der Menschen ereignet. Wer tritt nun die Nachfolge der Demokraten an? Um welche Ideen scharen sich die einflussreichsten Gruppierungen Russlands? Auf den ersten Blick scheint es die Idee der Nation zu sein. Es beginnt ein harter Konkurrenzkampf zwischen verschiedenen politischen Kräften im Lande, die sich der nationalen Idee zu bemächtigen versuchen. Bemerkenswert ist in diesem Zusammenhang die Entwicklung, die in einigen Teilen des regierenden demokratischen Lagers zu beobachten ist und in der westlichen Öffentlichkeit große Sorgen hervorzurufen beginnt. So besinnen sich manche russische Politiker, die sich vor dem August 1991 leidenschaftlich für die Rückkehr Russlands nach Europa aussprachen, auf den „russischen Sonderweg". Die Befürworter der prowestlichen Orientierung in der russischen Politik werden von ihren Gegnern als entwurzelte Politiker dargestellt, die sich den Traditionen ihres Landes weitgehend entfremdet hätten.

Den Urhebern der wirtschaftlichen Schocktherapie um den amtierenden Regierungschef Gajdar wird von seinen Kritikern unter anderem eine mechanische Nachahmung westlicher Wirtschaftsmodelle vorgeworfen, die in Russland mit seinen grundlegend anderen Strukturen und Traditionen keine Entfaltungsmöglichkeiten hätten. Aleksandr Vladislavlev, einer der Vertreter der „Direktoren"-Fraktion in der russischen Führung, die sich mit den Wirtschaftsprofessoren um Gajdar in einem permanenten Kampf befindet, sagt in diesem Zusammenhang: Es entstehe der Eindruck, dass diejenigen russischen Politiker, die zur Zeit den Reformprozess bestimmten, eine selbstverständliche Wahrheit ignorierten, nämlich, dass jeder Reformer sich nicht nur an die wirtschaftlichen Gegebenheiten, sondern auch an die ethischen Vorstellungen der Gesellschaft anpassen müsse.

Da aber Russland zur Zeit gerade in der Frage der ethischen und ideologischen Vorstellungen gänzlich verunsichert ist, begeben sich viele demokratische Politiker auf die Suche nach einer neuen russischen Identität, nach einer neuen nationalen Aufgabe. Einer der Anwärter auf den Posten des russischen Außenministers, Sergej Stankevič, führt aus: „Eine Politik, die nur (egoistische) Interessen verfolgt, kann nicht von Bestand sein [...]. Abgesehen von Interessen, muss man auch eine Mission haben."

Andere Moskauer Politiker sind bescheidener und sprechen nicht von einer Mission, sondern von nationalen russischen Interessen, die ausdrücklich definiert und konsequent verfolgt werden müssten. Zu den entschiedensten Verfechtern eines solchen Kurses gehört der Vorsitzende des Außenpolitischen Komitees des Obersten Sowjets Russlands, Evgenij

Ambarcumov. Er weist darauf hin, dass der Westen nur dann Russland respektieren werde, wenn Moskau seine angeblich grenzenlose außenpolitische Nachgiebigkeit beende. „Russland muss sich von den Knien erheben und erneut eine Großmacht werden", merkt der russische Vizepräsident Ruckoj an.

Doch wie werden die Interessen Russlands von den Befürwortern der nationalen Renaissance im Regierungslager definiert? In erster Linie geht es ihnen um die Wahrung der territorialen Integrität der Russischen Föderation. Russland soll das Schicksal der Sowjetunion erspart bleiben, heißt es. Der Vorsitzende des Russischen Verfassungsgerichts, Valerij Zor'kin, hält den Separatismus, der Russland zu sprengen drohe, für die größte Gefahr, mit der das Land zur Zeit konfrontiert werde. Der Petersburger Oberbürgermeister Sobčak betrachtet seinerseits das Recht auf Austritt aus der Russischen Föderation als eine Neuauflage der bolschewistischen Demagogie vom Jahre 1917, mit der Lenin das damalige Russische Reich gesprengt hatte: „Alle Versuche, die Russische Föderation zu desintegrieren, müssen als Staatsverbrechen angesehen werden, die mit der ganzen Kraft des Gesetzes zu verfolgen sind."

Die Nationalisierung eines Teils der russischen Demokraten erinnert in verblüffender Weise an die Entwicklung, die vor 75 Jahren auch bei den Bolschewiki zu beobachten war. Unmittelbar nach der Machtübernahme im November 1917 verwandelten sich diese leidenschaftlichen Kritiker des russischen Imperialismus und radikale Befürworter des Selbstbestimmungsrechts der Nationen in Verfechter der imperialen Tradition Russlands. In den Jahren 1918 bis 1921 stellten sie den territorialen Bestand des beinahe zerfallenen russischen Reiches weitgehend wieder her. Sie unterschieden sich jedoch von den heutigen national gesinnten russischen Demokraten in einem wesentlichen Punkt: Die Wiederangliederung der unbotmäßig gewordenen Provinzen des ehemaligen Zarenreiches setzten die Bolschewiki mit Hilfe brutaler Gewalt durch. Diesen Weg lehnt die Mehrheit der regierenden russischen Demokraten entschieden ab, ungeachtet der hysterischen Angriffe der chauvinistischen Opposition, der „Rot-Braunen"-Allianz, welche die bestehende Regierung als „Regierung des nationalen Verrats", als ein „Okkupationsregime" bezeichnet.

Dies ist allerdings nur die eine Seite der Medaille. Der auf den Trümmern des Kommunismus neu entflammte Nationalismus ist natürlich auch in den Reihen der regierenden Eliten Russlands virulent.

Seit Monaten fordern die national gesinnten Kräfte in der russischen Führung eine Neuorientierung der Moskauer Außenpolitik und kritisieren unentwegt den amtierenden russischen Außenminister Andrej Kozyrev. Kozyrev bemühe sich so sehr um die Aufnahme Russlands in den Klub der reichen Industrienationen, dass er dabei die nationalen Interessen Russlands aus den Augen verliere, meinen die Kritiker des Außenministers.

Unterscheiden sich aber die Interessen Russlands wirklich so sehr von denjenigen des Westens, wie dies die Verfechter des nationalen Kurses und des „russischen Sonderweges" meinen? Will man in Washington, London oder Bonn wirklich den Status Russlands als Großmacht untergraben? Wohl kaum. An der wirtschaftlichen und politischen Konsolidierung der Russischen Föderation und an der Bewahrung ihrer territorialen Integrität ist man im Westen im Grunde genauso interessiert wie in Moskau. „Die Phase, in der Russland den Westen durch seine Stärke bedrohte, ist bereits vorbei", meint der französische Politologe Dominique Moisi: „Jetzt stellt die Schwäche Russlands eine Gefahr für die Welt dar".

Der uferlose Krieg in dem relativ überschaubaren ehemaligen Jugoslawien zeigt, dass die Völkergemeinschaft noch keine wirksamen Instrumentarien entwickelt hat, um Konflikte dieser Art einzudämmen. Noch machtloser wäre sie wohl im Falle der Ausdehnung jugoslawischer Verhältnisse auf das gesamte Gebiet der ehemaligen Sowjetunion. Daher ist Russland als Ordnungsfaktor in der Region von einer immer größeren Bedeutung für den Westen. Dies aber unter der Voraussetzung, dass es Mitglied der demokratischen Wertegemeinschaft bleibt, wie dies von Andrej Kozyrev gewünscht wird. Sollten sich jedoch in Moskau die Gegner seines außenpolitischen Kurses durchsetzen, so könnte sich die Russlandpolitik des Westens erheblich ändern.

Die Warnungen Kozyrevs vor einer schleichenden kommunistischen Revanche erinnern sehr stark an die Mahnungen, die sein Vorgänger Eduard Ševardnadze vor etwa zwei Jahren ausgesprochen hatte. In Ost und West werden immer wieder Parallelen zwischen dem Schicksal der beiden

Politiker gezogen. Kozyrev selbst verwahrt sich gegen solche Vergleiche. Er betont, dass er im Gegensatz zu Ševardnadze keinen spektakulären Rücktritt plane, dass er beabsichtige den Kampf um die Erhaltung des jetzigen außenpolitischen Kurses fortzusetzen.

Aber ausschlaggebend für die politische Stellung Kozyrevs ist nicht in erster Linie seine eigene Kampfentschlossenheit, sondern die Bereitschaft Boris El'cins dem so stark gescholtenen Politiker seine Unterstützung zu gewähren. Er denke nicht im Entferntesten daran, den derzeitigen Außenminister abzulösen, erklärte trotzig der russische Staatspräsident am 27. Oktober bei einem Treffen mit den Führungsgremien des Moskauer Außenministeriums. Insofern unterscheidet sich El'cin grundlegend von Michail Gorbačev, der sich vor zwei Jahren dem Druck der Dogmatiker beugte und seinen liberalen Mitstreiter Ševardnadze fallen ließ. Statt Dankbarkeit der Dogmatiker zu ernten, ist aber der sowjetische Staatspräsident einige Monate später von ihnen gestürzt worden. Ohne seine liberalen Verbündeten blieb er ein General ohne Armee – von potentiellen Putschisten umgeben. El'cin, obwohl seine Lage nicht weniger prekär ist als die damalige Situation Gorbačevs, will sich von seinen westlich orientierten Parteigefährten nicht so leicht trennen. Aus der Erfahrung seines glücklosen Vorgängers hat er wohl gelernt, wie verhängnisvoll ein solcher Schritt werden kann.

Überarbeitete Fassung eines Artikels, der am 5.11.1992 in der *Frankfurter Allgemeinen Zeitung* veröffentlicht wurde.

Das neue Russland: demokratisch oder nationalistisch?

Bei der Betrachtung der Umwälzungen im östlichen Teil Europas und auf dem Gebiet der ehemaligen Sowjetunion befinden wir uns immer noch in der Phase des Staunens. Dies nicht zuletzt deshalb, weil es zuvor nur wenige wahrnehmbare Signale für den baldigen Zerfall des Sowjetreiches gegeben hatte. Insofern unterschied sich dieser Zusammenbruch deutlich von dem Zerfall des Russischen Reiches im Jahre 1917, der eine außerordentlich lange Vorgeschichte hatte: „Hundert Jahre lang hatte die russische Gesellschaft der Zarenmonarchie mit einer Revolution gedroht. Nikolaus II. hat wahrscheinlich deshalb den Vorwarnungen nicht geglaubt, weil es so viele davon gegeben hatte", schrieb 1927 der im Exil lebende russische Schriftsteller Mark Aldanov. Der Zerfall des Sowjetimperiums hingegen geschah ohne einen allzu langen Prolog. Und er ereignete sich ausgerechnet in der Zeit, in der das kommunistische Weltreich, auch in den Augen der scharfsinnigsten Beobachter, von einigen Ausnahmen abgesehen, als endgültig saturiert, ja, im Grunde als unbezwingbar galt.

Viele Beobachter in Ost und West weisen auf die sprengende Kraft der nationalen Bewegungen an den Rändern der UdSSR hin, die zur Auflösung des Imperiums erheblich beitrugen. Dennoch wären die nichtrussischen Völker allein wohl kaum imstande gewesen, den Zerfall des Sowjetreiches herbeizuführen. Im Kampf gegen den kommunistischen Leviathan brauchten sie einen mächtigen Verbündeten, und dies konnte im Grunde nur Russland – das Herzstück des Imperiums – sein.

Ohne die Abwendung der aktivsten Teile der russischen Gesellschaft von ihrem eigenen Staat und von der in ihm herrschenden Doktrin wäre die Loslösung der nichtrussischen Peripherie vom Zentrum kaum denkbar gewesen.

In diesem Punkt ähneln die Prozesse von 1989-1991 denjenigen von 1917. Denn auch die Auflösung des zarischen Reiches war nur deshalb möglich, weil große Teile des russischen Staatsvolkes sich von dem damals herrschenden System abwandten. Die erschreckende Leere, die den Zarenthron sowohl während der Revolution von 1905 als auch im Februar 1917 umgab, zeigte, dass die Romanov-Dynastie ihre Verwurzelung bei den eigenen Untertanen weitgehend verloren hatte. Der Zarenglaube der russischen Volksschichten zerbröckelte und wurde in einem immer stärkeren Ausmaß durch den Glauben an eine Revolution abgelöst.

Viele Verfechter der bestehenden Ordnung versuchten damals die revolutionäre Gefahr – und dies erinnert an die Endphase des Sowjetreiches – mit Hilfe chauvinistischer Ideen zu bekämpfen. Sergej Vitte, der zu den bedeutendsten Staatsmännern im vorrevolutionären Russland zählte, bezichtigte den letzten russischen Zaren allzu großer Sympathien für die extreme russische Rechte: Der Zar habe die Judenpogrome nicht verurteilt und sagte, die Juden seien selbst daran schuld. Er habe auch seine Untertanen dazu aufgerufen, sich unter der Fahne der Schwarzen Hundertschaften zu sammeln.

Vitte hielt diesen Kurs des Zaren für verhängnisvoll. Und in der Tat, der Flirt mit den Chauvinisten hat die Monarchie nicht zu der erhofften Volksnähe geführt. Die russische Bauernschaft – die überwältigende Mehrheit der Bevölkerung des Reiches – war für die nationalistische Ideologie wenig empfänglich. Der ungelösten Agrarfrage hat sie wesentlich mehr Aufmerksamkeit geschenkt als der nationalen Größe Russlands. Der nationalistische Rausch, der die europäischen Völker nach dem Ausbruch des Ersten Weltkrieges erfasste, hat sich in Russland lediglich auf die Bildungsschicht, die sogenannte Zensusgesellschaft, beschränkt. Die Unterschichten blieben davon unberührt. Mit Euphorie begrüßten sie aber 1917 die Revolution. Die militanten russischen Nationalisten spielten bei den Ereignissen von 1917 so gut wie keine Rolle. Die Februarrevolution sei zu einer Katastrophe für die russische Rechte geworden, schreibt der Vorsitzende der Partei der Sozialrevolutionäre Viktor Černov. Kaum jemand habe den Mut gehabt, sich offen zu rechten Ideen zu bekennen. Eine so liberale Gruppierung wie die Partei der Konstitutionellen Demokraten sei nun an den äußersten rechten Rand des Spektrums der legalen russischen Parteien abgedrängt worden.

Der russische Nationalismus erlitt also zu Beginn des Jahrhunderts bei seinem Versuch, das Zarenregime zu beerben und das Imperium zu revitalisieren, ein totales Fiasko.

Siebzig Jahre später, in der Stunde der Dämmerung des Sowjetreiches, meldete er erneut seinen Anspruch an, die Doktrin, die bis dahin das Imperium zementierte, abzulösen, und trat als Alternative auf.

Als Gorbačev versuchte, mehr Demokratie zu wagen und das Unfehlbarkeitsdogma der Partei aufgab, stellte es sich heraus, dass die kommunistische Idee in den Augen der Bevölkerungsmehrheit ähnlich diskreditiert war wie die Zarenidee zu Beginn des Jahrhunderts. Der Massenterror war für das Bestehen des kommunistischen Regimes, zumindest in seinem nachstalinistischen Stadium, nicht erforderlich. Hier haben sich manche Klassiker der Totalitarismus-Theorie geirrt. Auch die totale Kontrolle über die Produktionsmittel stellte keine unerlässliche Voraussetzung für das Überdauern des Systems dar. Das Vorhandensein eines starken wirtschaftlichen Privatsektors in der Periode der Neuen Ökonomischen Politik hat die Alleinherrschaft der Bolschewiki in keiner Weise gefährdet. Eines konnte aber dieses Regime nicht verkraften – den freien Wettkampf von Ideen.

Über den tatsächlichen geistigen Zustand der Nation war die sowjetische Nomenklatura zu Beginn der Perestrojka genauso schlecht informiert, wie dies bei der Petersburger Bürokratie zu Beginn des Jahrhunderts der Fall gewesen war. So haben manche Vertreter der russischen Regierung bis 1905 an die Zarentreue der russischen Landbevölkerung geglaubt. Dementsprechend war auch das Wahlgesetz zum ersten russischen Parlament – der Staatsduma – konzipiert, das die Bauernschaft eindeutig begünstigte. Und als Ergebnis wählten die Bauern ein Parlament, das den revolutionären Parteien ein deutliches Übergewicht verlieh: „So sieht also der vielgepriesene politische Konservatismus der russischen Bauern aus!", bemerkte sarkastisch Sergej Vitte, der damals in Bezug auf die angebliche Zarentreue der russischen Unterschichten, im Gegensatz zu seinen überraschten und entsetzten Ministerkollegen, keine großen Illusionen hegte.

Mit ähnlichem Entsetzen reagierte aber auch die sowjetische Nomenklatura auf die niederschmetternden Niederlagen, die manche ihrer führenden Vertreter bei den Wahlen zum Kongress der Volksdeputierten im Frühjahr 1989 hinnehmen mussten.

In der russischen Öffentlichkeit entbrannte nun ein harter Kampf um die Nachfolge der diskreditierten kommunistischen Idee. Er wurde mit einer solchen Schärfe geführt, dass man ihm in Moskau sogar die Bezeichnung der „geistige Bürgerkrieg" verlieh. Bei diesem Kampf um die geistige Hegemonie im Lande hatten die russischen Nationalisten erneut, ähnlich wie zu Beginn des Jahrhunderts, mächtige Konkurrenten. Diesmal waren es aber nicht revolutionäre Utopisten, sondern pragmatisch denkende Reformer, die Russland, wie sie sagten, „normalisieren und nach Europa zurückführen" wollten. Nicht der hegemonialen Stellung Russlands in Europa und in der Welt, sondern seiner demokratischen Erneuerung maßen sie die absolute Priorität bei. Damit verstießen sie aber nach Ansicht der Nationalisten gegen die fundamentalen Interessen des Landes. Einer der führenden Ideologen des nationalen Lagers, Aleksandr Prochanov, schrieb 1990: „Zum ersten Mal in der Geschichte unseres Landes, ja in der Weltgeschichte, sehen wir, wie eine Macht nicht infolge von außenpolitischen Rückschlägen oder von Naturkatastrophen zerfällt, sondern infolge der zielstrebigen Handlungen ihrer Führer." Und sein Gesinnungsgenosse, Aleksandr Nevzorov, fügte ein Jahr später hinzu:

[Wir jubeln darüber], dass wir alle unsere Eroberungen verloren haben und dass Millionen unserer Brüder unter Fremdherrschaft geraten sind [...]. Wir jubeln darüber, dass die russische Staatlichkeit – die Idée fixe all unserer Herrscher – nun zermalmt ist [...], dass unser Land nun [praktisch wehrlos geworden ist].

Trotz ihres leidenschaftlichen Engagements für die sogenannten russischen Interessen vermochten indes die militanten Nationalisten, ähnlich wie ihre Vorgänger am Vorabend der bolschewistischen Revolution, keine überragenden Erfolge zu erzielen. Die überwältigende Mehrheit der Bevölkerung hat ihnen erneut eine eindeutige Abfuhr erteilt. Dies zeigte sich besonders deutlich bei den russischen Präsidentschaftswahlen vom 12. Juni 1991, bei denen Boris El'cin auf Anhieb mehr als 57 Prozent der Stimmen erhielt. Eine Nation, die in den Augen vieler Beobachter als die imperiale

Nation par excellence gilt, wählte also zu ihrem ersten demokratisch legitimierten Staatsoberhaupt einen Politiker, der sich vom imperialen Gedanken expressis verbis distanzierte. Die Hegemonialstrukturen des Sowjetreiches erhielten nun einen Riss an der empfindlichsten Stelle – im Zentrum. Von diesem Schlag konnten sie sich nicht mehr erholen.

Die russischen Demokraten wurden in der letzten Phase der Perestrojka zum wichtigsten Verbündeten der nach Unabhängigkeit strebenden Völker an den Rändern des Imperiums. Nach den blutigen Ereignissen in Vilnius und in Riga im Januar 1991, als die sowjetischen Dogmatiker mit Gewalt das Rad der Geschichte zurückdrehen wollten, gingen Hunderttausende von Moskauern auf die Straßen, um dagegen zu protestieren.

Seit dem Tode Stalins hatte es an der westlichen Peripherie des Moskauer Imperiums immer wieder Versuche gegeben, die sowjetische Hegemonie abzuschütteln – Ost-Berlin, Budapest, Prag, Warschau. Alle diese Versuche scheiterten; denn Moskau stellte einen ruhenden Pol des Imperiums dar und war stark genug, um jeden Auflehnungsversuch der abhängigen Völker im Keime zu ersticken. Die Demontage des Imperiums war anscheinend nur vom Zentrum her möglich. Der Verzicht Gorbačevs auf die Brežnev-Doktrin stellte die wichtigste Voraussetzung für den Zusammenbruch des „äußeren Sowjetimperiums" – des Ostblocks – dar. Der Sieg der russischen Demokraten in Moskau im August 1991 leitete die Auflösung des „inneren Imperiums" – der UdSSR – ein.

Als Boris El'cin und seine Gesinnungsgenossen im August 1991 das imperiale Zentrum und die Diktatur der KPdSU beseitigten, kämpften sie allerdings nicht nur unter demokratischen, sondern auch unter nationalrussischen Fahnen. Die Aufbruchsstimmung, die damals in Moskau herrschte, erinnerte sehr stark an die Atmosphäre der Frankfurter Paulskirche im Jahre 1848, als die Idee der Freiheit und die der Nation eine Symbiose eingegangen waren.

Man muss sich indes vor Augen führen, in welche Richtung sich die deutsche Nationalbewegung weiter entwickeln sollte. Denn das, wonach diese Bewegung strebte, war nicht nur Freiheit, sondern auch Macht: „Die Bahn der Macht ist die einzige, die den gärenden Freiheitstrieb befriedigen und sättigen wird", erklärte zum Beispiel im September 1848 der liberale

Abgeordnete der Frankfurter Nationalversammlung Dahlmann. Und als es sich herausstellte, dass der autoritäre preußische Staat über ein viel wirksameres Instrumentarium als die Paulskirche verfügte, um die Macht Deutschlands zu steigern, hat die Mehrheit der national gesinnten deutschen Demokraten vor ihm kapituliert.

Bahnt sich heute auch bei den russischen Demokraten eine ähnliche Entwicklung an? Könnten auch sie auf ihre freiheitliche Gesinnung zugunsten des Machtdenkens verzichten? Dies wird zur Zeit von vielen Beobachtern in Ost und West befürchtet.

Viele Demokraten, die sich vor August 1991 für die „Rückkehr" Russlands nach Europa einsetzten, besinnen sich jetzt auf den sogenannten „russischen Sonderweg". „Sobald die russischen Westler an die Macht kommen, müssen sie aufhören, Westler zu sein", sagt einer der engsten Mitarbeiter El'cins, Evgenij Kožokin. Eine grenzenlose Verklärung des Westens sei in Russland nur dann möglich, wenn man sich in der Opposition befinde, fügt er hinzu.

Die national gesinnten Demokraten werfen dem westlich orientierten Außenminister Andrej Kozyrev eine grenzenlose Nachgiebigkeit gegenüber dem Westen, wie auch gegenüber den unmittelbaren Nachbarn Russlands vor. So erklärt der politische Berater des russischen Staatspräsidenten, Sergej Stankevič: „Unsere Nachbarn betrachten Russland als eine Art Relikt, von dem man diesen oder jenen Teil abschneiden kann." Begriffe wie Nationalstolz, nationale Identität und nationale Interessen seien für den Westen selbstverständlich, fügt der Vorsitzende des Außenpolitischen Komitees des Obersten Sowjet, Evgenij Ambarcumov hinzu. Warum sollten sie nicht auch für Russland gelten? – fragt der Politiker.

Haben sich also die Verfechter des „russischen Sonderweges" aus dem demokratischen Lager nun an die Positionen der militanten nationalistischen Opposition angenähert? Wohl kaum. Wenn man die Auseinandersetzungen zwischen den neuen „Westlern" und ihren Opponenten aus dem demokratischen Lager näher betrachtet, fällt auf, dass zwischen den beiden keine unüberbrückbare Kluft besteht.

Vertreter der beiden Orientierungen kritisieren zum Beispiel manche westliche, vor allem amerikanische Politiker, die den Status Russlands als

Großmacht untergraben wollen. Eine solche Haltung sei äußerst kurzsichtig, meint der russische Botschafter in Washington, Vladimir Lukin, der zu den Hauptkontrahenten Kozyrevs zählt:

> Die Nato – dies war eine amerikanische Reaktion auf das starke und aggressive Russland und auf das schwache, geschlagene Deutschland. Die Fortsetzung der gleichen Strategie in einer Situation, in der Deutschland immer stärker und Russland immer schwächer wird – das ist bereits keine Politik, sondern eine Trägheit des Denkens.

Lukin paraphrasiert hier im Grunde die Worte George F. Kennans, der bereits Anfang der sechziger Jahre schrieb, dass die USA auf die sowjetischen Entwicklungen in der Regel mit einer etwa zehnjährigen Verspätung reagierten.

Kozyrevs Warnungen an die Adresse der Vereinigten Staaten sind indes denjenigen Lukins zum Verwechseln ähnlich. An der amerikanischen Columbia Universität sagte er vor kurzem: „Jeder Versuch, den Status Russlands als Großmacht auszuhöhlen, hat mit politischem Realismus nichts zu tun. Aufgrund seiner menschlichen und materiellen Ressourcen und aufgrund seiner geographischen Position bleibt Russland eine Großmacht."

Sowohl die Verfechter der prowestlichen Orientierung als auch ihre Kritiker aus dem demokratischen Lager versuchen den Westen zu überzeugen, dass ein demokratisches und innerlich stabiles Russland zum wichtigsten Ordnungsfaktor auf dem von Krisen geschüttelten Territorium der ehemaligen Sowjetunion werden könnte.

Solche ehrwürdigen Einrichtungen wie die UNO oder die KSZE würden wohl kaum imstande sein, die unzähligen Konflikte, die das untergegangene Sowjetreich hinterlassen hat, in den Griff zu bekommen, bemerkt Ambarcumov. Insofern habe Russland als der stärkste Nachfolgestaat der UdSSR eine besondere Verantwortung für die Aufrechterhaltung der Stabilität in der Region.

Und nun eine Aussage Kozyrevs zum gleichen Thema: „Der Sieg der Demokratie in Russland wird stabilisierend auf den gesamten eurasischen Raum wirken. Schon jetzt trägt unser Engagement wesentlich zum Abbau von Spannungen in der Dnjestr-Region, in Ossetien, Abchasien und in Tadschikistan bei."

Zu den kompliziertesten Folgen des Zusammenbruchs der Sowjetunion gehört das Problem der russischen Minderheiten im sogenannten „nahen Ausland". Das Engagement Moskaus für 25 Millionen Russen außerhalb der russischen Staatsgrenzen ruft in Ost und West große Sorgen hervor. Immer wieder werden Parallelen zur Instrumentalisierung der Minderheitenfrage durch das Dritte Reich, zum Beispiel im Sudetenland, gezogen. Der amerikanische Politologe Francis Fukuyama gibt den Moskauer Politikern den Rat, den Weg zu gehen, den die Türkei unmittelbar nach dem Ersten Weltkrieg gewählt habe. Dank der Reformen Kemal Atatürks habe sich das Osmanische Reich innerhalb kürzester Zeit in einen modernen Nationalstaat verwandelt. Die neue Türkei habe sowohl auf panislamische als auch auf pantürkische Ansprüche verzichtet und die Turkvölker, die außerhalb der Grenzen des neuen Staates lebten, ihrem eigenen Schicksal überlassen.

Die Argumentation Fukuyamas wird indes von Sergej Stankevič in Frage gestellt. Das Schicksal der Türken beziehungsweise der Turkvölker im Ausland sei den Politikern in Ankara keineswegs gleichgültig geblieben. Darauf weise zum Beispiel die Invasion der Türkei auf Zypern im Jahre 1974 hin, die aus der Sicht Ankaras dem Schutz der türkischen Minderheit gedient hätte. Man dürfe auch nicht übersehen, so Stankevič weiter, wie intensiv sich die Türkei darum bemühe, die nun unabhängig gewordenen Turkstaaten auf dem Gebiet der ehemaligen Sowjetunion in ihre Einflusssphäre einzubeziehen. Diese Handlungsweise hält Stankevič für selbstverständlich: „Die Normalität der Türkei besteht gerade darin, dass sie ihre eigenen geopolitischen Interessen hat und sich um deren Sicherung bemüht."

Die gleichen Rechte beansprucht Stankevič auch für Russland. Aber auch sein Kontrahent Kozyrev bemüht sich unaufhörlich um die Wahrung der Rechte der russischen Minderheiten im „nahen Ausland". Zwar werfen ihm seine Kritiker vor, er führe diesen Kampf nicht entschlossen genug. Dies ist aber kein prinzipieller Einwand.

Worin bestehen also die Unterschiede zwischen den beiden Orientierungen im Lager der Demokraten? Sie sind im Grunde traditioneller Natur. Die neuen russischen „Westler" betrachten Russland, ähnlich wie ihre Vorgänger im 19. Jahrhundert, bloß als ein rückständiges europäisches Land. Die Besonderheit Russlands besteht für sie vor allem in seiner „Rückständigkeit". Die westlichen Entwicklungsmodelle betrachten sie als eine „Norm", an die sich Russland früher oder später anpassen müsse.

Dieser Standpunkt wird von den national gesinnten Demokraten als weltfremd und utopisch angesehen. Russland werde sich niemals in einen „normalen" europäischen Staat verwandeln. Seine Strukturen und Traditionen seien derart spezifisch, dass eine mechanische Übernahme der im Westen entwickelten Modelle hier zwangsläufig scheitern müsse.

Stankevič, einer der schärfsten Kritikern der „Neowestler" bzw. der „Atlantiker", wie sie heute gelegentlich bezeichnet werden -, weist daraufhin, dass Russland zu mehr als der Hälfte in Asien liegt, dass es vom Westen nun durch einen Gürtel von neuentstandenen unabhängigen Staaten abgetrennt worden sei. Dieser Ostverschiebung müsse Moskau auch Rechnung tragen. Bei seinem Kampf um die Aufnahme in den Klub der westlichen Industrienationen dürfe es seine asiatische Komponente keineswegs vernachlässigen.

Die von Stankevič vertretene Position wird oft als Neubelebung der eurasischen Ideologie angesehen, die in den zwanziger Jahren in der russischen Emigration entstand. Dabei wird jedoch in der Regel ein großer Unterschied zwischen den beiden Programmen übersehen. Bei den Eurasiern der zwanziger und dreißiger Jahre handelte es sich um leidenschaftliche Verfechter des imperialen Gedankens. Die Völker des Russischen Reiches, das sie als einen eigenständigen Kontinent – Eurasien – betrachteten, stellten für sie eine Schicksalsgemeinschaft dar. Die eurasische Idee sollte dazu beitragen, das 1917 untergegangene Russische Imperium auf neuen Grundlagen aufzubauen. Der Idee des proletarischen Internationalismus, mit deren Hilfe die Bolschewiki das 1917 zerfallene Reich zu restaurieren vermochten, sagten die Eurasier – und dies, wie wir heute sehen, mit Recht keine große Zukunft voraus.

Handelt es sich auch bei den heutigen eurasisch beziehungsweise nationalgesinnten Demokraten um Verfechter des imperialen Gedankens? Zumindest verbal haben sie sich von dem imperialen Gedankengut distanziert: „Russland hat eine antiimperiale Wahl getroffen und auf die Politik der Expansion verzichtet", führt Stankevič aus. Und auch Ambarcumov hebt immer wieder hervor, das Russische Imperium gehöre nun endgültig der Vergangenheit an. Zwar ist die Frage der russischen Staatsgrenzen für ihn immer noch offen, dennoch steht für ihn ähnlich wie für seine Gesinnungsgenossen fest, dass die Lösung aller Konflikte mit den Nachbarn Moskaus ausschließlich auf dem Boden des Völkerrechts geschehen müsse.

Einen ganz anderen politischen Kurs wollen die militanten Antidemokraten von rechts und von links einschlagen, die nun in einem Bündnis die Regierung bekämpfen. Mit dem Verschwinden des sowjetischen Reiches, das noch vor Kurzem gemeinsam mit den USA über die Geschicke der Welt entschied, wollen sie sich nicht abfinden. Den Verzicht der Demokraten auf die Hegemonialstellung Moskaus, der ohne erkennbaren Druck von außen erfolgte, betrachten sie als heimtückischen Verrat. So rufen sie ihre Landsleute zum Sturz der Regierung El'cin auf, die sie als „Okkupationsregime" bezeichnen. Mit ihren Aufrufen haben sie jedoch bisher noch keine überwältigenden Erfolge zu erzielen vermocht. Die Bevölkerungsmehrheit nimmt den Zerfall des Imperiums mit erstaunlicher Gelassenheit hin. Insofern vollzieht sich die Auflösung des Sowjetreiches nach einem ganz anderen Szenarium als die Auflösung anderer europäischer Kolonialreiche. Es genügt nur, daran zu erinnern, wie krampfhaft Frankreich die Reste seines Imperiums, in Indochina oder in Algerien, verteidigte. Moskau hat sich hingegen nach dem August-Sieg der Demokraten ohne einen einzigen Schuss von seinem Imperium verabschiedet.

Stellt insofern der 7. Kongress der Volksdeputierten vom Dezember 1992 eine Wende in der Entwicklung des Landes dar? Die russischen Demokraten haben dort in der Tat eine spektakuläre Niederlage erlitten. Es gehört zu den Paradoxien der neuesten russischen Geschichte, dass ausgerechnet nach dem endgültigen Verbot der Führungsstrukturen der KPdSU durch das Moskauer Verfassungsgericht (30. November 1992) Vertreter dieser Strukturen sich des russischen Parlamentarismus bedienen, um das Rad der Geschichte zurückzudrehen. Ob ihnen dies gelingen wird, ist jedoch fraglich.

Zwar sind die Ideale der demokratischen Revolution vom August 1991 inzwischen verblasst. Dennoch spiegelt das Kräfteverhältnis im russischen Parlament – einem Relikt aus den Zeiten der Sowjetunion – das wahre Kräfteverhältnis im Lande wohl kaum wider. So stellen die Entscheidungen des 7. Kongresses der Volksdeputierten sicher nicht das letzte Wort in der Entwicklung Russlands dar. Das letzte Wort in einer Demokratie haben immer noch die Wähler.

Veröffentlicht in: *Kommune* 2/1993 (geringfügig revidierte Fassung).

Auf Konfrontationskurs – zur Verfassungskrise in Russland

Die Lösung des Konflikts zwischen der Legislative (Oberster Sowjet) und der Exekutive ist in Russland immer noch nicht in Sicht. Der Moskauer Oberste Sowjet – in den früheren Jahrzehnten ein gehorsames Werkzeug der KPdSU – wurde seit dem Sieg der russischen Demokraten im August 1991 zum Inbegriff der Aufsässigkeit. Beschlüsse des diktatorisch regierenden kommunistischen Politbüros hatte er vor dem Beginn der Perestrojka in der Regel einstimmig akzeptiert. Gesetzesinitiativen des ersten demokratisch gewählten Staatsoberhauptes Russlands, Boris El'cin, werden von ihm hingegen immer wieder abgelehnt.

Laut der bestehenden Verfassung seien die Vollmachten des russischen Parlaments im Grunde unbeschränkt, so der verantwortliche Sekretär des Verfassungsausschusses im Obersten Sowjet, Oleg Rumjancev.

Das Paradoxe an dieser Situation besteht darin, dass das Moskauer Parlament seine außerordentlichen Vollmachten nicht zuletzt der 1978 verabschiedeten Brežnevschen Verfassung verdankt, die trotz der Umwälzung von 1991 und trotz vieler Modifizierungen und Neuerungen im Wesentlichen bestehen bleibt. Dabei darf man nicht vergessen, dass diese Verfassung, ähnlich wie alle früheren sowjetischen Verfassungen, den Kommunisten lediglich dazu diente, ihre unumschränkte Herrschaft zu verschleiern. Alle Rechte, die diese Verfassungen den Sowjets gewährte, blieben lediglich auf dem Papier.

Nach der Entmachtung der KPdSU im August 1991 verwandelten sich aber die von den Bolschewiki bereits 1918 gleichgeschalteten Sowjets in einen politischen Faktor ersten Ranges. Sie begannen ihre bis dahin im Wesentlichen fiktiven Vollmachten, tatsächlich zu beanspruchen, ohne dafür aber ein Volksmandat zu besitzen. Denn die Mehrheit der Deputierten des seit März 1990 amtierenden Obersten Sowjets und des Kongresses der Volksdeputierten Russlands ist von der damals noch alleinherrschenden KPdSU nominiert worden.

ZUR VERFASSUNGSKRISE IN RUSSLAND

Radikale Demokraten halten es für einen großen Fehler El'cins, dass er den Obersten Sowjet und den Kongress der Volksdeputierten im August 1991 nicht aufgelöst hat. El'cin wollte allerdings das Vorgehen der Bolschewiki, die im Januar 1918 die Verfassunggebende Versammlung mit ihrer nichtbolschewistischen Mehrheit gewaltsam zerschlagen hatten, nicht nachahmen. Er hoffte auch auf einen Kompromiss mit den reformwilligen Teilen der alten Machteliten, die in der Legislative vertreten waren. Alsbald stellte es sich jedoch heraus, dass das demokratische Prinzip, das der vom Volk gewählte Präsident vertrat, und das antiquierte Prinzip der Sowjets kaum miteinander in Einklang zu bringen waren. Eine Verfassungskrise war also vorprogrammiert.

Aufgrund der russischen Verfassungskrise hatte der ehemalige amerikanische Präsident Nixon das Amt des russischen Staatschefs unlängst als das politisch schwierigste der Welt bezeichnet. Man muss freilich hinzufügen, dass sich El'cin nicht zuletzt selbst in diese komplizierte Situation manövriert hat.

Als das erste demokratisch legitimierte Staatsoberhaupt in der Geschichte Russlands und als Held des Widerstandes gegen den kommunistischen Putsch vom August 1991 wurde Boris El'cin eine Zeitlang so gefeiert wie kaum jemand sonst in seinem Lande. Trotz dieser Popularität knüpfte El'cin aber sofort nach der Machtübernahme an die paternalistische Tradition seiner kommunistischen und zaristischen Vorgänger an, die die Einmischung der Gesellschaft in die Politik stets als störend empfanden. Statt seinen stärksten Trumpf – den Rückhalt bei der Bevölkerung – auszunutzen und Parlamentswahlen auszuschreiben, tendierte der Präsident dazu, die Gesellschaft aus den politischen Entscheidungsprozessen auszuschließen. So schaute das Volk – der eigentliche Souverän Russlands seit der Entmachtung der KPdSU im August 1991 – der immer schärfer werdenden Auseinandersetzung zwischen Parlament und Präsident nur passiv zu. Erst nach seiner Niederlage beim Siebten Kongress der Volksdeputierten im Dezember 1992 unternahm El'cin den ersten zaghaften Versuch, sich an das Volk zu wenden. Nach einer noch blamableren Schlappe, die ihm der Achte Kongress im März dieses Jahres beibrachte, wiederholte er, diesmal in deutlicherer Form, seinen Appell. Warum aber so spät? Warum hatte El'cin solche Angst vor der eigenen Gesellschaft?

Dies hatte sicher mit den außerordentlichen Härten zu tun, die er der Bevölkerung durch die im Januar 1992 begonnene Wirtschaftsreform aufbürdete. Um den Betroffenen keine Möglichkeit zu geben, mit Hilfe von Wahlzetteln gegen die beispiellose Senkung des Lebensstandards zu protestieren, ordnete die Regierung bis Ende 1992 ein Wahlmoratorium an. El'cins Berater warnten ihn unentwegt vor dem Schicksal, das die Weimarer Republik zu Beginn der dreißiger Jahre erfahren hatte. Der Politologe Andranik Migranjan schrieb dazu: „Die Weimarer Erfahrung zeigt, dass es selbstmörderisch ist, in der Zeit einer akuten Wirtschaftskrise die Massen in den politischen Kampf hineinzuziehen, der sich innerhalb der Machtelite vollzieht." Der ehemalige russische Ministerpräsident Egor Gajdar fügt hinzu: „Es besteht ein gewisses Risiko, dass wir wegen unserer sozialen Konflikte in eine ähnliche Situation geraten werden wie Deutschland in den dreißiger Jahren. Ich schließe ein Weimarer Syndrom in Russland nicht aus."

Mit solchen und ähnlichen Argumenten wurde El'cin Angst vor dem eigenen Volk eingeredet. Dabei ließen die Berater El'cins grundlegende Unterschiede zwischen der Weimarer Republik und dem postkommunistischen Russland außer Acht. So hatten sich die militanten Gegner der Demokratie in Weimar in einer ununterbrochenen Offensive befunden. Bereits im Jahre 1925, das zu den wirtschaftlich stabilsten Jahren der Weimarer Periode zählte, wurde der antidemokratisch gesinnte Paul von Hindenburg zum Reichspräsidenten gewählt, und acht Jahre später lieferte er die Weimarer Republik ihren militanten Gegnern aus. Zu Beginn der dreißiger Jahre waren alle drei Gewalten in Deutschland von den Antidemokraten beherrscht.

Ganz anders verhalten sich die Dinge im heutigen Russland. Es hat einen Staatspräsidenten, der, trotz aller Versäumnisse, die man ihm vorwerfen kann, mit dem alten Regime eindeutig gebrochen hat. Aber noch wichtiger ist, dass die russische Bevölkerung ungeachtet ihrer Verelendung den Extremisten aller Schattierungen bisher in der Regel eine Abfuhr erteilt hat. Der Soziologe Jurij Levada sagt dazu: „Die größte Quelle der Instabilität stellen heute nicht die Forderungen der Massen, sondern die Auseinandersetzungen innerhalb der Machtelite dar."

Die immer schärfer werdende Konfrontation zwischen Legislative und Exekutive wird von vielen Beobachtern darauf zurückgeführt, dass die höchsten Staatsgremien Russlands sich von der Gesellschaft abkoppelten und in einem quasi luftleeren Raum agierten. Tatsächlich trifft das besonders auf den Kongress der Volksdeputierten zu, der, wie bereits gesagt, noch zur Zeit der Alleinherrschaft der KPdSU gewählt worden war und von dem man nicht weiß, wen er eigentlich repräsentiert. Diesem von der Gesellschaft weitgehend losgelösten Kongress steht allerdings eine so mächtige Waffe wie Artikel 104 der russischen Verfassung zur Verfügung, der das Parlament zum obersten Organ im Staate erklärt und das Prinzip der Gewaltenteilung praktisch aufhebt.

Der ehemalige Moskauer Oberbürgermeister Popov bezeichnet die Sowjetmacht als den Überrest des alten Regimes, als „eine Bastion des Kampfes gegen die Reformen". Tatsächlich handelt es sich bei den Sowjetdeputierten auf allen Ebenen im Wesentlichen um ehemalige Parteifunktionäre, die sich nach der Zerschlagung der kommunistischen Strukturen auf die Kontrolle der Sowjets konzentrierten. Der alten Machtelite kam zugute, dass die Regierung El'cin es versäumte, die revolutionäre Umwälzung, die sich im Lande nach dem gescheiterten Putsch vollzog, auch verfassungsmäßig zu verankern.

Diese Unterlassung der russischen Demokraten hat zweifellos damit zu tun, dass die Fragen des Rechts – auch des Staatsrechts – in Russland schon immer, und zwar nicht erst seit 1917, als zweitrangig angesehen wurden. Über den rechtlichen Nihilismus sowohl der russischen Staatsbürokratie als auch ihrer Kontrahentin, der revolutionären Intelligencija, hatten sich schon vor der bolschewistischen Revolution russische Rechtsgelehrte beklagt. Die im März 1917 nach dem Sturz des Zaren entstandene „erste" russische Demokratie scheiterte nicht zuletzt daran, dass sie es versäumte, ein System mit einer klaren Gewaltenteilung zu errichten, dass sie sich weder zu einer Bodenreform noch zur Wahl einer Verfassunggebenden Versammlung aufraffen konnte. Zwar waren es dann ausgerechnet die Bolschewiki, die nach ihrer Machtübernahme im Oktober 1917 den Boden unter den Bauern verteilten und eine Konstituante wählen ließen. Als Antidemokraten nahmen sie diese Konzessionen an die Bevölkerung jedoch bald wieder zurück. Die Verfassunggebende Versammlung wurde im Januar 1918 auseinandergejagt, und die Bauern unterstellte die neue Regierung seit Mai 1918 einer äußerst brutalen „Versorgungsdiktatur". Aus den Fehlern der russischen Demokraten von 1917 haben indes die siegreichen russischen Demokraten vom August 1991 nicht allzu viel gelernt. Auch sie zögerten mit der Verabschiedung einer neuen Verfassung. Der bereits erwähnte Verantwortliche Sekretär des Verfassungsausschusses des Obersten Sowjets, Rumjancev, sagt, das Projekt einer neuen Verfassung, an dem bereits seit drei Jahren gearbeitet werde, sei so gut wie fertig. Dennoch ist es immer noch unklar, wer die neue Verfassung verabschieden soll – der Kongress der Volksdeputierten oder eine noch zu wählende Konstituante. Solange dieser Streit dauert, steckt Russland in dem viel zu engen Korsett der alten Verfassung, die trotz mancher Modifizierungen die neue Wirklichkeit kaum widerspiegelt.

Nach der geltenden Verfassung seien die Vollmachten des russischen Parlaments im Grunde unbeschränkt, meint Rumjancev. Könnte es den mehrheitlich reformunwilligen Deputierten daher gelingen, mit Hilfe der veralteten Verfassung das alte Regime zu restaurieren? Das ist wenig wahrscheinlich. Aufgrund seiner mangelnden Verwurzelung im Volk ähnelt der Kongress der Volksdeputierten trotz seiner Drohgebärden und dauernder Verweise auf Artikel 104 der Verfassung eher einem Papiertiger.

Dabei darf nicht übersehen werden, dass die heutigen Verfechter der Restauration, abgesehen von ihrer Niederlage beim Referendum vom 25. April 1993, das dem russischen Staatspräsidenten Vertrauen aussprach, auch ein tiefsitzendes Trauma zu verarbeiten haben: ihr Debakel vom August 1991, als sie noch alle Machthebel im Staate mehr oder weniger unangefochten kontrollierten. Inzwischen aber ist das, worauf sich die Dogmatiker stützen, amorph und brüchig. Allerdings geht es dem Präsidenten kaum anders. Sein im Herbst 1991 unternommener Versuch, mit Hilfe von Statthaltern ein Präsidialsystem zu schaffen, blieb ohne Erfolg. Daher herrscht im Lande sozusagen ein Gleichgewicht der Schwäche. Keine Seite ist stark genug, um diktatorisch zu regieren. Da sich die Präsidial- und die

Parlamentsstrukturen jeweils aus unterschiedlichen legitimatorischen Quellen speisen, ist in Russland eine Art Doppelherrschaft entstanden, die den Staatsmechanismus als solchen lähmt.

Die Doppelherrschaft scheint zum Fluch der russischen Demokratie in diesem Jahrhundert zu werden. An der Unvereinbarkeit der westlich orientierten parlamentarischen Demokratie mit den basisdemokratischen Sowjets ging im November 1917 die „erste" russische Demokratie zugrunde. Und auch die im August 1991 entstandene „zweite" Demokratie wird durch den Konflikt zwischen den nun völlig antiquierten Sowjets und den neuen demokratischen Einrichtungen gelähmt.

Im Westen hat man sich daran gewöhnt, dass der Verfassungsstaat und das Prinzip der Volksherrschaft sich gegenseitig ergänzen. Im heutigen Russland hingegen stehen sie in einem unauflöslichen Widerspruch zueinander.

Die Schwäche der Verfechter des „Ancien régime" im Kongress der Volksdeputierten besteht allerdings darin, dass sie, wenn auch zähneknirschend, die demokratische Wahl, die das Volk im August 1991 getroffen hatte, akzeptieren mussten. Vor 1991 fühlten sich die Bolschewiki nicht der Bevölkerung, sondern den Gesetzen des historischen und des dialektischen Materialismus verpflichtet. Deshalb ignorierten sie auch den Willen des Volkes. Seit August 1991 ist aber eine vergleichbare Haltung kaum denkbar. Deshalb bedarf es für die Beendigung der heutigen Doppelherrschaft, anders als in der Endphase der Perestrojka (1989-91), keiner Revolution, sondern einer ganz normalen Neuwahl des Parlaments und darüber hinaus der Verabschiedung einer neuen Verfassung.

Ist es aber dafür nicht zu spät? Ähnelt das heutige Russland nicht der Sowjetunion in ihrer Endphase? Dieser Vergleich ist wenig begründet. Man darf nicht vergessen, dass die Sowjetunion nicht zuletzt deshalb zerfiel, weil die Vertreter der alten Machteliten sich bis zuletzt weigerten, das Imperium aus einer Pseudoföderation in einen echten Bundesstaat zu verwandeln. Im August 1991 setzten sie Gorbačev unter anderem deswegen ab, um die Unterzeichnung eines neuen Föderationsvertrags zu vereiteln. Das, was Gorbačev nicht gelungen war, vermochte sieben Monate später El'cin – wenn auch in einem kleineren, nur russischen Rahmen – zu erzielen. Im März 1992 unterschrieben 18 von 20 autonomen Republiken Russlands einen neuen Föderationsvertrag, der die Abkehr des Landes von seinem bisherigen Hyperzentralismus formell besiegelte. Nur Tatarstan und die Tschetschenische Republik weigerten sich, den Vertrag zu unterzeichnen.

Inzwischen hat das Moskauer Zentrum wenig Möglichkeiten, die einzelnen Regionen oder Republiken unter Druck zu setzen. Es ist nicht rigide wie vor dem August 1991, sondern in mancher Beziehung schlicht ohnmächtig. Dennoch ist die Angst vor dem baldigen Zerfall Russlands wohl unbegründet. Zwar wird das Land von etwa 100 Völkern und nationalen Minderheiten bewohnt, jedoch gehören beinahe 82 Prozent der Bevölkerung der Titularnation an. Von allen Nachfolgestaaten der Sowjetunion wird Russland in dieser Hinsicht lediglich von Armenien übertroffen, dessen Bevölkerung zu 93 Prozent aus Armeniern besteht. Die separatistischen Bestrebungen in Russland, die nicht auf die autonomen Republiken beschränkt sind, sondern sich auch auf manche von Russen bewohnte Regionen, wie zum Beispiel Sibirien oder das Gebiet der Don-Kosaken, erstrecken, stellen wohl ein vorübergehendes Phänomen dar. Wie so oft in der russischen Geschichte spiegelt die Provinz bloß den Zustand des Zentrums wider.

Zwar genießen die Regionen nach Jahrhunderten des Hyperzentralismus, der den russischen Staat ausgezeichnet hatte, derzeit die neu gewonnenen Freiheiten. Die Lähmung des Zentrums aufgrund der bestehenden Doppelherrschaft ist jedoch auch für die Regionen gefährlich. Die Wiederherstellung der Zentralgewalt, die auf einer klaren Gewaltenteilung basiert, entspräche letztendlich auch den Interessen der Provinz. Und gegen die allgemein verbreitete Sehnsucht des Landes nach Normalität werden sich die Verfechter des alten Regimes im anachronistischen Kongress der Volksdeputierten vermutlich nicht mehr lange wehren können. Die Parallele zwischen der Endzeit der Sowjetunion und der heutigen Situation in Russland ist auch aus einem anderen Grund fragwürdig. Im Gegensatz zum letzten sowjetischen Präsidenten, der der „sozialistischen Wahl" die Treue bewahrte, traf El'cin eindeutig eine „demokratische Wahl". Daher hängt sein Schicksal, anders als im Falle Gorbačevs, nicht von dem Wohlwollen

ZUR VERFASSUNGSKRISE IN RUSSLAND

seiner engsten Gefährten, sondern in erster Linie von seinem Ansehen bei den Wählern ab.

Immer lauter wird im heutigen Russland der Ruf nach der Wiederbelebung der von Lenin auseinandergejagten Verfassunggebenden Versammlung, die vor 75 Jahren, anders als die Bolschewiki, für einen demokratischen Ausweg aus der russischen Krise plädiert hatte. „Erneut steht Russland am Scheideweg", schreibt die Zeitung *Izvestija*: „Erneut muss es zwischen der Allmacht der Sowjets und der Allmacht der Verfassunggebenden Versammlung wählen. Einen dieser Wege hatte das Land bereits ausprobiert. Mit dem bekannten Resultat. Vielleicht sollte man es nun mit dem anderen Weg versuchen."

Boris El'cin war nach August 1991 der Illusion erlegen, die Lösung der Wirtschaftskrise sei eine dringendere Aufgabe als die Verabschiedung einer neuen Verfassung. Nun wird es aber immer offensichtlicher, dass effektive Wirtschaftsreformen in einem Staat, in dem die Frage der Gewaltenteilung nicht ausreichend geklärt wurde, kaum durchführbar sind. Wer soll aber über die neue Machtverteilung in Russland entscheiden? Wenn die höchsten Staatsgremien zu einem Kompromiss auf diesem Gebiet nicht fähig sind, müssen die Wähler zu Wort kommen. So wird eine Volksbefragung in Russland, und zwar in der allernächsten Zeit, trotz heftiger Widerstände mancher führender Politiker, immer wahrscheinlicher. Der enge Vertraute El'cins, Michail Poltoranin, bezeichnet eine solche Befragung sogar als die letzte Chance, den Machtkampf in Russland friedlich zu lösen.

Überarbeitete Fassung eines Artikels, der am 7. 5.1993 in der *Frankfurter Allgemeinen Zeitung* veröffentlicht wurde.

Die rechtsextreme Herausforderung –
Eine Gefahr für das erneuerte Russland?

Nach dem Scheitern des kommunistischen Experiments in Russland geht dort ein anderes Gespenst der neuesten Geschichte um – das Gespenst des Faschismus. Eine politische Kraft, die mit ihren utopistischen Ideen den europäischen Kontinent schon einmal in ein Trümmerfeld verwandelte, wittert nun im Osten erneut ihre Chance. Und Ideen werden in Russland ernst genommen. Der spielerische Umgang mit ihnen, der für den Westen typisch ist, ist in Russland wenig verbreitet. Zwar erlebt das Land zur Zeit eine Periode der „Götzendämmerung" – es gibt derzeit keine herrschende Ideologie. Dieses „Vakuum" wird aber von vielen als unerträglich empfunden. Sie sehnen sich nach einer neuen, allumfassenden Idee. Genau diese Sehnsucht wird von den Doktrinären unterschiedlichster Couleur, auch von den Bewunderern Mussolinis und Hitlers, ausgenutzt. Kann man aber von einer faschistischen Gefahr in einem Land sprechen, in dem die vielleicht wichtigste Voraussetzung für ihre Entstehung – nämlich die linke Herausforderung – fehlt? Sowohl in Italien als auch in Deutschland profitierten die Rechtsextremisten von der Angst der herrschenden Schichten vor der „bolschewistischen Gefahr". 1921 bezeichnete Mussolini die faschistische Bewegung als eine Schutzwache des Staates, die Italien vor einem kommunistischen Umsturz bewahre.[1] Und Hitler verkündete im Januar 1932 vor dem Industrieklub in Düsseldorf, Deutschland verdanke seine Rettung vor dem Bolschewismus nur der NSDAP.[2]

Argumente dieser Art haben die russischen Rechtsextremisten nicht zur Verfügung. Im Gegenteil, bei der Auseinandersetzung mit dem bestehenden System stehen sie mit den Kommunisten oft auf derselben Seite der Barrikaden. Die „rot-braune" Allianz, die in der Weimarer Zeit nur spo-

---

1   Mussolini, Benito: *Opera omnia*. Florenz / Rom 1951 ff., Bd. 17, S. 65 f.
2   Domarus, Max: *Hitler. Reden und Proklamationen 1932–1945*, Band I,1. Wiesbaden 1973, S. 87.

DIE RECHTSEXTREME HERAUSFORDERUNG 153

radisch auftrat (Schlageter-Kurs von 1923, Streik bei der Berliner Verkehrsgesellschaft vom November 1932), stellt im heutigen Russland ein dauerhaft anmutendes Phänomen dar. Bei der Verteidigung des von El'cin am 21. September 1993 aufgelösten Obersten Sowjets hat diese Allianz ihre „Feuertaufe" erlebt. Der kommunistisch gesinnte Stellvertreter El'cins, General Ruckoj, stützte sich bei der Verteidigung des „Weißen Hauses" (damals Sitz des Obersten Sowjets) u. a. auf die Kampfverbände der Organisation „Russische Nationale Einheit" von Aleksandr Barkašov, deren Programm verblüffende Ähnlichkeiten mit dem Programm der NSDAP aufweist. So fordert sie die „Entfernung aller in Russland lebenden Juden und Zigeuner". Andere Nichtrussen – etwa die Turkvölker und Kaukasier – sollen etwas milder behandelt werden. Ihre Geburtenrate solle gesenkt werden, sie dürften nur in ihren „historischen Territorien", d. h. in nationalen Reservaten, leben. Mischehen, die die rassische Reinheit des Russentums gefährdeten, will die Organisation Barkašovs strafrechtlich verfolgen.[3]

Gleichwohl nimmt General Ruckoj seine Verbündeten in Schutz und hält den Faschismusverdacht, der gegenüber den Anhängern Barkašovs geäußert wird, für eine Vereinfachung und Diffamierung.[4]

Vom kommunistischen Organ *Sovetskaja Rossija* wiederum wird Barkašov, der sich selbst stolz als „Nazi" bezeichnet, als eine Art „Ritter ohne Fehl und Tadel" und Ehrenretter Russlands verklärt.[5] Diese Mischung zwischen rechts und links, die heute in Russland zu beobachten ist, hat sicher damit zu tun, dass die russischen Kommunisten nach der Auflösung der Sowjetunion ihren Glauben an die „lichte Zukunft", den sie jahrzehntelang verkündet hatten, verloren haben. Ähnlich wie die Rechtsextremisten sehen sie nun ihr „goldenes Zeitalter" in der Vergangenheit und beten den „Fortschritt" und die „ehernen Gesetze der Geschichte" nicht mehr an. Der

---

3   Siehe Ostrosvetov, Vladimir: Russkij porjadok Aleksandra Barkašova, in: *Moskovskie novosti*, Nr. 15, 1994, S. 7; Laqueur, Walter: *Černaja Sotnja. Proischoždenie russkogo fašizma*. Moskau 1994, S. 9, 298, 366 f., 375.
4   Ruckoj, Aleksander: Nadejus', čto na ètot raz moj parašjut raskroetsja, in: *Komsomol'skaja pravda*, 27.5.1994, S. 5.
5   Turčenko, Stanislav: Vstreča s Aleksandrom Barkašovym, in: *Sovetskaja Rossija* 5.3.1994; siehe auch Barkašov, Aleksandr: Slava Rossii, in: *Zavtra* Nr. 12, 1994, S. 1 f.

plötzliche Untergang der zweitgrößten Macht der Welt, die allen Nachbarn Furcht und Respekt einflößte, stellt für sie einen unfassbaren Vorgang dar, in dem sie keine geschichtliche Gesetzmäßigkeit sehen wollen. Hinter dem, was mit der Gorbačevschen Perestrojka begann, erblicken sie einen gigantischen Verrat. 1994 schrieb einer der entschiedensten Verfechter des imperialen Gedankens, der Schriftsteller Aleksandr Prochanov: „Die UdSSR wurde von ihrer Elite, von ihrer Auslese verkauft. Sollten wir jetzt ein neues Russland zu schaffen versuchen – gleichgültig ob es eine Monarchie oder eine patriotische Diktatur sein wird, wird es auf Sand gebaut sein, wenn es uns nicht gelingen sollte, eine echte Elite zu kreieren".[6]

Dieser Traum von einer neuen, gesunden Elite hat mit der kommunistischen Idee von der „proletarischen Avantgarde" nichts gemein, denn das Ziel der kommunistischen „Avantgarde", zumindest in ihrem ursprünglichen Sinne, war die Abschaffung von Eliten und die Durchsetzung des egalitaristischen Prinzips. Das Elitedenken Prochanovs und seiner Gesinnungsgenossen ist also eindeutig rechter Herkunft. Dabei sei darauf hingewiesen, dass die russische Öffentlichkeit nun, praktisch zum ersten Mal, das in der kommunistischen Zeit verbotene Gedankengut der europäischen Rechten aufzusaugen beginnt. Besonders hervorzuheben ist dabei die Tatsache, dass die rechtsgerichteten Intellektuellen der Weimarer Republik – Carl Schmitt, Ernst Jünger, Arthur Moeller van den Bruck u. a. – im heutigen Russland ganz unerwartet zu spätem Ruhm gelangen. Immer wieder werden sie in der russischen, auch in der kommunistischen Presse, anerkennend zitiert.

Ähnlich wie die Rechte der Weimarer Zeit können sich auch die russischen Kommunisten nicht mit dem Verlust der hegemonialen Stellung ihres Reiches abfinden. Der Zusammenbruch der beiden Weltreiche wird als Ergebnis einer raffinierten Intrige der westlichen Demokratien dargestellt. Im offenen, „ehrlichen" Kampf seien die Westmächte nicht imstande gewesen, ihre Kontrahenten zu bezwingen. Deshalb hätten sie zu den „heimtückischen" Mitteln der psychologischen Kriegsführung gegriffen. Durch die Propagierung der sogenannten „westlichen Werte" hätten sie den sowjeti-

---

6 Dialog Aleksandra Prochanova i Stanislava Terechova, in: *Zavtra* Nr. 29, 1994, S. 1 f.

schen Koloss ausgehöhlt und zu Fall gebracht. Mit keinem Wort wird erwähnt, dass die Sowjetunion jahrzehntelang mit Hilfe der kommunistischen Propaganda ihrerseits die westlichen Demokratien zu unterminieren versuchte. Dieses Messen mit zweierlei Maß erinnert an die Argumentation der Rechten der Weimarer Zeit. Auch sie hatte sich moralisch über die psychologische Kriegsführung der Westmächte empört, vor allem über deren Friedenspropaganda. Dabei vergaß sie aber, dass die Oberste Heeresleitung sich 1917 der gleichen Methoden bediente, als sie Lenin die Durchreise durch Deutschland ermöglichte und anschließend seine Friedenspropaganda massiv unterstützte.[7]

Das 1918/19 in Deutschland errichtete parlamentarische System betrachteten die deutschen Rechtsextremisten als eine Art westliches Besatzungsregime. Nicht anders wird das im August 1991 errichtete Regiment von den unterlegenen russischen Kommunisten bezeichnet. Kein Wunder, dass angesichts solcher Parallelen die immunologische Barriere der Kommunisten gegen das rechtsextreme Gedankengut immer schwächer wird. Es überrascht auch nicht, dass die radikalen Antidemokraten von links und von rechts immer weniger Schwierigkeiten haben, zu einer gemeinsamen Sprache zu finden. Zum wichtigsten Organ dieser radikalen rechts-linken Opposition wurde das Blatt Aleksander Prochanovs *Den'* [Tag], das er nach dem Verbot vom Oktober 1993 in *Zavtra* [Morgen] umbenannt hat. Hier melden sich sowohl radikalkommunistische als auch neofaschistische Politiker und Ideologen zu Wort. Prochanov gibt durchaus zu, dass seine Einigungsversuche das Blatt zu einer Art ideologischem Eklektizismus verurteilen. Trotzdem hält er es für ein Verdienst, dass es ihm gelungen sei, die scheinbar unüberbrückbare Kluft zwischen den verschiedenen oppositionellen Lagern zu überwinden.

Wenn man allerdings die programmatischen Aussagen mancher russischer Neofaschisten und Kommunisten miteinander vergleicht, wird deutlich, dass es zur Überwindung dieser Kluft keiner allzu großen Anstrengung bedurfte. So hält z. B. der Führer der Russischen Kommunisti-

---

7   Vgl. dazu u. a. Hahlweg, Werner: *Lenins Rückkehr nach Russland.* Leiden 1958; Zeman, Zbyněk A. B. (Hrsg.): *Germany and the Revolution in Russia 1915-1918. Documents from the Archives of the German Foreign Ministry.* London 1958.

schen Arbeiterpartei, Viktor Anpilov, anders als die Klassiker des Marxismus-Leninismus, nicht das sogenannte „Finanzkapital", sondern den „Weltzionismus" für den größten Feind der Werktätigen: „Die ganze Welt wird von den Zionisten unterdrückt. Ihr Hass richtet sich aber insbesondere gegen Russland und gegen das russische Volk, deren Vernichtung das Ziel des Zionismus ist."[8] Nicht anders wird der Ursprung aller Weltübel aber auch von den russischen Rechtsextremisten definiert: „Der Zionismus – das ist der Feind der gesamten Menschheit" – so der Führer der Bewegung „Pamjat'", Dmitrij Vasil'ev.[9] Für die antikommunistische Organisation „Russische Nationale Landesversammlung" stellte die russische Revolution von 1917 das Ergebnis der zionistisch-freimaurerischen Verschwörung, dar, deren Ziel die Vernichtung Russlands gewesen sei.

Der Leiter des Moskauer Antifaschistischen Zentrums, Evgenij Prošečkin, spricht von einem plötzlichen, erschreckenden Bewusstseinswandel, der sich in der russischen Gesellschaft vollzogen habe: Es gelte nicht mehr als anrüchig, faschistische Ideen zu vertreten.[10] Ein Tabu wurde gebrochen.

Der russische Publizist Jurij Karjakin, Mitglied des Präsidialrates, berichtete 1994 von einer Umfrage, bei der 30 % der befragten Russen Hitler als eine bedeutende Persönlichkeit bezeichneten. Zugleich nannte er eine Anzahl von mehr als 150 faschistisch orientierten Periodika, die zur Zeit in Russland erscheinen.[11]

All das zeigt, dass das postkommunistische Russland von einer „wehrhaften Demokratie" noch sehr weit entfernt ist. Auch hier sind die Parallelen zu Weimar unverkennbar. Trotzdem ist es wenig wahrscheinlich, dass Parteien, die mehr oder weniger offen das Programm der NSDAP kopieren, die Macht in Russland übernehmen werden. Immerhin hatte das

---

8   Sirotkin, V.: Nacional-bol'ševizm, in: *Moskovskie novosti* Nr. 20, 1994, S. 11. Siehe dazu auch: Koenen, Gerd / Hielscher, Karla: *Die schwarze Front. Der neue Antisemitismus in der Sowjetunion.* Reinbek bei Hamburg 1991, S. 6 f., 11 ff., 14-19; Laqueur, *Černaja Sotnja*.
9   *Moskva-Ierusalim* Nr. 5, 1994, S. 5. Siehe dazu auch: Koval', Boris (Hrsg.): Partii i političeskie bloki v Rossii. Moskau 1993, S. 115-121. Laqueur, *Černaja Sotnja*, S. 375.
10 Respektabel'nost' fašizma, in: *Moskva-Ierusalim* Nr. 4, 1994.
11 Fašistam poka spat' spokojno, in: *Moskovskie novosti* Nr. 23, 1994, S. 7.

Land bei der Bekämpfung des Dritten Reiches etwa 27 Millionen Menschenleben zu beklagen. Viel größere Chancen haben in dem sich nun anbahnenden Machtkampf rechtsradikale Parteien neuen Typs – und als eine solche ist zweifellos die Liberal-Demokratische Partei (LDPR) Vladimir Žirinovskijs zu bezeichnen.

Beinahe alles an Žirinovskij und an seiner politischen Karriere ist wohl paradox. So gehört er zu den größten Verächtern der liberal-demokratischen Prinzipien in Russland. Trotzdem führt seine Partei einen Namen, der ihrem Programm in eklatanter Weise widerspricht. Als sie 1989/90 entstand, erreichten die demokratischen Ideen in Russland den Gipfel ihrer Popularität. So schwamm damals auch Žirinovskij mit dem Strom und entrichtete dem Zeitgeist seinen Tribut, wovon der Name seiner Partei zeugt. Als sich aber die Bevölkerung, vor allem infolge der im Januar 1992 begonnenen wirtschaftlichen Schocktherapie, von den demokratischen Ideen abwandte, als der Begriff „Demokrat" sich in eine Art Schimpfwort verwandelte, hielt Žirinovskij es nicht einmal für notwendig, den Namen der Partei zu ändern. Dies tat aber seinem überwältigenden Erfolg bei den Parlamentswahlen am 12. Dezember 1993 keinen Abbruch.

Und noch ein Paradox: Der hysterische Antisemitismus ist für die Mehrheit der chauvinistischen und neoimperialistischen Gruppierungen Russlands geradezu konstitutiv. Deshalb stellt für sie die jüdische Herkunft Žirinovskijs einen Makel ohnegleichen dar, nicht zuletzt deshalb wird er von ihnen leidenschaftlich bekämpft. Die bereits erwähnte chauvinistische „Russische Nationale Landesversammlung" hält Žirinovskij für einen „Agenten des Zionismus". Der gleichen Meinung sind die Neofaschisten um Aleksandr Barkašov, um Nikolaj Lysenko (National-Republikanische Partei Russlands) und auch die Kommunistische Partei von Viktor Anpilov. Der ehemalige Gefährte Žirinovskijs, der Schriftsteller Éduard Limonov, hält es für eine Zumutung, dass ausgerechnet ein Jude die national-russischen Belange zu seinen eigenen erklärt: „Ein russischer Nationalist nichtrussischer Herkunft – das ist Pathologie [...]. Ein ehemaliger jüdischer Aktivist darf nicht an der Spitze einer russischen nationalistischen Bewegung stehen. Nein! Das werden wir auf keinen Fall zulassen!"[12] Die Beschwörungen

---

12 Limonov, Éduard: Izvraščenija nacionalizma, in: *Novyj vzgljad* Nr. 34, 1993, S. 1.

Limonovs stießen indes bei seinen Landsleuten auf taube Ohren. Der Partei Žirinovskijs gelang es als der einzigen rechtsradikalen Partei Russlands, einen Durchbruch bei den Massen zu erzielen. Während sich die sogenannten russischen „Patrioten" mit der Herkunft Žirinovskijs nicht abfinden mögen, halten die Demokraten seine politische Demagogie für eine enorme Gefahr. Sie warnen davor, dass die von Žirinovskij geforderte geopolitische Neuverteilung der Welt in der Konsequenz zu einem neuen verheerenden Krieg führen könnte.[13] Aber diese Warnungen verhallten ohne Resonanz. In einem Land, das noch vor einem halben Jahrhundert den vielleicht schrecklichsten Krieg in der Geschichte der Neuzeit erlebt hat, stimmten etwa 12 Millionen Wähler für einen neuen Kriegshetzer.

Ist Žirinovskij ein Faschist, gar ein Nationalsozialist? Solche Beschuldigungen weist er entschieden zurück. Als einer der führenden russischen Demokraten, Egor Gajdar, ihn als einen Faschisten bezeichnete, wurde er von Žirinovskij verklagt. Immer wieder betont Vladimir Žirinovskij, dass niemand wegen seiner nationalen Herkunft diskriminiert werden dürfe, dass es keine höheren und keine niederen Rassen gebe. Hitler wird vom Führer der Liberal-Demokratischen Partei Russlands für seinen Extremismus scharf kritisiert, er habe die im Grunde positive Idee des nationalen Sozialismus durch seinen Rassegedanken wie auch durch sein Streben nach der Weltherrschaft diskreditiert. Zugleich aber kopiert Žirinovskij, ohne das ausdrücklich zu erwähnen, Teile des Hitlerschen Programms bzw. manche taktische Kunstgriffe der Nationalsozialisten. So ist er, ähnlich wie Hitler, kein Revisionist alten Stils. Er will nicht nur die alten Grenzen des untergegangenen Imperiums restaurieren, sondern wartet mit einem neuen geopolitischen Programm auf. Sein Konzept vom „letzten Sprung nach Süden"[14] erinnert stark an das Hitlersche Programm von der Gewinnung des „Lebensraums im Osten", und seine Hasstiraden gegen die Türken ähneln durchaus Hitlers abschätzigen Bemerkungen über die Sla-

---

13 Gajdar, Egor: Stavka na negodjaev, *Izvestija*, 17.5.1994, S. 3.
14 Žirinovskij, Vladimir: *Poslednij brosok na jug*. Moskau 1993. Zu Žirinovskij siehe auch: Eichwede, Wolfgang (Hrsg.): *Der Schirinowski-Effekt. Wohin treibt Russland?* Reinbek bei Hamburg 1994; Laqueur, *Černaja Sotnja*; Koval', *Partii*, S. 151-155.

wen. Auch in ihrer Struktur gleicht sich die LDPR der NSDAP immer mehr an. Žirinovskij verwandelte sie (vor allem nach ihrem 5. Kongress im April 1994) in eine Führerpartei im klassischen rechtsradikalen Sinne. Sowohl in programmatischen als auch in taktischen Fragen gilt im Grunde allein das Wort des Parteivorsitzenden. Die Organe der Partei heißen nicht zufällig „Die Wahrheit Žirinovskijs", „Der Falke Žirinovskijs" usw. Und schließlich die vielleicht gefährlichste Parallele: Nach dem Scheitern des Münchner Putsches vom November 1923 hatte Hitler begriffen, dass die junge, noch nicht gefestigte Demokratie weniger mit direkter Gewalt als mit Hilfe des Stimmzettels am effektivsten zu bekämpfen sei. In der Weimarer Zeit mokierte sich manch ein radikaler Antidemokrat über den Entschluss Hitlers, mit Hilfe von Stimmzetteln eine „legale Revolution" in Deutschland durchzuführen. So hielt z. B. Ernst Jünger das Umsatteln Hitlers auf das parlamentarische Pferd für eine Eselei.[15]

Mit ähnlichen Worten wird heute Žirinovskij von einigen Vertretern der „unversöhnlichen Opposition" in Russland für seinen „Legalismus" kritisiert. In Wirklichkeit erkannte aber Žirinovskij nach dem Fehlschlag der Putschversuche vom August 1991 und vom Oktober 1993, dass sich das bestehende System wohl kaum mit Gewalt aus den Angeln heben lasse. Nicht zuletzt deshalb konzentrierte er sich voll auf den Wahlkampf – und erwies sich dabei als Demagoge, der vielen seiner Rivalen überlegen war. Žirinovskij hat also seine Lehren aus der Geschichte gezogen. Werden die russischen Demokraten dies ebenfalls tun?

Bei diesem Text handelt es sich um eine erweiterte und revidierte Fassung eines Artikels, der am 19. November 1994 in der *Frankfurter Allgemeinen Zeitung* veröffentlicht wurde. Der Artikel wurde kurz nach dem spektakulären Sieg Vladimir Žirinovskijs bei den Dumawahlen vom Dezember 1993 geschrieben. Einige der hier geäußerten Befürchtungen haben sich nicht bestätigt. Dessen ungeachtet stellt die rechtsextreme Herausforderung auch heute noch eine akute Gefahr für das postsowjetische Russland dar.

---

15 Siehe bei Bastian, Klaus-Frieder: *Das Politische bei Ernst Jünger*, Diss. Heidelberg 1966, S. 59.

III. Ungefestigte Demokratien im Vergleich

"Weimar Russia?" – Notes on a Controversial Concept[1]

All analogies are imperfect. Thus rule applies also to the comparison between post-Soviet Russia and Weimar Germany that Alexander Yanov put into circulation at the beginning of the 1990s. Nevertheless, striking similarities are apparent between the two state formations, and I would like to indicate these in the first part of the article. In the second part I shall proceed to the differences.

I. Analogies between the Weimar Republic and post-Soviet Russia

1. The legend of the "internal enemy"

The political culture of the Weimar Republic was poisoned from the very start by the legend of the "stab in the back." It was invented by representatives of the ruling circles who had governed the country in dictatorial fashion during World War One and who after the failure of the spring offensive of 1918 understood very well that the military might of Germany was completely exhausted, that unless hostilities were terminated immediately catastrophe awaited the country. But in order to evade responsibility for defeat, the ruling group transferred power to the previously impotent Reichs-

---

[1] English translation from the Russian text "Veimarskaia Rossiia?". Zametki ob odnom spornom poniatii, *Voprosy filosofii* 2008, no. 2, pp. 16-20. Published in: *Russian Politic and Law*, vol. 46, no. 4, July-August 2008, pp. 47-65. Translated by Stephen D. Shenfield.

tag. Thus, the country acquired a parliamentary form of government not by means of struggle from below but as a gift from above.[2]

And it was this unexpectedly empowered parliament that had to pay for the military collapse of the Reich, responsibility for which lay above all with the military command, which through its policy of total mobilization had brought the country to a condition of complete prostration.

General Erich Ludendorff – the undeclared dictator of the Reich during the last two years of the war – declared in his memoirs that Germany had lost the war not on the external but on the internal front. The pacifist and defeatist mood of the democratic opposition had supposedly undermined the army's combat morale.[3] In other words, not the all-powerful military command but the parties in the Reichstag, deprived during the war of any political influence, were chiefly to blame for defeat. In this way the legend was born of the "stab in the back" – the belief that Germany's bid for world hegemony had failed not because this goal was an unrealizable dream but due to the treason of a small group of internal enemies.

This "theory" is strikingly reminiscent of the argumentation of imperially inclined Russian circles during the last years of perestroika and in post-Soviet Russia. The bard of empire Aleksandr Prokhanov wrote in March 1990: "For the first time in the history not just of Russia but of the world, we see a state destroyed not by external blows ... or by natural disasters but by the deliberate actions of its leaders."[4]

---

[2] Gurian, Walter: *Um des Reiches Zukunft.* Freiburg 1932; Nipperdey, Thomas: *Deutsche Geschichte 1866-1918. Machtstaat vor der Demokratie.* Munich 1992, Vol. 2, pp. 858-876; Winkler, Heinrich August: *Der lange Weg nach Westen. Deutsche Geschichte vom Ende des Alten Reiches bis zum Untergang der Weimarer Republik.* Munich 2000, Vol. 1, pp. 361-377; Misukhin, Gleb: "Rossiia v Veimarskom zerkale, ili Soblazn legkogo uznavaniia," *Pro et Contra,* 1998, no. 3, pp. 111-123.

[3] Ludendorff, Erich: *Meine Kriegserinnerungen, 1914-1918.* Berlin 1919; "Weimar Russia: Is There an Analogy?" http://globetrotterberkeley.edu/pubs/james.html; Stephen E. Hanson and Jeffrey S. Kopstein, "The Weimar/Russia Comparison," *Post-Soviet Affairs,* 1997, v. 13, no. 3, p. 256.

[4] Prokhanov, Aleksandr: "Ideologiia vyzhivaniia," *Nash Sovremennik,* 1990, pp. 3-9; see also Ianov, Aleksandr: *Posle El_'tsina: "Veimarskaia Rossiia".* Moscow 1995; Hanson and Kopstein, "The Weimar/Russia," p. 266.

The tone was set. Now everything was clear. The Soviet empire collapsed, so it turned out, not because the party distrusted the people and smothered its striving for autonomy, nor because the Soviet Union in the era of the third (electronic) industrial revolution had turned into a living anachronism, that is, into a paradise for bureaucrats, based on regimentation and suppression of the creative initiative of society. No, it was all the fault of the enemies of inertia and stagnation, who had tried to bring back into the world community a country that had been cut off from the rapidly developing "First World." However, modernization of the country was impossible without weakening the paternalistic nomenklatura structures that welded into a single whole both the "external" and the "internal" Soviet empire (the socialist camp and the Soviet Union, respectively). Nevertheless, the heart of the empire was not the managerial "new class" but the ideology inspiring it – the idea of proletarian internationalism. This idea – that is, a "superstructure" – was the "base" of the Soviet Union [an ironical reference to the Marxian distinction between the productive base of a society and its legal, intellectual, and cultural superstructure (Trans.)]. After all, the Soviet Union's name did not even hint that this country was the successor to the empire of the Romanovs. A "Union of Soviet Socialist Republics" might have existed in any part of the world, on any continent. A very important prerequisite for the existence of this state was faith in the infallibility of the party and of its ideology. But by Brezhnev's time no one, except perhaps for Suslov and those like him, still believed in the "radiant communist future." There was only a play at faith, a masquerade in which the majority of the population – with the exception of the dissidents – took part together with the party. But with the advent of perestroika this camouflage collapsed under the impact of glasnost. And Gorbachev had no choice but to abolish Article 6 of the Constitution, which had codified the party's leading role in the country. The Soviet empire was now in urgent need of a new ideological foundation to weld it into a single whole. But, as is well known, the feverish search for such a foundation did not succeed. With extraordinary perspicacity, Prince Nikolai Trubetskoi, founder of the Eurasianist movement, foresaw this turn of events as early as 1927. He wrote then that due to the growing national awareness of the non-Russian peoples the time of the exclusive domination of the Russians in Russia had gone, never to return. The Bolsheviks understood this well and found a new bearer of Russia's unity: instead of the Russian people, the proletariat. But, Trubetskoi continued, this was merely an apparent solution to the problem. The national feelings of the workers are much stronger than their class solidarity. If Russia wished to remain a single state, it would have to find a new bearer of its unity; in Trubetskoi's view, this could only be the Eurasian idea, emphasizing what the peoples of Russia-Eurasia share in common.[5]

Now as in the past, however, the weakness of the Eurasian idea is that it has failed to achieve broad recognition, to "seize hold of the masses" and thereby prevent the collapse of the Soviet Union.

Nostalgically inclined circles in post-Soviet Russia attach no significance to all these profound historical processes that have led to tectonic shifts throughout the space between the Elbe and Vladivostok. For them the disintegration of the Soviet empire was merely the result of a plot by a clique of "internal enemies."

2. Rejection of the West

Besides the legend of the "stab in the back," many national-patriotic circles in post-Soviet Russia share with the Weimar right a radical rejection of the West.

After the defeat in World War One of the nation that allegedly had never been "vanquished on the battlefield," the German nationalists persistently demonized both the victors and the democratic values upheld by them. The champions of national revanche considered the harshness of the Treaty of Versailles – in which respect, incidentally, it did not differ all that much from the victorious peace concluded by the Germans in the East in March 1918 (the peace of Brest-Litovsk) – quite sufficient grounds for sweeping away the existing European order. Insulted national self-esteem

---

5   Trubetskoi, Nikolai: "Obshcheevropeiskii natsionalizm," *Evraziiskaia Khronika*, no. 7, 1927, pp. 28-29.

became the dominant motif of their thinking and determined their tactics; considerations pertaining to the pan-European and Christian heritage no longer played any role. "We are an oppressed nation" – Arthur Moeller van den Bruck, one of the heralds of the so-called Conservative Revolution, wrote in 1923. "The meager territory onto which we have been crowded conceals the enormous danger that comes from us. Should we not build our policy on the basis of this danger?" (translated from Russian)[6]

The liberalism borrowed from the West was declared by supporters of the Conservative Revolution and of other nationalist groups to be a mortal enemy of the Germans. For Moeller van den Bruck, liberalism was "the moral illness of a nation" bereft of any convictions, passed off as a conviction.[7]

The pseudo-ethical orientation that was characteristic of the conservative revolutionaries is manifested here with especial clarity. Those who were prepared to deride humanism and destroy the entire European order in revenge for the injustice of Versailles thoughtlessly reproached liberalism with indifference toward morality. It is not surprising that this moralizing immorality, which absolved the sins of its supporters in advance but portrayed its opponents as incorrigible criminals, seemed very tempting to many.

The establishment of a liberal system in Germany was presented by German critics of the West as a consequence of the crafty intrigues of the Western democracies. The West possessed immunity against the liberal poison, for – Moeller van den Bruck asserted – it did not take liberal principles seriously. In Germany, by contrast, liberalism was taken literally. Its corrupting principles might therefore lead the country to ruin. The Western states, unable to overcome the Germans on the battlefield, were trying to achieve the same result by means of liberal and pacifist propaganda. And the naïve Germans were drinking up the poison.[8]

The self-pity of the supporters of the Conservative Revolution was as boundless as their megalomania. It turned out that the sole remedy capable

---

6   Moeller van den Bruck, Arthur: *Das Dritte Reich*. Hamburg 1931, pp. 71-72.
7   Moeller van den Bruck, *Das Dritte Reich*, pp. 69-71.
8   Moeller van den Bruck, *Das Dritte Reich*, pp. 69-71.

of easing the suffering of the Germans was world domination. Moeller van den Bruck explained: "Power over the world is the only chance of survival for an overpopulated country. In defiance of all obstacles, the impulse of people in our overpopulated country strains in just this direction; its aim is the space that we need" (translated from Russian).[9]

Parliamentary democracy was presented by its German ill-wishers as "devoid of chivalrous principles." The revolution of November 1918, writes Ernst Jünger, was unable to defend the country from the external enemy. That is why the soldiers turned away from it. This revolution, in Jünger's opinion, rejected such concepts as "manliness, courage, and honor."[10] Oswald Spengler, for his part, speaks of "the indescribable loathsomeness of the November days": "Not a single imperious glance, nothing inspiring, not a single significant face, recalled word, or audacious crime" (translated from Russian).[11]

The demonization of Western values is also characteristic of many national-patriotic circles in post-Soviet Russia. For many years now Aleksandr Dugin has been a sort of mouthpiece and ideologue of these forces. The journal *Elementy*, which Dugin put out in the 1990s, portrays liberalism as "the most consistent and radical form [...] of European nihilism," as an embodiment of the spirit of antitradition, cynicism, and skepti-

---

9   Moeller van den Bruck, *Das Dritte Reich*, pp. 63, 71-72.
10   See: Bastian, Klaus-Friedrich: *Das Politische bei Ernst Jünger*. Diss. Heidelberg 1963, p. 66.
11   Spengler, Oswald: *Preussentum und Sozialismus*. Munich 1920, p. 11. On the theme of the "Conservative Revolution" in the Weimar Republic, see also: Rauschning, Hermann: *The Conservative Revolution*. New York 1941; Mohler, Armin: *Die Konservative Revolution in Deutschland: Der Grundriss ihrer Weltanschauung*. Stuttgart 1950; Sontheimer, Kurt: *Antidemokratisches Denken in der Weimarer Republik*. Munich 1968; Sontheimer, Kurt: "Der Tatkreis," *Vierteljahrshefte für Zeitgeschichte*, no. 6, 1958, pp. 229-260; Kuhn, Helmut: "Das geistige Gesicht der Weimarer Republik," *Zeitschrift für Politik*, 1961, no. 8, pp. 1-10; Klemperer, Klemens: *Konservative Bewegungen: Zwischen Kaiserreich und Nationalsozialismus*. Munich 1962; Stern, Fritz: *Kulturpessimismus als politische Gefahr*. Bern, 1963; Breuer, Stefan: *Anatomie der Konservativen Revolution*. Darmstadt, 1993; Luks, Leonid: „'Eurasier' und 'Konservative Revolution': Zur antiwestlichen Versuchung in Russland und in Deutschland," in Koenen Gerd / Kopelew, Lew eds.: *Deutschland und die Russische Revolution, 1917-1924*. Munich 1998, pp. 219-239.

cism. Liberalism allegedly destroys any spiritual, historical, and cultural continuity; it is simply the enemy of mankind. According to *Elementy*, it is a fateful error that "liberalism" and "democracy" are often viewed as synonyms. In fact, liberalism has nothing in common with democracy in its true sense of people's power. The defenders of liberalism constitute a small power-hungry and unelected elite that uses democratic rhetoric only in order to give the people the illusion of involvement in the political decisions of the ruling group.[12]

Just like the Weimar right, the Russian national-patriots reject the universalism propagated by the West and are fervent defenders of cultural particularism and of special national paths. Pro-Western circles are accused of a lack of patriotism. Accusations of this kind put both the German and the Russian "Westernizers" at a direct disadvantage. They tried in every way to prove that they were not indifferent to the fate of the fatherland. The first to speak of the "army that had never been vanquished on the battlefield" was Friedrich Ebert, head of the German social democrats, welcoming soldiers returned from the front in the name of the revolutionary government that had taken office in November 1918. But none of these assurances of their love for the fatherland helped either the social democrats or other democratic politicians rehabilitate themselves in the eyes of the right, for whom the democrats remained traitors, internal enemies who served the interests of the external enemy – that is, the West.

---

12   *Elementy*, no. 5, 1994, p. 5. On Dugin's ideology and the journal *Elementy*, see: Ianov, A.: *Posle El_'tsina. Geopoliticheskoe polozhenie Rossii. Predstavleniia i real_'nost_'*. Moscow 2000; Luks, Leonid: „Tretii put'" ili nazad v Tretii Reikh? O 'neoevraziiskoi' gruppe 'Elementy'," *Voprosy filosofii*, 2000, no. 5, pp. 33-44; Luks, Leonid: "Eurasien aus neototalitärer Sicht – Zur Renaissance einer Ideologie im heutigen Russland," *Totalitarismus und Demokratie*, 2004, no. 1, Booklet 1, pp. 63-76; Mathyl, Markus: "Der 'unaufhaltsame Aufstieg' des Aleksandr Dugin," *Osteuropa*, no. 52, 2002, Booklet 7, pp. 885-900; Umland, Andreas: "Postsowjetische Gegeneliten und ihr wachsender Einfluss auf Jugendkultur und Intellektuellendiskurs in Russland: Der Fall Aleksandr Dugin (1990-2004)," *Forum für osteuropäische Ideen- und Zeitgeschichte*, no. 10, 2006, Booklet 1, pp. 115-147; Umland, Andreas: "Tri raznovidnosti postsovetskogo fashizma. Kontseptual_'nye i kontekstual_'nye interpretatsii sovremennogo russkogo ul_'tranatsionalizma," in *Russkii natsionalizm: ideologiia i nastroenie*. Moscow 2006, pp. 223-262.

Here too we see a certain similarity with the fate of the democrats in Yeltsin's Russia.

When Yeltsin and his supporters abolished the communist dictatorship in August 1991, they appeared not only under democratic but also under Russian national banners. The mood of exhilaration that reigned in Moscow immediately after the defeat of the communist putsch was very reminiscent of the atmosphere in 1848 in the Frankfurt Paulskirche (where the National Assembly was sitting): the idea of freedom and the national idea were joined in a single whole. We must not, however, forget in what direction the German national movement developed, because the goal toward which it strove was not only freedom but also the might of a great power. A characteristic sign of this reorientation of the German national movement was the discussion in the Paulskirche in July 1848 on the Polish question. Up to that time, solidarity with oppressed Poland had been a sort of litmus test for liberal circles in Europe and in Germany. After the beginning of the revolution of 1848, however, this feeling of solidarity noticeably weakened.[13]

A similar situation took shape in Russia after the removal of the CPSU from power. The victorious democrats began to talk more and more about Russia's national interests and less and less about solidarity with small peoples. Many democrats who before August 1991 had spoken of "Russia's return to Europe" after the August events started to speak of "Russia's special path." The supporters of a pro-Western orientation in Russian politics were portrayed by their critics as politicians without roots who had moved far away from the traditions of their country. Soon after the victory of the democrats, Evgeny Kozhokin, one of Yeltsin's advisers, declared: "When

---

13 Kaehler, Siegfrid A.: "Realpolitik zur Zeit des Krimkrieges – eine Säkularbetrachtung," *Historische Zeitschrift*, no. 174, 1952, p. 418; Gollwitzer, Heinz: *Europabild und Europagedanke: Beiträge zur deutschen Geistesgeschichte des 18. und 19. Jahrhunderts*. Munich 1964, p. 262; Nipperdey, Thomas: *Deutsche Geschichte, 1800-1866. Burgerwelt und starker Staat.* Munich 1983, pp. 627-630; Wehler, Hans-Ulrich: *Deutsche Gesellschaftsgeschichte. Von der Reformära bis zur industriellen und politischen "Deutschen Doppelrevolution".* Munich 1987, Vol. 2, pp. 743-744.

they come into power Westernizers must stop being Westernizers. You can be a Westernizer only in opposition."[14]

Nationally inclined circles within the democratic camp reproached pro-Western groups in the government with excessive willingness to compromise in relations with the West, and also with Russia's closest neighbors. Thus, Sergei Stankevich, a political adviser to the president of Russia, asserted: "Our neighbors often regard Russia not as a state but as a heap, a sort of relict from which one or another part can be cut off."[15] Evgeny Ambartsumov, chairman of the Supreme Soviet Committee on Foreign Policy, added that the concepts of national pride, national affiliation, and national interest are quite natural in the West. Why should they not be extended to Russia?

This struggle of the Russian democrats in defense of national interests did not, however, rehabilitate them in the eyes of the "irreconcilable opposition." For the national-patriots, the democrats are, above all, destroyers of a great empire and agents of the Western victors in the Cold War who have established an antinational regime on Russian territory. So despite their national rhetoric the Russian democrats, like their counterparts in Weimar Germany, have not managed to bridge the chasm separating them from their radical opponents. But, on the other hand, the fact that in both cases the democrats to some degree adopted the arguments of their opponents led to them losing the initiative in political discourse.

3. The new diaspora

After World War One Germany lost one seventh of its territory – above all, Alsace and Lorraine in the west, which had been annexed to the Reich in 1871, and in the east some of the areas with a Polish majority. The Germans were especially outraged by the loss of the Polish areas because they had to cede 46,000 square kilometers of territory and the German minority living there to a state that only emerged after World War One, a state that

---

14 *Moskovskie novosti*, August 16, 1992.
15 "Rossiia 1992-i," *Komsomol'skaia pravda*, May 26, 1992.

unlike France was not one of the victors. It was an axiom of the foreign policy of the Weimar Republic to strive for a revision of German borders in the east. The American historian Harald von Riekhoff writes that this striving acquired almost mystical features and adds: The fact that after 1918 a certain part of the German population fell under Polish rule was regarded in Germany as a sort of pathology, while the fact that for many generations previously a large proportion of Poles had lived under German rule was considered something natural and self-evident.[16]

It was no less of a shock to Russians that after the disintegration of the Soviet Union the Crimea, the Donbass, the Baltic republics, the Transcaucasus, and Central Asia with the Russian minority living there ended up outside Russia's borders. Those authors who draw parallels between post-Soviet Russia and Weimar Germany point not least to the problem of the "new diaspora" and to the attempts of both states to influence the fate of compatriots transformed from a privileged stratum of the population into – not infrequently – a minority deprived of its rights.

Moscow's stance in relation to the 25 million Russians living outside Russia's borders causes concern both in the West and in the East. Parallels are often drawn with the demagogic exploitation of the problem of German national minorities after 1918. In the immediate aftermath of the disintegration of the Soviet Union, the American political scientist Francis Fukuyama advised Russian politicians to make use of the experience of Turkey after World War One. Thanks to the reforms of Kemal Ataturk, the Ottoman Empire very quickly became a modern national state. The new Turkey renounced pan-Islamic and pan-Turkic claims and left Turkic peoples living outside its borders to their own fate.[17]

Presidential adviser Stankevich responded critically to Fukuyama's advice. He declared that Ankara was by no means indifferent to the fate of

---

16   Riekhoff, Harald von: *German-Polish Relations, 1918-1933*. Baltimore, 1971, p. 265. See also: "Weimar Russia: Is There an Analogy?"; Hanson and Kopstein, "The Weimar/Russia," p. 256; Brubaker, Roger: *Nationalism Reframed: Nationhood and the National Question in the New Europe*. Cambridge University Press, 1996, pp. 125-126.

17   Fukuiama, Frensis [Francis Fukuyama]: "Neiasnost_' natsional_'nogo interesa," *Nezavisimaia gazeta*, October 16, 1992.

Turks or of Turkic peoples living abroad. Witness to this is borne by the intervention in Cyprus in 1974, undertaken – according to the declaration of the Turkish government – for the purpose of defending the Turkish minority on the island. Nor, according to Stankevich, should we forget how intensive the efforts of Turkey were to include in its sphere of interest the newly independent Turkic states on the territory of the former Soviet Union. This, from Stankevich's point of view, is absolutely natural: the "normality" of Turkey is manifest in the fact that it has its own geopolitical interests and strives to secure them. Stankevich sought the same rights for Russia.[18]

4. The transition from a half-closed to an open society

The Weimar Republic – that is, the "first German democracy" – was the freest state formation in the history of Germany apart from the Federal Republic of Germany. The Germans had long dreamt of this freedom, almost since the time of the war of liberation against Napoleon in 1813. The motto of the German revolution of 1848 was: "Freedom and State Unity!" However, the revolution was unable to achieve either goal.

True, a quarter of a century later Bismarck succeeded in uniting Germany, but he did so in an authoritarian manner. The Germans achieved complete freedom only as a result of the revolution of November 1918, which overturned the ruling dynasties and transferred the entire plenitude of power to society. But this unexpectedly won freedom evoked little euphoria, and this is not surprising. The establishment of the democratic order was associated in Germany with defeat in the world war, the humiliating Treaty of Versailles, territorial losses, reparations, and also the very deep economic crisis that reached its apogee in 1923 with hyperinflation unprecedented in the country's history.

---

18   Stankevich, Sergei: "Rossiia uzhe sdelala antiimperskii vybor," *Nezavisimaia gazeta*, November 6, 1992. See also: "Weimar Russia: Is There an Analogy?"; Brubaker, *Nationalism*, pp. 107-109, 135-147; M. Lariuel_' [Laruelle], „'Russkaia diaspora' i 'rossiiskie sootechestvenniki'," in *Demokratiia vertikali*. Moscow 2006, pp. 185-212.

All these processes are reminiscent of what happened in Russia after the collapse of the Soviet regime and in the period of the birth of the "second Russian democracy." True, the "second Russian democracy," unlike the Weimar Republic in Germany, was not the freest state formation in the entire preceding history of the country. The order that emerged in Russia after the revolution of February 1917 was no less free.

In April 1917 Lenin called Russia "the freest country in the world of all the warring countries."[19] A few months later, he himself tried to rein in this freedom, and after the Bolshevik victory in the civil war he finally managed to do so. The "freest country in the world" turned into the world's first totalitarian state. True, the character of the communist dictatorship changed substantially after Stalin's death. The totalitarian system turned into a semi-totalitarian or even paternalistically authoritarian order. But society as such remained a puppet in the hands of the ruling nomenklatura, and only during perestroika did it make the transition from a "closed" to a "semi-open" condition. Its final liberation took place in August 1991 on the barricades at the White House. But, just as in Weimar Germany, the euphoria that followed was short-lived. For after "August" came "December" (the disintegration of the Soviet Union) and "January" (shock therapy, which in the first years entailed hyperinflation, a fall in gross product of 23 percent in 1992, and an almost 50 percent reduction in the living standard of the population).

The Russian reformers very quickly lost their capital of trust. The democratic idea was also discredited by the confrontation between the executive and the legislative branch (the president and the Supreme Soviet), which culminated in the disbandment of parliament and the bombardment of the White House.

All these events inflicted a deep trauma on the public consciousness, and one of its consequences was the crushing defeat of the democrats in the Duma elections of December 1993. Russia found itself faced with the dilemma that once faced Weimar Germany when radical antidemocrats won an unexpected victory in the Reichstag elections of September 1930. Rudolf Hilferding, one of the leaders of the Social-Democratic Party of

---

19   Lenin, V. I.: *Poln. sobr. soch.*. Moscow 1958-1965, v. 31, pp. 114-115.

"WEIMAR RUSSIA?" 173

Germany, formulated this dilemma as follows: "To affirm democracy against the will of the majority, which rejects democracy, and moreover affirm it using the political means provided by the democratic constitution – this is almost like squaring the circle" (translated from Russian).[20]

5. Revenge of the overturned elites

The revolution that began in Germany on November 9, 1918 differed qualitatively from the French revolution of 1789 or from the Russian revolution of 1917. Unlike the latter revolutions, it did not shift from a moderate to a more radical phase but developed in the opposite direction: it was radical at the start and grew increasingly moderate. Its main political force was the social-democratic party, which wished at any price to prevent the revolution from developing in accordance with the Russian model of 1917. The social democrats therefore constantly fought against their own left-radical wing, bewitched by the example of the Bolshevik October. The influence of these extremist groups on Germany's traditionally moderate working class was marginal. Of the deputies elected to the Berlin Congress of Soviets that took place in mid-December 1918, 80 percent rejected the Soviet model and voted for the transformation of Germany into a parliamentary republic.[21] But despite this the social-democratic majority in the Council of People's Commissioners (CPC), which governed the country from November 10, 1918, saw the chief threat to German democracy coming not from the right but from the left.

The culmination of the chaotic attempts by left-wing extremists to bring about a revolution in Germany on the "Russian model" was the uprising in Berlin that began on January 5, 1919. The CPC suppressed this uprising without difficulty; in doing so, however, it made use not only of regular troops but also of corps of right-radical volunteers. As Arthur Rosenberg,

---

20   Hilferding, Rudolf: "In Krisennot," *Die Gesellschaft*, no. 7, 1931, p. 1.
21   Winkler, *Der lange Weg*, pp. 385-386; Blasius, Dirk: *Weimars Ende: Bürgerkrieg und Politik, 1930-1933*. Göttingen 2006, pp. 17-18; "Weimar Russia: Is There an Analogy?"

chronicler of the Weimar Republic, was to note in the mid-1930s, the use of extremist opponents of democracy to defend the republic was an unforgivable error on the government's part.[22]

In fact, the uprising in Berlin was suppressed in the space of a few days, by January 12. But the social-democratic government lost control over the soldiery, which now began to institute mob law on its own account. Also victims of the reprisals were Karl Liebknecht and Rosa Luxemburg, the leaders of the Communist Party of Germany that had been created on December 31, 1918, who were murdered on January 16.

The social-democratic government overreacted to the actions of the former left wing of its own party not only due to an exaggerated fear of anarchy but also because it wished to demonstrate its patriotism, the identity of its own interests with the domestic and foreign interests of the German state. The German social democrats, accused for years by the right of having no attachment to their fatherland, wanted to prove that the fate of Germany was not a matter of indifference to them.

And so the November revolution, having overthrown the monarchy and initially sown panic in the ranks of the ruling conservative elites, confined itself to mere half-measures in the fight against the old regime. Its administrative, economic, and even military structures (despite the constraints imposed by the Treaty of Versailles) remained almost untouched. All the prerequisites for revenge on the part of the elites overthrown in November 1918 were in place. But over time this striving for continuity, this desire to repair the break resulting from the revolution spread to broad strata of the population. A symbol of this growth in nostalgic moods was the election as president of the Reich in 1925 of the aged Field Marshal Hindenburg, who had never reconciled himself to the republican order and remained a convinced monarchist. It is necessary to add that he was elect-

---

22   Rosenberg, Arthur: *Geschichte der Weimarer Republik*. Frankfurt 1961. Some contemporary authors make a similar assessment of the situation at that time. The Berlin historian Heinrich August Winkler wrote in 1990: „[The social democrats] aimed above all at preventing economic and political chaos; they overestimated the danger from the left and underestimated the danger from the right" (translated from Russian; Winkler, Heinrich August: "Die Revolution von 1918/19 und das Problem der Kontinuität in der deutschen Geschichte," *Historische Zeitschrift*, no. 250, 1990, p. 307).

ed precisely at the moment when the Weimar Republic had managed to overcome the postwar crisis and stabilize the economy, during the period when the democratic parties of the so-called Weimar coalition were achieving their greatest successes in parliamentary elections.

This duality shows how fragile a state formation the Weimar Republic was: democratic rules of play had still not become "the only game in town" – to use the expression of contemporary political scientists J. Linz and A. Stepan.

Because the president was supposed to act as a guarantor of the Weimar Constitution and in crisis situations could introduce a state of emergency in the country (Article 48 of the Constitution), Hindenburg's antidemocratic attitudes threatened the order that he was duty bound to defend. His predecessor Ebert, being a convinced democrat, had used his emergency powers, especially during the Ruhr crisis of 1923, but only to fight against the enemies of democracy both on the right and on the left (against both communist and Nazi attempted coups d'état). Such a consistent struggle on two fronts could not be expected from Hindenburg. The conservative circles that exerted influence on the aged president saw an important difference between communists and Nazis. The latter they considered their potential allies. It was this orientation that eventually led to the transfer of power to Hitler and to the destruction of the Weimar democracy.

Is the revenge of overthrown elites also in store for post-Soviet Russia?

The revolution of August 1991 was, like the November revolution in Germany, a half-and-half affair. Many Russian democrats did not wish to regard the August events following the suppression of the putsch as a revolution, because they associated revolution with such concepts as mass terror and dictatorship. This is why they abstained from settling accounts with their vanquished enemies in the Bolshevik manner. According to G. Popov, one of the leading representatives of the democratic camp, this decision was of extraordinary significance not only for Russia but also for the whole world.

Later Yeltsin was to recall that in September and October [1991] the country was literally poised on the edge of an abyss. And nonetheless Russia was saved from revolution and mankind from its catastrophic consequences. For a year, said the president, there were constant appeals for a decisive confrontation. But none of these appeals evoked a response in the hearts of Russian people. Yeltsin considered precisely this a common victory.

Arguments continue in Russia to this day over whether Yeltsin and his supporters made a mistake in August 1991 by taking the path of compromise and not that of revolutionary struggle. It must not be forgotten in this connection, however, how modest an organizational base was at the disposal of Yeltsin and his team at the moment of their victory. It should be added that after the defeat of the common foe the majority of democratic groups went into opposition to the country's new leadership. In order not to disappear from the political scene, Yeltsin's government was compelled to seek a compromise with officials from the old structures who were prepared to accept reform. We see here a certain similarity with the behavior of the Bolsheviks after 1917. Although the Bolsheviks considered their revolution the most radical upheaval in history, within a few months of coming to power they had to seek support from the "bourgeois specialists" – that is, from representatives of the "old world" that the Bolsheviks wanted completely to destroy. Otherwise the regime would simply not have survived. However, the Bolsheviks had at their disposal one extraordinarily effective means of forcing "class enemies" to work for them – the "red terror." Such a means was not available to the victors in August 1991. In order to induce the cooperation of the most flexible people from the old structures, they had to appeal to their interests and at the same time convince them that the old regime could not be restored under any circumstances.

But partial restoration took place nonetheless. In December 1992, at the Seventh Congress of People's Deputies, Yeltsin under pressure from parliament was forced to remove Gaidar, the author of "shock therapy." His successor, Chernomyrdin, a representative of the industrial lobby, distanced himself from the radical market conception of his predecessor. After recovering from the shocks of August 1991 and October 1993, managerial groups mounted a counteroffensive against the civil society that had emerged during perestroika, against the subjects of the federation that had broken free, and against the fabulous fortunes made by the oligarchs. While Yeltsin remained in power, this counteroffensive did not assume the character of a restoration of the order that had collapsed in 1991. Despite his rapprochement with the managerial structures of the old regime, Yeltsin, being a convinced reformer, was, like Ebert in Germany in his time, an obstacle to thus turning back the wheel of history. And here I would like to pass on to the differences between the Weimar Republic and post-Soviet Russia.

II. Differences between the Weimar Republic and post-Soviet Russia

1. Prehistory

Pluralistic structures in Weimar Germany were at a higher level of development than in post-Soviet Russia,[23] and these differences are closely connected with the different prehistory of the two states. Weimar's predecessor – the Second German Reich created in 1871 – was, notwithstanding its semi-feudal and patriarchal character, a state based on law with a multi-party system, independent public organizations, and a more or less free press. Although opposition parties, especially the social democrats, and some confessional and national minorities (Catholics, Poles) were persecuted from time to time, there were always legal loopholes that enabled them to survive periods of the most intense persecution and later return to the political or public scene as strong as ever.

Nothing of the kind existed under the Soviet regime that preceded the "second Russian democracy," with the exception of the Gorbachev period. The civil society built in Russia after the revolution of 1905, which in Feb-

---

23 See: Hanson and Kopstein, "The Weimar/Russia";. Hanson, Stephen E.: "Postimperial Democracies: Ideology and Party Formation in Third Republic France, Weimar Germany, and Post-Soviet Russia," *East European Politics and Societies*, v. 20, no. 2, pp. 343-372.

ruary 1917 broke completely free of state control, was destroyed by the Bolsheviks. Together with civil society (especially in the Stalin period) they destroyed the institution of private property, which guarantees society a certain degree of independence from the state. And so the "second Russian democracy" came onto the political scene almost without experience of political competition and of organized defense of the rights and interests of specific social groups. The democrats managed to defeat the ruling apparatus in August 1991 with such ease by virtue not of their own strength but of the weakness of their adversary, who due to the erosion of communist ideology was undergoing an extraordinarily deep identity crisis and was therefore losing his capacity for resistance. But when the managerial apparatus recovered from the shock of defeat and embarked on the bureaucratic revanche that I have already described, it turned out that civil society in Russia had not yet managed to emerge from its amorphous condition and did not have the strength to offer effective resistance to the well-organized managerial class. Not least of the factors underlying these defeats of the democrats was the fact that they too were going through an identity crisis. The discrediting of democratic ideas in the eyes of broad strata of the population due to the difficulties of the transition from a "closed" to an "open" society deprived the democrats of the self-confidence that had been characteristic of them in the last years of the Soviet regime. Now they were swimming not with but against the tide. And, indeed, the gradual dismantling of pluralistic structures by means of the methods of "guided democracy" has not evoked significant protest from the population. Besides the discrediting of the democratic idea, the lack of protest may also be attributed to the fact that this process has occurred in parallel with economic stabilization (mainly thanks to high world prices for oil and other energy goods). In addition, the striving of Putin's team to "statify" society has been in keeping with the traditional conceptions of many Russians concerning the role of the state as guarantor of social justice and national wellbeing. Uprisings and revolutions have broken out in Russia above all when the state has failed to cope with this role and not as a result of attempts by society to take over these functions.

2. The threat from the right and from the left

The Weimar democracy fought constantly against two threats – the threat from the right and the threat from the left. Hitler rose to the surface on the wave of the fear of the ruling strata in face of the Bolshevik danger. This fear was hardly justified. In Germany at the beginning of the 1930s, the conflict between the social democrats and the communists, provoked mainly by the Stalin leadership in Moscow, paralyzed the workers' movement, depriving it of practically any ability to act. Despite this, Germany's ruling circles were panic-stricken by fear of a "mass uprising" – that is, of an independent workers' movement. The Nazis took advantage of this fear. Speaking in January 1932 at a meeting with German industrialists in Dusseldorf, Hitler declared: "Were it not for us (the Nazis – L.L.), the middle class in Germany would have already been destroyed. And the Bolsheviks would long since have resolved the question of power in their favor" (translated from Russian).[24]

And although the argumentation of the Nazi leader was of a wholly demagogic kind, he finally managed to convince the powers that be that the weakened ruling order in Germany could be saved only by relying on the NSDAP.[25]

Unlike their German predecessors, the present-day Russian right-wing extremists, as a rule, say little about a danger from the left; what is more, in the struggle against the order established in August 1991 they have often found themselves on the same side of the barricades as the communists.[26] The "red-brown alliance," which in Weimar Germany arose

---

24   Domarus, Max: *Hitler: Reden und Proklamationen, 1932-1945.* Wiesbaden 1973, Vol. 1, first half, p. 87.

25   See: Luks, Leonid: *Entstehung der kommunistischen Faschismustheorie: Die Auseinandersetzung der Komintern mit Faschismus und Nationalsozialismus, 1921-1935.* Stuttgart 1985, pp. 158-161, 193-194; Luks, Leonid: "Bolschewismus, Faschismus, Nationalsozialismus – verwandte Gegner?" *Geschichte und Gesellschaft*, no. 14, 1988, pp. 100-103.

26   In speaking of a threat to post-Soviet democracy from both "right" and "left," some authors take insufficient account of this circumstance. See: Hanson and Kopstein, "The Weimar/Russia," pp. 267-268.

only periodically, in post-Soviet Russia is a constant phenomenon.[27] This mishmash of "right" and "left" owes much to the amorphous and indistinct party-political landscape in postcommunist Russia, which is in turn explained by the amorphous condition of a society that lacks classes in the generally accepted sense of the word. But there are also other reasons why the differences between right and left are increasingly being erased in contemporary Russia. The point is that the Russian communists, perhaps for the first time since 1917, have lost faith in continuous social progress and are no longer sure that history and its laws are on their side.

Right-wing extremists, on the contrary, have always mocked the idea of progress. They do not want, and have never wanted, to swim with the tide of history; on the contrary, they try at any price to stem it and turn it back. Everywhere they imagine symptoms of disintegration and decay, the intrigues of a mighty world conspiracy. They believe that the "decline and fall of Europe" can be prevented only by the violent annihilation of the bearers of this conspiracy – Jews, Masons, "plutocrats," Marxists. The golden age of fascism is the pagan, pre-Christian epoch. The pathos of communism, by contrast, is directed toward the future, when the leap will be made "from the realm of necessity to the realm of freedom."

This historical optimism, however, is now a thing of the past. Since the collapse of the Soviet Union, the communists have been bereft of faith in progress and in a radiant future. The sudden disappearance of the second great power, which inspired the fear or at least the respect of the whole world, seems to them an inscrutable event; they refuse to see in it the action of historical laws. Their golden age is now, like that of the right-wing radicals, in the past.

---

27   Laker, Uolter [Walter Laqueur]: *Chernaia sotnia: proiskhozhdenie russkogo fashizma.* Moscow 1994; Liuks, Leonid [Luks]: "Prizrak fashizma v postkommunisticheskoi Rossii," in Liuks, Leonid: *Tretii Rim? Tretii Reikh? Tretii put_'? Istoricheskie ocherki o Rossii, Germanii i Zapade.* Moscow 2002, pp. 256-266; Shenfield, Stephen D.: *Russian Fascism: Traditions, Tendencies, Movements.* Armonk 2001; Allensworth, Wayne: *The Russian Question: Nationalism, Modernization and Post-Communist Russia.* Lanham 1998; Sokolov, Mikhail: "Natsional-bol_'shevistskaia partiia: ideologicheskaia evoliutsiia i politicheskii stil_'," in *Russkii natsionalizm: ideologiia i nastroenie.* Moscow 2006, pp. 139-164.

Besides the displacement of right-wing and left-wing positions, post-Soviet Russia also differs from Weimar Germany insofar as it does not manifest the constant radicalization of society and the erosion of centrist groups and attitudes. In Russia, on the contrary, radical groups both on the left and on the right (the CPRF on one side, the LDPR on the other) are becoming increasingly "centrist" and finding a common language with at least part of the ruling groups. This process of interpenetration between the "irreconcilable" opposition and state structures accelerated after the coming to power of Putin, whom many national-patriots see as a new "ingatherer of the Russian land." According to a newly created myth, disseminated also by a number of semi-official publicists, the Yeltsin period was a time of collapse and humiliation for Russia, while Putin has brought about a miraculous revival of Russian statehood. In reality, if we are to speak of a "political miracle" we should apply this concept rather to the Yeltsin period. For that was when the country in a very short time made the transition from a planned to a market economy, from an empire to a national state, from a pseudo-federal to a genuinely federal system, from a communist dictatorship to a constitutional order. And all this took place without the civil war that many were predicting, avoiding the Romanian or Yugoslav scenario. The Chechen tragedy is an exception in this regard. But let us recall what a painful affair the retreat from empire was even for the Western democracies (France, Britain, Holland). Thus, the preconditions for the country's emergence from the extraordinarily dangerous transition period had already been created under Yeltsin, and his successor has merely continued the process of consolidating the new state that began in the mid-1990s.

Comparing post-Soviet Russia with Weimar Germany, it is necessary to emphasize that the latter also went through a process of consolidation and stabilization that began in 1924 and ended five years later as a result of the crash on the New York stock exchange in October 1929 and the onset of the world economic crisis. Will post-Soviet Russia be able to withstand a test of its stability similar to the one that destroyed the "first German democracy"? This remains an open question.

3. The role of the West

The emergence of the Weimar Republic was inextricably connected with the Treaty of Versailles, which morally condemned Germany, naming it the chief culprit of the world war. The Germans did not receive the territorial, economic, and military restrictions imposed by the Treaty of Versailles as painfully as they did this moral condemnation. All this exacerbated the anti-Western moods that I have already described, the demonization of the West in the country.

Relations between post-Soviet Russia and the West have developed in accordance with a quite different scenario. Although *de facto* the Soviet Union lost the Cold War, *de jure* there were neither victors nor vanquished in this war. Not least among the factors underlying the postwar economic crisis in Weimar Germany were the reparations demanded from it by the victors. Only after the Ruhr crisis of 1923 did the West change its policy of pressure and ultimatums and offer Germany credits for the restoration of its economy (the Dawes Plan). Post-Soviet Russia, by contrast, was able from the very start to count on loans from international financial organizations, and also from individual Western countries, which were trying to help it overcome the consequences of "shock therapy."[28]

Expectations associated with the end of the Cold War were realized only in part. The "common European home" of which people dreamed at the time of perestroika was not built. Relations between Russia and the West were again exacerbated in connection with events in the former Yugoslavia and with the eastward expansion of NATO. But this had almost no effect on the process of Russia's integration into world economic and political structures. Despite anti-Western rhetoric in Moscow and massive criticism of Putin's policy in Washington, London, or Berlin, present-day Russia, unlike Weimar Germany, is not an outcast but an equal partner of the West.

This circumstance, of course, explains why anti-Western moods in Russia, especially within the ruling establishment, do not reach such a pitch as they did in Weimar.

28　Hanson and Kopstein, "The Weimar/Russia," p. 270.

4. The spirit of the time

An important influence on the tragic fate of the Weimar democracy was the nature of the epoch in which it arose. This was a time of deification of "sacred" national egoism (*sacro egoismo*), of rejection of the policy of compromise in the international struggle. Politicians like Gustav Stresemann and Aristide Briand, who tried to reconcile Germany with the victorious powers, were unable to cope with the chauvinistic moods in their countries, which had become almost elemental in character. World War One had already shown to what catastrophic consequences such an orientation leads. But this war was just the first stage in the self-destruction of Europe that reached its apogee in the second world war unleashed by Hitler.

At what conclusions did the Europeans arrive after the devastating experience of this catastrophe? One of these conclusions was the process of European integration, the creation of the European Community and subsequently of the European Union. The principle of the EU is the voluntary renunciation by member-states of the Union of certain prerogatives of national sovereignty. Why do many European countries renounce part of their sovereignty, which they have held so dear for many centuries? This is connected with the tragic experience of two world wars, which clearly demonstrated the horrifying consequences of the deification of national interests, of the striving of individual states for hegemonic domination. Without this experience the integration processes that began in Europe in the second half of the twentieth century would have been unthinkable. The principle on which the EU rests is the endless search for compromise solutions, and this search is fraught with continual crises and conflicts. However, all these conflicts are resolved at the negotiating table and not, as in the past, on the battlefield. And this fact alone shows the incredible change that has taken place in the political culture of a continent in whose history periods of peace have, as a rule, been just short breathing spells between destructive wars. These processes could not but also affect Russia, which is connected with the EU in the closest manner. And in Moscow the pragmatically inclined part of the ruling establishment is gradually coming to the conclusion that it is possible to achieve a great deal at the negotiating table, by means of compromise with Russia's Western partners. Will this approach to East-West relations also influence the domestic policy of the country, relations between state and society? This question too, like the many preceding ones, remains open.

PS: This article was written before the events of the Russian-Georgian War of August 2008.

Eine „nicht-wehrhafte" Demokratie? – Zum 95. Jahrestag der russischen Februarrevolution[1]

Die russische Februarrevolution, die vor 95 Jahren versucht hatte, das erste demokratische Staatswesen auf russischem Boden zu errichten, hat – insbesondere in Russland – nur wenige Verteidiger. Aleksandr Solženicyn spricht in seinem Buch *Zweihundert Jahre gemeinsam*, in dem er die russisch-jüdischen Beziehungen analysiert, von einer verhängnisvollen Rolle des wohl mächtigsten Organs der Revolution – des Exekutivkomitees des Petrograder Sowjets (ZIK), das angeblich danach strebte, die Revolution in immer radikalere Bahnen zu lenken. Diesen für Russland schädlichen Radikalismus des ZIK erklärt Solženicyn durch die vorwiegend nichtrussische Zusammensetzung dieses Gremiums, dem die Interessen Russlands angeblich gleichgültig gewesen wären.

Die wahren Sachverhalte werden durch diese Behauptung im Grunde auf den Kopf gestellt. Denn gerade dieses angeblich „unrussische" ZIK bemühte sich in den ersten Monaten der Februarrevolution unentwegt um die Eindämmung der radikal-revolutionären Strömung, die damals die von Solženicyn derart verklärten russischen Volksschichten erfasst hatte. Um gemeinsam mit den bürgerlich-liberalen Kräften diese anarchische Woge zu kanalisieren, traten gemäßigte Führer des Sowjets Anfang Mai 1917 sogar in die „bürgerliche" Provisorische Regierung ein. Und gerade deshalb verlor der Sowjet bei den Massen an Popularität. Den Appellen der gemäßigten Sozialisten, die die Massen zum maßvollen Handeln aufriefen, wurde immer weniger Gehör geschenkt: „Es besteht bei den Massen eine Art instinktiver Furcht, dass die Revolution zu früh ende", sagt in diesem Zusammenhang der erste Außenminister der Provisorischen Regierung Pavel

---

[1] Erweiterte Fassung eines Beitrags, der ursprünglich am 8.3.2012 in der Online-Zeitschrift *Russland.ru* erschienen ist. [http://www.russland.ru/analysen/morenews.php?iditem=238. Zugriff: 30.6.2013]

Miljukov: „Sie haben das Gefühl, die Revolution würde fehlschlagen, wenn der Sieg von den gemäßigten Elementen allein davongetragen werde".[2]

Nicht zuletzt deshalb erzielten solche Parolen Lenins wie „Raubt das Geraubte!" oder „Beendet sofort den imperialistischen Krieg!" bei den russischen Bauern und Soldaten eine viel größere Resonanz als Warnungen der gemäßigten Führung des Sowjets vor allzu radikalen Forderungen und Verhaltensweisen.

Die Offenheit Lenins gegenüber allen Stürmen der Revolution sei den dunklen Sehnsüchten der russischen Massen entgegengekommen, schreibt der Philosoph und Akteur der damaligen Ereignisse Fedor Stepun.[3]

Zu den schärfsten Kritikern der Februarrevolution gehörten viele ihrer früheren Protagonisten, die ihre ursprünglich positive Einstellung zu den damaligen Ereignissen später grundlegend änderten. Zu ihnen zählte auch einer der Führer der Partei der Konstitutionellen Demokraten, der einflussreiche Publizist Petr Struve.

Auch Struve bezichtigt die Verfechter der Februarrevolution, ähnlich wie später Solženicyn, einer übermäßigen Radikalität. Er sieht im Grunde keinen qualitativen Unterschied zwischen der demokratischen Phase der russischen Revolution (Februar–Oktober 1917) und der nach dem bolschewistischen Staatsstreich begonnenen totalitären Phase: „Die Revolution von 1917 und der nachfolgenden Jahre stellt geistig, moralisch-kulturell und politisch letztendlich einen einheitlichen Prozess dar [...] Die ganze Revolution als Volksbewegung entspringt dem bolschewistischen Geist".[4]

Diese Vermischung der demokratischen und der totalitären Aspekte der russischen Umwälzung von 1917 ist indes kaum begründet. Die Februarrevolution stellte den Höhepunkt des im Dezember 1825 (Dekabristenaufstand) begonnenen Kampfes der russischen Gesellschaft gegen die staatliche Bevormundung dar. Sie vollendete den 1905 begonnenen Prozess der Verwandlung Russlands in ein pluralistisches, auf Gewaltenteilung

---

2   Miljukov, Pavel: *Rußlands Zusammenbruch*, 2 Bde. Stuttgart 1925–26, hier Bd. 1, S. 25.
3   Stepun, Fedor: *Byvšeesja i nesbyvšeesja*, 2 Bde. New York 1956, hier Bd. 2, S. 104.
4   Struve, Petr: Prošloe, nastojaščee, buduščee, in: Ders.: *Izbrannye sočinenija*. Moskau 1999, S. 319–330, hier S. 320–323.

und Anerkennung von Grundrechten basierendes Gemeinwesen. Sie beseitigte alle ständischen Privilegien, garantierte die völlige Religions- und Meinungsfreiheit, beseitigte die ungleiche Behandlung der Geschlechter und führte, früher als viele westliche Staaten, das Frauenwahlrecht ein. Dass dieses Fest der Freiheit im Oktober 1917 sein grausames Ende fand, war mit vielen Fehlern und ungenutzten Möglichkeiten der unerfahrenen russischen Demokratie, mit der beispiellosen Heimtücke ihrer bolschewistischen Feinde und mit der Kurzsichtigkeit der deutschen Militärführung verbunden, die durch ihre Unterstützung der bolschewistischen „Klassengegner" den Zweifrontenkrieg beenden wollte. Aber dieses Ende der „ersten" russischen Demokratie war keineswegs vorprogrammiert, auch andere Lösungsmöglichkeiten der damaligen Krise wären denkbar gewesen.

All das steht allerdings auf einem anderen Blatt. Viel wichtiger ist in diesem Zusammenhang die Tatsache, dass die bolschewistische Phase der russischen Revolution, anders als Struve behauptet, auf qualitativ völlig entgegengesetzten Prinzipien als die Februarrevolution basierte. Die kurze Zeit bestehende freieste Gesellschaftsordnung der russischen Geschichte wurde durch die unfreieste abgelöst.[5]

Der Versuch vieler Kritiker der Februarrevolution, ihr Scheitern durch die angeblich übermäßige Radikalität ihrer Führer zu erklären, ist also wenig begründet. Man kann gegen die Gruppierungen, die das im Februar 1917 entstandene System maßgeblich prägten, eher den entgegenge-

---

5   Die überzogene Kritik Struves an der Februarrevolution ist sicherlich durch das bei ihm vorhandene und nicht überwundene Trauma ihres Scheiterns verursacht. Der russische Philosoph und enge Freund Struves, Semen Frank, berichtet in seiner Struve-Biographie, welche hohen Erwartungen Struve mit dieser Revolution zunächst verbunden hatte: „Russland wird jetzt in Siebenmeilenstiefeln nach vorne marschieren", sagte er damals (Frank, Semen: *Biografija P. B. Struve*. New York 1956, S. 111 f.). Struve hatte sich auch aktiv an der Arbeit der Provisorischen Regierung beteiligt und wurde zu einem der engsten Mitarbeiter des Außenministers Pavel Miljukov. Als Miljukov allerdings Ende April 1917 wegen seiner kriegsbejahenden Erklärung zurücktreten musste, gab auch Struve seinen Posten auf und beobachtete von da an mit Sorge den zunehmenden Verfall der demokratischen Strukturen im Lande. Man kann also vermuten, dass sein ungerechtes und überzogenes Urteil über den Charakter der Februarrevolution eine Folge der übertriebenen Hoffnungen war, die er mit ihr seinerzeit verknüpft hatte.

setzten Vorwurf erheben. Sie waren nicht entschlossen genug im Kampf gegen die gefährlichsten Gegner der „ersten" russischen Demokratie, die zum allgemeinen Erstaunen der Zeitzeugen nicht von rechts, sondern von links kamen. Nur wenige Vertreter des gemäßigten sozialistischen Lagers, das zunächst das Rückgrat der „ersten" russischen Demokratie bildete, erkannten rechtzeitig das Wesen der linksextremen bzw. bolschewistischen Gefahr.

Zu diesen wenigen gehörte einer der Führer der russischen Sozialdemokraten (der Menschewiki), Iraklij Cereteli, der die Meinung vertrat, dass die größte Gefahr, die die russische Revolution nun bedrohe, nicht von rechts komme, wie die Mehrheit im Sowjet annehme, sondern von links: „Die Konterrevolution kann nur durch ein einziges Tor einfallen, das der Bolschewiki".[6]

Diese Worte klangen in den Ohren der gemäßigten Sozialisten beinahe blasphemisch. Sie betrachteten die Bolschewiki als einen integralen Bestandteil der „revolutionär-demokratischen" Front. Demzufolge galt ihnen eine eventuelle Entwaffnung der Bolschewiki als Schwächung des eigenen Lagers, als Verrat an der Sache der Revolution. Einer der Führer des linken Flügels der Menschewiki, Julij Martov, sagte, sollten die Führer des Sowjets Gewalt gegen die Bolschewiki anwenden, würden sie sich in „Prätorianer der Bourgeoisie" verwandeln.

Cereteli setzte sich mit dieser Position Martovs und anderer nichtbolschewistischer Linker schonungslos auseinander. In seinen Erinnerungen schrieb er, die nichtbolschewistische Mehrheit des Sowjets habe keine Macht gewollt, um nicht gezwungen zu sein, gegen die Bolschewiki nicht nur mit Worten, sondern auch mit Taten vorzugehen.[7]

Sogar der Versuch der Bolschewiki, während der sogenannten Juli-Ereignisse (3.-5. Juli 1917) die bestehende Ordnung mit Gewalt zu stürzen, führte nicht zu ihrem Ausschluss aus dem Lager der „revolutionären Demokratie". Sie wurden von ihren sozialistischen Gegnern weiterhin als integraler Bestandteil der sozialistischen Solidargemeinschaft angesehen.

---

6   Pipes, Richard: *Geschichte der Russischen Revolution*. Berlin 1992, Bd. 2, S. 141.
7   Cereteli, Iraklij: *Vospominanija o fevral'skoj revoljucii*. Paris 1963, S. 214, 409–412.

EINE „NICHT-WEHRHAFTE" DEMOKRATIE?

Nicht zuletzt deshalb lehnten die Vertreter der Sowjetmehrheit ein allzu hartes Vorgehen gegen die Bolschewiki ab. Da die Provisorische Regierung weitgehend auf die Unterstützung des Sowjets angewiesen war, mussten ihre bürgerlichen Minister den Bedenken ihrer sozialistischen Koalitionspartner Rechnung tragen.

Diese Milde des demokratischen Staates gegenüber seinen extremen Gegnern wurde von den Bolschewiki als Schwäche interpretiert. Später sagte Lenin, die Bolschewiki hätten im Juli 1917 eine Reihe von Fehlern gemacht. Ihre Gegner hätten dies im Kampf gegen sie durchaus ausnutzen können: „Zum Glück besaßen unsere Feinde damals weder die Konsequenz noch die Entschlossenheit zu solchem Vorgehen".[8]

Die Bolschewiki profitierten von der Tatsache, dass die gemäßigten Sozialisten panische Angst vor einer „Gegenrevolution" hatten und die Bolschewiki als potentielle Verbündete gegen die Gefahr von rechts betrachteten. Erforderte aber die Bekämpfung dieser Gefahr wirklich die Mobilisierung aller linken Kräfte, auch solch militanter Antidemokraten wie der Bolschewiki? Das klägliche Scheitern des Putschversuchs von General Kornilov (Ende August 1917) zeigte, dass die Armee zum Kampf gegen die eigene Bevölkerung nicht mehr geeignet war.[9] So brauchte die russische Demokratie keineswegs die Hilfe der Linksextremisten, um der Gefahr von rechts erfolgreich zu begegnen. Dennoch war die Angst der gemäßigten Sozialisten vor der Gegenrevolution derart überdimensional, dass sie ihre eigenen Kräfte maßlos unterschätzten. Nicht zuletzt deshalb gaben sie den Bolschewiki, die infolge des gescheiterten Juli-Putsches entwaffnet worden waren, erneut die Waffen in die Hand. Dies war wohl die verhängnisvollste Folge der Kornilov-Affäre.

---

8   Pipes, *Die Russische Revolution*, Bd. 2, S. 177.
9   Zum Kornilov-Putsch siehe u. a. ebda., S. 208–217; Altrichter, Helmut: *Rußland 1917. Ein Land auf der Suche nach sich selbst*. Paderborn 1997, S. 208; Kulešov, S. u. a.: *Naše otečestvo*. Moskau 1991, Bd. 1-2, hier Bd. 1, S. 374 ff.; Geller, Michail / Nekrič, Aleksandr: *Utopija u vlasti. Istorija Sovetskogo Sojuza s 1917 goda do našich dnej*. London 1982, Bd. 1-2, hier Bd. 1, S. 33 f.; Volkogonov, Dmitrij: *Lenin. Političeskij portret v dvuch knigach*. Moskau 1994, Bd. 1, S. 242 ff.; Service, Robert: *Lenin. Eine Biographie*. München 2000, S. 242 ff.; Hellmann, Manfred (Hrsg.): *Die russische Revolution 1917*. München 1964, S. 270–278.

Nach der Kornilov-Affäre verloren die Provisorische Regierung und die mit ihr verbündeten gemäßigten Sozialisten weitgehend die politische Initiative. Wie gelähmt beobachteten sie das entschlossene und zielstrebige Vorgehen der Bolschewiki, die nun meisterhaft zeigten, wie man die demokratischen Freiheiten dazu ausnutzt, die Demokratie zu beseitigen.[10] Das infolge der Februarrevolution errichtete System der Doppelherrschaft (die bürgerliche Provisorische Regierung und die Sowjets) offenbarte nun sein eigentliches Wesen – es bestand in der Zerstörung des Gewaltmonopols des Staates, in der Schaffung zweier unterschiedlicher Militär- und Verwaltungsstrukturen, die sich gegenseitig lähmten. Diese Lähmung kam eindeutig den Bolschewiki zugute. Nur deshalb konnten sie praktisch im Alleingang, gegen den Willen der wichtigsten politischen Gruppierungen im Lande, die Alleinherrschaft in Russland erobern.[11]

Viele Kritiker der „ersten" russischen Demokratie werfen ihren Führern vor, sie hätten auf die Stimmung der immer radikaler werdenden Massen nicht adäquat reagiert und solche zentralen Forderungen der Unterschichten wie die sofortige Enteignung der Gutsbesitzer, die sofortige Beendigung des Krieges oder die Errichtung der sogenannten Arbeiterkontrolle in den Betrieben nicht entsprechend gewürdigt. Und in der Tat stellte die zögerliche Einstellung der demokratisch gesinnten Kräfte zu diesen

---

10   Der britische Botschafter in Petrograd George Buchanan notierte im September 1917: „Die Bolschewiki allein, die eine kompakte Minorität bilden, haben ein bestimmtes politisches Programm. Sie sind tätiger und besser organisiert als jede andere Gruppe [...]. Wenn sich die Regierung nicht stark genug erweist, die Bolschewiki [...] mit Gewalt niederzuringen, bleibt nur mehr die Möglichkeit einer bolschewistischen Regierung" (Buchanan, George: *My Mission to Russia and other Diplomatic Memories*, Bd. 1-2. London 1923, hier Bd. 2, S. 188 f.).

11   Im Oktober 1917 lag die Macht in Russland praktisch auf der Straße, wie dies Lenin formulierte (Lenin, V. I.: *Polnoe sobranie sočinenij*. Moskau 1958-1965, Bde. 1-55, hier Bd. 34, S. 239 ff., 281 ff. und 340 f.); siehe dazu auch Trotzki, Lev: *Geschichte der russischen Revolution*. Berlin 1960, S. 624-721; Suchanov, Nikolaj: *Zapiski o revoljucii*. Moskau 1991 f., 3 Bde., hier Bd. 3; Ferro, Marc: *A Social History of the Russian Revolution*. London 1985, S. 224-267; Fitzpatrick, Sheila: *The Russian Revolution 1917-1932*. Oxford 1985, S. 54-60; Service, Robert: *The Bolshevik Party in Revolution. A Study in Organisational Change 1917-1923*. London 1979, S. 37-62; Ders., *Lenin*, S. 404 ff.; Altrichter, *Rußland*, S. 215-230; Hellmann, *Die russische Revolution*, S. 305 ff.

EINE „NICHT-WEHRHAFTE" DEMOKRATIE? 191

Fragen eine der Ursachen für das Scheitern des im Februar 1917 begonnenen Erneuerungsprozesses im Lande dar – allerdings keine zentrale. Denn in erster Linie scheiterte die nach dem Sturz der Romanov-Dynastie errichtete Ordnung an ihrer mangelnden Legitimität in den Augen der Bevölkerungsmehrheit. Die Sieger vom Februar 1917 betrachteten das damalige System bewusst als ein Provisorium, dem die Verfassunggebende Versammlung ein Ende setzen sollte. Die wichtigste Aufgabe der aus den allgemeinen und gleichen Wahlen – den ersten in der russischen Geschichte – hervorgegangenen Konstituante war die Bestimmung und die entsprechende Legitimierung der neuen Herrschaftsordnung des demokratischen Russland. Dass diese Wahlen immer wieder verschoben wurden und erst nach dem bolschewistischen Staatsstreich vom Oktober 1917 stattfinden sollten, stellte, wie Iraklij Cereteli mit Recht hervorhebt, wohl das wichtigste Versäumnis der „ersten" russischen Demokratie dar.[12]

Das Scheitern der „ersten" russischen Demokratie wird oft auf die Eigenart der russischen Mentalität oder auf den geschichtlichen „Sonderweg" Russlands zurückgeführt, der sich vom Weg des Westens grundlegend unterscheidet. So zeichnete sich die russische Geschichte in den meisten Epochen durch die Allmacht des Staates und eine Ohnmacht der Gesellschaft aus. Die Autonomie der Stände oder der Städte, die im Westen ein Gegengewicht zur Machtzentrale darstellte, hat sich in Russland kaum entwickelt. Der russische Historiker Pavel Miljukov sagt in diesem Zusammenhang: Im Westen hätten die Stände den Staat, in Russland hingegen der Staat die Stände erschaffen.

Lässt sich also der Zusammenbruch der „ersten" russischen Demokratie darauf zurückführen, dass die Gesellschaft, die sich nach dem Sturz der Romanov-Dynastie von dem zarischen Obrigkeitsstaat befreite, nicht imstande war, sich selbst zu organisieren, und an ihrer politischen Unerfahrenheit zugrunde ging? All das spielte bei den Ereignissen von 1917 sicher eine wichtige Rolle, allerdings keine ausschließliche. Denn das Scheitern des nach der Februarrevolution errichteten Systems hatte auch Ursachen allgemeinerer Art, die weit über das spezifisch Russische hinausgingen. So fand im damaligen Russland die erste Konfrontation eines demo-

---

12   Cereteli, *Vospominanija*, S. 403.

kratischen Gemeinwesens mit einer totalitären Partei statt, die skrupellos alle Freiheiten der Demokratie ausnutzte, um diese zu zerstören. Man darf nicht vergessen, dass etwa 15 Jahre später die Weimarer Demokratie an ähnlichen Herausforderungen scheitern sollte, und zwar mitten im Frieden und nicht im vierten Kriegsjahr, wie dies in Russland der Fall war.

Aleksandr Kerenskij, der letzte Ministerpräsident der von den Bolschewiki gestürzten Provisorischen Regierung, berichtet über ein Gespräch, das er 1923 mit einem der führenden deutschen Sozialdemokraten, Rudolf Hilferding, führte. Hilferding konnte nicht verstehen, warum die russischen Demokraten derart hilflos auf den bolschewistischen Staatsstreich reagiert hatten: „Wie konnten Sie die Macht verlieren, wenn Sie sie völlig in der Hand hatten? Das wäre [in Deutschland] nicht möglich!", meinte der deutsche Politiker und fügte hinzu: „Ihr Volk ist nicht fähig, in Freiheit zu leben".

Elf Jahre später, so Kerenskij, sei Hilferding ebenfalls auf der Flucht gewesen, um sich dem Zugriff eines anderen totalitären Regimes zu entziehen: „Damals musste er aus [...] dem Munde eines französischen Sozialisten dasselbe über die Deutschen sagen hören".[13]

So hat das Scheitern der „ersten" russischen Demokratie die tiefe Krise der demokratischen Systeme in ganz Europa bloß vorweggenommen.

Fedor Stepun, der aus nächster Nähe den Zusammenbruch der „ersten" russischen Demokratie beobachtet hatte, befand sich seit 1922 in Deutschland und wurde dort zu Beginn der 1930er Jahre zum Zeugen des Zusammenbruchs der ersten deutschen Demokratie. Was ihn in diesem Zusammenhang erschütterte, war nicht der „Wille zur Macht" der radikalen Gegner der Weimarer Republik, sondern die Hilflosigkeit der Demokraten, nicht zuletzt der Sozialdemokraten, die ja das Rückgrat des im November 1918 errichteten deutschen Systems darstellten: „Sie [die SPD] fiel ebenso ruhmlos wie die Zarenmonarchie im Februar 1917", schrieb 1933 Fedor Stepun in seinem Artikel „Deutschland erwachte", der in der russischen Exilzeitschrift *Novyj Grad* erschien: „Die SPD war glänzend organisiert und diszipliniert, verfügte über [eine aufgeklärte] Massenanhängerschaft und

---

13 Kerenski, Alexander F.: *Die Kerenski-Memoiren. Russland und der Wendepunkt der Geschichte.* Wien / Hamburg 1966, S. 540.

über Regierungserfahrung. Dessen ungeachtet ergab sie sich auf Gnade und Ungnade den Siegern ohne jeglichen Widerstand".[14]

Dieses Debakel der SPD führt Stepun darauf zurück, dass ihr „der Kampfeswille und der Glaube an den eigenen Sieg fehlten". Nicht anders hätten sich die Dinge auch mit den anderen demokratischen Gruppierungen Deutschlands, nicht zuletzt mit dem katholischen Zentrum, verhalten, fügt Stepun hinzu.[15]

Der Mitherausgeber des *Novyj Grad*, Georgij Fedotov, hielt es für äußerst besorgniserregend, dass der Absturz Deutschlands in einen totalitären Abgrund die noch übriggebliebenen europäischen Demokratien nicht wachrüttelte. Sein Artikel, der in der gleichen Ausgabe des *Novyj Grad* erschien, in der auch Stepuns Beitrag „Deutschland erwachte" veröffentlicht wurde, trug den sehr bezeichnenden Titel „Die Demokratie schläft": „Dies ist bereits die dritte Warnung", so Fedotov: „Zunächst brach Russland zusammen, dann Italien, jetzt Deutschland. Die Hälfte Europas fiel nun in den Abgrund". Die Flut komme aber immer näher und drohe auch den noch verschont gebliebenen Westen des Kontinents in den Abgrund zu ziehen. Auch dort diagnostizierte Fedotov nur Willensschwäche, Identitätskrise und Resignation: „Nirgendwo sieht man neue Ideen, starke Parteien, große Führer [...], keine Pläne konstruktiver Reformen. Die Unzufriedenheit der Massen wird von den revolutionären Parteien kanalisiert, und diese Energie, die früher den wichtigsten Motor der sozialen Bewegung darstellte, geht für die Zivilgesellschaft verloren".[16]

Fedotovs Appelle an die Demokraten, sich effizienter gegen die totalitären Verächter der Demokratie zu verteidigen, wurden, wie bekannt, nicht gehört. Der Siegeszug der rechtsextremen Regime ging unaufhaltsam weiter, und etwa 1940 beherrschten sie, wenn man von dem sich einsam wehrenden Großbritannien und einigen kleinen neutralen „Inseln" absieht,

---

14   Stepun, Fedor: Germanija prosnulas', in: *Novyj Grad* 7, 1933 – abgedruckt in: Ders.: *Sočinenija*. Moskau 2000, S. 481–495, hier S. 482. Stepun geht hier allerdings mit den deutschen Sozialdemokraten zu scharf ins Gericht. Die Tatsache, dass die SPD als die einzige im Reichstag vertretene Partei am 23.3.33 gegen das Ermächtigungsgesetz stimmte, wird von ihm nicht erwähnt.
15   Ebda.
16   Fedotov, Georg: Demokratija spit, in: *Novyj Grad* 7, 1933 – abgedruckt in: Ders.: *Tjažba o Rossii (stat'i 1933–1936)*. Paris 1982, S. 103–115, hier S. 103, 112 f.

beinahe den gesamten westlichen Teil des europäischen Kontinents. Erst nach den verheerenden Erfahrungen des Zweiten Weltkrieges fand das von Fedotov vermisste „Erwachen" der Demokratien statt.

Was Deutschland anbetrifft, so zog die 1949 errichtete „zweite" deutsche Demokratie aus dem Scheitern der „ersten" die Lehre, dass die Stabilität einer „offenen Gesellschaft" vor allem davon abhänge, ob sie imstande sei, sich gegen ihre radikalen Feinde zu wehren. Der Sozialdemokrat Carlo Schmid, der zu den führenden Mitgliedern des Parlamentarischen Rates gehörte, der seit September 1948 über die neue Staatsordnung Deutschlands beriet, forderte „Mut zur Intoleranz denen gegenüber, [...] die die Demokratie gebrauchen wollen, um sie umzubringen".[17] Und der CSU-Abgeordnete Josef Schwalber kritisierte seinerseits die Weimarer Verfassung dafür, „dass sie sogar den Feinden des Staates die gleichen Rechte, wenn nicht mehr Rechte einräumte als den Freunden der Verfassung. Sie war so freiheitlich, dass sie den Gegnern der Freiheit und Demokratie die Plattform bot, um auf legalem Wege beide zu vernichten".[18]

Zur gleichen Schlussfolgerung wie die Väter des deutschen Grundgesetzes gelangte Fedor Stepun bereits im Jahre 1934. Unter dem Eindruck des Untergangs der Weimarer Republik, die nicht imstande war, die Prinzipien der wehrhaften Demokratie zu verinnerlichen, entwarf er folgendes Demokratiemodell für das künftige postkommunistische Russland. Wünschenswert für Russland wäre eine Demokratie, die

> einen Kampf gegen die Demokratie mit demokratischen Mitteln nicht zulässt. [Dies soll] eine Demokratie nur für die Demokraten sein. Sie hat das Recht, gegen die Doppelzüngigkeit ihrer Feinde alle erdenklichen Formen der wirksamen Selbstverteidigung anzuwenden. Man darf nicht vergessen, dass die Demokratie nicht nur die Meinungsfreiheit, sondern auch die Macht der Freiheit verteidigen muss. Wenn [die Freiheit] nicht mit Worten verteidigt werden kann, muss man sie mit dem Schwert verteidigen.[19]

---

17 Winkler, Heinrich August: *Der lange Weg nach Westen*, Bd. 2. München 2002, S. 132 f.
18 Ebda.
19 Stepun, *Sočinenija*, S. 501.

EINE „NICHT-WEHRHAFTE" DEMOKRATIE? 195

Hat die im August 1991 entstandene „zweite" russische Demokratie Lehren aus dem Scheitern ihrer russischen Vorgängerin vom Februar 1917 wie auch der Weimarer Demokratie gezogen? Auf den ersten Blick schien dies durchaus der Fall gewesen zu sein. Die Gruppierungen, die nach dem Scheitern des kommunistischen Putschversuchs vom August 1991 an die Macht gelangten, waren sich über die Gefahren, die dem erneuerten Russland seitens der Links- und der Rechtsextremisten drohten, durchaus im Klaren. Die Kommunistische Partei der Sowjetunion wurde verboten, im Diskurs der russischen Demokraten wurde häufig der Begriff „Weimarer Russland" verwendet – damit zog man Parallelen zwischen der „zweiten" russischen und der „ersten" deutschen Demokratie, mit der Absicht, entsprechende Lehren aus dem Scheitern der Weimarer Republik zu ziehen. Indes stellte es sich zur allgemeinen Überraschung heraus, dass die größte Gefahr für die zweite russische Demokratie nicht die Extremisten von links und von rechts, sondern die sogenannte „Machtvertikale" darstellte, an deren Spitze der Staatspräsident stand, dem die russische Verfassung vom Dezember 1993 Vollmachten verlieh, von denen die Oberhäupter westlicher Demokratien nicht einmal träumen konnten. Insbesondere nach dem 1999/2000 erfolgten Machtwechsel, als der Held der Augustrevolution von 1991, Boris El'cin, Vladimir Putin zu seinem Nachfolger ernannte, begann sich die „zweite" russische Demokratie in eine „gelenkte Demokratie" zu verwandeln.

Vladimir Putin profitierte von der Erosion sowohl des kommunistischen als auch des demokratischen Gesellschaftsentwurfs, die in Russland kurz nacheinander erfolgten. Die von vielen Russen als Trauma empfundene Auflösung der Sowjetunion, die wirtschaftliche Schocktherapie, die den Lebensstandard der Bevölkerung zunächst beinahe halbierte, und der immer schärfer werdende Konflikt zwischen dem Staatspräsidenten und dem Obersten Sowjet, der im Oktober 1993 zu bewaffneten Auseinandersetzungen in der russischen Hauptstadt führte, trugen erheblich zur Diskreditierung der demokratischen Idee bei. In das nun entstandene weltanschauliche Vakuum stieß das Putinsche System mit der Hervorhebung des Law-and-Order-Prinzips sowie einer bescheidenen Hebung des Lebensstandards der Bevölkerung dank der vorübergehend hohen Preise für die

Energieträger. Aus all diesen Gründen war das unter Putin entwickelte System der „gelenkten Demokratie" zunächst durchaus populär. Eines wurde aber dabei außer Acht gelassen. Nämlich die Tatsache, dass sich im System der „gelenkten Demokratie" die herrschenden Gruppierungen der gesellschaftlichen Kontrolle weitgehend entziehen, was gefährliche Folgen für das Land haben kann.

Die heftigen Proteste gegen die massiven Manipulationen und Fälschungen bei den Duma-Wahlen vom Dezember 2011 zeigen indes, dass die demokratischen Ideen des Jahres 1991 aus dem gesellschaftlichen Bewusstsein keineswegs verschwunden sind. Eine immer größere Zahl der Russen ist sich nun darüber im Klaren, dass die „Machtvertikale", die sich von der gesellschaftlichen Kontrolle weitgehend befreit hat, immer weniger imstande ist, sich selbst zu kontrollieren und die eigenen Fehler zu korrigieren. Dies verstärkt die Sehnsucht nach einer authentischen Gewaltenteilung und einem gut funktionierenden Mechanismus von checks and balances – also nach einer klassischen Demokratie. Die Etablierung eines solchen Systems setzt aber die Rehabilitierung des „Demokratie"-Begriffs voraus, der in den 1990er Jahren eine außerordentliche Diskreditierung in den Augen vieler Russen erlebte. Seit Jahren stehen die Verfechter der demokratischen Werte in Russland mit dem Rücken zur Wand, weil man sie, ähnlich wie seinerzeit in der Weimarer Republik, mit den wirtschaftlichen Erschütterungen, dem Verlust von Territorien und mit der Erosion der bis dahin geltenden Orientierungen assoziiert.

Nun erlebt aber auch das System der „gelenkten Demokratie" eine Erosion. Ob es durch eine authentische Demokratie abgelöst wird, hängt nicht zuletzt davon ab, ob es den Verfechtern der „offenen Gesellschaft" gelingen wird, die Initiative im politischen Diskurs, die sie Anfang der 90er Jahre verloren hatten, wieder zu übernehmen. Denn das Schicksal des im Dezember 2011 begonnenen neuen demokratischen Aufbruchs in Russland wird sich nicht nur auf der Straße, sondern auch in den Köpfen entscheiden.

IV. Zur Auseinandersetzung der polnischen Katholiken mit dem Kommunismus

„Lieber schweigen als lügen" – Die *Tygodnik-Powszechny*-Gruppe als Symbol des katholischen Nonkonformismus im kommunistischen Polen (1945-1989)[1]

In allen Ländern, in denen die Kommunisten an die Macht kamen, versuchten sie, Konfessionsgemeinschaften aller Art zu zerschlagen bzw. gleichzuschalten, und erzielten dabei in der Regel überwältigende Erfolge – bis auf Polen. Der katholischen Kirche Polens ist es gelungen, den Absolutheitsanspruch der kommunistischen Partei in Frage zu stellen und dem Regime Konzessionen abzuringen, die in den anderen Staaten des ehemaligen Ostblocks undenkbar gewesen wären. Dieser Sachverhalt war keineswegs mit einer besonderen Militanz des polnischen Katholizismus verknüpft. Im Gegenteil. Der Erfolg der Kirche in ihrem Überlebenskampf war in Polen in erster Linie durch die erstaunliche Flexibilität der maßgeblichen kirchlichen Kreise bedingt. Dennoch wäre die Flexibilität allein keineswegs ausreichend dafür gewesen. Auch andere Kirchen und Konfessionsgemeinschaften im ehemaligen Ostblock versuchten dem Frontalangriff der neuen Herrscher durch Kooperationsbereitschaft und Nachgiebigkeit zu begegnen. Sie wurden trotzdem ihrer Eigenständigkeit beraubt. Was die polnische Kirche von diesen Gruppierungen unterschied, war die Tatsache, dass sie die Kompromissbereitschaft mit Festigkeit verband, wenn es um ihre ethischen und weltanschaulichen Grundprinzipien ging. Sobald diese tan-

---

[1] Bei diesem Text handelt es sich um eine erweiterte Fassung meines Aufsatzes, der in der Zeitschrift *Forum für osteuropäische Ideen- und Zeitgeschichte* (6. Jahrgang, 2002, H. 2, S. 215-258) veröffentlicht wurde.

giert wurden, hörten die Machthaber ein deutliches „bis hierher und nicht weiter".

Die Tatsache, dass die antikommunistisch gesinnte Mehrheit der polnischen Bevölkerung sich um die katholische Kirche scharte, diese als ihren wichtigsten Beschützer betrachtete, bildete für die neuen kommunistischen Machthaber im Lande eine permanente Herausforderung. Zu Beginn des Jahres 1945 zählte die Partei der polnischen Kommunisten (PPR – die Polnische Arbeiterpartei), die bereits zum entscheidenden Machtfaktor im Lande wurde, lediglich 34.000 Mitglieder.[2] Um sich nicht ausschließlich auf die Bajonette der Roten Armee zu stützen, waren die polnischen Kommunisten – diese winzige Insel im katholischen Meer – gezwungen, eine flexible Politik gegenüber der Kirche zu verfolgen.

Diese Flexibilität überraschte die polnische Kirchenführung. Der Leidensweg der Russisch-Orthodoxen Kirche im bolschewistischen Staat war ihr hinreichend bekannt. So ging sie davon aus, dass die Kommunisten auch in Polen einen frontalen Angriff gegen die Kirche, wie seinerzeit in Russland, beginnen würden. Dies geschah aber zunächst nicht. Der Krakauer Erzbischof Sapieha äußerte Anfang 1945 sogar seine Verwunderung darüber, dass die Bolschewiki nicht alle Kirchen in Polen niederbrannten.[3]

Der Aktivität der Kirche, auch außerhalb des sakralen Bereichs, wurden in den ersten Nachkriegsjahren, als die Volksdemokratien noch nicht zu Ebenbildern der Sowjetunion geworden waren, keine besonderen Schranken auferlegt. Noch im Jahre 1948 erschienen im Lande 26 katholische Blätter, und katholische Vereinigungen unterschiedlichster Art zählten etwa 500.000 Mitglieder.[4]

Die in Jalta verabschiedete Erklärung über das „befreite Europa", die den Prozess der demokratischen Willensbildung auf dem Kontinent zu respektieren versprach, wurde damals in Osteuropa von vielen, auch von

---

2 Kersten, Krystyna: *Narodziny systemu władzy w Polsce 1943-1948.* Paris 1986, S. 137; im Dezember 1944 betrug die Zahl der Mitglieder der PPR noch 20.000 (Paczkowski, Andrzej: *Pół wieku dziejów Polski 1939-1989.* Warschau 1995, S. 134).
3 Stehle, Hansjakob: *Die Ostpolitik des Vatikans.* München 1975, S. 275.
4 Kersten, *Narodziny,* S. 168; Stefaniak, Janusz: Prasa katolicka w systemie prasowym Polski Ludowej, in: *Zeszyty Prasoznawcze* 39, 1996, H. 1-2, S. 140-153, hier S. 143.

den polnischen Katholiken, ernst genommen. Da sie die überwältigende Mehrheit der Bevölkerung repräsentierten, hielten sie es für selbstverständlich, dass der wiederaufgebaute polnische Staat auf christlichen Grundlagen basieren würde. In diesem Sinne äußerte sich z. B. die polnische Bischofskonferenz vom 3./4. April 1945.[5] Dies war eine ideologische Kampfansage an den kommunistischen Atheismus und Materialismus, die einige Wochen später vom Primas der Katholischen Kirche Polens, Kardinal Hlond, bekräftigt wurde. Die geistige Verwirrung sei zur Zeit außerordentlich groß, erklärte er bei einer seiner Ansprachen. Es gehe darum, welche Weltanschauung die Zukunft der Welt prägen werde – die christliche oder die materialistische. Nach der Zerstörung des gottlosen Nationalsozialismus seien auf der Weltbühne vor allem zwei Kräfte übrig geblieben: Christentum und marxistischer Materialismus. Der Druck des letzteren sei sehr stark, dennoch werde er das Christentum, dem die Zukunft gehöre, nicht besiegen können.[6]

Zum Prestige der Kirche in den Augen der polnischen Bevölkerung trug außerordentlich ihr Verhalten während der deutschen Besatzung bei. Der polnische Klerus lehnte nämlich jede Art von Zusammenarbeit mit dem NS-Regime entscheiden ab und befand sich in den ersten Reihen des Widerstandes. Polnische Historiker haben errechnet, dass dem nationalsozialistischen Terror mehr als 3000 Priester und Ordensleute zum Opfer gefallen waren.[7]

Die polnischen Kommunisten hatten also mit einem durchaus selbstbewussten Kontrahenten zu tun, dessen Bedeutung sie zunächst auch würdigten.[8]

---

5   Kersten, *Narodziny*, S. 167.
6   Kardynał, Hlond August: Chrześcijaństwo czy materializm: *Tygodnik Warszawski*, 2.12.1945.
7   Siehe u. a. Kłoczowski, Jerzy / Millerowa, Lidia / Skarbek, Jan: *Zarys dziejów Kościoła katolickiego w Polsce*. Krakau 1986, S. 357.
8   Die Kirchenpolitik der polnischen Kommunisten war allerdings zunächst recht ambivalent. Die relativ liberale Einstellung gegenüber den Katholiken im eigenen Lande war mit einem immer schärfer werdenden Kurs gegenüber dem Heiligen Stuhl verknüpft. Die Tatsache, dass der Vatikan weder die neue von Moskau abhängige Warschauer Regierung noch die Westverschiebung des polnischen Staates anerkannte, veranlasste Warschau im September 1945 zur Kündigung des Konkordats zwischen Polen und dem Heiligen Stuhl vom Jahre

1. Die politische Brisanz des „katholischen Minimalismus" in einem stalinistischen Staat

Trotz ihres gewaltigen moralischen Prestiges war es aber für die Kirche als Institution nicht möglich, sich an den politischen Prozessen im Lande direkt zu beteiligen. Dies konnte nur die Aufgabe katholisch orientierter politischer Gruppierungen sein. Um die Form dieses Engagements begann bereits 1945 im Lande ein Streit, der praktisch die ganze Geschichte der Volksrepublik begleiten sollte.

Als erste hat sich hier bereits im März 1945 die Gruppe um die neugegründete Zeitschrift *Tygodnik Powszechny* zu Wort gemeldet. Die erste Nummer des Blattes ist am 24. März 1945 in Krakau erschienen – also noch vor der Bildung der auch vom Westen anerkannten ‚Regierung der nationalen Einheit', die erst im Juni erfolgte. Die Konzession für sein Erscheinen erhielt also der *Tygodnik* von der sogenannten ‚Provisorischen Regierung', die im Lande im Allgemeinen als sowjetische Marionette angesehen wurde. Nicht zuletzt deshalb wurden die Herausgeber des Loyalitätsbruchs gegenüber der Londoner Exilregierung und der Kollaboration mit den neuen Besatzern bezichtigt.[9] Solche Anschuldigungen haben indes die Gründer des Blattes nicht allzu sehr beeindruckt, denn ihre Initiative wurde vorbehaltlos von einem Mann unterstützt, der zu den populärsten Gestalten im Lande zählte – nämlich vom Krakauer Erzbischof Sapieha.[10] Sapieha, der im

---

1925. Offiziell wurde diese Kündigung mit der angeblichen prodeutschen Politik des Vatikans während der nationalsozialistischen Zeit begründet. Zugleich erklärte aber das polnische Kabinett, dass es die Tätigkeit der Katholischen Kirche in Polen wie bisher nicht behindern werde: „Die Regierung sichert der Katholischen Kirche weiterhin volle Freiheit ihrer Tätigkeit im Rahmen der bestehenden Gesetze zu" (Stehle, *Ostpolitik*, S. 275).

9   Kisielewski, Stefan: Lat 40 ma nasz dziad, in: *Tygodnik Powszechny* (im Folgenden *TP*), 24.3.1985.
10 Kisielewski, Stefan: Wspomnienia polityczne, in: *Krytyka* 4, 1980, S. 140; Trzy ćwiartki wieku. Z Jerzym Turowiczem rozmawia Jacek Żakowski, in: *Powściągliwość i Praca*, Dezember 1987; Kłoczkowski, Jerzy u. a.: *Zarys dziejów Kościoła katolickiego w Polsce*. Krakau 1986, S. 381; Majchrowski, Jacek M. / Nawrot, Stefan: *Niektóre elementy stosunków państwowo-kościelnych w Polsce w latach 1945-1950*. Uniwersytet Jagielloński. Krakau, Manuskript o.J., S. 33 f.; *Wierność. Rozmowy z Jerzym Turowiczem*. Tadeusz Kraśko. Posen 1995, S. 20; Dudek, Antoni / Gryz, Ryszard: *Komuniści i Kościół w Polsce (1945-1989)*,

Gegensatz zum Primas der Katholischen Kirche Polens, Kardinal Hlond, nach dem Ausbruch des deutsch-polnischen Krieges im Lande geblieben war, genoss wegen seiner unbeugsamen Haltung gegenüber den deutschen Besatzern legendären Ruhm. So gab die Rückendeckung Sapiehas dem *Tygodnik*, dessen offizieller Herausgeber zunächst das Krakauer Erzbistum war, von Anbeginn an außerordentliches Gewicht.

Die Zeitschrift entwickelte sich sehr schnell zum Sprachrohr der katholischen Elite des Landes. Sie akzeptierte aber auch Autoren, die keinen ausgesprochen katholischen Standpunkt vertraten, wenn ihre Ansichten dem allgemeinen Profil des Blattes nicht grundsätzlich widersprachen. Der Historiker Paweł Jasienica, der sich selbst eher als Freidenker betrachtete, veröffentlichte dessen ungeachtet in den Jahren 1946-49 unzählige Beiträge im *Tygodnik*. In seinen Erinnerungen ist er voller Lobes über die außerordentliche Liberalität, die in der Zeitschrift herrschte:

> In der Redaktion des *Tygodnik Powszechny* mischte sich niemand in die Angelegenheiten der anderen ein, niemand dachte an irgendeine Kontrolle [...] Der Priester Jan Piwowarczyk, der im Auftrage der Krakauer Kurie das Blatt beaufsichtigte, hielt meine Ansichten für falsch, ja für absurd. Dies hat er mir immer wieder gesagt. Trotzdem hat er [keine einzige Zeile] in meinen Artikeln gestrichen.[11]

Der polnische Katholizismus galt in den Augen seiner Kritiker bis dahin als engstirnig und provinziell. Die Offenheit des *Tygodnik* veranlasste viele zur Revision dieses Bildes. Dennoch konnte sich das Blatt durchaus an bestimmte Traditionen im Vorkriegspolen anlehnen. Dies war vor allem die liberale Studentenbewegung ‚Odrodzenie' (Wiedergeburt), die den Kampf gegen chauvinistische und antisemitische Tendenzen in der polnischen Kirche als eine ihrer Hauptaufgaben angesehen hatte. Aus den Reihen dieser Bewegung kamen einige der Zentralfiguren des *Tygodnik* – vor allem

---

Krakau 2003, S. 12; Zieliński, Zygmunt: *Kościół w Polsce 1944-2002*. Radom 2003, S. 72 f.; Friszke, Andrzej: *Opozycja polityczna w PRL 1945-1980*. London 1994, S. 38 f.

11   Garlicki, Andrzej: *Z tajnych archiwów*. Warschau 1993, S. 76 f.

sein langjähriger Chefredakteur Jerzy Turowicz und solche bedeutende Publizisten wie Stanisław Stomma oder Antoni Gołubiew.[12]

Auf geistigem Gebiet hatte also der *Tygodnik* bestimmte Vorläufer, politisch betrat er jedoch ein Neuland. Denn es ging ihm um die Ausarbeitung einer Strategie, die dem überwiegend katholischen Land, das sich zu den abendländischen Grundwerten bekannte, das Überleben im kommunistischen Umfeld sichern sollte. Den unter ihren Landsleuten verbreiteten Glauben, die Westalliierten würden Polen von der sowjetischen Besetzung befreien,[13] hielt die *Tygodnik*-Gruppe für völlig illusionär. Es war ihr bereits 1945 klar, dass das Land für unabsehbare Zeit unter sowjetischer Hegemonie bleiben werde und dass die Abschüttelung dieser Kuratel unter den gegebenen Umständen nicht möglich sei. Deshalb lehnte sie den bewaffneten Kampf gegen die Kommunisten, den einige Untergrundorganisationen in den ersten Nachkriegsjahren noch führten, als sinnlose Kraftvergeudung ab. Die in Polen tief verwurzelte Tradition der Russophobie und des Antisowjetismus wurde vom *Tygodnik* ebenfalls scharf kritisiert.[14] Das Blatt wandte sich auch gegen den, wie es meinte, allzu starken Hang der Polen zu politischer Romantik und zu Vernachlässigung der politischen Realitäten. In diesem Zusammenhang wurde z. B. der Warschauer Aufstand vom August 1944 von einigen Autoren des *Tygodnik* kritisiert. Der militärische Heldenmut der Aufständischen fand zwar bei ihnen große Anerkennung, die politische Kurzsichtigkeit der Führer jedoch, die das politische und kulturelle Zentrum des Landes geopfert hatten, prangerten sie scharf an.[15]

---

12 Jagiełło, Michał: Program kulturalny lubelskiego ‚Odrodzenia' (1935-939), in: *Przegląd Powszechny* 1, 1985; ebda., 2, 1985; Zmijewski, Norbert A.: *Catholic-Marxist ideological dialogue in Poland, 1945-1980*. Aldershot 1991, S. 29 f. Stomma, Stanisław: *Pościg za nadzieją*. Paris 1991, S. 31 f.

13 Siehe u. a. Polska w końcu 1945 r. w ocenie podziemia niepodległościowego, in: *Zeszyty historyczne* 93, 1990, S. 196-206.

14 Kutrzeba, Stanisław: Jak to było w Moskwie, *TP*, 8.7.1945; Kisielewski, Stefan: O co właściwie chodzi?, *TP*, 25.11.1945; Friszke, Andrzej: Strategie i przystosowania ośrodków katolików świeckich w pierwszych latach powojennych, in: Ders.: *Przystosowanie i opór. Studia z dziejów PRL*. Warschau 2009, S. 33-57, hier S. 50 f.

15 Kisielewski, Stefan: Porachunki narodowe, *TP*, 2.9.1945; Starowieyska-Morstinowa, Zofia: Odpowiedzalność, *TP*, 14.10.1945; Kutrzeba, Stanisław:

Die Bereitschaft, den außenpolitischen Ausgleich mit der Sowjetunion zu unterstützen verband indes die *Tygodnik*-Gruppe mit einer Ablehnung jeglicher Kompromisse mit dem Marxismus. Die Herausgeber des *Tygodnik* gingen zunächst davon aus, das Bündnis mit der UdSSR dürfe in keiner Weise die innenpolitische Ordnung Polens determinieren. Es schwebte ihnen zunächst eine Art ‚Finnlandisierung' Polens vor.[16] Sie traten auch für die aktive Beteiligung der Katholiken am politischen Leben ein und für die Bildung einer christlich-demokratischen Partei in Polen. Das Blatt verwies auf die Beispiele Frankreichs und Italiens und sah zunächst keinen qualitativen Unterschied zwischen diesen Ländern und Staaten, die sich im sowjetischen Einflussbereich befanden.[17] Da die Mehrheit der Polen katholisch war, hielten die Herausgeber die Respektierung des Willens dieser Mehrheit für eine Selbstverständlichkeit. Im Juli 1945 erklärte die Redaktion:

Wir wissen, dass es Katholiken in den anderen politischen Gruppierungen gibt, aber wir wissen auch, dass es einer eigenen politischen Partei bedarf, um das katholische Programm voll verwirklichen zu können. Deshalb halten wir die Schaffung einer eigenen (politischen) Organisation der Katholiken für das einzig Richtige und Sinnvolle.[18]

Trotz derartiger Äußerungen der katholischen Aktivisten hielten die Kommunisten zum damaligen Zeitpunkt nicht die Kirche, sondern die Bauernpartei (PSL) von Stanisław Mikołajczyk für ihren gefährlichsten Kontrahenten im Lande. Die Parlamentswahlen standen damals in Polen noch bevor und die Bauernpartei galt dabei als der ausgesprochene Favorit. Dies nicht zuletzt deshalb, weil sie es vermocht hatte, ihren unabhängigen Status zu bewahren. Sie weigerte sich, dem von den Kommunisten dominier-

---

	Choroba błędnika, *TP*, 17.6.1945; Gołubiew, Antoni: Myśli o powstaniu warszawskim, *TP*, 20.10.1046.
16	Redakcja: Sprawa nowego stronnictwa, *TP*, 22.7.1945; Redakcja: Stronnictwo pracy, *TP*, 13.01.1946; Kisielewski, Stefan: O co właściwie chodzi?, *TP*, 25.11.1945; Piwowarczyk, Jan: O Stronnictwo dla katolików, *TP*, 20.10.1946.
17	Redakcja, Sprawa nowego stronnictwa; Piwowarczyk, O Stronnictwo dla katolików.
18	Redakcja, Sprawa nowego stronnictwa.

ten sogenannten Demokratischen Block beizutreten. Dies ungeachtet des permanenten Drucks, den die kommunistischen Terrororgane auf die Partei Mikołajczyks ausübten.[19] Alle anderen legal existierenden polnischen Parteien gaben diesem Druck letztendlich nach und wurden in Anhängsel der Polnischen Arbeiterpartei verwandelt. Besonders lange wehrte sich gegen diesen Druck die im November 1945 zugelassene Partei der polnischen Christdemokraten (SP – die Arbeitspartei). Um die Christdemokraten gefügig zu machen, unterstützten die Kommunisten massiv den regimetreuen Flügel der Partei unter Feliks Widy-Wirski, der nur eine verschwindende Minderheit im christlich-demokratischen Lager bildete. Und diese „Unterstützung" sicherte der Gruppe um Widy-Wirski nach einigen Monaten zermürbender Kämpfe die Alleinherrschaft innerhalb der Partei.[20] So wurden die polnischen Christdemokraten etwa Mitte 1946 jeder Eigenständigkeit beraubt und in eine zusätzliche Blockpartei verwandelt. Die polnische Kirchenführung reagierte unverzüglich auf diese Vorgänge und distanzierte sich von den nun gleichgeschalteten Christdemokraten. „Die Kirche mischt sich nicht in parteipolitische Diskussionen ein", verkündete der polnische Episkopat am 10. September 1946 in seiner Erklärung zu den bevorstehenden Sejmwahlen. Dann fügten aber die Bischöfe hinzu: „Katholiken können lediglich für solche Personen, Listen und Wahlprogramme votieren, die der katholischen Lehre und Moral nicht widersprechen".[21]

Wären die Kommunisten bereit gewesen, den Willen der Bevölkerungsmehrheit zu respektieren, so hätte sich eine solche Wahlempfehlung für sie katastrophal auswirken können, denn ihr zufolge wären sie für die überwältigende Mehrheit der Bevölkerung nicht wählbar gewesen. Da aber eine Beachtung demokratischer Regeln für das Regime nicht in Frage kam,

---

19 Kersten, *Narodziny*, S. 182-263; Roszkowski, Wojciech (Andrzej Albert): *Historia Polski 1914-1990.* Warschau 1991, S. 167.
20 Turowski, Konstanty: *Historia ruchu chrześcijańsko-demokratycznego w Polsce.* Warschau 1989, S. 532-548; Majchrowski / Nawrot: *Niektóre elementy*, S. 48 f; Piotrowski, Mirosław: *Służba idei czy serwilizm? Zygmunt Felczak i Feliks Widy-Wirski w najnowszych dziejach Polski.* Lublin 1994; Dudek / Gryz, *Komuniści i Kościół*, S. 27-38.
21 *Listy Pasterskie Episkopatu Polski 1945-1974.* Paris 1974, S. 40, 42.

rief die Erklärung der Kirchenführer bei den Kommunisten keine Panik hervor.

Im Januar 1947 fanden die langersehnten Sejmwahlen statt, bei denen die mit Abstand populärste Partei im Lande – die Bauernpartei – lediglich 10% der Stimmen erhielt.[22] Die Wahlergebnisse waren erwiesenermaßen gefälscht.

Nach der Zerschlagung der politischen Opposition stellte die Kirche die einzige Einrichtung im Lande dar, die sich dem allgemeinen Prozess der Gleichschaltung vorübergehend zu entziehen vermochte. Im Oktober 1947 bezeichnete der Leiter des polnischen Ministeriums für Staatssicherheit, Stanisław Radkiewicz, die Kirche als den am besten organisierten und stärksten Feind des Staates.[23] Die von den Kommunisten gelenkten Medien führten eine immer schärfer werdende propagandistische Kampagne gegen den Episkopat, der als fortschrittshemmende Kraft, als Relikt längst vergangener Zeiten diffamiert wurde.[24]

Wie reagierten die politisch engagierten Katholiken auf diese Entwicklung? Das Spektrum der Reaktionen war außerordentlich breit – von offener Auflehnung gegen das diktatorische Vorgehen des Regimes bis zu offener Kollaboration. Den unbeugsamen Widerstand verkörperte die Gruppierung, die sich um die Zeitschrift *Tygodnik Warszawski* [Warschauer Wochenblatt] scharte. Das Blatt wurde im November 1945 gegründet und stand der christdemokratischen Arbeitspartei sehr nah.[25] Die Gleichschaltung der Arbeitspartei im Sommer 1946 beeinflusste in keiner Weise die politische Linie der Zeitschrift. Sie verfolgte weiterhin einen völlig unabhängigen, regimekritischen Kurs. Einer der einflussreichsten Publizisten

---

22 Kersten, *Narodziny*, S. 263; Kisielewski: *Wspomnienia*, S. 147.
23 Dudek, Antoni: Zarys stosunków Państwo-Kościół w latach 1945-1956, in: Wójcik, Przemysław (Hrsg.): *Elity władzy w Polsce a struktura społeczna*. Warschau 1992, S. 401-428, hier S. 405.
24 Ebda., S. 406; siehe dazu auch Siedlarz, Jan: *Kirche und Staat im kommunistischen Polen 1945-1989*. Padeborn u. a. 1996, S. 33-97; Luks, Leonid: *Katholizismus und politische Macht im kommunistischen Polen 1945-1989. Die Anatomie einer Befreiung*. Köln 1993, S. 9-28; Paczkowski, *Pół wieku*, S. 204 f., 273 f.
25 Łętowski, Maciej: Dwa Tygodniki. 'Tygodnik Warszawski' i 'Tygodnik Powszechny'(1945-1953) w życiu katolicyzmu społecznego w Polsce , in: *Chrześcijanin w świecie* 11, 1985, S. 41-56; Zieliński, *Kościół*, S. 73: Żaryn, Jan: *Dzieje Kościoła Katolickiego w Posce (1944-1989)*. Warschau 2003, S. 84.

der Zeitschrift, Priester Zygmunt Kaczyński, warnte im Dezember 1946 das Regime vor der Verfolgung der Katholiken. Die Unterdrückung der Kirche habe bisher keinem Staat Vorteile gebracht.[26]

Die Herausgeber des Blattes waren davon überzeugt, dass die Kommunisten in Polen, trotz all ihrer Macht, auf die Dauer auf verlorenem Posten stünden. Diese Meinung vertrat z. B. im Juli 1947 Zygmunt Kaczyński im Gespräch mit dem bereits erwähnten Widy-Wirski: „Die Zeit arbeitet für uns", so Kaczyński: „Noch nie besaß die Kirche einen derartigen Einfluss in der polnischen Gesellschaft wie heute. Weil die Unabhängigkeit des Landes bedroht ist, schließen sich uns sogar antiklerikale Kreise an."[27]

Alle diese Äußerungen wurden von Widy-Wirski an die entsprechenden polnischen und sowjetischen Stellen weitergeleitet. Die nun zugänglich gewordenen Dokumente bezeugen dies unmissverständlich.[28] So waren die Sicherheitsorgane über die Stimmung in den oppositionellen katholischen Kreisen hervorragend informiert. Und sie waren nicht bereit, allzu lange eine derart radikale Infragestellung der bestehenden Machtverhältnisse zu dulden. So kam es am 31. August 1948 nach einer Blitzaktion der Terrororgane zur Auflösung der Zeitschrift und unmittelbar danach zur Verhaftung ihrer führenden Herausgeber. Zygmunt Kaczyński starb am 14. Mai 1953 im Gefängnis.[29]

Das Schicksal der Gruppe um den *Tygodnik Warszawski* zeigt, dass die Verfechter eines offenen Widerstandes in einem bereits gefestigten totalitären Staat von vornherein auf verlorenem Posten standen. Der stalinistische Leviathan, der in seiner Hand so viele Machtprärogativen konzentrierte, von denen Thomas Hobbes nicht einmal hätte träumen können, war nicht bereit, Gruppierungen zu tolerieren, die ihn frontal herausforderten. Die Stalinisten fühlten sich damals als „Sieger der Geschichte" und

---

26 Kaczyński, Zygmunt: Kościół, Naród, Państwo, *Tygodnik Warszawski*, 8.12.1946.
27 Bordjugov, Gennadij u. a. (Hrsg.): *SSSR i Pol'ša. Mechanizmy podčinenija 1944-1949. Sbornik dokumentov*. Moskau 1995, S. 221.
28 Ebda., S. 217-222.
29 Paczkowski, Andrzej: Aresztowanie ks. Zygmunta Kaczyńskiego, in: *Więź* 1991, H. 4, S. 109-114; Ders.: Pół wieku, S. 274; Czubiński, Antoni: *Dzieje najnowsze Polski. Polska Ludowa (1944-1989)*. Posen 1992, S. 256; Popiel, Karol: *Na mogiłach przyjaciół*. London 1966, S. 46 ff.

räumten alle Kräfte, die dieses angeblich historische Urteil in Frage stellten, als „fortschrittshemmende Hindernisse" aus dem Weg.

Der offene christliche Widerstand gegen die kommunistische Terrorherrschaft, wie ihn die Gruppierung um den *Tygodnik Warszawski* praktizierte, bildete keine Ausnahme in den kommunistischen Staaten. Der unbeugsame Primas der Katholischen Kirche Ungarns, Kardinal Mindszenty, veranschaulichte diese Haltung besonders deutlich. Und überall, wo dieser Widerstand auftrat, wurde er von den kommunistischen Machthabern, sobald sie ihre Herrschaft gefestigt hatten, brutal niedergeschlagen.

Dass die Katholische Kirche Polens sich diesem allgemeinen Zertrümmerungsprozess zumindest eine Zeitlang – bis 1953 – zu entziehen vermochte, stellt für die Kommunismusforschung eine Art Rätsel dar. Dieses Überleben der Kirche lässt sich sicher unter anderem darauf zurückführen, dass sie sich rechtzeitig aus dem parteipolitischen Leben zurückzog und das Machtmonopol der Kommunisten nicht in Frage stellte. Ähnlich verhielt sich auch die *Tygodnik Powszechny*-Gruppe.

Ende 1946 formulierte Stanisław Stomma in der mit dem *Tygodnik* eng liierten Monatszeitschrift *Znak* folgende Thesen: Der Katholizismus könne sich mit ganz verschiedenen Gesellschaftssystemen abfinden. Es sei ein Fehler zu meinen, die Kirche müsse um jeden Preis versuchen, die katholische Soziallehre zu verwirklichen. Stomma war bereit, den historischen Sieg des Sozialismus im politisch-sozialen Bereich zu akzeptieren und sich auf die sogenannten letzten, d. h. religiös-ethischen Positionen zurückzuziehen.[30]

Der von Stomma postulierte religiöse Minimalismus rief in der katholischen Öffentlichkeit Polens heftige Proteste hervor. Stomma kapituliere vor der Entschlossenheit der Linken und verbreite eine resignative, beinahe defätistische Stimmung, schrieb im März 1947 der Chefredakteur des *Tygodnik Warszawski*, Jerzy Braun.[31] Jan Piwowarczyk bezeichnete im

---

30 Stomma, Stanisław: Maksymalne i minimalne tendencje społeczne katolików, in: *Znak* 3, 1946, S. 257-275.
31 Braun, Jerzy: W cieniu dekadencji, *Tygodnik Warszawski*, 30.3.1947.

Tygodnik Powszechny den katholischen Minimalismus als eine Art Aufruf zum Selbstmord.[32]

Die spätere Entwicklung sollte zeigen, wie unbegründet der Pessimismus Stommas war. Nicht die liberalen und christlichen, sondern die kommunistischen Werte waren in der zweiten Hälfte des Jahrhunderts einer ständigen Korrosion ausgesetzt. 1981 gab Stomma selbst zu, dass er 1946 die Dynamik des Kommunismus maßlos überschätzt habe.[33] Bedeutet dies etwa, dass es Stomma seinerzeit an Weitblick gefehlt hätte? Sicher nicht. Viel besser als seine Opponenten erkannte er rechtzeitig, welche Art von Widerstand in einem sich etablierenden totalitären Staat möglich war. Er konnte sich in der Tat lediglich auf die Verteidigung der letzten ethischen Werte beschränken. Die Befürworter einer kühneren Taktik hatten hingegen keine Überlebenschance und wurden von den Stalinisten niedergewalzt.

Infolge der Gleichschaltung der polnischen Medien – etwa um 1948 – bildete sich nun um den *Tygodnik Powszechny* eine erschreckende Leere. Trotz ununterbrochener Eingriffe der Zensur, die unzählige Beiträge absetzte bzw. verunstaltete, bewahrte jedoch die Zeitschrift bis zum Schluss ihren unabhängigen Charakter. Mit ihrem Grundsatz: „Lieber schweigen als lügen", bildete sie nicht nur in Polen, sondern auch innerhalb des gesamten Sowjetimperiums eine Ausnahme.

Das von Stomma Ende 1946 formulierte Konzept wurde etwa ein Jahr später von der ganzen Redaktion übernommen. Die Zeit der kühnen Polemik sei nun zu Ende, schrieb Anfang 1948 ein anderer prominenter Publizist des *Tygodnik*, Stefan Kisielewski. Es gehe nicht mehr um Politik, sondern um andere Probleme, zu denen der *Tygodnik* Stellung nehmen müsse.[34] Mit diesen anderen Problemen meinte Kisielewski die Frage der weltanschaulichen Selbständigkeit der Katholiken. Die Vorherrschaft der Partei und die soziale Umgestaltung, die die Kommunisten in Polen durchgeführt hatten, wurden von der *Tygodnik*-Gruppe nicht mehr in Frage gestellt. Zu einer ihrer wichtigsten Aufgaben machte sie nun den Kampf gegen die To-

---

32 Piwowarczyk, Jan: Rada nie na czasie, *TP*, 20.4.1947.
33 Maksymalizm czy minimalizm chrześcijański?, in: *Znak* 322-323, 1981, S. 615.
34 Kisielewski, Stefan: Z Nowym Rokiem, *TP*, 4.1.1948; siehe dazu auch Ders.: Wspomnienia, S. 147 f.

talisierung des Denkens und gegen die kulturelle Gleichschaltung. Der Versuch des Regimes, Polens Verbindungen sowohl zum Westen als auch zu seiner eigenen Vergangenheit abzuschneiden, wurde auf subtile Weise sabotiert. Im Reich der totalitären Propaganda bildete das Blatt eine Insel der Sachlichkeit. Die von der Zeitschrift angestrebte politische Enthaltsamkeit erreichte gerade jetzt, im System des hochentwickelten Stalinismus, eine beispiellose politische Brisanz. Denn der siegreiche Stalinismus basiert auf dem Grundsatz: „Wer nicht mit uns ist, ist gegen uns". Er verlangt von den Beherrschten, also von seinen Opfern, die totale Identifizierung mit den Zielsetzungen der Herrschenden, also der Täter. Eine nichtengagierte Haltung setzt er mit Hochverrat gleich. Die Politisierung des gesamten Lebens bilde das Wesen des kommunistischen Systems, schrieb 1949 Jerzy Turowicz.[35] Die Herausgeber des *Tygodnik* seien ihrem Selbstverständnis nach keine politische Gruppierung gewesen, fügte später ein anderer Autor des Blattes, Antoni Gołubiew, hinzu. Dessen ungeachtet habe sich die Zeitschrift angesichts der damaligen Wirklichkeit zu einem enormen politischen Faktor von symbolischer Bedeutung entwickelt.[36]

Im Grunde nahmen die Herausgeber des *Tygodnik* die Erfahrungen der in den 1960er/70er Jahren entstandenen osteuropäischen Bürgerrechtsbewegung um einige Jahrzehnte vorweg. Sie erkannten, dass die ansonsten unpolitische Dimension des Ethischen und des Kulturellen in den totalitären Systemen mit ihrem Absolutheitsanspruch eine eminent politische Rolle spielte.

Für ihre angeblich nichtengagierte Haltung wurden die Herausgeber des Blattes von den Behörden unentwegt gerügt. Dessen ungeachtet weigerte sich der *Tygodnik*, mit dem Strom zu schwimmen und sich mit den vom Regime propagierten Wertvorstellungen zu identifizieren. Im Dezember 1950 schrieben Stomma und Turowicz in einem gemeinsam verfassten Artikel:

---

35 Siehe bei Żakowski, Jacek: Pół wieku pod włos, in: *Magazyn Gazety Wyborczej*, 24.3.1995, S. 8.
36 Mazowiecki, Tadeusz: W trzydziestolecie „Tygodnika Powszechnego", in: *Więź* 1975, H. 3, S. 135-139, hier S. 137.

Unsere Wahl ist klar. Wir sagen dies direkt und aufrichtig [...]. Wir sind weder Marxisten noch Sozialisten. Wir sehen im Sozialismus viele positive Seiten. Dennoch ist das sozialistische Ideal nicht unser Ideal. Deshalb können und dürfen wir nicht die Verantwortung für die Realisierung dieses Ideals in Polen [...] übernehmen. Die Katholiken wollen loyale Bürger des Staates sein, der den Sozialismus aufbaut. Daraus folgt aber nicht, dass sie verpflichtet sind, das sozialistische Ideal als ihr eigenes zu akzeptieren. [37]

In diesem Zusammenhang wird oft die Frage gestellt, warum sich die Stalinisten nach 1948 auf dieses Spiel eingelassen hatten. Warum erhielt der *Tygodnik* nach der Zerschlagung beinahe aller unabhängigen Einrichtun-

---

[37] *TP*, 10.12.1950; siehe dazu auch Czubiński, *Dzieje*, S. 260; Wenn man bedenkt, dass die vollausgebildeten stalinistischen Regime nach der Devise handelten: „Wer nicht für uns ist, ist gegen uns", stellt der Standpunkt, den Turowicz und Stomma, und zwar auf den Spalten eines legal erscheinenden Presseorgans äußerten, ein beispielloses Phänomen in der Geschichte des Stalinismus dar. Deshalb argumentieren diejenigen Autoren, die die Herausgeber des *Tygodnik* einer allzu kompromissbereiten, ja kollaborationistischen Haltung bezichtigen, weltfremd und ahistorisch. Solche Beschuldigung waren nach dem Zusammenbruch des Kommunismus in Polen besonders häufig zu hören. Siehe dazu u. a. den Beitrag von Murzański, Stanisław: Tygodnik Powszechny – pułapki lojalizmu, in: *Arcana* 3/1995, S. 82-100. Genauso überzogen sind die Argumente derjenigen Kritiker des *Tygodnik*, die der Redaktion vorwerfen, sie habe nur denjenigen Autoren ein Forum geboten, die den ethnozentrischen Ideologien (den Gesinnungsgenossen Roman Dmowskis) eine Absage erteilten und sich für eine universalistische Interpretation des Katholizismus aussprachen. Dadurch hätten die Herausgeber des *Tygodnik* einer wichtigen Tradition in der polnischen Ideengeschichte jede Möglichkeit geraubt, sich an die Öffentlichkeit zu wenden und ihre quasi „Monopolstellung" im katholischen Lager für egoistische Ziele missbraucht. In diesem Sinne äußerte sich z. B. 1999 der national gesinnte katholische Publizist Janusz Zabłocki (Lewicowa dusza Tygodnika Powszechnego, in: *Arcana* 6/1999, S. 95-115). Dabei lässt Zabłocki Folgendes außer Acht: Hätte der *Tygodnik* sein weltanschauliches Profil verwässert und auch den ethnozentrischen bzw. europaskeptischen Autoren die Möglichkeit gegeben, sich auf seinen Spalten zu äußern, wäre er nicht imstande gewesen, seine wohl wichtigste Leistung aus den Jahren 1945-1989 zu vollbringen. Diese Leistung bestand in erster Linie darin, dass die Herausgeber des Blattes wiederholt darauf hinwiesen, dass Polen, ungeachtet seiner Zugehörigkeit zum Ostblock untrennbar mit der westlichen Kultur verbunden sei. Hätte der *Tygodnik* den nationalistisch gesinnten Autoren ein Forum zur Verfügung gestellt, würde dies das Vorhaben der Kommunisten, die Verbindungen Polens zum Westen gänzlich zu durchschneiden, erheblich erleichtern.

gen im Lande eine zusätzliche Gnadenfrist von etwa fünf Jahren? Und man muss hinzufügen, dass erst das Verhalten der Redaktion in diesen fünf Jahren der Zeitschrift die Bedeutung eines Symbols zu verleihen vermochte.[38] Die außerordentliche Autorität, die das Blatt im Grunde bis heute genießt, ist in erster Linie auf sein antistalinistisches Heldenepos von 1948-53 zurückzuführen.

Die Sicherheitsorgane hätten nur eine halbe Stunde gebraucht, um die gesamte Redaktion auseinanderzujagen, schrieb später Leopold Tyrmand – einer der Mitarbeiter der Zeitschrift.[39] Dass diese Aktion recht lange auf sich warten ließ, war sicher mit politischen Überlegungen der Staatsführung verbunden. Indirekt kam dem *Tygodnik* die Tatsache zugute, dass es den Kommunisten nicht gelungen war, die Kirche mit Hilfe des sogenannten ‚fortschrittlichen Katholizismus' zu spalten. Bei dem wichtigsten Exponenten dieser Richtung – Bolesław Piasecki – handelte es sich um eine der bizarrsten Gestalten der polnischen Nachkriegsgeschichte. Dieser ehemalige Vertreter eines hysterischen Antisemitismus und Antikommunismus, Anführer der faschistoiden Organisation ‚Falanga', entwickelte nach 1945 eine der seltsamsten ideologischen Mischformen, die die Geschichte der Ideen kennt.[40] Chauvinismus war hier mit einer servilen Einstellung gegenüber der Hegemonialmacht verknüpft und diese Servilität setzte Piasecki mit Patriotismus gleich. In gewisser Hinsicht knüpfte Piasecki an die Ideen Roman Dmowskis – des Führers der polnischen Na-

---

38 Tyrmand, Leopold: *Dziennik 1954*. London 1980, S. 66-71; In seinem 1996 erschienenen Aufsatz über die katholische Presse im stalinistischen Polen schreibt Janusz Stefaniak: „Die kommunistischen Machthaber betrachteten den *Tygodnik Powszechny* als das bedeutendste katholische Presseorgan in Polen und als den 'wichtigsten würdigen Gegner'" (Stefaniak, Prasa katolicka, S. 148).
39 Tyrmand, *Dziennik*, S. 69.
40 Piasecki, Bolesław: *Patriotyzm polski*. Warschau 1958; siehe auch die vor einigen Jahren veröffentlichte Denkschrift Piaseckis, die dieser 1945 im NKVD-Gefängnis verfasst hatte, in: *Polityka*, 16.6.1990; vgl. dazu auch Micewski, Andrzej: *Współrządzić czy nie kłamać? Pax i Znak w Polsce 1945-1976*. Paris 1978, S. 12, 16 f. Majchrowski / Nawrot, *Niektóre elementy*, S. 36-45; Bromke, Adam: *Poland's Politics. Idealism vs. Realism*. Cambridge, Mass. 1967, S. 221 ff; Nowak, Jan (Jeziorański): *Wojna w eterze. Wspomnienia*, Bd. l, 1948-1956. London 1985, S. 191-211; Roszkowski, *Historia*, S. 190 f.; Czubiński, *Dzieje*, S. 81 f.; Zieliński, *Kościół*, S. 74 f.; Friszke, Strategie, S. 42 ff.; Ders.: *Opozycja*, S. 40 f.

tionaldemokraten – an, der zu Beginn des 20. Jahrhunderts bereit gewesen war, sich vorübergehend mit der russischen Hegemonie abzufinden. Dmowski hatte allerdings für sein Konzept eine nationalistisch-rassische Begründung.[41] Die Slawen sollten sich gemeinsam gegen die ‚germanische und die jüdische Gefahr' wenden. Die Zusammenarbeit, für die der extreme Nationalist Piasecki nach 1945 plädierte, sollte sich hingegen, zumindest formell unter dem Banner des Internationalismus vollziehen.

Das Regime setzte zunächst große Hoffnungen auf die Piasecki-Gruppe. Sie sollte ihm helfen, die Kirche auszuhöhlen und gefügig zu machen. Das Unternehmen erlitt jedoch ein vollkommenes Fiasko. Die überwältigende Mehrheit der Katholiken des Landes wandte sich von der Piasecki-Gruppe mit Abscheu ab. Die Einstellung der Kirchenführung zu Piasecki war etwas komplizierter. Die vorbehaltlose Identifizierung seiner Anhänger mit dem Regime wurde von der Warschauer Kurie zwar verworfen. Sie verbot der von Piasecki im November 1945 gegründeten Zeitschrift *Dziś i Jutro* [Heute und morgen] die Führung des Namens *katholisches Wochenblatt*, Priester durften in den Presseorganen der Gruppe weder publizieren noch sie abonnieren.[42] Auf der anderen Seite griff jedoch der Episkopat gelegentlich auf die Vermittlungsdienste Piaseckis zurück. Der direkte Draht, den Piasecki zur kommunistischen Führung besaß, kam ab und zu auch der Kirche zugute. Das Abkommen zwischen Staat und Kirche vom April 1950 kam nicht zuletzt dank der regen Aktivität Piaseckis zustande.[43] Offen hat sich jedoch die Kirchenführung zu den Kontakten mit Piasecki in der Regel nicht bekannt. Primas Wyszyński bezeichnete die Anhängerschaft des ehemaligen ‚Falanga'-Führers in einem Hirtenbrief vom 9. November 1949 als ‚abtrünnig'.[44]

---

41   Siehe dazu u. a. Dmowski, Roman: *Niemcy, Rosja i kwestia polska*. Lwów 1908.
42   Micewski, Andrzej: *Kardynał Wyszyński. Prymas i mąż stanu*. Paris 1982, S. 92; Majchrowski / Nawrot, *Niektóre elementy*, S. 43. Wichtig war in diesem Zusammenhang auch das Dekret des Vatikans vom Juli 1949, das den Gruppierungen und Personen, die mit den Kommunisten zusammenarbeiteten, mit einer Exkommunikation drohte.
43   Kisielewski, Wspomnienia, S. 149; Ders.: Stosunki Kosciół-Państwo w PRL, in: *Zestyty Historyczne* 49, 1979, S. 3-23, hier S. 8.
44   Micewski, *Współrządzić*, S. 35.

Da das kommunistische Experiment mit dem ‚fortschrittlichen Katholizismus' gescheitert war, vergrößerte sich die Bedeutung der *Tygodnik*-Gruppe. Das Vorhandensein eines katholischen Organs, das zwar offen seinen autonomen Standpunkt verteidigte, sich zugleich aber völlig loyal gegenüber den neuen Machthabern verhielt, brachte dem Regime gewisse Vorteile. Dies verlieh ihm und der von ihm durchgeführten Umgestaltung des Landes eine zusätzliche Legitimation. Vieles spricht aber auch dafür, dass die Duldung des *Tygodnik* einen Bestandteil der kommunistischen ‚divide et impera'-Politik darstellte. Die Machthaber spekulierten nämlich auf einen Konflikt zwischen dem weltoffenen Katholizismus der *Tygodnik*-Gruppe und den eher traditionellen Vorstellungen der Kirchenhierarchie.[45]

Es gehört jedoch zu den Wesenszügen der totalitären Regime, dass sie sich nicht nur vom rationalen Machtkalkül, sondern auch von irrationalen Motiven leiten lassen. Die stalinistische Führung war nicht gewillt und wahrscheinlich auch innerlich nicht in der Lage, dauerhafte innenpolitische Kompromisse einzugehen. In ihrem Streben nach absoluter Beherrschung der Gesellschaft, nach Vernichtung aller ‚abweichenden' Tendenzen, konnte sie vor der Autonomie der Katholiken nicht Halt machen. Letztendlich musste auch der *Tygodnik* für seine Unabhängigkeit mit einem Verbot bezahlen. Den Anlass hierfür lieferte die berühmt gewordene Weigerung der Redaktion nach dem Tode Stalins, einen Nachruf auf den Despoten zu veröffentlichen. „Über die gesamte polnische Presse, einschließlich des katholischen *Dziś i Jutro*, verbreitete sich das Gestöhne [...] eine groteske Verzweiflung", schrieb Leopold Tyrmand in seinem *Tagebuch*.[46] Nur der *Tygodnik* habe sich geweigert, sich diesem Klagechor anzuschließen.

Trotz aller Einschüchterungsversuche seitens der Parteiführung rückten die Herausgeber von ihrem Standpunkt nicht ab. Stomma berichtet von einem Gespräch mit dem Politbüromitglied Franciszek Mazur, der ihn, Turowicz und einen anderen Redakteur des Blattes, Jacek Woźniakowski, zu überzeugen versuchte, in der Frage des Stalin-Nachrufes nachzugeben: „Sie sind naiv", so Mazur, „niemand kann gegen den Strom

---

45 Andrzej Micewski im Gespräch mit dem Autor.
46 Tyrmand, *Dziennik*, S. 71; siehe auch Jarocki, Robert: *Czterdzieści pięć lat w opozycji (O ludziach Tygodnika Powszechnego)*. Krakau 1990, S. 158 f.

der Geschichte schwimmen und jeder, der es versucht, wird hinweggefegt werden."[47]

Dennoch erreichte das Regime mit dieser Forderung die für viele unsichtbare ‚letzte Verteidigungslinie', hinter die es auch für die Verfechter des ‚katholischen Minimalismus' kein Zurück mehr gab. Stomma sagt dazu:

> Seit Ende 1950 waren wir davon überzeugt, dass [die Auflösung der Zeitschrift] unausweichlich ist. Wir versuchten lediglich dieses Ende so weit wie möglich hinauszuschieben. Angesichts der damaligen Totalisierung des Denkens [...] gab es keinen Platz für ein so unabhängiges Blatt wie den *Tygodnik Powszechny*. Wir wussten genau, dass es nur ein Kampf um die Zeit war.[48]

Und diese Zeit war schließlich im März 1953 abgelaufen. Die Gruppierung „Pax" um Bolesław Piasecki übernahm die Herausgabe des *Tygodnik*. Die Zeitschrift, die sich nun in ein Sprachrohr des Regimes verwandelte, behielt ihren alten Namen. Dies war für die ursprünglichen Herausgeber des Blattes ein beispielloser Affront.[49]

Die winzige *Tygodnik*-Gruppe nahm das Schicksal der gesamten polnischen Kirche im Grunde vorweg. Die Kirche musste eine Position nach der anderen aufgeben. Ihre Verlage und Zeitschriften wurden aufgelöst, karitative Institute, die sie betreute, entweder verboten oder vom Staat übernommen. 1949 wurden alle bis dahin noch bestehenden katholischen Vereine aufgelöst, der kirchliche Grundbesitz wurde verstaatlicht. Zugleich schikanierten die Behörden fortwährend unzählige Priester, viele wurden wegen angeblicher staatsfeindlicher Tätigkeit bzw. Spionage verhaftet. Ihre Zahl betrug Ende 1948 etwa 400.[50]

---

47   Żakowski, Jacek: *Anatomia smaku czyli o losach Tygodnika Powszechnego 1953-1956*. Lublin 1986, S. 5; s. auch Stomma, Stanisław: *Pościg za nadzieją*. Paris 1991, S. 98.

48   Żakowski, *Anatomia*, S. 6; Stomma berichtet, dass die Unbeugsamkeit der Tygodnik-Gruppe den Primas überrascht hätte, Wyszyński habe nachträglich gesagt, er sei davon überzeugt gewesen, die Redaktion werde auf einen Kompromiss mit dem Regime eingehen (Żakowski, *Anatomia*, S. 9).

49   Castellan, George: *Gott schütze Polen! Geschichte des polnischen Katholizismus 1795-1982*. Freiburg 1983, S. 238.

50   Micewski, *Kardynał Wyszyński*, S. 75-135; Kisielewski, Stefan: Stosunki Kosciół-

Dennoch hielt Moskau all diese Maßnahmen nicht für ausreichend. So schrieb der Korrespondent der sowjetischen Nachrichtenagentur TASS Pantjuchov im April 1949 in einem Geheimbericht an die sowjetische Führung: „Wie bekannt, stellt die Kirche nach der Niederlage Mikołajczyks die größte Bastion der innenpolitischen Reaktion dar. Sie agiert listig und geschickt. So ist es äußerst besorgniserregend, dass die PVAP ungeachtet des immer schärfer werdenden Kampfes der Kirche gegen die Volksrepublik keine eindeutige Position in ihrer Einstellung zur Kirche bezieht".[51]

Und der sowjetische Botschafter in Warschau Lebedev fügte im Juli 1949 hinzu: „In ihrem Kampf gegen die katholische Kirche befinden sich unsrer polnische Freunde erst am [Beginn des Weges]".[52]

Zähneknirschend und unter Protesten gab die Kirchenführung immer wieder nach bis das Regime auch hier, ähnlich wie im Falle der *Tygodnik*-Gruppe ‚die letzte Verteidigungslinie' erreichte. Die Rolle des Stalin-Nachrufes spielte bei der Kirchenführung der Regierungserlass vom 9. Februar 1953, der die Besetzung der kirchlichen Ämter unter die Kontrolle der staatlichen Behörden stellen sollte. Kardinal Wyszyński (seit 1948 Primas der katholischen Kirche Polens) lehnte diese Forderung kategorisch ab. Im berühmt gewordenen Protestschreiben der polnischen Kirchenführung an den Staatspräsidenten Bolesław Bierut vom 8. Mai 1953 wurde der Standpunkt der Kurie unmissverständlich dargelegt:

> Sollten die Behörden auf kirchliche Posten diejenigen berufen, die wir für inkompetent und unwürdig halten, sind wir entschlossen, diese Ämter lieber unbesetzt zu lassen. [...] Wer auch immer ein kirchliches Amt aus anderen Händen als den unsrigen annimmt, muss sich von vornherein bewusst sein, dass er der Exkommunikation verfällt [...] Wir dürfen dem Kaiser nicht geben, was Gottes ist. Non possumus![53]

Państwo w PRL, in: *Zeszyty historyczne* 49, 1979, S. 3-23, hier S. 9 f.; Zum propagandistischen Feldzug der Partei gegen die Kirche siehe Bieńkowski, Władysław: *Polityka, Watykanu wobec Polski*. Warschau 1949.
51 Bordjugov (Hrsg.), *SSSR i Pol'ša.*, S. 283, 285.
52 Ebda., S. 349.
53 Protest Episkopatu Polskiego złożony na ręce Bolesława Bieruta w dn. 8 maja 1953 r., in: Zawadzki, T.: *Walka z Kosciółem w Polsce (1951-1953)*, unveröff.

Die Verhaftung Wyszyńskis am 25. September1953 stellte die unausweichliche Folge des Schreibens vom 8. Mai dar.[54] Für die künftige Entwicklung der politischen Kultur im Lande indes sollten die beiden spektakulären Widerstandsakte der Katholiken eine kaum zu überschätzende Bedeutung haben. Es zeigte sich, dass die Gesellschaft immer noch über moralische Reserven verfügte, die sich durch die ununterbrochenen Angriffe des totalitären Staates nicht aushöhlen ließen. Waren sie aber ausreichend? Welche Einflussmöglichkeiten hatte der einsame Bischof und eine kleine Schar von Redakteuren? Die Ereignisse von 1956 sollten zeigen, dass diese Möglichkeiten keineswegs so gering waren, wie dies auf den ersten Blick zu sein schien.

2. Der „historische Kompromiss" zwischen Staat und Kirche und seine „neopositivistische" Begründung

1956 fand in Polen die erste friedliche Revolution in der Geschichte des Ostblocks statt. Diese Revolution veränderte das herrschende System im Lande grundlegend; es erhielt einen für kommunistische Staaten völlig untypischen Kompromisscharakter. Das Herzstück dieses Kompromisses bildete das damalige Abkommen zwischen Staat und Kirche. Ungeachtet aller Verfolgungen, die die Kirche in der stalinistischen Zeit erlitten hatte, eilte sie dem Regime, das sich im Herbst 1956 am Rande des Zusammenbruches

---

Manuskript, S. 318 f.; Lenert, Pierre: *Die Wahrheit über die katholische Kirche in Polen*. Berlin 1965, S. 41 f; Nowak, *Wojna*, S. 198 f.; Cywiński, Bohdan: *Ogniem próbowane*. Rom-Lublin 1990, Bd. 2, S. 106 f.; Paczkowski, *Pół wieku*, S. 278 f.; Roszkowski, *Historia*, S. 208, 220 f.

54 Micewski, *Kardynał Wyszyński*, S. 135 f.; Kłoczowski u. a., *Historia*, S. 384; Nowak: *Wojna*, S. 197 f. Zu den Plänen der Warschauer Führung, die Kirche in eine Marionette des Staates zu verwandeln siehe u. a. die vor einigen Jahren veröffentlichten Dokumente des Amtes für Religionsfragen (Łączyński, Krzysztof: Po uwięzieniu Prymasa Wyszyńskiego, in: *Głos* 56-57, 1990, S. 37-45. Siehe dazu auch Uwięzienie Prymasa Wyszyńskiego, in: *Polityka*, 1.2.1992; Czubiński, *Dzieje*, S. 260 f.; Dudek / Gryz, *Komuniści i Kościół*, S. 82-89; Zieliński, *Kościół*, S. 110-113; Żaryn, *Dzieje*, S. 134-139.

befand, zu Hilfe. Ihre Führung ging davon aus, die polnische Staatsräson verlange dies von ihr.

Im Herbst 1956 befand sich die polnische Gesellschaft in einem ähnlichen Gärungszustand wie die ungarische und lehnte sich ebenso wie Ungarn gegen den Stalinismus auf. Dass es der Warschauer Führung gelang, diese Auflehnung zu kanalisieren und eine Explosion zu verhindern, rief ein allgemeines Erstaunen in der Weltöffentlichkeit hervor. Dieser Erfolg war sicher darauf zurückzuführen, dass zu seinen Vätern nicht nur das diskreditierte Regime, sondern auch der polnische Episkopat zählte.

Dass Kardinal Wyszyński keinen Augenblick zögerte, das Versöhnungsangebot der Partei anzunehmen, hatte nicht zuletzt damit zu tun, dass er dieses Angebot von einem Leidensgenossen erhalten hatte – vom neuen Generalsekretär der Polnischen Vereinigten Arbeiterpartei, Władysław Gomułka, der ebenso wie der Primas zu den Opfern des stalinistischen Regimes zählte. Gomułka war im August 1951 verhaftet worden, und nur dem taktischen Geschick des polnischen Diktators Bolesław Bierut verdankte er sein Überleben.[55] Denn Stalin forderte von der polnischen Führung wiederholt die Organisation eines Schauprozesses gegen Gomułka. In den sowjetischen Medien wurde Gomułka in einem Atemzug mit den bereits verurteilten und hingerichteten „Volksfeinden" genannt, so mit dem Hauptangeklagten des ungarischen Schauprozesses Laszlo Rajk und des bulgarischen, Trajtscho Kostow. Indes zeigte Bierut, der ansonsten Stalin sklavisch gehorchte, gegenüber den gefährdeten Spitzenfunktionären der Partei eine völlig unerwartete Loyalität.[56] Dies kam der Partei letztendlich zugute. Gomułka, der im Jahre 1956 zum Hoffnungsträger der überwiegenden Mehrheit der Polen wurde, musste, anders als z. B. Laszlo Rajk in Ungarn, nicht posthum rehabilitiert werden. Er stellte eine moralische Reserve dar, auf die das Regime in der Stunde seiner tiefsten Krise zurückgreifen konnte.

---

55 Torańska, Teresa: *Die da oben. Polnische Stalinisten zum Sprechen gebracht.* Köln 1987, S. 307; Kozłowski, Czesław: *Namiestnik Stalina.* Warschau 1993, S. 156; Roszkowski, *Historia*, S. 205.

56 Torańska, *Die da oben*, S. 307 f.; Kozłowski, *Namiestnik*, S. 156; Roszkowski, *Historia*, S. 205.

Es war für Gomułka indes äußerst wichtig, einen glaubwürdigen Verbündeten für sein Programm zu gewinnen. Denn es enthielt nicht nur solche allgemein akzeptierte Punkte wie Abkehr vom stalinistischen Terror oder Verzicht auf die Kollektivierung der Landwirtschaft, sondern auch solch umstrittene Postulate wie Bündnistreue gegenüber der Sowjetunion bzw. Aufrechterhaltung der führenden Rolle der Partei. Daher auch der Canossagang der engsten Vertrauten des neuen Generalsekretärs – Zenon Kliszko und Władysław Bieńkowski nach Komańcza – den Verbannungsort Stefan Wyszyńskis. Sie erschienen dort am 26. Oktober 1956 – einige Tage nach dem 8. ZK-Plenum, das Gomułka zum Generalsekretär gewählt hatte. Bieńkowski berichtet nachträglich, wie groß die Angst Gomułkas gewesen sei, der Primas würde aufgrund der Verfolgungen, die er erlitten hatte, jede Zusammenarbeit mit den Kommunisten ablehnen. So überraschte das Verständnis, das der Kirchenführer für die Lage der Regierung zeigte die Vertrauten Gomułkas völlig. Die scharfe Kritik an der bisherigen Kirchenpolitik der Kommunisten verknüpfte Wyszyński mit einem Versöhnungsangebot, mit einer Bereitschaft, die Regierung bei der Bewältigung der Krise zu unterstützen.[57]

Beinahe alle Forderungen Wyszyńskis wurden von der Staatsführung akzeptiert. Dazu zählten u. a. die Annullierung des Erlasses vom 9. Februar 1953, der die Besetzung der kirchlichen Ämter unter die Kontrolle der staatlichen Behörden gestellt hatte, die Wiederherstellung der unabhängigen katholischen Presse und die Freilassung der inhaftierten Bischöfe und Priester.[58]

Am 28. Oktober 1956 kehrte Wyszyński nach Warschau zurück und trug durch seine Appelle zur Besonnenheit wesentlich zur Entschärfung der Lage bei.[59]

---

57 Friszke, Andrzej: Kultura polityczna w PRL 1948-1989, in: Ders., *Przystosowanie i opór*, S. 394-413, hier S. 409; Ders.: *Opozycja*, S. 194 f.
58 Micewski, *Kardynał Wyszyński*, S. 159 f.; siehe dazu auch Komunikat Komisji Wspólnej przedstawicieli Rządu i Episkopatu, *Trybuna Ludu,* 8.12.1956; Dudek / Gryz, *Komuniści i Kościół*, S. 108 f.
59 Raina, Peter: *Stefan Kardynał Wyszyński. Prymas Polski*, Bd. 1-3. London 1988, hier Bd. 2, S. 150 f., Bd. 3, S. 634 f.; Ders.: *Kościół w PRL. Kościół Katolicki a państwo w świetle dokumentów 1945-1989*, Bd. 1-2. Posen 1994 f., hier Bd. 1, S. 582 f.; Castellan, *Gott schütze Polen!*, S. 246.

Katholische Verfechter des Kompromisses zwischen Staat und Kirche bezeichneten ihren 1956 eingeschlagenen Kurs gelegentlich als ‚neopositivistisch'.[60] Der Name knüpft an die 'positivistische' Denkschule an, die in Polen infolge des Scheiterns des Aufstandes von 1863 entstanden war.[61] Im Westen wird der Begriff ‚Positivismus' mit der von Auguste Comte gegründeten philosophischen Schule assoziiert. In Polen hingegen hat er eine zusätzliche Bedeutung. Als 'positivistisch' werden hier gemäßigte politische Programme bezeichnet, die sich vom radikalen und utopischen Denken bewusst distanzieren.

Zu den wichtigsten Verfechtern des „neopositivistischen Programms" gehörten die Herausgeber des *Tygodnik Powszechny*, der infolge der Übereinkunft zwischen Wyszyński und Gomułka wieder erscheinen durfte. Die Kernsätze dieses Programms wurden bereits in der ersten Nummer des neuzugelassenen *Tygodnik* durch seine aktivsten politischen Publizisten, Stanisław Stomma und Stefan Kisielewski, formuliert (25. Dezember 1956).[62] Man müsse davon ausgehen, so die beiden Autoren, dass Polen für unabsehbare Zeit unter der sowjetischen Hegemonie bleiben werde, der Gedanke an einen Ausbruch aus dem Ostblock sei unter den gegebenen Umständen Utopie. Auch mit der Vorherrschaft der kommunistischen Partei müsse sich die polnische Gesellschaft abfinden. Kisielewski fügt allerdings hinzu, dass er sich für den Status quo ausschließlich aus realpolitischen und nicht aus ideologischen Gründen ausspreche. Persönlich sei er nämlich Gegner des Sozialismus, da dieser eine Art der Ausbeutung durch eine andere ersetzt habe. Auch für die Mehrheit der Bevölkerung komme die von den Marxisten geforderte ideologische Begründung des polnisch-sowjetischen Bündnisses nicht in Frage. Ähnlich wie Kisielewski argumentierten auch andere Verfechter des ‚Neopositivismus'.[63] Die katholischen

---

60   Siehe dazu Rozmowa z przewodniczącym Koła Poselskiego ‚Znak' Dr. St. Stommą, in: *Więź* 1959, H. 2, S. 28-31; Stomma, Stanisław: W XXX rocznicę Października, *TP*, 26.10.1986; Ders.: Bronię się przed politycznym pesymizmem, in: *Polityka*, 23.5.1987; Kisielewski, Stefan: Czy neopozytywizm? *TP*, 25.12.1956; Bromke, *Poland's Politics*, S. 232-251.
61   Vgl. Wereszycki, Henryk: *Historia polityczna Polski 1864-1918*, Paris 1979.
62   Stomma, Stanisław: Idea i siła, *TP*, 25.12.1956; Kisielewski, Czy neopozytywizm?; siehe dazu auch Stomma, *Pościg*, S. 119.
63   Turowicz, Jerzy: W interesie Polski, *Życie Warszawy*, 1.11.1956; Intelektualiści

Aktivisten waren also bereit, die von den Kommunisten geschaffenen vollendeten Tatsachen zu akzeptieren, aber nur unter der Bedingung, dass die letzteren auch die Realität des katholischen Andersseins mit allen sich daraus ergebenden Konsequenzen tolerieren würden. So enthielt das ‚neopositivistische Programm' nicht nur eine „Kapitulation vor der Macht des Faktischen", sondern setzte dieser Macht auch eindeutig Grenzen.

Eine gewisse Ähnlichkeit dieses Programms zu den bereits 1945-48 formulierten Grundsätzen des *Tygodnik Powszechny* ist unverkennbar. Dennoch hatte dieses Konzept in einem sich etablierenden totalitären Staat keine Chance auf Verwirklichung. Der unaufhaltsam expandierende Stalinismus hatte sich damals mit dem Vorhandensein innenpolitischer Schranken seiner Macht nicht abfinden können. Die Situation in dem durch die Zäsur vom Oktober 1956 erneuerten Polen schien grundlegend anders zu sein. Die *Tygodnik*-Gruppe schien nun die Möglichkeit zu bekommen, nicht nur die katholischen Grundwerte innerhalb einer ‚belagerten Festung' zu verteidigen, wie dies in den Jahren 1948-53 der Fall gewesen war, sondern auch in die Außenwelt hinauszugreifen, um sie mitzugestalten. Diesem Ziel diente die mit dem *Tygodnik* eng liierte Abgeordneten-Gruppe *Znak*.[64] In seinen Erinnerungen weist Stanisław Stomma darauf hin, dass die Konstituierung des *Znak* unmittelbar vor der ersten Sitzung des neu-

---

katoliccy wobec Polskiego Października, *Życie Warszawy*, 10.11.1956. Die Tatsache, dass die Verfechter des neopositivistischen Programms sich von der offiziellen Begründung des polnisch-sowjetischen Bündnisses eindeutig distanzierten, dass die führenden Verteter der *Tygodnik*- und *Znak*-Gruppe (so vor allem Stanisław Stomma) niemals ihren eigenen Stanpukt aufgaben, wird von vielen Kritikern des neopositivistischen Programms nicht ausreichend gewürdigt. Siehe dazu u. a. das Buch Roman Graczyks: *Cena przetrwania? SB a „Tygodnik Powszechny"*. Warschau 2011.

64 Stomma, *Pościg*, S. 108; Zur Geschichte der Gruppe *Znak* siehe ebda., S. 117-164; Kisielewski, Stefan: Koło ‚Znak' czyli eksperyment, in: *Powściągliwość i Praca*, März 1987; Micewski, *Współrządzić*; Bromke, *Poland's Politics*; Szlek-Miller, Stefania: The ‚Znak' Group: ‚Priests' or Jesters' (1956-1970), in: *The Polish Review* 1976, S. 69-84; Stehle, Hansjakob: *Nachbar Polen*. Frankfurt / Main 1963, S. 134-137, 229-232; Pospieszalski, Anton: Lay Catholic Organisations in Poland, in: *Survey* 4, 1969, S. 237-245; Zmijewski, Norbert A.: *The Catholic-Marxist Ideological Dialogue*. Sidney 1991, S. 25-50; Kołakowski, M.: Pierwsze koło posłów katolickich ‚Znak', in: *Znaki Czasu* 11, 1988, S. 120-129; Friszke, *Opozycja*, S. 195 ff., 201; Zawieyski, Jerzy: Odwilż, in: *Karta* Nr. 63, 2010, S. 46-86; Friszke, Andrzej: Posłowie, in: ebda., S. 87 ff.

gewählten Parlaments (Februar 1957) der Eigeninitiative der unabhängigen katholischen Abgeordneten entsprungen sei. Für die Parteiführung sei dieser Zusammenschluss eine unangenehme Überraschung gewesen. Dennoch habe sie sich mit diesem ‚Coup' der Katholiken abgefunden.

Seit ihrer Konstituierung kandidierte die Gruppe bei den Sejm-Wahlen auf der von der Partei bestimmten Einheitsliste und ihre Mitgliederzahl (sie schwankte zwischen fünf und elf Abgeordneten von insgesamt 459) zeigte, dass sie die katholische Mehrheit des Landes nur symbolisch repräsentierte. Auf der anderen Seite hatte das polnische Parlament aufgrund der Anwesenheit des *Znak* nicht mehr den marionettenhaften Charakter, wie ihn die Parlamente in den anderen kommunistischen Ländern vor dem Beginn der Gorbačevschen Perestrojka hatten.[65] In manchen Krisensituationen erhoben die *Znak*-Abgeordneten deutlich ihre kritische Stimme und bereiteten dadurch dem Regime zahlreiche Verlegenheiten.

Es gab sowohl in Polen als auch in der Emigration Stimmen, die den Eintritt der Katholiken in den von den Kommunisten beherrschten Sejm als Fehler bezeichneten. Das Parlament sei in einem kommunistischen Land ohnehin nicht der Ort, an dem politische Entscheidungen von Gewicht getroffen würden, argumentierten die Kritiker. Durch die symbolische Präsenz des *Znak* im Sejm würde nur der Anschein erweckt, in Polen herrsche politischer Pluralismus.[66] Solche Stimmen mehrten sich insbesondere nach 1976, als es der Regierung gelang, den *Znak* auszuhöhlen und unabhängige Abgeordnete durch regimetreue zu ersetzen.[67]

---

65 Man darf die Stellung des Znak-Zirkels im Sejm in den Jahren 1957-1976 nicht mit derjenigen der Demokratischen Partei (SD) und der Volkspartei (ZSL) – beide Koalitionsparteien der polnischen Kommunisten bis 1989 – gleichsetzen. Diese in den vierziger Jahren gleichgeschalteten Parteien stellten im Gegensatz zum Znak bloße Marionetten des Regimes dar.

66 Mieroszewski, Juliusz: Wizyta u Luboniów, in: *Kultura* 1962, H. 3, S. 9-19; XYZ: List z kraju, in: *Kultura* 1961, H. 7-8, S. 127-132; Morawski, Dominik: Kościół po rewolucji grudniowej, in: *Kultura* 1973, H. 4, S. 30-48.

67 Morawski, Dominik: Korespondencja z Rzymu, in: *Kultura* 1977, H. 1, S. 109-118; Ders.: Korespondencja z Rzymu, in: *Kultura* 1977, H. 7, S. 162-167; Michnik, Adam: Nowy ewolucjonizm, in: Ders.: *Szanse polskiej demokracji*, S. 77-87; Kaminska, Anna: The Polish Pope and the Polish Catholic Church, in: *Survey* 4, 1979, S. 204-222; Czech, Marian [Jan Prokop]: Za co winniśmy kochać Stefana Kisielewskiego, in: *Arka* 9, 1984, S. 36-42, hier S. 41 f.

Dennoch unterschätzen die Kritiker die Bedeutung der Symbole in Diktaturen. Es ist allgemein bekannt, welchen Wert die kommunistischen Regime auf den Harmonie-Mythos legten, wie hartnäckig sie das Vorhandensein von Konflikten und gegensätzlichen Interessen in den von ihnen beherrschten Gesellschaften leugneten. Durch gelegentliche Weigerungen mit dem Strom zu schwimmen, durch einige symbolische Widerstandsakte haben die *Znak*-Abgeordneten ein solches Bild der Harmonie immer wieder ins Wanken gebracht.[68]

Die *Tygodnik*-Gruppe betrachtete die Ereignisse vom Oktober 1956 als geschichtliche Wende, die nicht nur innerpolnische Bedeutung habe. Der an der Weichsel erzielte Kompromiss zwischen zwei ‚Universalkirchen' – dem Katholizismus und dem Kommunismus –, die sich bis dahin erbittert bekämpft hätten, sollte nach Ansicht der Gruppe eine weltweite Entspannung zwischen den Ideologien und den Machtblöcken einleiten.[69] Aufgrund seiner gleichzeitigen Zugehörigkeit zum sozialistischen Block und zur abendländischen Kultur eigne sich Polen ideal dazu, zwischen Ost und West zu vermitteln. Dieses Land sei zur Hoffnung der Welt geworden, verkündete Stomma Anfang 1959.[70] Kisielewski fügte Folgendes hinzu: Früher habe sich Polen als eine westliche Bastion gegen die östliche Gefahr und zugleich als ein Verteidigungswall gegen den deutschen Drang nach Osten verstanden. Diese doppelte Mission habe dem Land eine katastrophale Niederlage nach der anderen beschert. Vielleicht sollte es nun versuchen mit einer anderen Rolle zum Weltruhm zu gelangen, nämlich als Vermittler und Brücke zwischen Ost und West.[71]

In diesen Aussagen spiegelt sich nicht nur der Optimismus der ersten ‚Tauwetter'-Jahre, sondern auch, wenn auch in einer abgemilderten Form,

---

68 Kisielewski, Wspomnienia, S. 154; Ders.: Rzeczy duże, rzeczy małe ..., *TP*, 16.11.1986; Ders.: O politycznej reprezentacji katolików, in: *Głos* 9, 1980, S. 15-18; Żaryn, *Dzieje*, S. 170 f.
69 Kisielewski, Czy neopozytywizm?; *Sprawozdanie Stenograficzne z 34 posiedzenia Sejmu Polskiej Rzeczypospolitej Ludowej w dniu 11 lutego 1959 r.* Warschau 1959, S. 79-88.
70 *Sprawozdanie z 34 posiedzenia Sejmu*, S. 79-88.
71 Kisielewski, Stefan (Hrsg.): Polska-pomostem obrotowym, *TP*, 15.3.1959; Ders.: List do redaktora ‚Kultury', in: *Kultura* 1962, H. 3, S. 72-80; siehe dazu auch Stomma, Stanisław: Cień Winkelrieda, *TP*, 21.6.1959; Woźniakowski, Jacek: Pudrowane peruki, *TP*, 27.9.1959.

die romantische Tradition wider, die Polen Erlöser-Funktionen zuschrieb. Beide Publizisten ließen außer Acht, dass die Moskauer Führung bei ihren Annäherungsversuchen an den Westen keinen besonderen Wert auf polnische Vermittlung legte. Sie zog es vor, sich direkt an den Westen zu wenden. Dies hieß jedoch nicht, dass das Experiment an der Weichsel ausschließlich innenpolitische Bedeutung besessen hätte. Es sollte auch grenzüberschreitende Auswirkungen haben. Dennoch bezogen sie sich auf eine andere Ebene als zunächst vermutet. Die Zäsur vom Oktober 1956 sollte nicht das Ost-West-Verhältnis, sondern, zumindest ansatzweise, den Osten revolutionieren. Die polnischen Kommunisten gehörten zu den ersten, die sich, trotz mancher innerer Widerstände, mit der Tatsache abfanden, dass eine moderne Gesellschaft per definitionem nonkonformistische Kräfte enthalten müsse und dass es sinnlos sei, diesen Kräften jede Äußerungs- und Entfaltungsmöglichkeit zu verbieten. Zu diesem Zugeständnis an die Moderne konnten sich andere kommunistische Führungen, wenn man vom „Prager Frühling" absieht, sehr lange nicht durchringen. Und als sie es infolge der Perestrojka taten, war es bereits zu spät.

Die Tatsache, dass die *Tygodnik*-Gruppe ‚lediglich' für den gesellschaftlichen und weltanschaulichen Pluralismus eintrat und das politische Machtmonopol der Partei nicht in Frage stellte, veranlasste viele Autoren, auch solche, die sich in der stalinistischen Zeit keineswegs so standhaft verhalten hatten wie die *Tygodnik*-Herausgeber, zu heftigen Angriffen. Zu ihnen zählte auch der Historiker Paweł Jasienica, ein ehemaliger Mitarbeiter des *Tygodnik,* der sich Ende der vierziger Jahre dem Druck der Behörden gebeugt und die Zeitschrift verlassen hatte. Als die Herausgeber des wiederzugelassenen Blattes ihm eine erneute Zusammenarbeit vorschlugen, lehnte er das Angebot mit folgenden Argumenten ab: Der *Tygodnik* habe nun seinen Charakter im Vergleich zu früher verändert. Früher habe er sich für die Freiheit aller eingesetzt, nun verteidige er lediglich die Vorrechte einer besonders privilegierten Gruppe. Mit seinen Warnungen vor allzu radikalen Forderungen und Bestrebungen unterscheide er sich kaum von den konservativen Verteidigern des Regimes. Abgesehen davon hielt Jasienica es für bedenklich, dass infolge des Kompromisses zwischen Staat und Kirche nur Kommunisten und Katholiken über das Privileg der freien

Meinungsäußerung verfügten. Der Ausschluss aller anderen Gruppierungen aus diesem Konsens sei ausgesprochen undemokratisch.[72]

Der ansonsten brillante Historiker ließ hier eindeutig den historischen und politischen Instinkt vermissen. Wie vieler Anläufe hatte es bedurft, um autokratische bzw. absolutistische Regime der Vergangenheit zu reformieren und zu demokratisieren! Dabei konnten sich diese Staatensysteme, was die Machtkumulation anbetrifft, mit dem Kommunismus kaum messen. Die Tatsache, dass dieses auf Macht- und Informationsmonopol fixierte System den Katholiken ein gewisses Mitspracherecht bei den meinungsbildenden Prozessen gewährte, stellte einen gewaltigen Einschnitt dar. Dies umso mehr, als es sich bei den Katholiken nicht um irgendeine Gruppierung unter vielen handelte, sondern um eine Glaubensrichtung, zu der sich etwa 90 Prozent der Bevölkerung bekannten. Der weltanschauliche Dualismus, der sich 1956 in Polen etablierte, und der für Jasienica eine Art Doppeldiktatur darstellte, sollte in Wirklichkeit den emanzipatorischen Prozess der gesamten Gesellschaft wesentlich beschleunigen. Davon profitierten auch Gegner der jeweiligen Orthodoxie – sowohl der kommunistischen als auch der katholischen –, die Jasienica unter seinen Schutz nahm. Denn als die einzige, vom Staat nicht vereinnahmte Organisation entwickelte sich die Kirche allmählich zum Beschützer einer immer größeren Zahl von nonkonformistischen Kräften, auch solcher, die mit dem Katholizismus nur wenige Berührungspunkte hatten.

Anders als ihre Kritiker meinten, betrachteten die *Znak*-Abgeordneten sich selbst keineswegs nur als ‚Blitzableiter', die der Regierung helfen sollten, den gesellschaftlichen Protest einzudämmen. Sobald die Regierung bestimmte Grundwerte allzu eklatant verletzte, hörte sie seitens der Katholiken, ähnlich wie vor 1953, ein deutliches „Bis hierher und nicht weiter!"[73] Es wäre abwegig anzunehmen, dass eine Kraft, die sich seiner-

---

72   Jasienica, Paweł: Nawrócony, in: *Nowa Kultura,* 5.5.1957; Ders.: Z dymem kadzideł, in: *Nowa Kultura,* 2.6.1957.

73   Siehe dazu u. a. *Sprawozdanie Stenograficzne z 57 posiedzenia Sejmu PRL w dniu 15 lutego 1961 r.* Warschau 1961, S. 121-128; *Sprawozdanie stenograficzne z 3 posiedzenia Sejmu PRL w dniu 14 i 15 lipca 1961 r.* Warschau 1961, S. 22-25; *Sprawozdanie Stenograficzne z 22 posiedzenia Sejmu PRL w dniu 19 grudnia 1963 r.* Warschau 1963, S. 28-35; *Sprawozdanie Stenograficzne z 32 posiedzenia Sejmu PRL w dniach 29, 30 i 31 marca 1965 r.* Warschau 1965,

zeit nicht einmal dem stalinistischen Terror gebeugt hatte, Gefahr lief, in der viel liberaleren Atmosphäre, die nach 1956 im Lande herrschte, sich in ein willfähriges Organ der Staatsführung zu verwandeln. Nur selten enthielten sich die *Znak*-Abgeordneten der Stimme bzw. stimmten mit 'nein'. Dennoch trug die Tatsache, dass sie es ab und zu taten, erheblich zur Veränderung des politischen Klimas im Lande bei. Darum galt der Sejm – „ein kommunistisches Parlament mit Nein-Stimmen" (H. Stehle)[74] – im Allgemeinen als Ausnahmeerscheinung im gesamten Ostblock.

Stanisław Stomma berichtet nachträglich: „Wenn wir zum Rednerpult gingen, rief dies immer Unruhe hervor [...] Das Vorhandensein einer solchen Gruppe im Parlament stellte einen präzedenzlosen Fall in den Volksdemokratien dar. Dies war natürlich eine kleine Gruppe, die nichts ändern konnte, aber sie hatte ihre Stimme."[75]

Man darf hier allerdings nicht außer Acht lassen, dass die Politik des Warschauer Regimes nicht nur von den Katholiken, sondern auch, und zwar wesentlich radikaler, von kommunistischen Regimekritikern – Revisionisten – kritisiert wurde.[76] Das Auftreten der polnischen Revisionisten wie auch ihrer Gesinnungsgenossen in den anderen osteuropäischen Ländern konnte den Eindruck erwecken, dass es dem bürokratisch-etatistischen Stalinismus keineswegs gelungen war, die genuine Linke endgültig zu zerstören. Die Revisionisten ließen sich in ihrem Handeln in erster Linie durch den moralischen Impetus des Marxismus und nicht durch herrschaftssichernde Überlegungen leiten. Da sie sich für die Errichtung des stalinistischen Regimes in der Regel mitverantwortlich fühlten, wollten sie ihre Schuld durch besondere Konsequenz im Kampfe gegen restaurative Tendenzen jeglicher Art begleichen.[77] Und diese ihre Konsequenz galt den Kritikern der gemäßigten Neopositivisten nicht selten als Vorbild. Die Tatsache, dass in Polen die freiheitlichste, die ‚westlichste' Form des Kommu-

---

74 S. 130-136.
Stehle, *Nachbar Polen*, S. 225-242.
75 W XXX rocznicę października, *TP*, 26.10.1986.
76 Vgl. dazu Fejtö, François: *Die Geschichte der Volksdemokratien*. Graz 1972, Bd. 2, S. 108-116; Kołakowski, Leszek: *Die Hauptströmungen des Marxismus. Entstehung, Entwicklung, Zerfall*, Bd. 3, Zürich 1981, S. 496-515.
77 Vgl. dazu Fejtö, *Die Geschichte der Volksdemokratien*, Bd. 2, S. 108-116; Kołakowski, *Hauptströmungen des Marxismus*, Bd. 3, S. 496-515.

nismus herrsche, verdanke man ausschließlich den ‚Revisionisten' und nicht den katholischen Loyalisten à la Kisielewski, schrieb 1963 der Star-Publizist der polnischen Exil-Zeitschrift *Kultura* Juliusz Mieroszewski. Nur die revisionistischen Kreise und Presseorgane gingen das Risiko ein, die Grenzen des Erlaubten zu überschreiten, auf diese Weise hätten sie eine relative Meinungsfreiheit im Lande zu sichern vermocht.[78] Mieroszewski hielt den Revisionismus für eine Kraft mit großer Zukunft. Dennoch hatte der polnische Revisionismus, als der brillante Publizist diese Worte schrieb, seine Zukunft bereits längst hinter sich gelassen. Die Parteiführung war damals gerade dabei, die „revisionistische Gefahr" gänzlich zu beseitigen.[79]

Die Revisionisten haben die Zeichen der Zeit gründlich verkannt. Sie versuchten „Lenin gegen den Stalinismus auszuspielen" (Leszek Kołakowski)[80] und träumten vom Frühbolschewismus, als es sich bei den Bolschewiki um eine diskutierende und keineswegs bloß gehorchende Partei gehandelt hatte. Mit diesem Vorhaben forderten sie aber die bewahrenden Kräfte im gesamten Ostblock in einer außerordentlichen Weise heraus. Denn die Entstalinisierung bedeutete für die Mehrheit der Kommunisten keineswegs die Abkehr von den bürokratischen Herrschaftsstrukturen. Im Gegenteil, nun war die herrschende Bürokratie von der Willkür des Despoten und der ihm hörigen Terrororgane befreit und wollte die Früchte ihrer Herrschaft, Privilegien, die mit ihrem Machtmonopol verknüpft waren, in Ruhe genießen. Und die rührigen, von der ‚Volksherrschaft' träumenden Revisionisten standen diesem Ziel im Wege. Nach der Zerschlagung des Ungarn-Aufstandes blieb Polen das einzige Land im Ostblock, in dem die innerparteiliche Opposition vielfältige Betätigungsmöglichkeiten besaß – Presseorgane, Diskussionsklubs, Arbeiterräte in den Betrieben usw. So übten die polnischen Revisionisten eine außerordentliche Anziehungskraft auf die Parteiintellektuellen in den Nachbarländern aus. Aber gerade deshalb „lebten sie sehr gefährlich". Denn die Warschauer Führung

---

78 Mieroszewski, Juliusz: ‚Otwarty katolicyzm' contra 'otwarty marksizm', in: *Kultura* 1963, H. 9, S. 9-17.
79 Vgl. dazu Fejtö: *Volksdemokratien*, Bd. 2; Brzezinski, Zbigniew: *Der Sowjetblock. Einheit und Konflikt*. Köln / Berlin 1962, S. 371-380.
80 Kołakowski, *Hauptströmungen des Marxismus*, Bd. 3, S. 500.

befand sich unter einem permanenten Druck der Verbündeten, die von ihr eine schärfere Gangart gegen die Reformkräfte verlangten.[81] Dabei fanden die kommunistischen Nachbarn nicht nur bei den polnischen Dogmatikern, sondern auch bei Gomułka ein offenes Ohr. Der polnische Weg zum Sozialismus für den er plädierte, hatte mit dem demokratischen Sozialismus nur wenig gemein. Bereits im März 1957 verurteilte er diejenigen Kommunisten, die nur den Stalinismus als Gefahr ansahen und die „revisionistische Gefahr" unterschätzten.[82] Im Oktober 1957 verbot das Regime das Flaggschiff der kommunistischen Erneuerer – die Zeitschrift *Po prostu*.[83] Die von den nonkonformen linken Intellektuellen gegründeten Diskussionsklubs wurden nach und nach aufgelöst. Die gesamte organisatorische Infrastruktur, die die oppositionell gesinnten Parteiintellektuellen geschaffen hatten, ging ihnen Ende der 1950er/ Anfang der 1960er Jahre praktisch verloren.

Es fällt auf, wie unterschiedlich die Führung unter Gomułka die nonkonforme Linke einerseits und die katholischen Regimekritiker andererseits behandelte. Während die Zeitschriften der Reformkommunisten entweder verboten oder gleichgeschaltet wurden, konnten die unabhängigen katholischen Organe weiter erscheinen.

Ihre Zahl vergrößerte sich sogar, denn im Frühjahr 1958 wurde die Monatszeitschrift *Więź* gegründet, deren Redaktion sich vorwiegend aus den ehemaligen Pax-Mitgliedern rekrutierte, die 1955 mit Bolesław Piasecki gebrochen hatten.[84] Auch die 1956 errichteten Klubs der Katholischen Intelligenz entwickelten sich zu wichtigen Begegnungszentren der Intellektuellen unterschiedlichster Couleur. Der sogenannte ‚katholische Minimalismus' begann sich nun auszuzahlen. Da die Katholiken keinen Anspruch darauf erhoben, das Land mitzuregieren und sich in die inneren Angelegenheiten der Partei nicht einmischten, war die Staatsführung eher bereit, ihre Aktivität zu dulden als diejenige der ‚Revisionisten', die durch

---

81 Fejtö, *Volksdemokratien*, Bd. 2; Brzezinski, *Der Sowjetblock*, S. 375, 382 f.
82 Brzezinski, *Der Sowjetblock*, S. 370. Siehe dazu auch Narodziny i zgon polskiego października, in: *Polityka*, 24.10.1981.
83 Brzezinski, *Der Sowjetblock*, S. 372; Bromke, *Poland's Politics*, S. 135.
84 Micewski: *Współrządzić*, S. 75 ff, 198 ff.

ihre Forderung nach Vertiefung der innerparteilichen Demokratie die Fundamente des Regimes zu destabilisieren drohten.[85]

Nach der Zerschlagung der ‚revisionistischen' Presse erreichten die unabhängigen katholischen Organe ungewollt ihre Exklusivität wieder, die sie in den Jahren 1948-53 bereits besessen hatten. Nur hier erschienen Beiträge, die sich von der Politik der Regierung distanzierten bzw. diese offen kritisierten, nur diese Blätter ließen sich in die offiziellen Propagandakampagnen nicht einspannen. Trotz andauernder Kämpfe mit der Zensur, die viele Artikel absetzte bzw. verunstaltete, blieben sie dem alten Grundsatz des *Tygodnik Powszechny* – „Lieber schweigen als lügen" – treu. Und diese ihre Haltung ist von den Lesern auch entsprechend gewürdigt worden. Noch 1960 hatte sich Kisielewski über das unzureichende Interesse der Öffentlichkeit für den *Tygodnik* beklagt. Nur ein Teil seiner Auflage werde verkauft.[86] Einige Jahre später aber wurde das Blatt zu einer der begehrtesten Zeitschriften im Lande und zu einer ausgesprochenen Rarität auf dem Markt.[87] Die Regierung versuchte die Aufsässigkeit der Katholiken durch eine Reduzierung der Auflage des *Tygodnik* zu bestrafen. Sie sank im Jahre 1961 von 50 auf 40 Tausend. Ein anderes Mittel der Machthaber zur Eindämmung des Einflusses der katholischen Publikationen bestand in der Taktik des Schweigens. Recht selten wurde es der offiziellen Presse gestattet, auf Beiträge, die in den katholischen Blättern erschienen waren, einzugehen oder gegen sie zu polemisieren.[88] Alle diese Maßnahmen halfen indes nur wenig. Das legale Erscheinen von Zeitschriften und Büchern (*Znak*-Verlag), die weltanschaulich einen anderen Standpunkt als das Regime vertraten, die offen mit der herrschenden Ideologie konkurrierten,

---

85 Siehe Mlynář, Zdeněk: Die sowjetische Intervention in der Tschechoslowakei – Modellfall oder Ausnahme, in. Löwenthal, Richard / Meissner, Boris: (Hrsg.) *Der Sowjetblock zwischen Vormachtkontrolle und Autonomie,* Köln 1984, S. 133-151; Fejtö, *Volksdemokratien,* Bd. 2, S. 232-236.

86 Kisielewski, Stefan: Sprawy ideowe, *TP,* 24.7.1960.

87 Bromke, *Poland's Politics,* S. 249; siehe dazu auch Woźniakowski, Jacek: Przemówienie, in: *Spotkania* 4, 1978, S. 247-249; *Listy Pasterskie Episkopatu Polski,* S. 302; *164 Konferencja Plenarna Episkopatu Polski.* Warschau 1978; Siwek, S.: Trudności wydawnicze prasy katolickiej, *TP,* 26.1.1986.

88 Woźniakowski, *Przemówienie,* S. 249; Kisielewski, Stefan: O starciach i postawach, *TP,* 8.9.1974; O kwadraturze koła i neopozytywizmie. Rozmowa ze Stanisławem Stommą, *TP,* 2.5.1965.

musste zwangsläufig eine belebende Wirkung auf die gesamte polnische Presse- und Verlagslandschaft haben. Diese Konkurrenz war sicher einer der Gründe dafür, dass einige Parteiblätter, z. B. die *Polityka*, bei der Behandlung mancher heiklen politischen Fragen vom Regime wesentlich mehr Spielraum erhielten als dies bei vergleichbaren Blättern in den anderen Ostblockländern der Fall war.

3. Der Kompromiss zwischen Staat und Kirche auf dem Prüfstand (1965-1970)

Das polnische Regime unterschied sich in seinem Streben, die wichtigsten Lebensbereiche des Landes direkt zu kontrollieren, nicht wesentlich von den anderen kommunistischen Regierungen. Je weiter die Ereignisse von 1956 zurücklagen, desto intensiver war das Bemühen der Parteiführung, den früheren Handlungsspielraum wiederherzustellen. Noch 1957 überwogen in den Äußerungen der Parteiführung über die Kirche positive Akzente. Die katholische und die sozialistische Weltanschauung, die Volksmacht und die kirchliche Hierarchie würden noch sehr lange nebeneinander existieren, erklärte im Juni 1957 Gomułka.[89] In vertraulichen Gesprächen mit Parteifreunden klang Gomułka indes bei weitem nicht so konziliant. So erklärte er z. B. im gleichen Monat im Gespräch mit Posener Parteifunktionären, dass die Regierung das Abkommen mit der Kirche vom Jahre 56 ausschließlich aus taktischen Gründen unterzeichnet habe. Die Krise vom Herbst 56 habe der Partei keine andere Wahl gelassen. Sie sei zu einem Modus vivendi mit der Kirche, zur Beendigung des Kriegszustandes mit ihr, nur durch äußere Umstände gezwungen gewesen.[90]

Das Verhalten der Kirchenführung wurde nun von den Warschauer Behörden äußerst misstrauisch beobachtet. Im vertraulichen Schreiben

---

89 Referat I Sekretarza KC PZPR tow. Władysława Gomułki, in: *Nowe Drogi* 6/1957, S. 3-55, hier S. 28; Dudek / Gryz, *Komuniści i Kościół*, S. 119.

90 Dudek, Antoni: Polityka władz wobec Kościoła w latach 1956-1980, in: Wójcik, Przemysław (Hrsg.): *Elity władzy w Polsce a struktura społeczna w latach 1956-1980*. Warschau 1994, S. 202-237, hier S. 207.

des Amtes für Glaubensgemeinschaften vom Februar 1957 konnte man lesen: „Der Episkopat will zwar keinen offenen Krieg mit uns, er ist aber an einem gespannten Verhältnis mit der Regierung interessiert. Denn diese Spannungen stacheln religiöse Emotionen an".[91]

Gereizt reagierte die Parteiführung auf das Programm der „Großen Novene" – auf die Maßnahmen, die die Kirche getroffen hatte, um die Gesellschaft auf die Tausendjahrfeier der Christianisierung Polens vorzubereiten. Dieses neunjährige Programm religiöser Erneuerung empfand die Partei als beispiellose Herausforderung, als einen Versuch der Kirche, die polnische Geschichte zu vereinnahmen und die Kommunisten aus dieser Geschichte auszuschließen.

Aber nicht nur die Partei verhärtete seit etwa 1958 ihren Kurs. Auch die Kirchenführung setzte sich mit der Regierung immer schärfer auseinander. Jeden propagandistischen Angriff der Partei und jede administrative Schikane beantwortete sie mit einem verbalen Gegenangriff.

Diese offenen Auseinandersetzungen, die in jedem anderen kommunistischen Staat von damals undenkbar gewesen wären, zeugten sowohl von der Macht als auch von der Ohnmacht der beiden Kontrahenten. Keiner war imstande dem anderen seinen Willen aufzuzwingen. Zwar hatte Wyszyński bereits 1958 seine erneute Verhaftung für möglich gehalten,[92] dennoch erkannte er wohl im Laufe der Zeit, dass die neue Parteiführung zu einem derart radikalen Schritt nicht in der Lage war. Die Erneuerung des Kirchenkampfes alten Stils wäre nur mit Hilfe von stalinistischen Terrormaßnahmen möglich gewesen. Die Wiederherstellung des stalinistischen Regimes kam aber für die Warschauer Führung, abgesehen vielleicht von einigen unverbesserlichen Dogmatikern, kaum in Frage. Dies bedeutete aber, dass die Staatsführung keine wirksamen Mittel besaß, um die zu neuem Selbstbewusstsein gelangte Kirche aus dem öffentlichen Leben zu verdrängen. Ihr blieben nur Schikanen. Indes war auch die Kirche nicht imstande das Regime zur Aufgabe seines antiklerikalen Kurses zu zwingen. Dieses Ohnmachtsgefühl auf beiden Seiten trug zur Eskalation der gegenseitigen verbalen Attacken bei. In seiner Wyszyński-Biographie berichtet

---

91 Raina, *Kościół*, Bd. 1, S. 590; Dudek / Gryz, *Komuniści i Kościół*, S. 121 f.
92 Micewski, *Kardynał Wyszyński*, S. 179.

der polnische Publizist Micewski von zahlreichen Begegnungen des Kardinals mit den Znak-Abgeordneten, bei denen die letzteren den Primas um Mäßigung in der Auseinandersetzung mit dem Regime baten: „Die Bischöfe dürfen die Partei nicht provozieren". Stanisław Stomma soll dabei versucht haben, den Kardinal für seine Strategie zu gewinnen: Härte bei der Verteidigung der Grundpositionen der Kirche, Nachgiebigkeit bei zweitrangigen Fragen.[93]

Diese beschwörenden Appelle wies Wyszyński zurück. Die Haltung der *Znak*-Gruppe war ihm viel zu „minimalistisch". Er wollte die Belange der Gläubigen viel entschlossener verteidigen. Er bezeichnete Stomma sogar als „Unglück" für den *Znak*.[94]

Die Entfremdung zwischen dem *Znak*-Zirkel bzw. der *Tygodnik*-Gruppe und der Warschauer Kurie wurde aber nicht nur durch unterschiedliche politische Konzeptionen bedingt. Spannungen entstanden auch auf theologischem Gebiet. Mit Begeisterung unterstützte der *Tygodnik Powszechny* das Reformwerk des Zweiten Vatikanischen Konzils. Deshalb empfanden Mitglieder der *Tygodnik*-Gruppe es als äußerst ungerecht, wenn die Parteiführung die Kirche als Verkörperung der Rückständigkeit und Relikt der Vormoderne abstempelte.[95]

Kardinal Wyszyński bewertete demgegenüber die Erneuerungsbestrebungen innerhalb der Kirche wesentlich verhaltener. Er betrachtete den Volksglauben als die größte Kraft des polnischen Katholizismus und wollte ihn nicht durch vorschnelle Experimente und Neuerungen aushöhlen lassen. Die ungeduldigen Intellektuellen, die traditionelle Verhaltens- und Denkmuster der Gläubigen als Ballast ansahen, der so schnell wie möglich über Bord geworfen werden sollte, wurden vom Primas mit Mißtrauen beobachtet.[96]

---

93 Ebda., S. 203.
94 Raina, *Wyszyński*, Bd. 3, S. 156. Graczyk, *Cena*, S. 34-41.
95 *Sprawozdanie stenograficzne z 51 posiedzenia Sejmu PRL w dniu 21 grudnia 1960*. Warschau 1960, S. 48-54; Zieliński, *Kościół*, S. 208 f.; Zur Einstellung der *Tygodnik*-Herausgeber zum Zweiten Vatikanum siehe u. a. Friszke, *Opozycja*, S. 202, 211 ff.
96 Siehe dazu u. a. Friszke, *Opozycja*, S. 214 f.

Der Bruch zwischen der *Znak*-Gruppe und der Kirchenführung schien nun durchaus denkbar. Er hätte für beide Seiten unabsehbare Folgen haben können. Denn ohne die Unterstützung der Kirche wäre der *Znak* wohl kaum in der Lage gewesen, dem Druck der Partei standzuhalten. Abgesehen davon wurde die Gruppe nicht zuletzt deshalb von der Partei geduldet, weil sie zwischen ihr und dem Episkopat vermittelte. Ohne direkten Draht zur Kirchenführung wäre der *Znak* für die Regierung völlig uninteressant geworden, seine Tage wären dann gezählt gewesen. Aber auch für die Kirche hätte der Bruch mit den katholischen Laiengruppierungen unangenehm werden können. In ihrer Existenz wäre sie zwar nicht bedroht gewesen, aber sie wäre in ein religiöses Ghetto eingezwängt worden. Ihre Ausstrahlung auf die außerkirchlichen Kreise wäre damit weitgehend verloren gegangen. Dies ist jedoch nicht geschehen. In ihrer Einstellung zum Dissens in den eigenen Reihen wies die polnische Kirchenführung eine erstaunliche Weitsicht auf. Die Stellung der *Znak*-Gruppe innerhalb der Kirche lässt sich in gewisser Weise mit derjenigen der Revisionisten innerhalb der kommunistischen Partei vergleichen. Auch hier kam es zu Auseinandersetzungen zwischen der Mehrheit und der kritischen Minderheit, die die Generallinie der Mehrheit in Frage stellte. Dennoch hatten die jeweiligen Konflikte völlig entgegengesetzte Folgen. Während die Partei ihren revisionistischen Flügel ausschloss, ließ die Kirche ihre Revisionisten nicht fallen. Der polnischen Kirche – vor dem Krieg nicht gerade ein Vorbild an Toleranz – fiel ein solches Entgegenkommen gegenüber den abweichenden Meinungen keineswegs leicht. Dennoch rang sie sich dazu durch. Diese Haltung sollte sich auszahlen. Während die Basis der Partei immer schmaler wurde, gewann die Kirche immer mehr an Boden.

Die Auseinandersetzungen zwischen Staat und Kirche erreichten Ende 1965 einen neuen Höhepunkt. Ausgelöst wurden sie durch die „Versöhnungsbotschaft" des polnischen Episkopats an die deutschen Bischöfe. Diesen Brief verfassten die polnischen Bischöfe kurz vor der Beendigung des Zweiten Vatikanums. Die versöhnliche Atmosphäre des Konzils trug zur Entstehung des Schreibens erheblich bei. Allerdings enthielt diese Botschaft nicht nur versöhnliche Worte. Die Autoren wiesen auf den Leidensweg des polnischen Volkes unter der deutschen Besatzung hin. „Das Land war übersät mit Konzentrationslagern, in denen die Schlote der Krematorien Tag und Nacht rauchten. Über sechs Millionen polnischer Staatbürger, darunter ein Großteil jüdischer Herkunft, haben diese Okkupationszeit mit ihrem Leben bezahlen müssen".

Aber nach der ausführlichen Schilderung der polnischen Tragödie gingen die Bischöfe auch auf die Tragödie der Deutschen ein, auf die Vertreibung. Am Schluss des Schreibens stand der später vielzitierte Satz: „Wir [...] gewähren Vergebung und wir bitten um Vergebung"[97].

Die Warschauer Führung setzte diese Worte mit Landesverrat gleich. Die Zeitung *Życie Warszawy* schrieb am 10. Dezember 1965: „Wer in Polen ermächtigte die im Vatikan weilenden Bischöfe dazu, zu Kreuze zu kriechen und nationale Selbstkritik zu üben? In wessen Namen haben sie das getan? Vielleicht im Namen der Millionen in Auschwitz und Majdanek Ermordeten?"[98]

Solche Vorwürfe, die von den offiziellen Medien tausendfach wiederholt wurden, blieben nicht ohne eine gewisse Resonanz bei der Bevölkerung. Denn die Unversöhnlichkeit gegenüber Deutschland hatte seit Kriegsende alle bedeutenden gesellschaftlichen Kräfte in Polen vereint und dies war angesichts der Erfahrungen von 1939-1945 nicht verwunderlich. Dies war einer der wenigen Punkte, in denen das allgemein abgelehnte Regime und die Bevölkerungsmehrheit miteinander übereinstimmten.

Überraschenderweise distanzierte sich auch der *Znak*-Zirkel von dem Brief der polnischen Bischöfe, und zwar unter dem Einfluss des Mitgliedes des Staatsrates Jerzy Zawieyskis, der ungeachtet der äußerst angespannten Lage, immer noch nach Kompromissen mit der Parteiführung suchte.[99]

Die Haltung Zawieyskis spiegelte allerdings die damalige Stimmung im Lager der katholischen Intellektuellen nicht mehr wider. Viele von ihnen hielten bereits, angesichts der neuen politischen Atmosphäre im Lan-

---

97 *Orędzie biskupów polskich do biskupów niemieckich. Materiały i dokumenty.* Warschau 1966, S. 7-19; siehe dazu auch Stehle, *Ostpolitik*, S. 372 f.; Heller, Edith: *Macht, Kirche, Politik.* Köln 1992.
98 Zit. nach Heller, *Macht*, S. 144.
99 TP, 19.12.1965; Nosowski, Zbigniew: Wierzą, że w tym bałaganie chodzi o Polskę ... Jerzy Zawieyski w świetle dziennika, in: *Więź* 1986, H. 7-18, S. 123-136.

de, einen härteren Kurs gegenüber dem Regime für erforderlich. Auf der Plenarsitzung des Allpolnischen Komitees der Nationalen Einheitsfront am 14. Januar 1966 – hier waren die wichtigsten politischen Gruppierungen des Landes vertreten – hatte Jerzy Turowicz den Brief der polnischen Bischöfe verteidigt, womit er die Empörung Gomułkas auslöste.[100]

Der äußere Druck führte zu einem Solidarisierungseffekt im katholischen Lager. Spannungen zwischen der Kirchenführung und der *Tygodnik*- bzw. *Znak*-Gruppe wurden immer seltener. Das entschlossene Auftreten der katholischen Abgeordneten bei der Verteidigung der elementaren Freiheiten wurde von Kardinal Wyszyński immer wieder gelobt.[101]

Der immer härter werdende Kampf der Partei gegen die Kirche bedeutete nicht, dass sie ihre Auseinandersetzungen mit den Kritikern im eigenen Lager vernachlässigt hätte. In ihrem Feldzug gegen die sogenannten Ideen vom Oktober 1956 kämpfte sie immer an zwei Fronten, allerdings nicht immer mit der gleichen Intensität. Manchmal konzentrierte sie ihr propagandistisches Feuer in erster Linie auf einen der Kontrahenten, was dem anderen eine Art Atempause verschaffte. Während der Höhepunkt des Kirchenkampfes mit der Kampagne gegen die Botschaft des Episkopats an die deutschen Bischöfe zusammengefallen war, fand die Verschärfung des Kampfes gegen die unorthodoxe Linke während der Studentendemonstrationen vom März 1968 statt, die von den Machthabern mit einer ungewöhnlichen Brutalität auseinandergejagt wurden. Der relativ harmlose Studentenprotest wurde von der Parteiführung als Einleitung zum Staatsstreich hochstilisiert. Die Tatsache, dass an den Protesten sich auch Kinder einiger kurz zuvor entmachteter Parteifunktionäre jüdischer Herkunft beteiligt hatten, veranlasste die offiziellen Medien dazu, die Demonstrationen als Bestandteil einer jüdischen Weltverschwörung zu interpretieren, die danach trachtete, das polnische Staatswesen zu untergraben.[102]

---

100 Trzy ćwiartki wieku, S. 7.
101 Micewski: *Kardynał Wyszyński*, S. 265 f., 268, 275.
102 Vgl. dazu u. a. W 10 lat po wydarzeniach marcowych, in: *Krytyka* 1, 1978, S. 6-66; Eisler, Jerzy: *Marzec 1968. Geneza, Przebieg, Konsekwencje*. Warschau 1991; Biuro polityczne informuje, in: *Polityka*, 8.6.1991; Stola, Dariusz: *Kampania antysyjonistyczna w Polsce 1967-1968*. Warschau 2000, S. 79-114; Friszke, Andrzej: *Anatomia buntu. Kuroń, Modzelewski i „Komandosi"*. Krakau 2010, S. 511-596; Rakowski, Mieczysław: *Dzienniki polityczne 1967-1968*. Warschau

Da es sich bei den Ereignissen von 1968 in erster Linie um eine Angelegenheit innerhalb des linken Lagers handelte, war bei den Katholiken durchaus die Tendenz vorhanden, sich bei diesem Konflikt neutral zu verhalten.

Und es entsprach durchaus der Absicht der Machthaber, die scheinbar unüberbrückbare Kluft zwischen den beiden oppositionellen Lagern zu „verewigen". Diese Rechnung ging aber nicht auf. Denn die katholischen Abgeordneten des Zirkels *Znak* beschlossen, trotz der weltanschaulichen Kluft, die sie von den sogenannten „Revisionisten" trennte, die angeblich „fremde" Sache zur eigenen zu erklären. Die Sejm-Debatte, die sie mit ihrer Interpellation vom 11. März 1968 ausgelöst hatten, gehörte zu den spektakulärsten Widerstandakten der polnischen Katholiken gegen die staatliche Willkür.[103] Als die einzigen unabhängigen Vertreter der Öffentlichkeit innerhalb der Staatsorgane fühlten sich die katholischen Abgeordneten der Allgemeinheit als solcher verpflichtet. Die Tatsache, dass die von der Miliz geschlagenen Studenten nicht unter katholischen Fahnen marschiert waren, hielten sie für unerheblich.

Diese Solidarisierung mit den unterdrückten ideologischen Gegnern sollte weitreichende Folgen haben. Die wichtigste Trennlinie im Lande sollte nun anders verlaufen als bisher – nicht zwischen links und rechts, nicht zwischen katholisch und nicht-katholisch, sondern zwischen autoritären und antiautoritären Kräften.

Ähnlich wie zu Beginn der 1950er Jahre, als die Auflösung des *Tygodnik Powszechny* und die Verhaftung Wyszyńskis bevorgestanden hatten, rückten nun die Kirchenführung und die unabhängigen katholischen Gruppierungen noch näher zusammen. Die *Tygodnik*-Gruppe zog sich 1968, ähnlich wie 1953 auf die letzten ethischen Grundpositionen zurück. Ein weiterer Rückzug bzw. weitere Kompromisse waren nicht mehr möglich. Die Beziehungen zur Partei waren bis zum Zerreißen gespannt und

---

[103] 1999, S. 138 f.
Vgl. u. a. Luks, *Katholizismus,* S. 75 ff.; siehe dazu auch Kisielewski, Stefan: *Dzienniki.* Warschau 1997, S. 130; Stola, *Kampania,* S. 133 f.; Rakowski, *Dzienniki,* S. 221; Friszke, *Anatomia,* S. 613; Ders.: Triumf i śmierć Jerzego Zawieyskiego, in: Ders.: *Przystosowanie i opór,* S. 192-201; Ders.: *Opozycja,* S. 219 ff.

man nahm die Liquidierung aller 1956 errichteten Strukturen des unabhängigen Katholizismus in Kauf. Dennoch ist es dazu, trotz aller pessimistischen Erwartungen, nicht gekommen. Der Kompromiss von 1956 hatte bereits vollendete Tatsachen geschaffen, die ohne eine Rückkehr zum stalinistischen Terror nicht mehr zu beseitigen waren. Da aber eine solche Rückkehr unabsehbare Folgen auch für die Partei hätte haben können, beachtete das Regime sogar in den Perioden der schärfsten Repression bestimmte Spielregeln in seinen Auseinandersetzungen mit den Katholiken. So beschränkte es sich 1968 bei seinem Kampf gegen die Kirche im Wesentlichen auf die verbale Ebene.[104] Die organisatorische Infrastruktur des unabhängigen Katholizismus, die 1956 entstanden war, blieb weitgehend unangetastet. Die unabhängigen katholischen Zeitschriften, der Abgeordneten-Zirkel *Znak*, die Klubs der Katholischen Intelligenz etc. existierten weiter und verharrten nach wie vor in kritischer Distanz zur Regierung. Man kann diese Einrichtungen mit autonomen Burgen vergleichen, in die sich die oppositionellen Kräfte wegen der Verhärtung des politischen Kurses zurückzogen. Dies war ein einmaliges Phänomen im gesamten Ostblock. Am Beispiel der Dissidentenbewegungen in den anderen Ländern des ehemaligen sozialistischen Lagers wurde erst sichtbar, wie kompliziert die Schaffung neuer, unabhängiger Strukturen angesichts der weitgehenden Atomisierung der Gesellschaft war. Regimekritiker in Polen hatten hier insofern einen gewaltigen Vorsprung.

Der *Tygodnik Powszechny* kehrte nun zurück zu dem bereits in den vierziger Jahren entwickelten Stil der Auseinandersetzung mit der Diktatur. Mit Anspielungen und Ironie wurde das von der Partei beanspruchte Wahrheitsmonopol hinterfragt. Eine besondere Rolle spielte dabei die von Krzysztof Kozłowski geführte Rubrik ‚Bild der Woche'. Hier wurde durch trockene und in der Regel kommentarlose Aufzählung sorgfältig ausgewählter Ereignisse der Woche bissige Kritik am Regime geübt. So sprachen solche Vorgänge wie die Unterdrückung der Studentendemonstrationen im März 1968 oder der Einmarsch der Warschauer-Pakt-Staaten in die Tschechoslowakei für sich selbst und bedurften keines Kommentars. Dennoch bedienten sich katholische Publizisten und Politiker Ende der 60er Jahre

---

104 Siehe dazu Szlek-Miller, *The ‚Znak' Group*, S. 78.

gelegentlich auch einer viel deutlicheren Sprache, die in den Jahren 1948-1953 undenkbar gewesen wäre.

Einer der Autoren des *Tygodnik*, Jacek Susuł, hob im Mai 1968 hervor: Die *Tygodnik*-Gruppe beabsichtige nicht, auf ihre Eigenständigkeit zu verzichten. Wenn die Partei mit ihr den Dialog fortsetzen wolle, müsse sie diesen Sachverhalt respektieren. Als selbstverständlich betrachteten die Katholiken, so der Publizist, die Zugehörigkeit Polens zur westlichen Kultur. Versuche des Regimes, dieses Faktum in Frage zu stellen, seien absurd.[105]

Auch der chauvinistisch-antisemitische Kurs der Regierung stieß auf einen fortwährenden Widerstand der katholischen Intellektuellen. So gab Susuł auf den Vorwurf eines Parteipublizisten, die Katholiken ließen die nationalen Spezifika der polnischen Kultur außer Acht, folgende Antwort: Dies entspreche nicht der Wahrheit. Die Katholiken sehen sie, sie seien aber keine Propagandisten oder Demagogen, um sie ununterbrochen zu betonen.[106] Nationales Bewusstsein oder Nationalstolz seien keine Werte an sich, fügte Jerzy Zawieyski hinzu. Diese Gefühle seien bereits oft missbraucht worden, was zu katastrophalen Folgen geführt habe. In ihrer leidvollen Geschichte, so Zawieyski, seien die Polen in erster Linie durch das Ideal der Freiheit und nicht durch den Nationalismus inspiriert worden. Daran wolle man sich aber jetzt – hier kam die Anspielung auf die nationalistischen Exzesse des Jahres 1968 – nicht mehr erinnern.[107]

Der neue Kurs der Partei trug indes nicht dazu bei, ihre Popularität bei der Bevölkerung insgesamt zu erhöhen. Die Tatsache, dass die chauvinistisch-antisemitische Propaganda in erster Linie manipulatorischen Zwecken diente, wurde sehr schnell durchschaut. Die Mehrheit der Regierten war sich über den Unterdrückungscharakter des Regimes, ungeachtet seiner angeblichen Wiederanknüpfung an nationale Traditionen, durchaus im Klaren. Das Ausmaß der Isolierung der Gomułka-Equipe zeigte sich während der Arbeiterrevolte an der Küste im Dezember 1970 mit voller Deutlichkeit. Der einstige Held der überwältigenden Mehrheit der Polen,

---

[105] Susuł, Jacek: Wiesławowi Mysłkowi w odpowiedź, *TP*, 19.5.1968.
[106] Ebda.
[107] Zawieyski, Jerzy: Wybór, *TP*, 6.10.1968.

der das Land aus einer der tiefsten Krisen der Nachkriegszeit herausgeführt hatte, stürzte es nun in eine neue Katastrophe und wurde sowohl von der Partei als auch von der Gesellschaft ohne Bedauern fallengelassen.

4. Die „idealistische Wende" nach 1970/71 und die *Tygodnik-Powszechny*-Gruppe

Um die Jahreswende 1970/71 schien sich die Situation von 1956 zu wiederholen. Die Partei war nun erneut weitgehend diskreditiert, es fiel ihr außerordentlich schwer, das Vertrauen der revoltierenden Gesellschaft zu gewinnen. Es verblieben ihr nur wenige moralische Reserven, deshalb versuchte sie auf diejenigen der Kirche zurückzugreifen. Der Episkopat reagierte seinerseits auf diese Aufforderung ähnlich wie 1956. Da die neue Parteiführung unter Edward Gierek sich vom repressiven Kurs der Vorgänger offen distanziert hatte, erklärten sich die Bischöfe bereit, als Vermittler zwischen Regime und Gesellschaft zu fungieren. Mit ihren Appellen an die Bevölkerung, sich besonnen zu verhalten, trugen sie erheblich zum Abbau der Spannungen bei.[108]

Auch die *Tygodnik*-Gruppe war bereit, die neue Parteiführung zu unterstützen. Die Tatsache, dass die Gierek-Equipe das brutale Vorgehen gegen die Arbeiter im Dezember 1970 bereut, dass sie direkte Verhandlungen mit den Streikenden geführt hatte, veranlasste das Wochenblatt zu einem vorsichtigen Optimismus.[109] Zugleich kritisierten die Herausgeber mit äußerster Schärfe die bisherige Regierungspraxis, z. B. die Weigerung Gomułkas, die Gesellschaft bei wichtigen politischen Entscheidungen zu konsultieren. Die polnische Gesellschaft habe wiederholt ihre politische

---

108 *Listy pasterskie Episkopatu*, S. 620; siehe dazu auch *Komunikat ze 123 Konferencji Plenarnej Episkopatu*. Warschau 29.1.1971; Micewski, *Kardynał Wyszyński*, S. 303, 307 ff.; Laeuen, Harald: *Polen nach dem Sturz Gomułkas*. Stuttgart 1972, S. 148; Dudek / Gryz, *Komuniści i Kościół*, S. 277 f.; Żaryn, *Dzieje*, S. 282-285.

109 Redaktion des *Tygodnik Powszechny, TP*, 3.1.1971; M. S., W nowej perspektywie, *TP*, 21.02.1971; Stomma, Stanisław: O nową metodę rządzenia. Przemówienie sejmowe, *TP*, 28.2.1971.

Reife unter Beweis gestellt, erklärte Stanisław Stomma, deshalb müsse man ihr bei wichtigen Entscheidungen ein Mitspracherecht einräumen.[110] Dies war eine indirekte Mahnung an Gierek, die Fehler seines Vorgängers nicht zu wiederholen. Sein demokratisches Bekenntnis verband indes der katholische Abgeordnete mit der Anerkennung der bestehenden Herrschaftsordnung bzw. der Zugehörigkeit Polens zum sozialistischen Block. Aufgrund der geopolitischen Lage Polens sei jede Infragestellung der führenden Rolle der Partei bzw. des Bündnisses mit der Sowjetunion unzulässig.[111] Die Herausgeber des Wochenblattes und die polnischen Bischöfe waren insoweit nicht nachtragend. Ungeachtet der Erfahrung, die sie in den 60er Jahren gemacht hatten, waren sie im Wesentlichen bereit, den Kompromiss von 1956 zu erneuern. Dennoch ließen die traumatischen Erfahrungen vom März 1968 und vom Dezember 1970 eine nahtlose Wiederanknüpfung an die Vergangenheit nicht mehr zu. Es bahnte sich damals innerhalb der Gesellschaft ein tiefer ideologischer Wandel an, der zunächst freilich nur die intellektuelle Elite des Landes erfasste. Es handelte sich um die radikale Abkehr von den Idealen der sogenannten ‚kleinen Stabilität', die für die Atmosphäre der 60er Jahre so charakteristisch gewesen waren und die zur weitgehenden Entpolitisierung der Gesellschaft geführt hatten. Eine solche Gesellschaft war aber nicht imstande, das Mitte der 60er Jahre erneut aggressiv gewordene Regime in seine Schranken zu weisen. Die vor allem 1968 erfahrene Ohnmacht wurde zu einem der wichtigsten Auslöser für die sich anbahnende ideologische Zäsur, für die ‚idealistische' bzw. ‚neoromantische' Wende.

Dieser Umdenkungsprozess war allerdings nicht nur auf Polen beschränkt. In den 60er Jahren fand in mehreren Ländern des Ostblocks – und zwar ungeachtet der völlig unterschiedlichen Ausgangssituationen – ein Umbruch statt, der die Machthaber vor schwer lösbare Probleme stellen sollte. Es bildete sich dort allmählich eine neue Wertehierarchie heraus, die in ein Konkurrenzverhältnis mit der bis dahin herrschenden trat. Ihr auffallendes Merkmal bestand darin, dass sie den für die kommunistischen Staaten charakteristischen Primat des Politischen in Frage stellte. Bis dahin

---

110 Stomma, O nową metodę rządzenia.
111 Ebda.

hatten die osteuropäischen Nonkonformisten bei ihrem Kampf um Demokratie und Menschenrechte im Grunde die Bedingungen der Machthaber akzeptiert, als sie ihre Widerstandsnester innerhalb der bestehenden Strukturen einzurichten versuchten. Da aber in diesen uneingeschränkt der Parteiapparat dominierte, der die Technik der Machtbehauptung bis zur Virtuosität beherrschte, standen die Regimekritiker von Anfang an auf verlorenem Posten. Jedes ‚Tauwetter' erweckte bei ihnen neue Hoffnungen, sie setzten auf die liberalen Kräfte innerhalb der jeweiligen Parteiführung. Dennoch bildeten das Rückgrat der herrschenden Apparate auch während der ‚Tauwetterperioden' konservative Gruppierungen, die panische Angst vor der Liberalisierung, also vor dem Verlust der Kontrolle über die Gesellschaft hatten. Und diese Gruppierungen schlugen dann, wenn die vom ‚Tauwetter' erregten Gemüter sich allmählich abgekühlt hatten, in der Regel zurück. Die Regimekritiker hatten also so gut wie keine Chance den Parteidogmatikern Paroli zu bieten, solange sie den Gegner auf seinem eigenen Gebiet – innerhalb der bestehenden Herrschaftsstrukturen – zu schlagen versuchten. So fühlten sie sich gezwungen, ihre Taktik zu revidieren.

Dem Primat des Politischen haben sie den Primat des Ethischen bzw. ein neues Politikverständnis entgegengesetzt. Was aus politischer Sicht ‚illegal' zu sein schien, war vom moralischen Standpunkt aus durchaus legitim.

Dieser Umdenkungsprozess begann sich Ende der 60er Jahre, vor allem nach 1968, auch auf Polen zu erstrecken. Und er machte eine nahtlose Wiederanknüpfung an den Kurs von 1956, die manchen führenden katholischen Aktivisten nach 1971 vorschwebte, im Grunde unmöglich. Diese Aktivisten versuchten die Gemüter zu beruhigen, um zur Entschärfung der Spannungen beizutragen. Wäre dies aber gelungen, so wäre die Staatsführung dann erneut vom Druck von unten befreit und ihre Rückkehr zu einem repressiven Kurs unumgänglich gewesen. Manche führende Regimekritiker waren sich nun darüber im Klaren, dass nur eine andauernde Bereitschaft zum Protest, zum gesellschaftlichen Ungehorsam imstande war, die Partei in ihre Schranken zu weisen. Immer lauter wurden nun die Stimmen, die die sogenannte romantische Tradition Polens, die sich seit

1945, wenn man von einigen Ausnahmen absieht, unter Beschuss befunden hatte, zu enttabuisieren suchten. Dass die politische Kultur sich im Lande nun zu verändern begann, wurde von vielen Beobachtern der polnischen Szene übersehen. Dies hängt nicht zuletzt mit dem konsumorientierten Verhalten der Bevölkerungsmehrheit zusammen, das für die Anfangsjahre der Regierung Gierek charakteristisch war. Die wirtschaftliche Situation im Lande hat sich damals erheblich verbessert, nicht zuletzt dank den Kreditaufnahmen im Westen.[112] So wurde der ideologische Wandel, der sich damals innerhalb der intellektuellen Elite anbahnte, durch die lärmende Konsumideologie übertönt. Stefan Kisielewski betonte z. B. im Oktober 1972, dass die polnische Jugend sich nun endgültig mit den Idealen der ‚kleinen Stabilität' abgefunden habe. Sie sei pragmatisch und realistisch, viel zu realistisch. Stommas Appelle zur Anerkennung der gegenwärtigen politischen Sachzwänge seien völlig überflüssig, denn diese Jugend habe sich längst mit den Verhältnissen, in denen sie lebe, abgefunden.[113]

Als diese Feststellungen getroffen wurden, hatte das Ideal der ‚kleinen Stabilität' für einen Teil der Intellektuellen im Lande bereits längst seine Attraktivität verloren. Es wurde von vielen Seiten angegriffen und ausgehöhlt.

Wie viele Umdenkungsprozesse in Polen, so wurde auch dieser durch eine Neubewertung der eigenen Geschichte eingeleitet. Fast alle Schriften, die bei der politisch interessierten Öffentlichkeit der beginnenden 1970er Jahre für Aufsehen gesorgt hatten, bezogen sich auf die polnische Vergangenheit, vor allem auf die Zeit der Teilungen. Kontroversen, die sie auslösten, hatten zu einem nicht unerheblichen Grad Ersatzcharakter – ähnlich übrigens wie manche literarische Debatten. Man bediente sich des Umwegs der Geschichte oder der Literatur, um brisante politische Fragen verschlüsselt anzusprechen. Da das Publikum die Kunst des Lesens zwischen den Zeilen ausgezeichnet beherrschte, erzielten bei ihm die Anspielungen auch die erwünschte Resonanz. Eine solche Diskussion stand auch am Be-

---

112 Thadden, Johannes von: *Krisen in Polen: 1956, 1970 und 1980. Eine vergleichende Analyse ihrer Ursachen und Folgen mit Hilfe der ökonomischen Theorie der Politik.* Frankfurt am Main 1986, S. 178, 180, 188.

113 Kisielewski, Stefan: W pogoni za własnym ogonem, *TP*, 22.10.1972; Ders.: *Dzienniki*, S. 594.

ginn der ideologischen Wende, die sich innerhalb der katholischen Öffentlichkeit vollzog. Ausgelöst wurde sie durch das 1971 erschienene Buch Bohdan Cywińskis – eines der Redakteure der Zeitschrift Znak – *Rodowody niepokornych* [Die Herkunft der Aufbegehrenden].[114] Die Thesen Cywińskis klangen aus katholischer Sicht beinahe revolutionär. Mit großer Anerkennung schrieb er über die radikale atheistische Linke, die im Polen des ausgehenden 19. Jahrhunderts um soziale Gerechtigkeit und menschliche Würde gekämpft hatte. Was für den Autor zählte, war nicht das atheistische Bekenntnis dieser Rebellen, sondern deren Freiheitsdrang. Für diejenigen, die über das Buch Cywińskis diskutierten, war es klar, dass seine Schlussfolgerungen sich auf die Gegenwart bezogen.[115] Die Infragestellung der bestehenden Verhältnisse, der Kampf um Menschenrechte, die Auflehnung gegen die Sachzwänge – all das hatte auch aktuelle Implikationen. Das Buch spiegele in einer eminenten Weise den Zeitgeist wider, schrieb der Publizist des *Tygodnik Powszechny* Marek Skwarnicki über die *Herkunft der Aufbegehrenden*. Der Leser spüre ununterbrochen seine Brisanz.[116] Die Schrift Cywińskis könne eine ideologische Zäsur im Lande einleiten, fügte der bekannte Historiker Henryk Wereszycki hinzu. In der Vergangenheit seien die aufbegehrenden Intellektuellen ausschließlich im linken, antiklerikalen Lager beheimatet gewesen. Cywiński deute es an, dass auch der Katholizismus für sie seine Tore öffne. Ein gewisses ideologisches Monopol scheine damit sein Ende zu nehmen.[117]

Die Tatsache, dass Cywiński die hartnäckigsten Gegner des Katholizismus, die die Kirche als „reaktionäres Überbleibsel" bezeichneten, quasi rehabilitierte, konsternierte viele seiner Glaubensgenossen. Für die unorthodoxe Linke selbst hatte aber diese neue Entwicklung innerhalb der katholischen Öffentlichkeit eine außerordentlich gewichtige Bedeutung. Denn ihre Lage war in der Gierek-Periode äußerst prekär. Einer ihrer füh-

---

114 Cywiński, Bohdan: *Rodowody niepokornych*. Warschau 1971.
115 Siehe u. a. Wieczorek, Wojciech: Niepokorni i inni, in: *Więź* 1971, H. 9, S. 61-74; Morawska, Anna: Nad ‚Rodowodami niepokornych', in: *Znak* 208, 1971, S. 1392-1402.
116 Skwarnicki, Marek: Niepokorny chrześcijanin, *TP*, 12.9.1971.
117 Stor, Adam: (Henrik Wereszycki), O rehabilitację elity, *TP*, 19.9.1971; siehe dazu auch Friszke, *Opozycja*, S. 289 ff.

renden Vertreter, Jan Józef Lipski, schrieb hierzu Folgendes: Da die neue Equipe infolge eines Arbeiterprotestes an die Macht gekommen sei, habe sie in andauernder Furcht vor der Arbeiterschaft gelebt. Gegenüber den nonkonformen linken Intellektuellen hingegen, die sich an den Ereignissen vom Dezember 1970 kaum beteiligt hätten, habe sie nur Geringschätzung empfunden.[118] Und es waren in der Tat vor allem die Industriearbeiter, die von der neuen Parteiführung Zugeständnisse erhielten. Die Preiserhöhungen, die den Sturz Gomułkas verursacht hatten, wurden rückgängig gemacht, Konsumwünsche breiter Bevölkerungsschichten stärker berücksichtigt. Auch gegenüber den Katholiken zeigte sich Gierek konzessionsbereit und gab den fruchtlosen Kirchenkampf seines Vorgängers im Wesentlichen auf.[119] Vergleichbare Kompromisse gegenüber den Opfern der Ereignisse vom März 1968 wurden indes nicht gemacht. Ihre Rehabilitierung fand nicht statt, viele von ihnen unterstanden weiterhin einem Publikationsverbot. Und nun öffnete ihnen ausgerechnet diejenige Institution ihre Tore, deren Verschwinden bzw. Absterben sie seinerzeit derart stark erhofft hatten.

Eine besondere Rolle sollte in diesem Zusammenhang die Zeitschrift *Więź* spielen. Seit ihrer Entstehung hatte sie sich um einen Dialog mit den Marxisten bemüht. Dies hatte in den 1960er Jahren zu wiederholten Spannungen zwischen ihr und der Kirchenführung geführt. Aber auch das Regime war an einem solchen Dialog kaum interessiert und versuchte die Parteiintellektuellen von ihm abzuhalten.[120] Mitte der 1960er Jahre riss dieser Gesprächsfaden praktisch ab. Nach dem Sturz Gomułkas sollte sich aber die Situation grundlegend ändern. Die *Więź* verzichtete nun auf den unfruchtbar gewordenen Dialog mit den ‚offiziellen' Marxisten und gab den

---

118 Lipski, Jan Józef: *Komitet Obrony Robotnikow KOR. Komitet Obrony Społecznej*. London 1983, S. 31.
119 Staniszkis, Jadwiga: *Poland's Self-Limiting Revolution*. New Jersey 1984, S. 172, 175, 212; Bingen, Dieter: Die katholische Kirche Polens zwischen Macht und Ohnmacht, in: Ders. (Hrsg.): *Polen 1980-1984, Dauerkrise oder Stabilisierung? Strukturen und Ereignisse in Politik, Gesellschaft und Wirtschaft*. Baden-Baden 1985, S. 163-213, hier S. 164 f.; Roos, Hans: *Geschichte der polnischen Nation 1918-1978*. Stuttgart 1978, S. 331 f.
120 Tadeusz Mazowiecki und Władysław Markiewicz im Gespräch mit dem Autor.

heimatlos gewordenen nonkonformen Linken die Möglichkeit, sich in ihren Spalten zu Wort zu melden.

Aber nicht nur die sozial engagierte *Więź*, sondern auch die Monatszeitschrift *Znak* und der *Tygodnik Powszechny* gaben den schutzlos gewordenen nonkonformen Linken eine Möglichkeit sich zu äußern. Eine ihrer Leitfiguren – der Dichter Antoni Słonimski – schrieb seit 1971 regelmäßig auf der renommierten letzten Seite des *Tygodnik* seine Glossen und Feuilletons. Jerzy Turowicz hebt hervor, dass die Kirchenführung keine Einwände gegen die Zusammenarbeit des *Tygodnik* mit Słonimski erhoben hätte.[121]

Die Öffnung der *Więź* nach links ging jedoch für manche Kirchenkreise zu weit. In diesem Zusammenhang weist Jerzy Turowicz darauf hin, dass der *Tygodnik* vorwiegend Beiträge der Schriftsteller aus dem nonkonformen linken Lager publizierte, die *Więź* hingegen in erster Linie solche der politischen Aktivisten bzw. Publizisten.[122]

Mitte der 70er Jahre verschärfte das Regime seinen Kurs, dies nicht zuletzt durch den neuen Verfassungsentwurf von 1975, in dem die führende Rolle der Partei und das Bündnis mit der Sowjetunion ausdrücklich erwähnt wurden. Damit verließ das Regime die Ebene des 1970/71 ausgehandelten Kompromisses. Die unabhängigen katholischen Gruppierungen und der Episkopat fühlten sich aufgrund des von ihnen 1971 Gierek gegenüber ausgesprochenen Vertrauens als eine Art Garant dieser Übereinkunft. Deshalb lehnten sie das Vorgehen des Regimes entschieden ab.[123] Stomma – der letzte unabhängige Abgeordnete in dem bereits vom Regime ausgehöhlten *Znak*-Zirkel – enthielt sich bei der Abstimmung über den bereits abgemilderten Verfassungsentwurf der Stimme und verzichtete im Februar 1976 auf sein Abgeordnetenmandat.[124] Die unabhängigen katholischen Gruppierungen hatten von nun an keine parlamentarischen Mittel mehr, um ihrem Standpunkt Gehör zu verschaffen.

---

121 Jerzy Turowicz im Gespräch mit dem Autor; siehe dazu auch *Wierność*, S. 16 ff.
122 Jerzy Turowicz im Gespräch mit dem Autor
123 Siehe *Komunikat ze 151 Konferencji plenarnej Episkopatu Polski*. Warschau 20.2.1976; Blit, Lucjan: The Polish Episcopate: Spokesman of Society, in: *Religion in the Communist Lands* (im folgenden *RCL*), 2, 1977, S. 81-84; Tomsky, Alexander: Poland's Church on the Road to Gdansk, in: *RCL*, 1981, S. 28-39; Micewski: *Kardynał Wyszyński*, S. 355 ff.
124 Friszke, *Opozycja*, S. 332. Graczyk, *Cena*, S. 68 f.

Der Austritt Stommas – der Symbolfigur des politischen Realismus im katholischen Lager – aus dem Parlament wurde gelegentlich als ein Indiz für die Radikalisierung der *Tygodnik-Powszechny*-Gruppe bewertet. Sie habe nun selbst die ‚idealistischen' Positionen bezogen, die sie jahrzehntelang verurteilt habe, schrieb der polnisch-kanadische Politologe Adam Bromke.[125] Dieses Urteil traf aber keineswegs zu. Trotz ihres Ausscheidens aus dem Parlament verließ die Gruppe nicht den Boden des 1956 geschaffenen und 1971 erneuerten Kompromisses. Sie stellte das bestehende Herrschaftssystem auch nach 1976 nicht in Frage und wollte um die Vertiefung der gesellschaftlichen Autonomie nur im Rahmen der vorhandenen Bedingungen kämpfen. Dennoch war dieser ‚legale' Rahmen für einige aktivistische Kreise bereits zu eng. Sie waren der taktischen Griffe im Kampfe gegen die Zensur und andauernder Anspielungen überdrüssig. Sie wollten ‚direkt' reden, um sich selbst treu zu bleiben.

Es waren diesmal die nonkonformen Linken, die eine Wende im politischen Kampf einleiteten. Von der Parteiführung verfemt, aus allen Institutionen verdrängt und jeglicher organisatorischer Basis beraubt, waren sie zu einer außerordentlichen geistigen Flexibilität gezwungen, um auf die politische Bühne zurückkehren zu können. Es bedurfte freilich einer langen Anlaufzeit, um diese Rückkehr vorzubereiten. Die Ereignisse vom März 1968 hatten diese Gruppierungen zunächst traumatisiert und in eine konzeptionelle Ratlosigkeit gestürzt. Mit dieser inneren Lähmung und nicht in erster Linie mit den Unterdrückungsmaßnahmen des Regimes lässt sich ihre Passivität angesichts solcher Ereignisse wie die Zerschlagung des „Prager Frühlings" oder die Arbeiterrevolte an der polnischen Küste vom Dezember 1970 erklären. Die seit etwa Mitte der 1960er Jahren vermisste politische Konzeption hat sich aber nach den Arbeiterunruhen vom Juni 1976 beinahe über Nacht herauskristallisiert und zwar in der Form des Komitees zur Verteidigung der Arbeiter (KOR).[126]

Am 24. Juni 1976 kündigte die Regierung in alter autoritärer Manier – ohne vorherige Beratungen mit der Bevölkerung – erhebliche Preiserhö-

---

125 Bromke, Adam: *Poland. The Protracted Crisis*. Oakville 1983, S. 5, 11, 161.
126 Lipski, *Komitet*; Hirsch, Helga: *Bewegungen für Demokratie und Unabhängigkeit in Polen 1976-1980*. Mainz / München 1985.

hungen für Grundnahrungsmittel an. Am 25. Juni fanden in einigen Städten des Landes, vor allem in Radom und in der Vorstadt von Warschau Ursus, Arbeiterproteste statt, die von der Miliz brutal unterdrückt wurden. Zwar nahm die Regierung am nächsten Tag die angekündigten Preiserhöhungen zurück, dennoch wurden hunderte von Arbeitern, die sich an den Demonstrationen beteiligt hatten, verhaftet und misshandelt. Eine der Folgen dieser Entwicklung war die Gründung des Komitees zur Verteidigung der Arbeiter (KOR) im September 1976, an dessen Errichtung sich die Regimekritiker sowohl aus dem nonkonformen linken als auch aus dem katholischen Lager beteiligten. Das KOR stellte beinahe alle seine Kräfte den Opfern der Juni-Ereignisse zur Verfügung. Die Gründer des KOR waren sich darüber im Klaren, dass nur eine konkrete Hilfe imstande war, das Misstrauen der Arbeiter gegenüber den Intellektuellen abzubauen. Und dieses Misstrauen wurde, wie der Chronist der Bewegung Jan Józef Lipski berichtet, in der Tat, aufgrund der konkreten Hilfeleistungen an die Opfer der Ereignisse vom Juni 1976 sehr schnell überwunden.[127] So erhielt die polnische Protestbewegung einen für die Ostblockstaaten untypischen schichtenübergreifenden Charakter. Die auf die Atomisierung der Gesellschaft gerichtete Politik des Regimes erhielt dadurch eine äußerst empfindlichen Schlag.

Die Kirche verlor nun ihr bisheriges Monopol auf die Verteidigung der gesellschaftlichen Belange gegenüber dem Staat. Das KOR und andere regimekritische Gruppierungen, die nach 1976 entstanden, entwickelten sich zu einem dritten Machtfaktor im Lande neben Partei und Kirche. Dadurch wurden die politischen Entwicklungen in Polen weniger beherrschbar, politische Konstellationen weniger überschaubar.

Auch der Stellenwert der ‚legalen' katholischen Publikationsorgane veränderte sich nun radikal. Bis dahin waren es diese Blätter, die, wenn man von der kurzen ‚Tauwetterperiode' von 1956/57 absieht, sich am weitesten an die Grenzen des Erlaubten heranwagten. Nun wurden sie aber von dem 1976 entstandenen zensurfreien Samizdat – in Polen wurde er ‚zweiter Umlauf' genannt – bei weitem übertroffen. Die Untergrundzeit-

---

[127] Lipski, *Komitet*, S. 43 ff.

Schriften und -verlage begannen sich jetzt in Polen lawinenartig zu entwickeln.

Der *Tygodnik Powszechny* – die Hauptbastion des ‚politischen Realismus' im katholischen Lager – reagierte etwas zurückhaltend auf die neue Aufbruchsstimmung im Lande. Von den Vertretern der älteren und zugleich tonangebenden Generation im Blatt unterstützten nur wenige die neuen Initiativen. Dies tat z. B. Stefan Kisielewski,[128] der allerdings schon seit 1945 als eine Art ‚Enfant terrible' der Zeitschrift gegolten hatte und der immer seine eigenen Wege gegangen war. Vom eigentlichen Kern der Redaktion unterstützte die Aktivitäten der Opposition im Grunde nur Jacek Woźniakowski, der auch bei den früheren Krisensituationen zu den Verfechtern eines besonders entschlossenen Kurses gezählt hatte. Nun war er der Meinung, der *Tygodnik* dürfe sich nicht von den neuen Entwicklungen isolieren, sonst laufe er Gefahr, sein gesellschaftliches Prestige einzubüßen.[129] Die Mehrheit der Redaktion schloss sich ihm allerdings nicht an. Jerzy Turowicz hielt eine allzu starke Gefährdung des Blattes nicht für opportun.[130] Dieser vorsichtigen Haltung fiel auch Bohdan Cywiński, der seit 1973 die mit dem *Tygodnik* eng liierte Zeitschrift *Znak* leitete, zum Opfer. Da er sich in die oppositionelle Aktivität sehr stark engagiert hatte, wurde ihm zu verstehen gegeben, dass diese Tätigkeit sich mit seinem Posten kaum vereinbaren lasse.[131] 1978 musste Cywiński als Chefredakteur zurücktreten.

Der behutsame Kurs der *Tygodnik*-Gruppe wurde in Polen, vor allem nach der Wende von 1989, vielfach kritisiert. Mit besonderer Schärfe tat dies der ehemalige Mitarbeiter des *Tygodnik* Roman Graczyk. In seinem Buch *Cena przetrwania. SB wobec Tygodnika Powszechnego* (Der Preis des Überdauerns. Der Sicherheitsdienst vs. *Tygodnik Powszechny*) spricht er sogar von einem „Flirt" der *Tygodnik* -Gruppe mit der Volksrepublik Polen. Die Gruppe habe sowohl das Regime Gomułkas als auch dasjenige Giereks unterstützt. Erst 1976 (nach dem Austritt Stanisław Stommas – des Vorsit-

---

128 Kisielewski, *Dzienniki*, S. 869 f., 919, 935.
129 Jacek Woźniakowski im Gespräch mit dem Autor.
130 Jerzy Turowicz im Gespräch mit dem Autor.
131 Ebda.

zenden des Abgeordnetenzirkels „Znak" – aus dem Sejm) habe sich die Gruppe in Richtung Opposition bewegt.[132]

Die *Tygodnik*-Gruppe habe zwar eine Enklawe im System dargestellt, allerdings sei der Preis, den sie für dieses „Nischendasein" bezahlen musste, sehr hoch gewesen, setzt Graczyk seine Ausführungen fort. Sie habe nämlich die Rechtmäßigkeit des bestehenden Systems anerkannt und eine Unterstützung offen antikommunistischer Positionen abgelehnt.[133]

Die Betrachtungsweise Graczyks ist allerdings ausgesprochen unhistorisch und sehr polonozentrisch. Deshalb wird die Einmaligkeit des Phänomens *Tygodnik* bzw. „Znak" für den gesamten kommunistischen Machtbereich von ihm nicht ausreichend gewürdigt. Der Abgeordnetenzirkel „Znak", die Klubs der Katholischen Intelligenz oder die Herausgeber des *Tygodnik* waren zwar loyal gegenüber dem bestehenden Regime und akzeptierten die „führende Rolle der Partei", zugleich setzten sie sich aber auch für die Interessen der katholischen Mehrheit im Lande ein. Und dieses Pochen auf die Verteidigung der „Sonderinteressen" der Katholiken erschütterte den kommunistischen Harmoniemythos, in dem von einer unverbrüchlichen Einheit zwischen der Staatsführung und dem Volk die Rede war. Die *Tygodnik*-Gruppe verfolgte die Taktik, die einer ihrer Zentralfiguren, Stanisław Stomma, bereits 1946 antizipiert hatte und die man als „unbeugsamen Minimalismus" bezeichnen kann. Ihre Kompromissbereitschaft verband die Gruppe mit Festigkeit, wenn es um die Verteidigung der „letzten" ethischen und weltanschaulichen Prinzipen ging. Sobald diese tangiert wurden, hörten die Machthaber: „bis hierher und nicht weiter". Die Sejm-Debatte, die die „Znak"-Abgeordneten nach der brutalen Zerschlagung der Studentendemonstrationen vom März 1968 auslösten, stellte ein beson-

---

132 Graczyk, *Cena*, S. 22 f.
133 Ebenda, S. 23, 67, 81. In seinem Buch befasst sich Graczyk allerdings in erster Linie mit der Auswertung von Dokumenten, die die Zusammenarbeit einiger der zentralen Figuren der *Tygodnik*-Gruppe mit dem polnischen Sicherheitsdienst bezeugen. In erster Linie geht es hier um den langjährigen Chefredakteur der Zeitschrift *Znak* Stefan Wilkanowicz, den Dichter Marek Skwarnicki und den Deutschland-Experten des *Tygodnik* Mieczysław Pszon (siehe dazu auch das Buch Graczyks: *Tropem SB. Jak czytać teczki*. Krakau 2007). Graczyks Schrift löste eine heftige Kontroverse in der polnischen Öffentlichkeit aus, auf die hier allerdings nicht eingegangen werden kann.

ders spektakuläres Beispiel für eine solche Haltung dar. Dass diese Verhaltensweise für die Staaten des „real existierenden Sozialismus", wenn man von den kurzen „Tauwetterperioden" absieht, beispiellos war, wird von Graczyk zu wenig gewürdigt.[134]

5. Symbol oder Machtfaktor? Der *Tygodnik Powszechny* in den achtziger Jahren

In der zweiten Hälfte der 1970er Jahre erlebte das kommunistische Regime in Polen eine immer stärker werdende Erosion, die nicht zuletzt durch die tiefe wirtschaftliche Krise verursacht wurde. Die aktivsten Teile der Bevölkerung, die nun keine Aufstiegschancen für sich sahen, begannen verstärkt die oppositionellen Reihen zu füllen. Bei den soziologischen Umfragen wurde die Krise immer häufiger nicht auf irgendwelche partielle Ursachen zurückgeführt, sondern mit dem System als solchem in Zusammenhang gebracht.[135] Da die materiellen Reserven der Partei weitgehend erschöpft waren, hatte sie keine andere Wahl als die halbherzige Duldung der oppositionellen Aktivitäten. Zwar kamen brutale Unterdrückungsmaßnahmen immer wieder vor, sie hatten jedoch eher punktuellen Charakter. Die gänzliche Zerschlagung der Opposition, die die Gesellschaft nun derart stark aufgerüttelt hatte, wäre ohne die Rückkehr zu den stalinistischen Terrormethoden kaum möglich gewesen. Eine solche Restauration kam aber für die Gierek-Equipe nicht in Frage. Abgesehen davon war das Regime nun so stark von den westlichen Krediten abhängig, dass ihm viel daran lag, sein liberales Image im Westen nicht zu gefährden. Angesichts dieser Patt-Situation wuchs die Rolle der Kirche außerordentlich. Je geringer die Res-

---

134 In einer seiner früheren Veröffentlichungen hebt Graczyk allerdings hervor, dass es sich bei der *Znak*-Gruppe um eine Ausnahmeerscheinung im gesamten Ostblock handelte (*Tropem SB*, S. 267 f.)

135 Vgl. dazu u. a. Tatur, Melanie: Gesellschaftliches Bewusstsein in Polen, in: Beyrau, Dietrich / Eichwede, Wolfgang (Hrsg.): *Auf der Suche nach Autonomie. Kultur und Gesellschaft in Osteuropa*. Bremen 1987, S. 65-94; dies.: *Solidarność als Modernisierungsbewegung. Sozialstruktur und Konflikt*. Frankfurt / New York 1989, S. 94.

sourcen des Regimes waren, desto stärker hofierte es die Kirche, die in den Augen der Bevölkerungsmehrheit als die „höchste moralische Instanz im Lande" galt. In den 1970er Jahren musste die Parteiführung resigniert feststellen, dass sie den Kirchenkampf praktisch verloren hatte. Der Kirche war es in der Tat gelungen, den vom atheistischen Staat gesteuerten und geförderten Säkularisierungsprozess aufzuhalten. Die Zahl der Gläubigen, die in den 1960er Jahren vorübergehend gesunken war, begann in den 1970er Jahren erneut zu steigen. Als besonders pikant gilt in diesem Zusammenhang die hohe Zahl der Gläubigen in der bis 1989 herrschenden PVAP. Nach einer Ende 1977 durchgeführten Umfrage deklarierten sich 60% der Parteimitglieder und beinahe 40% der Parteifunktionäre als gläubig.[136] Alle diese Prozesse verstärkten sich zusätzlich nach der Wahl Kardinal Wojtyłas zum Papst.[137] Für die kommunistische Führung, und zwar sowohl in Warschau als auch in Moskau, stellte diese Wahl einen wahren Schock dar. Einige Wochen nach der römischen Wahl schickte der prominente sowjetische Osteuropa-Experte Oleg Bogomolov an das Moskauer ZK eine Expertise, in der folgende Sätze zu lesen waren:

> Die Wahl K. Wojtyłas zum Papst stellt für die katholische Hierarchie [...] in erster Linie ein Mittel zur effektiveren Bekämpfung der sozialistischen Idee dar [...] Die Tatsache, dass der Bürger eines sozialistischen Staates zum Papst gewählt wurde, wird höchstwahrscheinlich in der unmittelbaren Zukunft zur Verstärkung der religiösen Emotionen in den sozialistischen Ländern führen, in erster Linie in Polen,

---

136 Darczewska, Krystyna: *Katolicyzm we współczesnym społeczeństwie polskim.* Breslau 1989, S. 171.
137 So stieg die Zahl der Polen, die sich als gläubig deklarierten, zwischen 1968 und 1982 von 83% auf mehr als 90% (Grabowska, Mirosława: Kościół w Polsce - punkt zwrotny, in: *Więź* 5-6/1990, S. 29-47; Libiszowska-Żółtkowska, Maria: *Postawy inteligencji wobec religii. Studium socjologiczne.* Warschau 1991, S. 42 f.; Luks: *Katholizismus,* S. 159; Dudek / Gryz, *Komuniści i Kościół,* S. 342ff; Słabek, Henryk: Kościół Katolicki w Polsce 1945-1989 (w związku z wybranymi publikacjami), in: *Dzieje Najnowsze* 37, 2005, H. 1, S. 112-139, hier S. 127).

aber auch in Ungarn, Jugoslawien, womöglich auch in Litauen und in den westlichen Regionen der Ukraine und Weißrusslands.[138]

Die Voraussagen Bogomolovs haben sich in mancher Hinsicht, und zwar in erstaunlich kurzer Zeit erfüllt. In seiner Rede zur Amtseinführung sagte der neue Papst: „Öffnet, ja reißt die Tore weit auf für Christus! Öffnet die Grenzen der Staaten, die wirtschaftlichen und politischen Systeme, die weiten Bereiche der Kultur, der Zivilisation und des Fortschritts seiner rettenden Macht! Habt keine Angst!"[139]

Diese Worte wurden von vielen als Aufruf zur Überwindung der europäischen Spaltung, des Gegensatzes zwischen Ost und West, verstanden.

Der Papst, der aus der vergessenen östlichen Hälfte des Kontinents kam, trug in der Tat erheblich dazu bei, den europäischen Osten stärker als bisher ins Blickfeld der Weltöffentlichkeit zu rücken. Nicht zuletzt deshalb halten viele Beobachter die römische Wahl vom Oktober 1978 für eine Art Prolog zur zweiten friedlichen Revolution in Polen – zur Revolution der „Solidarność"-Bewegung von 1980/81 und sogar zur osteuropäischen Revolution von 1989.

Nun aber zurück zum regimekritischen Diskurs in Polen nach 1976 und zur Rolle des *Tygodnik Powszechny* in dieser Debatten. Es gehörte zu den Merkwürdigkeiten des polnischen „Weges zum Sozialismus", dass dieselben Autoren, die sich am Diskurs im „zweiten Umlauf" aktiv beteiligten, auch legal publizieren durften – in erster Linie in den unabhängigen katholischen Blättern. Nicht selten behandelten sie die gleichen Themen in zwei verschiedenen Versionen, eine für den Zensor, die andere für den Leser der Untergrundpresse bestimmt. Diese kafkaeske Situation sollte sich erst nach dem Ausbruch der „Solidarność"-Revolution im August 1980 zumindest partiell ändern. Da die Solidarność das Streben der Gesellschaft nach Wahrheit und Transparenz geradezu verkörperte, fühlte sich das Regime gezwungen, diesem Verlangen in gewissem Ausmaß entgegenzukommen. Die Zensur wurde gelockert, viele brisante Fragen, z. B. das Problem der

---

138 Vozmožno užestočenie politiki Vatikana, in: *Istočnik* 1/1993, S. 64-70, hier S. 65.
139 Zit. nach. http://www.vatican.va/holy_father/john_paul_ii/speeches/1978/documents/hf_jp-ii_spe_19781022_inizio-pontificato_ge.html

polnisch-sowjetischen Beziehungen, durften offener als bisher diskutiert werden. Der *Tygodnik Powszechny* und die mit ihm liierten Blätter, deren Nimbus bereits nach der Entstehung der zensurfreien „Samizdat"-Presse in der zweiten Hälfte der 1970er Jahre verblasst war, erhielten nun eine zusätzliche, diesmal „legale" Konkurrenz. Es begannen jetzt Presseorgane der Solidarność zu erscheinen, die die bestehenden Verhältnisse wesentlich radikaler kritisierten, als dies der *Tygodnik* tat. Der behutsame Kurs des *Tygodnik Powszechny* und sein leidenschaftsloser Ton schienen damals ein wenig antiquiert.

Die Lage änderte sich aber grundlegend nach der Verkündung des Kriegsrechts im Dezember 1981. Die Solidarność-Bewegung und ihre Presseorgane wurden zerschlagen. In dieser Lage erlebte der *Tygodnik* nach seinem vorübergehenden Verbot (vom Dezember 1981 bis Mai 1982) eine erneute Renaissance. Er entwickelte sich, ähnlich wie in den früheren Phasen der verschärften Repression, zu einem der bedeutendsten Organe des gesellschaftlichen Widerstandes.

Die Isolierung des Regimes erreichte in den ersten Jahren des Kriegsrechts beispiellose Ausmaße. Den Ausbruch aus dieser Isolierung betrachtete die herrschende Equipe um General Wojciech Jaruzelski als ihr vorrangiges Ziel und sie sah die Kirchenführung als die einzige Kraft an, die imstande sei, ihr dabei zu helfen.[140] Nicht zuletzt deshalb wurde die Kirche mit Sonderrechten überhäuft, von denen sie in der Zeit Gomułkas oder Giereks nur hätte träumen können. Ihr 1956 bzw. 1980 erkämpfter Besitzstand wurde nun zusätzlich erweitert. Dies betraf z. B. die Präsenz der katholischen Presse in der Medienlandschaft Polens. So waren nach der Verkündung des Kriegsrechts zahlreiche neue katholische Zeitschriften zugelassen worden, von denen einige innerhalb kürzester Zeit zu großem Ansehen gelangen konnten (*Powściągliwość i Praca, Przegląd Powszechny* u. a.). Bis 1980 verfügten die polnischen Katholiken, wenn man von den Organen der regimetreuen katholischen Gruppierungen absieht, über 13 Zeitschriften. 1986 waren es bereits 33 Titel mit einer Gesamtauflage von

---

140 Jaruzelski, Wojciech: *Przemówienia 1984*. Warschau 1985, S. 96; Rakowski, Mieczysław, F.: *Jak to się stało*. Warschau 1991, S. 57; Bereś, Witold / Skoczylas, Jerzy: *Generał Kiszczak mówi prawie wszystko*. Warschau 1991, S. 207-225.

1,2 Millionen.[141] Zwar verfügte das Regime zur gleichen Zeit über 2766 Titel mit einer Gesamtauflage von 48.871.000,[142] dennoch ließ sich der Einfluss der offiziellen Organe, trotz dieser zahlenmäßigen Überlegenheit, mit demjenigen der katholischen Presse nicht messen. Die Zusammenarbeit mit den regimetreuen Medien war innerhalb der Öffentlichkeit im Allgemeinen verpönt. Unzählige Journalisten und Publizisten kehrten ihnen nach dem Dezember 1981 den Rücken bzw. wurden wegen Unbotmäßigkeit entlassen. Beispielhaft hierfür war das Schicksal der *Polityka*, die nach der Einführung des Kriegsrechts etwa die Hälfte ihrer Mitarbeiter verlor. Viele von ihnen fanden bei den katholischen Presseorganen einen Platz. Die katholische Presse galt trotz ihres legalen Erscheinens und der damit verbundenen Abhängigkeit von der Zensur als ‚authentisch'. Ihre Glaubwürdigkeit wurde in den Augen der Öffentlichkeit nicht zuletzt dadurch erhöht, dass ihre Herausgeber darauf bestanden, alle Eingriffe der Zensur kenntlich zu machen.[143] Sie nahmen dafür in Kauf, dass manche Artikel aufgrund der zahlreichen Einschnitte des Zensors kaum zu verstehen waren, dass viele Sätze in der Mitte unterbrochen wurden. Dies machte aber das andauernde Ringen der katholischen Presse mit der Zensur für alle sichtbar.

In keiner anderen Phase der Nachkriegszeit vermochten die kirchennahen Zeitschriften und Verlage so viele bedeutende Autoren aus den unterschiedlichsten weltanschaulichen Lagern – Gläubige und Nichtgläubige, Linke und Konservative – für sich zu gewinnen. Die Herausgeber und Verlagsleiter waren sich der besonderen Verantwortung, die ihnen daraus erwuchs, durchaus bewusst. Ein besonderes Problem stelle die eigentümliche Privilegierung der katholischen Einrichtungen dar, sagte 1984 der Leiter des katholischen Verlags *Znak* Jacek Woźniakowski: „Eine Reihe von Autoren, die normalerweise für die unterschiedlichsten Verlage geschrie-

---

141 Siwek, Stanisław: Trudności wydawnicze prasy katolickiej, *TP*, 26.1.1986; M. K. Trzecia siła, in: *Kontakt* 5, 1985, S. 41-43.
142 Siwek, *Trudności wydawnicze*; Chrypiński, Wincenty: *Kościół, rząd i społeczeństwo w powojennej Polsce*. London 1989, S. 9.
143 Zu den Eingriffen der Zensur in den regierungstreuen Zeitschriften siehe Passent, Daniel: Uświadomiona konieczność, in: *Polityka*, 13.9.1986.

ben hätten, richten ihre Arbeiten an uns."[144] Ähnliches betraf auch die katholischen Zeitschriften, in erster Linie den *Tygodnik Powszechny*. Die Tatsache, dass der *Tygodnik* nun von einem Kranz von neuen katholischen Zeitschriften umgeben war, vergrößerte lediglich seine Bedeutung. „Aus einem Symbol hat sich der *Tygodnik* nun in einen Machtfaktor verwandelt", sagte im Juni 1986 eine der Zentralfiguren der Zeitschrift – Krzysztof Kozłowski.[145]

Diese Worte muteten paradox an, wenn man den äußeren Rahmen betrachtete, in dem dieser Machtfaktor agierte. Der Redaktion standen nur einige kleine Zimmer zur Verfügung, der Verlag *Znak* musste sich sogar mit noch bescheideneren Arbeitsbedingungen begnügen: „Ich weiß nicht, ob es viele Verlage gibt, deren gesamte Redaktion in einem einzigen kleinen Zimmer untergebracht ist", sagte Woźniakowski.[146]

Dieser außerordentlich bescheidene äußere Rahmen, in dem die Katholiken agierten, hat ihre kommunistischen Rivalen indes keineswegs getäuscht. Im Gegensatz zu Stalin wussten sie, dass die Kirche keine Divisionen benötigt, um Macht auszuüben. Zugleich wussten sie aber auch von der Besonnenheit der Kirche und ihrer entschiedenen Ablehnung des politischen Abenteuertums. Sie konnten davon ausgehen, dass jeder Protest, der sich unter der Obhut der Kirche vollzog, einen bestimmten Rahmen nicht sprengen würde. Abgesehen davon führte die religiöse Renaissance, die im Lande seit 1981 verstärkt zu beobachten war,[147] zu einer gewissen Entpolitisierung der Gesellschaft, was durchaus im Sinne der regierenden Generäle war. Nicht anders verhielt es sich mit den in den Papst gesetzten Hoffnungen, die nach der Einführung des Kriegsrechts, aufgrund der allgemeinen Hoffnungslosigkeit, beispiellose Dimensionen angenommen hatten.

---

144 Praca z mądrym dystansem. Rozmowa z Jackiem Woźniakowskim, in: *Więź* 1984, H. 8, S. 91-98, hier S. 96.
145 Krzysztof Kozłowski im Gespräch mit dem Autor.
146 Praca z mądrym dystansem, S. 96.
147 Siehe dazu Andrzejewski, Marek / Styczyńska, Ewa / Styczyński, Jacek: Katolicy świeccy w Polsce – dwadzieścia lat po soborze watykańskim II, in: *Znak* 386, 1987, S. 26-36; Jacy są katolicy w Polsce, in: *Res publica* 2 (1988), S. 8-14; Adamski, Władysław / Jasiewicz, K. / Rychard, A. (Hrsg.): *Raport z badania Polacy '84. Dynamika konfliktu i konsensusu*. Warschau 1986 (Manuskript), S. 271.

Diese Hoffnungen richteten zwar die Nation moralisch auf, sie ließen sich aber nicht als politisches Alternativprogramm auffassen. Daher waren sie für das Regime nicht allzu gefährlich. Die Papstverehrung biete keinen Ausweg aus der Krise, beklagte sich nach dem dritten Besuch des Papstes in seinem Heimatland (Juni 1987) Stefan Kisielewski.[148]

Die polnische Kirche, nicht zuletzt der *Tygodnik* und die mit ihm liierten Blätter waren zwar imstande, die politische Kultur im Lande erheblich zu verändern, einen Systemwechsel konnten sie aber nicht herbeiführen. Dafür reichten ihre Kräfte nicht aus. So ereignete sich die Auflösung der kommunistischen Regime in Polen und im gesamten Ostblock nicht in erster Linie unter dem Druck von unten, sondern sie war eher die Folge eines neuen außenpolitischen Konzepts der sowjetischen Führung, die das Festhalten an der Brežnev-Doktrin nicht mehr für opportun hielt. Auf der 19. Parteikonferenz der KPdSU vom Juni 1988 sprach Michail Gorbačev von der Freiheit der Völker und Staaten bei der Wahl ihres Gesellschaftssystems – dies war ein indirekter Verzicht auf die Brežnev-Doktrin, auf das von Moskau usurpierte Recht, die sozialistischen Regime in den „Bruderländern" in der Stunde der Gefahr militärisch zu unterstützen.

Für die Kritiker dieses Kurses im sowjetischen Establishment glich die Politik Gorbačevs und seiner Gesinnungsgenossen einem Verrat.[149]

Trotz dieser gehässigen Kritik setzten Gorbačev, Ševardnadze und andere Verfechter der Perestrojka ihren Kurs fort. Ihr Ziel war selbstverständlich nicht die Auflösung, sondern eine Erneuerung der bestehenden Regime in den Vasallenstaaten Moskaus. Als die friedliche Revolution von 1989 diese Regime aber hinwegfegte, griffen sie nicht ein. Und dieser Umstand stellte eine der wichtigsten Voraussetzungen für den Erfolg der Revolution von 1989 dar.

6. Das Ende des „Sonderweges" des polnischen Katholizismus nach 1989? Eine Schlussbetrachtung

---

148 Kisielewski, Stefan: Po trzeciej podróży, in: *Puls* 34, 1987, S. 5-11.
149 Siehe dazu u. a. *Naš sovremennik* 3, 1990.

Bis 1989 stellte der polnische Katholizismus einen Sonderfall nicht nur im osteuropäischen, sondern auch im gesamteuropäischen Zusammenhang dar. Zwar richtete die polnische Kirche, insbesondere die *Tygodnik-Powszechny*-Gruppe ständig ihren Blick nach Westen und betrachtete das Land an der Weichsel als abendländische Bastion im Osten, dennoch gingen die Uhren in Polen anders als in Westeuropa. Während die westlichen Kirchen seit Jahren über Priestermangel klagten, stieg in Polen die Zahl der Priesteranwärter rapide. Die Zahl der Priesterseminaristen hatte sich zwischen 1971 und 1986 mehr als verdoppelt.[150] Der Säkularisierungsprozess, der im Westen bereits vor Generationen begonnen hatte, hatte sich nach 1945 zusätzlich beschleunigt. Polen hingegen erlebte nach dem Krieg, wie bereits gesagt, eine entgegengesetzte Entwicklung.

Viele Autoren waren sich aber darüber im Klaren, dass diese beispiellose Stellung der Kirche die unmittelbare Folge der pathologischen Situation war, in der sich das Land seit 1945 befand. In der Stunde der Verwandlung Polens in ein „normales" demokratisches Gemeinwesen werde sich die Kirche zwangsläufig aus vielen kulturellen und gesellschaftlichen Bereichen zurückziehen, sagte der Soziologe Stefan Nowak 1987 voraus. Dass die Polen von einem religiösen Fundamentalismus weit entfernt waren, wurde von Nowak durch den Hinweis auf deren lockere Auffassung der katholischen Moral begründet, z. B. in Bezug auf die Geburtenregelung.[151]

1953 schrieb der polnische Schriftsteller Witold Gombrowicz ironisch, dass Gott für die Polen zu einer Pistole geworden sei, mit der sie Marx erschießen wollten.[152]

In dieser überspitzten Formulierung spiegelte sich die Einmaligkeit der Situation wider, in der sich das Land an der Weichsel nach 1945 befand. Seit Ende des 18. Jahrhunderts kämpfte Polen – mit einer kurzen Un-

---

150 Balcerek, Marian / Nowacki, Grzegorz / Szymańczak, Michał: *Młode pokolenie czasu kryzysu i reform. Polska Młodzież 87*. Warschau 1988, S. 125; Tatur, Melanie: Von der Volkskirche zur sozialen Bewegung? Die „religiöse Erneuerung" in Polen, in: *Osteuropa* 1990, H. 5, S. 441-452, hier S. 447.
151 Nowak, Stefan: Współczesny katolicyzm polski – spostrzeżenia i hipotezy (II), in: *Przegląd Powszechny* 6, 1988, S. 393-407, hier S. 405 f.
152 Gombrowicz, Witold: *Dziennik (1953-1956)*. Paris 1982, S. 41.

terbrechung (1918-1939) - um die Wiederherstellung seiner Unabhängigkeit. Es hatte dies aber bis 1945 keineswegs unter der Führung der Kirche getan. Im 19. Jahrhundert gehörte die Führungsposition in diesem Kampf eindeutig dem Adel - vor allem dem mittleren Adel. Adelige Gutshäuser, in denen der Unabhängigkeitsgedanke mit einer besonderen Intensität gepflegt wurde, verwandelten sich, vor allem im russischen Teil Polens, in Bastionen des Widerstandes.[153] Nicht zuletzt deshalb ging die zarische Regierung, die in Russland selbst den Adel als die wichtigste Stütze ihrer Herrschaft betrachtete, gegen den polnischen Adel äußerst repressiv vor. Tausende von Adeligen sind nach den Aufständen von 1830/31 und 1863/64 enteignet bzw. nach Sibirien deportiert worden.[154] Die Kirche hatte zur Zeit der Teilungen den Kampf ums politische Überleben der Nation zwar unterstützt, von einer Sonderrolle wie nach 1945 war sie jedoch hier weit entfernt. Ähnliches betraf auch den Widerstand gegen die deutsche Besatzung während des Zweiten Weltkrieges. Auch in diesem Kampf gehörte die Führung nicht der Kirche, sondern eindeutig der Heimatarmee, obwohl der polnische Klerus sich an ihm aktiv beteiligte.

Erst im Nachkriegspolen, nicht zuletzt infolge der Liquidierung der traditionellen Führungsschichten, erhielt die Kirche als der einzige ernstzunehmende Konkurrent des Regimes, wie bereits gezeigt, ihre so ungewöhnliche Bedeutung. Sie entsprang also nicht in erster Linie der polnischen Tradition, sondern war eher situationsbedingt. Nachdem diese Situation sich 1989 radikal veränderte, ist es relativ offen, in welche Richtung sich nun der polnische Katholizismus entwickeln wird. Die einzige Analogie, die sich für die Analyse bietet, kann sich auf die Periode der Zweiten Republik (1918-1939) beziehen, als das Land ebenso wie nach 1989 die volle Souveränität besaß. Stefan Kisielewski schrieb in diesem Zusammenhang:

---

153 Stefan Kieniewiecz: *Powstanie styczniowe*. Warschau 1983; Jedlicki, Jerzy: *Klejnot i bariery społeczne*. Warschau 1968; Łepkowski, Tadeusz: *Polska-Narodziny nowoczesnego narodu 1764-1870*. Warschau 1967.
154 Jedlicki, *Klejnot*; Borejsza, Jerzy W.: Noc postyczniowa, in: Ders.: *Piękny wiek XIX*. Warschau 1984, S. 308-337.

Vor dem Krieg verfügte die Kirche nicht nur über die historisch begründete geistliche Macht, sondern auch über imposante materielle Güter [...], dennoch war ihre politische Bedeutung an sich gering [...] Von einer Theokratie konnte damals keine Rede sein [...] Warum? Weil damals mächtige weltliche Gruppierungen existierten, in denen sich die Menschen politisch austoben konnten.[155]

Wird das Land, in dem sich die Konstellationen der Zwischenkriegszeit nun in mancher Hinsicht wiederholen, auch im kirchlichen Bereich „zum zweiten Mal in denselben Fluss steigen"?

In der Tat stellen manche katholische Autoren seit Ende der 1980er Jahre das Nachlassen des religiösen Eifers im Lande fest: „[...] Es gibt immer mehr Signale für die fortschreitende Erosion der religiösen Praktiken in unserer katholischen Gesellschaft", sagt der Mitarbeiter des *Tygodnik Powszechny* Tadeusz Szyma. So sei die Zahl der Besucher der Sonntagsliturgien eindeutig gesunken.[156]

Man habe bisher nicht begriffen, wie stark die polnische Religiosität durch den politischen Protest motiviert gewesen sei, fügt in der Zeitschrift *Więź* Jan Turnau hinzu:[157]

Das Nachlassen des religiösen Überschwangs, der in der ersten Hälfte der 1980er Jahre seinen Höhepunkt erreicht hatte, veranlasst einen anderen Publizisten der *Więź* – Kazimierz Wóycicki – zu der Frage, ob es sich dabei um eine Wiederanknüpfung an den Säkularisierungsprozess handele, der in den 1960er Jahren aufgehalten werden konnte.[158]

Und in der Tat scheint der polnische Katholizismus, nach dem Zusammenbruch der kommunistischen Hülle, die seinen Sonderstatus jahrzehntelang mit bedingte, nun in den Sog der allgemein europäischen Entwicklungen zu geraten. Man hat den Eindruck, dass die Kommunisten, die durch ihre revolutionäre Ungeduld die gesellschaftliche Entwicklung voluntaristisch beschleunigen wollten, in Wirklichkeit zum „Einfrieren" der

---

155 Kisielewski, Stefan: Kto wiatr sieje, zbiera ..., in: *Obecność* 16, 1986, S. 82-84.
156 Będzie trudniej. Z Janem Andrzejem Kłoczowskim rozmawia Tadeusz Szyma, *TP*, 15.7.1990.
157 Kościół w epoce posttotalitarnej, in: *Więź* 1990, H. 5-6, S. 3-28, hier S. 16.
158 Kazimierz Wóycicki: Odroczone pytania, in: *Więź* 1989, H. 1, S. 28-37, hier S. 36.

von ihnen beherrschten Länder führten. Der Kommunismus habe auf die polnische Kirche wie eine gewaltige Kühlanlage gewirkt, in der manche anachronistische Denk- und Verhaltensmuster konserviert worden seien, meint in diesem Zusammenhang der Theologe Jan Andrzej Kłoczowski. Nun werde der vorkonziliare Charakter mancher religiöser Vorstellungen im Lande sichtbar.[159]

Erst jetzt wird also die polnische Kirche mit den Herausforderungen der Moderne in vollem Umfang konfrontiert. Die Ausstrahlungskraft der Kirche beginnt in der Tat, ausgerechnet nach dem großen Triumph, den sie 1989 gemeinsam mit der nach Freiheit strebenden Gesellschaft erreicht hatte, zu verblassen. Dies ungeachtet mancher Erfolge, die sie im postkommunistischen Polen zu erzielen vermochte (Religionsunterricht in den Schulen, verstärkter Zugang zu den Massenmedien usw.). Aber gerade diese Erfolge stimmen manche polnische Intellektuelle, auch solche, die Ende der 1970er/Anfang der 1980er Jahre die Kirche als Bastion des Widerstandes gegen die Diktatur verklärten, bedenklich. Sie befürchten eine Klerikalisierung des Staates, kritisieren die Einmischung der Bischöfe und der Priester in politische Angelegenheiten und prangern deren Einseitigkeit und Parteilichkeit an. Die polnische Gesellschaft, die sich mit Hilfe der Kirche von der staatlichen Bevormundung befreite, reagiert jetzt ihrerseits allergisch auf das paternalistische Gehabe mancher Kirchenführer. Viele Schwächen der Kirche, die vor 1989 kaum ins Gewicht fielen, werden heute immer deutlicher registriert. So meinten im November 1989 noch 88% der befragten Polen, dass der Einfluss der Kirche (als Institution) auf die Gesellschaft positiv zu bewerten sei. Im November 1992 betrug diese Zahl nur noch 45%.[160]

---

159   Będzie trudniej, *TP*, 15.7.1990.
160   Żakowski, Jacek: Dwa Kościoły, czyli katolewica, katoprawica i katonerwica, *Gazeta Wyborcza*, 15./16.5.1993, S. 11; Gowin, Jarosław: *Kościół po komunizmie*. Krakau 1995, S. 7, 34-43, 51 ff.

V. Polens Abschied vom Kommunismus

Der Gorbačev-Kurs in Polen

Der Reformkurs der Gorbačev-Führung nimmt – etwa seit der Katastrophe von Černobyl' – neue Dimensionen an und beginnt sich allmählich auch auf die ostmitteleuropäische Peripherie des Imperiums auszudehnen. Dies scheint vor allem das von Krisen geschüttelte Polen zu betreffen. Beginnt auch hier ein neues „Tauwetter"? Man muss zunächst bemerken, dass Kursänderungen der Regierung in diesem Land in der Regel mit großem Misstrauen beobachtet werden. Schließlich erlebte es seit dem Tode Stalins bereits drei Perioden tiefgreifender Liberalisierung, die aber jedes Mal recht schnell zu Ende gingen und nur einen bitteren Nachgeschmack von enttäuschten Hoffnungen hinterließen. Die in Polen stark verbreitete Skepsis in Bezug auf Regierungsmaßnahmen jeglicher Art, auch wenn es sich um Zugeständnisse an die Gesellschaft handelt, ist angesichts solcher Erfahrungen durchaus verständlich. So assoziiert sich für viele Polen der Begriff „Tauwetter" mit einem manipulativen Vorgehen der Parteiführung, die den gesellschaftlichen Protest mit den herkömmlichen Repressionsmitteln nicht bändigen kann.

Und in der Tat wurde in Polen jede demokratische Erneuerung bisher allein durch den Druck von unten der Regierung abgetrotzt. Polen ist das einzige Land des Ostblocks, in dem die Führung mit dem gesellschaftlichen Druck als einem konstanten politischen Faktor rechnen muss. Zwar lässt er gelegentlich nach, latent ist er jedoch immer vorhanden. Drei Regierungsstürze, die er verursacht hat, rufen bei der Parteispitze traumatische Erinnerungen hervor und zwingen sie zu einer behutsamen Politik. Sie darf den Freiheitsdrang und das Gerechtigkeitsempfinden der Bevölkerung nicht allzu stark verletzen, um nicht eine erneute politische Eskalation zu riskieren. Auf der anderen Seite dürfen die Zugeständnisse an die Gesellschaft nicht zu weit gehen, denn dies würde wiederum den Widerstand der Dogmatiker, vor allem aber den der sozialistischen Nachbarn hervorrufen. Wenn man von der kurzen Episode in Ungarn von 1956 und vom Prager Frühling zwölf Jahre später absieht, befand sich keine einzige osteuropäische Regierung in einer ähnlichen Lage, wie sie für die polnische Führung seit Jahrzehnten, vor allem aber seit Mitte der 1970er Jahre einen Dauerzustand darstellt. Deshalb können die polnischen Kommunisten nur begrenzt mit Verständnis für ihre Situation seitens ihrer Gesinnungsgenossen im Ostblock rechnen.

In der Stalin-Zeit hatten sich die Volksdemokratien im Großen und Ganzen in Ebenbilder der Sowjetunion verwandelt. Ihre nationale Eigenart wurde missachtet und lediglich zur folkloristischen Fassade reduziert. Als dieser Konformitätszwang infolge der Entstalinisierung entfiel, kamen die nationalen Besonderheiten immer stärker zur Geltung. Mehrere Wege zum Sozialismus schienen möglich. Die zunehmende Bedeutung der nationalen und eigendynamischen Faktoren hatte allerdings auch ihre Schattenseiten. Denn die Entwicklungen innerhalb der Region verliefen nun asynchron. Demokratisierungsprozesse, die hier immer wieder in Gang kamen, waren in der Regel nur auf ein Land beschränkt und sprangen selten auf die Nachbarn über. Staaten, die sich auf dem Weg der Liberalisierung am weitesten voranwagten, blieben meist isoliert und mussten sich schließlich dem Druck der konservativ gebliebenen Umgebung beugen. Am häufigsten ist dieses Schicksal Polen widerfahren. Das Jahr 1956 stellte insoweit die einzige Ausnahme dar. Nur damals hatte das Tauwetter mehrere Zentren – Moskau, Warschau und Budapest. Durch die Wucht der Erneuerungsprozesse, die der 20. Parteitag der KPdSU (Februar 1956) eingeleitet hatte, wurde Osteuropa bis zur Unkenntlichkeit verändert. Ungeachtet des Rückschlags, den diese Umwälzung infolge der Niederschlagung des Ungarn-Aufstandes erlitten hatte, kannte der Sowjetblock keine andere Zäsur, die so tief und umfassend gewesen wäre.

Wiederanknüpfung an das Jahr 1956?

Knüpft der jetzige Kurs in der UdSSR an die Vorgänge von 1956 an? In gewisser Hinsicht trifft dies sicher zu. Zum ersten Mal seit dem Sturz Chruščevs kommt der Impuls zur Erneuerung des Systems nicht aus der Peripherie des Imperiums, sondern aus dem Zentrum selbst. Deshalb wird es wohl kaum möglich sein, den reformistischen Herd, ähnlich wie 1968 oder 1980/81 zu isolieren.

Das unter Brežnev erstarrte und verkrustete sowjetische Herrschaftssystem stellte für die Dogmatiker in Warschau, in Prag oder in Ost-Berlin einen ruhenden Pol dar. Mit ihm konnten sie immer rechnen, wenn sie innere Krisen aus eigener Kraft nicht bewältigen konnten. Nun gerät aber dieser Pol selbst in Bewegung. Und dieser Prozess lässt sich wohl kaum durch den Druck von außen aufhalten.

Dennoch sind die sowjetischen Reformer mit Problemen ganz anderer Art konfrontiert als ihre Gesinnungsgenossen in Ostmitteleuropa. Es fällt ihnen schwer, Träger für ihren Erneuerungs- und Modernisierungskurs innerhalb der eigenen Gesellschaft zu finden. 1956 hatten sich die Dinge ganz anders verhalten. Damals begrüßten sowohl die regierende Nomenklatura als auch die Regierten die Abkehr der Führung von den stalinistischen Herrschaftsmethoden. Die Vertreter der Partei- und der Militärelite wurden von der Willkür der Sicherheitsorgane befreit und mussten nicht mehr ständig um ihr Leben bangen. Auch den breiten Bevölkerungsschichten brachte die Entstalinisierung sofortige Vorteile – das Ende des Massenterrors und der rücksichtslosen wirtschaftlichen Ausbeutung. Ebenso darf man natürlich die Intellektuellen von damals nicht vergessen, die sich für die Liberalisierung der Kulturpolitik außerordentlich dankbar zeigten.

Es sind wiederum die Intellektuellen, die auch heute von der Überwindung der Stagnation der späten Brežnev-Jahre am stärksten profitieren. Ihre Begeisterung für das neue „Tauwetter" wird aber offensichtlich nicht von allen Gruppen der Gesellschaft geteilt. Den Äußerungen sowjetischer Reformer kann man entnehmen, dass ihre Initiativen zu wenig von unten unterstützt werden. Der Dramaturg Šatrov, der zu den wichtigsten

Wortführern der Erneuerung zählt, beklagte sich in einem Interview mit der polnischen Zeitschrift *Polityka*, dass viele Menschen mit dem Demokratisierungsvorhaben der neuen Führung nichts anfangen könnten. Sie sagten: „Wofür gebt ihr uns irgendwelche Rechte, alles soll beim Alten bleiben, damals war alles so klar!"[1]

Die Zustandsbeschreibung, die der sowjetische Autor hier gibt, ist sicher zutreffend, die Ursachen dafür werden von ihm aber nicht genannt. Wenn man bedenkt, wie hart die Bolschewiki von Anfang an jede politische Eigeninitiative außerhalb der Partei und seit Stalin auch innerhalb der Partei bestraft haben, wird die politische Passivität der Gesellschaft, die sie nun derart bedauern, nur allzu verständlich.

Die Bereitschaft, sich politisch zu engagieren, welche die sowjetischen Reformer bei ihrer eigenen Bevölkerung so schmerzlich vermissen, ist bei den Völkern Ostmitteleuropas, und vor allem bei den Polen, im Überfluss vorhanden. Vielleicht deshalb lässt sich in den sowjetischen Medien eine bemerkenswerte Neubewertung des polnischen Freiheitsdranges feststellen, der früher in der Regel als übertrieben gegolten hatte. In diesem Sinne verlief z. B. das Gespräch zwischen dem Korrespondenten der Moskauer Zeitschrift *Literaturnaja gazeta* Leonid Počivalov und dem Politbüro-Mitglied der Polnischen Vereinigten Arbeiterpartei Jan Główczyk.[2] Počivalov äußert hier seine Bewunderung für die freiheitlich-demokratischen Traditionen der Polen: „Sogar ihre Könige haben die Polen selbst gewählt!" Der polnische Politiker versucht indes – eine auffallende Umkehrung der Rollen – die Euphorie seines Gesprächspartners zu dämpfen und weist darauf hin, dass dieser Freiheitsdrang auch seine Schattenseite habe: nicht selten habe er zur Anarchie geführt.

Diese Skepsis Główczyks gegenüber den eigenen Landsleuten darf allerdings nicht darüber hinwegtäuschen, dass der neue sowjetische Kurs von der polnischen Führung, vor allem von ihrem weichen Flügel um Jaruzelski und Rakowski, mit Erleichterung aufgenommen wird. Ihr Handlungsspielraum hat sich nun wesentlich vergrößert. Jetzt können sie auf Kompromisse mit der Gesellschaft eingehen, ohne von Moskau zur Ord-

---

1 Nie bać się prawdy, in: *Polityka*, 14.2.1987, S. 1.
2 *Literaturnaja gazeta*, 25.2.1987, S. 14.

nung gerufen zu werden. Der doppelte Druck, von unten und von außen, dem sie seit Beginn der 80er Jahre ständig ausgesetzt waren, lässt nun deutlich nach. Deshalb konnte Jaruzelski es sich erlauben, im September 1986 eine Amnestie praktisch für alle politischen Gefangenen durchzuführen.

Staat und Kirche auf Versöhnungskurs

Nach der Auskunft der in Krakau erscheinenden Zeitschrift *Tygodnik Powszechny*, die gegenüber der Regierung im Allgemeinen kritisch eingestellt ist, handelt es sich hier, wenn man von den Ereignissen des Jahres 1956 absieht, um die größte Befreiungsaktion dieser Art in der ganzen Nachkriegsgeschichte der Republik. Die Amnestie, so die Redaktion, eröffne einen ganz neuen Abschnitt in der Entwicklung des Landes. Nun sei das wichtigste Hindernis für die Wiederaufnahme des Dialogs zwischen der Regierung und der Gesellschaft beseitigt.[3] Ähnlich wurde die neue Situation auch vom polnischen Episkopat und vom Papst bewertet.[4] Die Kirche betrachtet die vom Gorbačev-Kurs inspirierte liberale Wende in Polen als eine Bestätigung für die von ihr verfolgte eigene Linie. Nicht zuletzt deshalb reagiert sie beinahe enthusiastisch auf diese Politik. Seit der Verkündung des Kriegsrechts versuchte sie zwischen der Regierung und der Opposition zu vermitteln, wofür sie nicht selten von beiden Seiten angegriffen wurde. In den Augen vieler Regimekritiker galt sie als beinahe kollaborationistisch, während sie von den offiziellen Stellen des politischen Extremismus bezichtigt wurde. Nun scheint sich allerdings das Blatt gewendet zu haben. Der Beitrag, den die Bischöfe für die Stabilisierung der Verhältnisse im Lande geleistet haben, wird jetzt von der Partei sehr positiv bewertet. Der Episkopat habe die Interessen des Staates nie aus den Augen verloren, schrieb vor kurzem der prominente Parteipublizist Ryszard Wojna. Die Kirche kritisiere zwar häufig die Regierung, dennoch sei sie

---

3   *Tygodnik Powszechny*, 21.9.1986, S. 1.
4   Ebda.

immer zum Dialog bereit und fasse sich selbst nicht als eine Alternative zum Staat auf.[5]

Beinahe sensationell wirkt auch die Neubewertung des polnischen Katholizismus, die sich nun in der Sowjetunion abzuzeichnen beginnt. Seine Stärke bereitete der Moskauer Führung bisher immer Kopfzerbrechen und wurde als permanentes Ärgernis empfunden. Regierungsfeindliche Demonstrationen und Ausschreitungen, die nach dem 13. Dezember 1981 stattfanden, lasteten die sowjetischen Medien oft der Kirche an und bezeichneten sie als den eigentlichen Drahtzieher hinter den oppositionellen Aktivitäten. Jetzt scheint aber dieses Bild ins Wanken zu geraten. Der bereits erwähnte Korrespondent der *Literaturnaja gazeta* Počivalov führte unlängst ein Interview mit Kardinal Glemp durch. Im Vorspann dazu schrieb er Folgendes: Es sei für Sowjetbürger unfassbar, dass ein sozialistisches Land gleichzeitig katholisch sein könne. Sie hätten sich an den Gedanken gewöhnt, dass die Religion nur ein anachronistisches Relikt, ein Zeichen der kulturellen Rückständigkeit sei. In Polen gingen jedoch die Uhren anders. Hier bekenne sich die überwältigende Mehrheit der Bevölkerung, darunter auch viele Kommunisten [sic! – L. L.], zum religiösen Glauben und sähen darin etwas Selbstverständliches. Die Andersartigkeit Polens müsse von der Sowjetunion voll akzeptiert werden. Den beiderseitigen Beziehungen würde dies nur zugute kommen.[6] Eine derart nüchterne Einschätzung der Lage, weitgehend ohne propagandistische Schönfärberei, wäre unter Brežnev wohl kaum denkbar gewesen. Das von Gorbačev propagierte neue Denken spiegelt sich hier deutlich wider. Die Entspannung zwischen Staat und Kirche wird demnach, zumindest im Falle Polens, von Moskau eindeutig sanktioniert.

---

5 Wojna, Ryszard: Mądrze i przyzwoicie, in *Polityka*, 4.10.1986, S. 3.
6 Ponjatie mira odnoznačno dlja vsech, *Literaturnaja gazeta*, 4.2.1987, S. 14.

Das „Tauwetter" und die Solidarność

Man darf aber nicht vergessen, dass Regierung und Kirche nicht die einzigen Akteure auf der politischen Bühne Polens sind, es gibt auch einen dritten, nicht weniger wichtigen Mitspieler, nämlich die inzwischen verbotene Gewerkschaft Solidarność. Sie verfügt über immer noch funktionierende Strukturen, teils im Untergrund und teils im Ausland. Ihre Führung genießt nach wie vor eine außergewöhnliche Popularität. Wie wird das neue Tauwetter in diesen Kreisen aufgenommen?

Man muss als erstes hervorheben, dass es der unabhängigen Gewerkschaft sehr schwer fällt, eine adäquate Reaktion auf die von der Regierung signalisierte Gesprächsbereitschaft zu finden. Denn sie selbst wurde zu diesem Dialog nicht eingeladen. Als Organisation ist sie nämlich für die Parteiführung nicht mehr vorhanden und ihre Strukturen sind – so die offizielle Sprechweise – illegal. Für die Solidarność wiederum ist die von der Regierung verordnete Auflösung der Organisation illegal. Diese konträren Standpunkte erschweren eine Aussöhnung zwischen dem Staat und den politisch aktivsten Teilen der Gesellschaft.

Vertreter des offiziellen Lagers betonen, dass die Einstellung der Regierung zur unabhängigen Gewerkschaftsbewegung, ungeachtet der Entlassung aller Solidarność-Aktivisten aus den Gefängnissen, sich in keiner Weise verändert habe. Eine erneute Legalisierung der Organisation komme nicht in Frage, so die Parteipublizisten Passent und Wiatr.[7] Ihre kompromisslose Haltung begründet die Parteiführung, auch nach der liberalen Wende, mit den alten Argumenten, die man praktisch seit dem 13. Dezember 1981 kennt. Der Gesellschaftsvertrag vom August 1980 sei von der extremistischen Führung der Solidarność gebrochen worden. Sie habe die wichtigsten Prinzipien der polnischen Staatsräson – die sozialistische Gesellschaftsordnung und das Bündnis mit der Sowjetunion – in Frage gestellt. Und schließlich wirft man der Organisation Umsturzpläne vor.[8] Der Regierung fehlen jedoch eindeutige Beweise für diese These. Radikalisie-

---

7   Passent, Daniel: Życie polityczne i gospodarcze, in: *Polityka*, 4.10.1986, S. 3; Wiatr, Jerzy: Zmiany polityczne w Polsce, in: *Polityka*, 20.12.1986, S. 4.
8   Vgl. dazu Rakowski, Mieczysław: Nie sceptyczni lecz krytyczni, in: *Polityku*,

rungstendenzen waren in der Solidarność zweifellos vorhanden. Dies war in einer Massenorganisation, in der vollkommene Meinungsfreiheit herrschte, auch kaum zu vermeiden. Dennoch blieb sie als solche bis zuletzt den Prinzipien der „sich selbst beschränkenden Revolution" treu – eine Formulierung, die von der Warschauer Soziologin Jadwiga Staniszkis geprägt wurde.[9]

Die Führung der Gewerkschaft rief zwar ihre Mitglieder häufig zu Demonstrationen und zu Streiks auf, aber nie zur Anwendung von Gewalt. Darin hat sich auch nach dem 13. Dezember nichts geändert. Nur unbedeutende Randgruppen wichen von diesem Prinzip ab. Angesichts dieser ablehnenden Einstellung der Gewerkschaft zu Gewaltlösungen jeder Art klingt die These von ihren angeblichen Umsturzplänen recht unglaubwürdig.

Die Solidarność lastet ihrerseits den Bruch der Vereinbarungen vom August 1980 den Generälen an, und mit dieser Auffassung steht sie in Polen bekanntlich nicht allein. Deshalb war auch die Militärregierung unmittelbar nach ihrer Errichtung so isoliert wie kaum eine andere Führung in der polnischen Nachkriegsgeschichte.

Die Anhänger der zerschlagenen Solidarność, und das war zunächst sicher die Mehrheit der Bevölkerung, versuchten durch den Boykott der offiziellen Einrichtungen und durch die Schaffung paralleler Untergrundstrukturen, das System auszuhöhlen. Die Mitarbeit in den regierungstreuen Verbänden, Verlagen, Zeitschriften usw. galt als Kollaboration. Diese kompromisslose Haltung begann sich aber allmählich abzumildern. Die behutsame Politik der Staatsführung trug dazu wesentlich bei. Adam Michnik bezeichnete einmal das polnische Militärregime als eine „sich selbst beschränkende Gegenrevolution".[10] Diese Worte erinnern an die bereits erwähnte Definition der unabhängigen Gewerkschaftsbewegung als einer „sich selbst beschränkenden Revolution". Und in der Tat vermieden beide

---

12.7.1986, S. 5; ders.: Przeciw filozofii rezygnacji, in: *Polityka*, 11.10.1986, S. 3.
9   Staniszkis, Jadwiga: *Poland's Self-Limiting Revolution*. Princeton / New Jersey 1984; siehe dazu auch Holzer, Jerzy: *„Solidarität". Die Geschichte einer freien Gewerkschaft in Polen*. München 1985.
10 Michnik, Adam: List z Mokotowa, in: *Krytyka* 16, 1983, S. 13-28, hier S. 21.

DER GORBAČEV-KURS IN POLEN 269

Seiten im polnischen Konflikt bisher eine totale Konfrontation und handelten nicht nach dem Prinzip: Alles oder nichts. Auch unter dem Kriegsrecht herrschte in Polen eine viel größere Meinungsfreiheit als in allen anderen Ländern des Ostblocks. Prominente Berater der Solidarność behielten in der Regel ihre Arbeitsplätze an den Universitäten oder in anderen wissenschaftlichen Einrichtungen. Autoren, die sich weigerten für offizielle Verlage und Presseorgane zu schreiben, konnten in den katholischen oder in den Untergrundzeitschriften publizieren. Von einer „Normalisierung" nach dem ungarischen Muster von 1956 oder nach dem tschechoslowakischen von 1968 konnte hier keine Rede sein. All das hat die Reihen der oppositionellen Verweigerungsfront immer stärker gelichtet. Nur der harte Kern der Bewegung blieb weiterhin unnachgiebig. Aber auch ihm droht seit der Verkündung des Amnestieerlasses eine Spaltung. Immer größer ist die Zahl der prominenten Führer der Opposition, die zu Kompromissen mit der Staatsführung bereit sind – ungeachtet deren Weigerung, das Verbot der Gewerkschaft rückgängig zu machen. Bezeichnend für diese neuen Tendenzen ist der am 10. Oktober 1986 verfasste Aufruf an den amerikanischen Präsidenten, die Wirtschaftssanktionen gegen Polen aufzuheben. Das Dokument wurde unter anderem von Lech Wałęsa und von den prominenten Solidarność-Beratern Tadeusz Mazowiecki und Bronisław Geremek unterzeichnet.[11]

Aber nicht nur der als gemäßigt geltende Wałęsa-Flügel der Solidarność beginnt seine bisherige Haltung zu revidieren, sondern auch Vertreter der aktivistischen KOR-Fraktion. So äußerte vor kurzem ihr Wortführer Jacek Kuroń die Ansicht, es sei nicht sinnvoll, den Kampf um die Wiederzulassung der Organisation in den Mittelpunkt des oppositionellen Tuns zu stellen. Denn in diesem Punkt werde die Partei auf keinen Fall nachgeben. Die Aktivität solle man deshalb auf andere Gebiete umleiten, auf die die Staatsführung weniger sensibel reagiere.[12]

Dieses allmähliche Abrücken von den bis dahin vertretenen Positionen wird von einem Teil der Regimekritiker mit Sorge beobachtet. Andrzej Gwiazda – der ewige Gegenspieler Wałęsas – kritisierte mit äußerster

---

11   Oświadczenie, *TP*, 26.10.1986, S. 1.
12   *Kontakt* (Paris) 1986, H. 12, S. 14.

Schärfe die unablässige Suche des Vorsitzenden der Solidarność nach einem Dialog mit den Machthabern. Auf diese Weise habe er der Partei bereits oft geholfen, tiefste Krisen zu überwinden, ohne den geringsten Dank dafür geerntet zu haben. Die Kommunisten gingen vom Prinzip der Unteilbarkeit der Macht aus und lehnten deshalb echte Kompromisse grundsätzlich ab. Dies sähe jedoch der verhandlungsbereite Teil der Opposition nicht ein.[13]

Die in Paris erscheinenden Exilzeitschriften *Kultura* und *Kontakt*, die außergewöhnliches Ansehen in Polen genießen, warnen ebenfalls vor den neuen Illusionen. Die *Kultura* spricht sogar von einem „Verhandlungswahn", der nun einen Teil der Regimekritiker ergriffen habe.[14] Für „Kontakt" stellt das jetzige „Tauwetter" nur eine für die Regime sowjetischen Typs charakteristische Atempause dar. Mit ihrem weichen Kurs versuche die Partei, die Opposition psychisch und organisatorisch zu demobilisieren, um sie dann um so leichter bezwingen zu können.[15]

Die tiefe Spaltung, die sich in den Reihen der Opposition vollzieht, kommt der Regierung natürlich nicht ungelegen. Sie scheint jetzt nach dem Grundsatz zu handeln, den der Führer eines anderen Ostblocklandes, nämlich János Kádár, bereits zu Beginn der 1960er Jahre formulierte: „Wer nicht gegen uns ist, der ist mit uns." So rief im Dezember 1986 der polnische Kulturminister Krawczuk alle Autoren und Künstler, die die staatlichen Einrichtungen boykottierten, zur Zusammenarbeit auf. Die gegenseitige Nichtbeachtung der offiziellen und der nichtoffiziellen Strukturen könne für die Kultur des Landes verheerende Folgen haben.[16] Und es ist kaum zu bezweifeln, dass dieser Appell auf eine positive Resonanz stoßen wird. Autoren, die in der letzten Zeit beinahe ausschließlich im Untergrund publizierten, beginnen erneut, mit den Staatsverlagen zusammenzuarbeiten. Zu ihnen zählt auch der Schriftsteller Tadeusz Konwicki, der seit Ende der 1970er Jahre zu einer Art Kultfigur der polnischen Opposition

---

13 *Pogląd* (Berlin), 15. 2. 1987, S. 14-23.
14 Obserwatorium, in: *Kultura* (Paris) 1986, H. 11, S. 3-7, Zięba, J.: Widziane z Warszawy, ebda., S. 8-15.
15 Hernandez, M. und Marchewczyk, J.: Détente po polsku, in: *Kontakt*, 1986, H. 12, S. 31-35.
16 *Polityka*, 20.12.1986, S. 1 und 8.

wurde. Noch vor drei, vier Jahren schien eine solche Entwicklung undenkbar. Die atmosphärische Veränderung, die sich im Lande in den letzten Monaten vollzog, ist unübersehbar. Ein Beispiel: Im März 1983 appellierte einer der bedeutendsten katholischen Politiker des Landes, Stanisław Stomma, an alle Konfliktparteien, den Dialog wiederaufzunehmen. Die Basis für eine Verständigung, welche bereits die Erneuerung vom Oktober 1956 geschaffen hätte, sei immer noch vorhanden. Zugleich wandte er sich gegen die Kultivierung der aufständischen Romantik in den Reihen der Opposition.[17] Diese Äußerungen riefen damals einen Sturm der Entrüstung in der regimekritischen Presse hervor. Dreieinhalb Jahre später, im Oktober 1986, wiederholte der Politiker fast Wort für Wort seine Thesen[18], ohne allzu große Widerstände zu provozieren. Kompromiss, Dialog, Verständigung – diese Begriffe erleben seit Herbst 1986 erneut eine Hochkonjunktur im Lande, und zwar sowohl im oppositionellen als auch im Regierungslager. Zur Euphorie besteht noch kein Anlass, denn die wirtschaftliche Situation Polens ist viel zu desolat dafür, aber ein vorsichtiger Optimismus ist durchaus angebracht.

Veröffentlicht in: *L 80*, Mai 1987 (geringfügig revidierte Fassung).

---

17   *TP*, 37, 13.3.1983, S. 3.
18   W XXX rocznicę października, in: *TP*, 26.10.1986, S. 1 f.

Auf der Suche nach Authentizität – Polen im Herbst 1987

Der Konflikt zwischen dem Warschauer Regime und der opponierenden Gesellschaft scheint zur Zeit unlösbar zu sein. Ein zaghafter Optimismus, der unmittelbar nach der allgemeinen Amnestie für die politischen Gefangenen im September 1986 für eine kurze Zeit aufgekommen war, ist bereits dahin. Die Opposition und die Kirche haben die Fähigkeit der regierenden Militärs über ihren Schatten zu springen überschätzt. Eine politische Lösung des Konflikts steht für sie weiterhin nicht zur Debatte. Sie sind lediglich gegenüber einer entpolitisierten und atomisierten Gesellschaft zu Kompromissen bereit und lehnen grundlegende Veränderungen des Systems entschieden ab. Eine erneute Legalisierung der Solidarność komme nicht in Frage, betonen wiederholt Vertreter des regierenden Establishments.

Die Situation im Lande ist nun völlig verfahren. Alle Reformpläne der Regierung schlagen fehl, weil sie nicht bereit ist, die Opposition als gleichberechtigten Partner zu akzeptieren. Und ohne diesen Schritt lässt sich die Bevölkerung nicht zu mehr Leistung und zum Konsumverzicht motivieren. Die Opposition ist ihrerseits nicht imstande, die von ihr angestrebte Veränderung des Systems der Regierung aufzuzwingen. Die allgemeine Resignation wird zusätzlich durch die fortschreitende wirtschaftliche Zerrüttung des Landes vertieft. Als dramatisch bezeichnen die Lage sowohl Vertreter der Opposition als auch offizielle Medien. Jan Józef Lipski – einer der prominentesten Regimekritiker – meint, bei Fortdauer des bisherigen wirtschaftlichen Verfalls werde sich Polen in eine zivilisatorische Wüste verwandeln und die Charaktereigenschaften eines Landes der Dritten Welt annehmen. Da die Landsleute Lipskis Polen als einen der wichtigsten Vorposten der abendländischen Kultur im europäischen Osten betrachten, muss eine derartige Feststellung erschütternd auf ihr Selbstverständnis wirken.

Der Publizist des katholischen Wochenblattes *Tygodnik Powszechny*, Stefan Kisielewski, geht einen Schritt weiter und hält sogar die staatliche Existenz des Landes für gefährdet. In der Weltpolitik, so Kisielewski, habe sich ein kompliziertes Beziehungsgeflecht entwickelt, in dem jedes Glied über eine bestimmte Funktion verfüge. Für die Russen seien die Amerikaner ein wichtiger Wirtschaftsfaktor, die Amerikaner benötigten ihrerseits die Russen für die Aufrechterhaltung des globalen Gleichgewichts. Polen hingegen werde aufgrund seiner Probleme als Partner immer weniger interessant und von vielen sogar als Störenfried empfunden. Man darf Kisielewski nicht allzu wörtlich nehmen. Dieser unnachahmliche Meister des geistreichen politischen Feuilletons übernimmt oft die Rolle eines Advocatus Diaboli. Er provoziert gern das Publikum, um es zum Nachdenken zu zwingen. Auch diesmal handelt es sich wahrscheinlich eher um eine Mahnung denn um eine Prophezeiung. Dass diese Mahnung aber derart drastisch ausfällt, ist mit dem Ernst der Lage verbunden.

Die Krise im Lande lässt sich sicher nicht darauf zurückführen, dass die Regierung einen besonders repressiven Kurs verfolgt. Im Gegenteil, sie gehört zu den liberalsten im Ostblock und versucht eifrig, die Gorbačevsche Perestrojka den polnischen Bedingungen anzupassen. Ihre Ausgangslage ist jedoch unvergleichlich schwieriger als diejenige der Moskauer Führung. Sie hat es, anders als jene, mit einer außerordentlich selbstbewussten und zugleich desillusionierten Gesellschaft zu tun. Während Gorbačev mit seiner Konzeption einer Revolution von oben die Bevölkerung, die von seinen Vorgängern politisch entmündigt worden war, aufrütteln will, versucht Jaruzelski eher das Gegenteil – die Gesellschaft zu entpolitisieren. Denn ihre Bereitschaft, sich politisch zu betätigen, hatte sie vor Kurzem – in der Solidarność-Zeit – eindeutig bewiesen. Das Land hatte sich damals auf dem Gebiet der „Perestrojka" und „Glasnost"' so weit vorgewagt, dass die jetzige sowjetische Umwälzung sich im Vergleich damit bescheiden ausnimmt. Dabei ist hervorzuheben, dass viele Errungenschaften der Solidarność-Periode nicht einmal unter dem Kriegsrecht angetastet worden sind.

So entstand eine paradoxe Situation, die einer der Vordenker des oppositionellen Lagers, Jacek Kuroń, vor kurzem so definierte:

> Der grundlegende Unterschied zwischen Polen und der Sowjetunion besteht darin, dass wir bereits eine große Revolution hinter uns haben, im Osten hingegen beginnt sich eine solche erst abzuzeichnen. Wir stehen in jeder Hinsicht wesentlich weiter als die Sowjetunion. Daher kann die Opposition der Regierung keine Vorhaltungen machen, dass diese mit der sowjetischen Perestrojka nicht Schritt halte.

Man kann Kuroń nur beipflichten. Aus osteuropäischer Sicht sind die „polnischen Freiheiten" in der Tat erstaunlich. Zwar wird das Land auf wirtschaftlichem Gebiet in puncto Liberalität von Ungarn übertroffen. In allen anderen relevanten Bereichen ist indes der Grad der Autonomie, den die polnische Gesellschaft zu erzielen vermochte, für den Ostblock ohne Beispiel. Der 13. Dezember 1981 stellte hier insoweit, anders als etwa der 21. August 1968 in der Tschechoslowakei, keine endgültige Zäsur dar. „Die Ordnung" wurde in Warschau nicht wiederhergestellt. Die ehemaligen Berater der „Solidarität" behielten in der Regel – ganz anders als die Wortführer des „Prager Frühlings" nach 1968 – ihre Posten und Ämter in den wissenschaftlichen oder kulturellen Einrichtungen.

Eine äußerst wichtige Rolle spielt im heutigen Polen auch die regimekritische katholische Presse. Ihren 1956 bzw. 1980 erkämpften Besitzstand hat sie nach der Verkündung des Kriegsrechts nicht nur bewahrt, sondern auch zusätzlich erweitert.

Aber auch die Tätigkeit des außerhalb der Zensur erscheinenden polnischen Samizdat – des „zweiten Umlaufs" – erreichte ausgerechnet nach der Verkündung des Kriegsrechts – eine für die Staaten des Ostblocks beispiellose Dimension. Mit seinen Hunderten von Zeitschriften und vielen profilierten Verlagen entwickelte der polnische Samizdat eine Alternativkultur, die mit der offiziellen erfolgreich konkurriert.

Die Regierung duldet im Großen und Ganzen solche Aktivitäten und versucht sie nur gelegentlich zu unterbinden. Diese Taktik erwies sich letztlich als erfolgreich. Der Widerstandswille der Gesellschaft, die der Solidarność nachtrauerte, ließ allmählich nach, die Verweigerungsfront, von der die Generäle zunächst umgeben worden waren, zerbröckelte. Diese machttechnische Leistung der Militärs wird sogar von manchen Vertretern der Opposition mit einem gewissen Respekt betrachtet.

Nach der Befreiung beinahe aller politischen Gefangenen aufgrund der Amnestie vom September 1986 schien sogar die Wiederaufnahme eines Dialogs zwischen Regierung und Opposition möglich. Die Machthaber hielten aber, wie bereits gesagt, an ihrem Grundsatz fest, dass die Auflösung der Solidarność wegen ihrer „staatsgefährdenden Tätigkeit" endgültig sei und dass es sich bei den Führern dieser Organisation um Privatpersonen handele.

***

Das Dilemma Jaruzelskis und seiner Mannschaft wurde von Lech Wałęsa im Gespräch mit dem Autor am 18. November 1987 folgendermaßen beschrieben: diese Equipe sei für den Reformgedanken durchaus offen. Sie trage allerdings mit sich die Last, das Kriegsrecht eingeführt zu haben. Es falle ihr deshalb schwer, ihre eigenen Beschlüsse rückgängig zu machen. Anders hätten sich die Dinge verhalten, wenn eine Führung den Kriegszustand verhängt und eine andere dessen Folgen beseitigt hätte.

Nicht zuletzt aus den hier von dem Gewerkschaftsführer angeführten Gründen reagiert die Regierung Jaruzelskis derart allergisch auf jede Forderung nach einer neuerlichen Zulassung der Solidarność. Statt dessen bietet sie der Bevölkerung immer neue Ersatzlösungen beziehungsweise Ersatzorganisationen an, etwa die Patriotische Front der Nationalen Erneuerung (PRON) oder die neuen, staatsnahen Gewerkschaften (OPZZ). Diese werden jedoch von der Bevölkerungsmehrheit verworfen, da sie als Marionetten der Regierung, als nicht-"authentisch" gelten. In Polen verwendet man das Wort „authentisch" auch im Sinne von „spontan", „unabhängig".

Und bei dem Begriff „Authentizität" gelangt man praktisch zur Schlüsselfrage der polnischen Krise. Eine Gesellschaft, die die Erfahrung der Solidarność – also einer spontanen, unabhängigen, „authentischen" Massenbewegung – hinter sich hat, reagiert äußerst gereizt auf Propagandaunternehmen jeglicher Art. Für fassadenhafte Organisationen, die nur eine Scheinpartizipation gewähren, ist sie kaum zu gewinnen. Entspricht aber diese Einstellung nicht dem Geist der Perestrojka? Gorbačev führt seit etwa zweieinhalb Jahren einen Feldzug gegen die propagandistische Scheinwelt, die unter Brežnev aufgebaut worden war. Er versucht, fassadenhafte Organisationen wie die Gewerkschaften oder die Sowjets wiederzubeleben, ihnen mehr Kompetenz zu verleihen. Man könnte also meinen, die sowjetischen Reformer erfüllten genau die Forderungen, die die polnischen Oppositionellen an ihre eigene Regierung stellen. Dennoch täuscht dieser Eindruck. In der Sowjetunion ist das Übergewicht des Staates über die Gesellschaft immer noch derart gewaltig, dass dort, trotz Perestrojka, noch kein partnerschaftlicher Dialog zwischen den beiden entstehen kann. Zwar versucht die Partei, die Bevölkerung zu einem solchen Dialog zu animieren, sie ist jedoch immer noch in der Lage, seinen Modus nach ihren eigenen Bedingungen zu gestalten. Die Perestrojka entwickelte sich zwar allmählich zu einem eigendynamischen Prozess, an den sich die Staatsführung immer neu anpassen muss. Dennoch hält die Machtzentrale weiterhin die wichtigsten Fäden in der Hand.

Die polnische Partei ist in einer ganz anderen Situation. Auf ihr lastet die traumatische Erfahrung, bereits mehrmals die Kontrolle über die Ereignisse verloren zu haben (1956, 1970/71, 1980/81). Deshalb fehlt ihr das Selbstbewusstsein ihrer sowjetischen Gesinnungsgenossen. Sie hat, wie Stefan Kisielewski einmal formulierte, vor allen denkbaren Entwicklungen Angst: sowohl vor einem liberalen als auch vor einem harten Kurs, vor dem Status quo, aber auch vor seiner Veränderung. Wenn man allerdings bedenkt, welche Folgen die jeweilige Entscheidung nach sich ziehen könnte, werden diese Ängste durchaus verständlich. Denn ein „authentischer" Dialog mit der Opposition würde letztlich zu einer qualitativen Veränderung des Systems führen; damit wäre eine Konfrontation mit den Dogmatikern im gesamten Ostblock unvermeidlich. Auf der anderen Seite kann ohne einen solchen Dialog kein Reformprogramm wirksam durchgesetzt werden.

All diesen Entscheidungen geht die Regierung aus dem Weg. Sie spricht mit der Opposition nur indirekt und bedient sich dabei der Vermittlung der Kirche, die sie als ihren einzigen Gesprächspartner akzeptiert. Aber auch die Opposition hat keine anderen legalen Kanäle, um ihre Botschaften der Staatsführung zu übermitteln, als diejenigen der Kirche. So gelangt diese Institution zu einem Einfluss, wie es ihn in der Nachkriegsgeschichte noch nie gegeben hatte. Sie wird zur Schalt- und Vermittlungsstelle, übernimmt Funktionen, die sonst politische Parteien oder kulturelle und wirtschaftliche Einrichtungen erfüllen. Die Tatsache, dass die Militärs derart stark auf die Vermittlerrolle der Kirche angewiesen sind, gibt eine zusätzliche Erklärung für ihre „Weichheit". Die Warschauer Kurie wäre wohl kaum bereit gewesen, mit einem offen terroristischen Regime zu kooperieren. Die Zeiten, in denen sie sich gezwungen gesehen hatte, Abkommen mit den Stalinisten zu schließen (1950), sind längst vorbei.

In einem Land, in dem eine kämpferisch atheistische Partei seit 43 Jahren an der Macht ist, bekennen sich etwa 90 Prozent der Bevölkerung zum katholischen Glauben. Während im Westen die Kirche viel von ihrem Einfluss auf die Industriearbeiter und auf die Intellektuellen verloren hat, erlebt Polen einen umgekehrten Prozess. Ausgerechnet aus diesen beiden Schichten gewinnt die Kirche die Mehrzahl ihrer neuen Anhänger.

Viele Vertreter der nonkonformistischen Linken, die noch in den sechziger Jahren die Kirche als ein Überbleibsel des Mittelalters betrachtet hatten, begeben sich nun unter ihren Schutz, schreiben in ihren Presseorganen, treten mit Dichterlesungen in ihren Räumen auf. Symbolisch für diese Entwicklung ist das Schicksal eines Teils der Mitarbeiter der Zeitschrift *Polityka* – des engagiertesten und anregendsten Parteiblattes der siebziger Jahre. Nach der Verkündung des Kriegsrechts hatte etwa die Hälfte der Mitarbeiter die Redaktion verlassen, und einige von ihnen schreiben jetzt für den *Tygodnik Powszechny*.

Während im Westen beim Dialog zwischen Christen und Linken die ersteren unter einem gewissen Rechtfertigungszwang stehen, ist in Polen die Situation genau umgekehrt. Die Verteidiger der linken Positionen werden im Allgemeinen einer anachronistischen Denkweise bezichtigt, und es fällt ihnen nicht allzu leicht zu erklären, warum sie ihre Ideale, ungeachtet ihrer Diskreditierung durch die Kommunisten, noch verteidigen. Die Gemüter der Nation werden weitgehend von der Kirche beherrscht.

***

Die Partei hat sich mit dieser Entwicklung praktisch abgefunden. Dass sie den Episkopat zu ihrem einzigen Gesprächspartner auserkoren hat, beweist dies. Es fällt ihr übrigens viel leichter, mit den Bischöfen als mit der Solidarność zu verhandeln. Aufgrund ihres hierarchisch-zentralisierten Aufbaus gilt die Kirche in den Augen der Machtelite als wesentlich zuverlässiger denn die basisdemokratische Gewerkschaft.

Nach der Verkündung des Kriegsrechts hat sich die Kirche zwar radikalisiert. Dies betraf allerdings in erster Linie ihre Basis, die sich mit der verbotenen Gewerkschaft nicht selten solidarisierte. Die Kirchenführung indes versuchte, eine Äquidistanz sowohl gegenüber dem Staat als auch gegenüber den radikaleren Strömungen der Opposition zu bewahren: „Die Seelsorge vermeidet das Engagement für fremde, nichtkirchliche Probleme", beteuerte Primas Józef Glemp im Februar 1985 auf einer Pressekonferenz: „Die Seelsorge wird in erster Linie durch die Liebe zum Menschen geleitet, die Politik hingegen setzt Gegensätze, nicht selten Hass voraus".

Außer der „Besonnenheit" scheint die Kirche in den Augen der Parteiführung auch andere Vorzüge gegenüber der Solidarność zu haben. Man erhofft sich nämlich von ihrem Einfluss eine gewisse Entpolitisierung der Gesellschaft. Die Kirche betont in der Tat, dass sie keine politische Institution sei und dass sie nicht die Absicht habe, sich an der Macht in irgendeiner Weise zu beteiligen. Man hat auch den Eindruck, dass der Glaube an den Papst, der im Lande bereits beispiellose Dimensionen angenommen hatte, der Regierung nicht nur Sorgen bereitet. Denn dieser Glaube richtet zwar die Nation moralisch auf, er lässt sich aber schwerlich als ein politisches Alternativprogramm zu dem der Regierung auffassen.

Diesen unbefriedigenden Zustand versuchen politische Aktivisten innerhalb der Kirche zu verändern. Sie wollen den außerordentlichen moralischen Kredit, den diese Institution besitzt, politisch verwerten. Einige propagieren die Gründung von christlichen Gewerkschaften, andere treten für die Errichtung einer christlich-demokratischen oder christlich-sozialen Partei ein. Sie wollen an die Tradition der 1946 vom Regime gleichgeschalteten christlich-demokratischen Partei, die in Polen Partei der Arbeit (Stronnictwo Pracy) hieß, anknüpfen. Solche Pläne sind indes höchst umstritten.

Die Gründung von christlichen Gewerkschaften wird mit folgenden Argumenten abgelehnt: eine derartige Initiative würde als endgültige Abwendung der Kirche von der „Solidarność" und als Hinnahme des Parteiverdikts über diese Organisation aufgefasst werden. Der Breslauer Erzbischof Gulbinowicz soll in diesem Zusammenhang Folgendes gesagt haben: In der Solidarność hätten sich auf wundersame Weise christliche und linke Werte miteinander verknüpft; diese Synthese dürfe nicht gefährdet und aufgespalten werden.

Ähnlich kritisch werden auch Pläne zur Entstehung einer kirchennahen politischen Partei von manchen oppositionellen Kreisen bewertet. Eine Art Quintessenz dieser Kritik enthält die Äußerung Adam Michniks, die er am 21. November 1987 bei einer Diskussion anlässlich des zehnjährigen Jubiläums seines Buches *Die Kirche und die polnische Linke* machte: „katholisch" bedeute „allgemein". Wenn sich aber die Kirche für die Unterstützung irgendeiner politischen Partei aussprechen würde, würde sie automatisch andere politische Richtungen in die „weniger christliche" Ecke drängen und damit ihren Anspruch, die Allgemeinheit zu vertreten, einbüßen.

Diejenigen Katholiken, die sich für die Gründung einer neuen politischen Kraft im Lande einsetzen, lassen sich durch solche Argumente nicht entmutigen. Der bekannte Publizist und enge Vertraute des Kardinals Glemp, Andrzej Micewski, warb am 27. November 1987 für eine solche Lösung in den Spalten der Hamburger *Zeit.* Micewski gehört seit Jahren zu den Kritikern der, wie er meint, unrealistischen, „romantischen" Tendenzen im oppositionellen Lager. In den siebziger Jahren bezichtigte er das „Komitee zur Verteidigung der Arbeiter" (KOR) einer zu radikalen Haltung, in seinem *Zeit*-Artikel erhebt er den gleichen Vorwurf gegen die Solidarność. Auf eine Reaktivierung dieser Organisation, die sich 1981 derart unbesonnen verhalten habe, werde sich die Parteiführung niemals einlassen. Deshalb setzt sich der Autor für die Gründung einer gemäßigteren, aber zugleich unabhängigen Opposition ein. Auch er teilt die im Lande weitverbreitete Meinung, dass die gegenwärtige Krise sich ohne die Mitwirkung einer „authentischen" gesellschaftlichen Kraft nicht mehr bewältigen lasse.

Es ist aber fraglich, ob eine Gruppierung, die sich bewusst von der Tradition der Solidarność lossagen würde, eine Chance hätte, von der Gesellschaft die Weihe der „Authentizität" zu erhalten. Der Solidarność-Mythos hatte sich bereits derart tief in das nationale Bewusstsein eingegraben, dass er sich wohl nicht mehr ohne weiteres daraus entfernen lässt. Und anders als für Micewski verbindet er sich für viele seiner Landsleute nicht mit Radikalität, sondern eher mit Gewaltlosigkeit, und dies nicht ganz zu Unrecht. Zwar waren die Radikalisierungstendenzen, von denen der katholische Publizist spricht, innerhalb der Gewerkschaft durchaus vorhanden – sie ließen sich in einer Massenorganisation von 10 Millionen Mitgliedern, in der vollkommene Meinungsfreiheit herrschte, kaum vermeiden. Dennoch blieben die maßgeblichen Führer der Gewerkschaft bis zuletzt den Prinzipien der „sich beschränkenden Revolution" treu. Sie riefen zwar oft zu Streiks, zu Demonstrationen oder zu Boykottmaßnahmen auf, aber niemals zur Anwendung von Gewalt. An dieser Haltung hat sich auch nach dem gewaltsamen Staatsstreich vom 13. Dezember 1981 nichts Wesentliches geändert. Im Gespräch mit dem Autor bezeichnete Lech Wałęsa die Tatsache, dass die Solidarność nicht mit Gewalt auf Gewalt antwortete, als einmalige Leistung: „Bisher haben wir immer zurückgeschlagen, wenn man uns geschlagen hatte. Diesmal haben wir es nicht getan und dadurch, trotz einer äußeren Niederlage, einen Sieg errungen." Bei einer anderen Gelegenheit beteuerte der Gewerkschaftsführer, dass die Solidarność weder gegen noch um die Macht zu kämpfen beabsichtige. Sie wolle lediglich einen partnerschaftlichen Dialog mit der Regierung erneuern.

Der gemäßigte Kurs Wałęsas ist innerhalb der Organisation keineswegs unangefochten. Dennoch scheint er die Politik der Solidarność auch heute weitgehend zu bestimmen. Ob die Staatsführung auf diese Kraft, in der die politisch aktivsten Teile der Gesellschaft vertreten sind, auf die Dauer verzichten kann, ist fraglich. Die Schlappe, die die Regierung bei dem Referendum vom 29. November 1987 erlitten hatte, und zwar nicht zuletzt deshalb, weil die Solidarność es „ignorierte", zeigt, dass radikale Reformprogramme ohne die Einbeziehung unabhängiger sozialer Kräfte kaum zu verwirklichen sind. 1980/81 hatte der Dialog zwischen der Warschauer Führung und der Gesellschaft einen massiven Widerstand aller bewahrenden Kräfte des sowjetischen Imperiums hervorgerufen. Nun geriet aber das Zentrum des Imperiums selbst in Bewegung. Die Herrscher im Kreml verabschieden sich auf vielen Gebieten vom schablonenhaften Denken und Verhalten. Der Handlungsspielraum der polnischen Kommunisten bei der Suche nach einem Ausweg aus der gegenwärtigen Krise hat sich dadurch erheblich vergrößert. Ob sie ihn voll ausnutzen werden, bleibt noch offen.

Überarbeitete Fassung eines Artikels, der am 4.2.1988 in der *Frankfurter Allgemeinen Zeitung* erschienen ist.

„Die Landschaft nach der Schlacht" – Die Perestrojka auf Polnisch

Nach der Einführung des Kriegsrechts am 13. Dezember 1981 befand sich die Warschauer Führung unter permanentem doppeltem Druck. Die Opposition, und das war unmittelbar nach der Einführung des Kriegsrechts die überwältigende Mehrheit der Gesellschaft, forderte die Abschaffung des Ausnahmezustands und mehr Freiheitsrechte. Der „große Bruder" im Osten hingegen warnte vor den Zugeständnissen an die sogenannten „antisozialistischen" Kräfte in Polen. Der Kurs der Jaruzelski-Equipe glich einem Seiltanz. Das Land stand stets am Rande eines Abgrundes. Das Vorgehen der Militärs galt als unprovozierter Angriff und daher als besonders verwerflich. Im Bewusstsein der überwältigenden Mehrheit der Gesellschaft vollzog sich nun eine Art Trennung zwischen Gut und Böse, die beinahe unüberbrückbar schien. Das martialische Auftreten der neuen Machthaber trug zusätzlich zur Verschärfung der Lage bei. Auch die Opposition bediente sich ihrerseits eines militanten Vokabulars: Es war nicht vom Kriegsrecht, sondern vom Krieg die Rede. Die neue Militärdiktatur wurde als Besatzungsregime bezeichnet, und es wurden immer wieder Parallelen zur deutschen Okkupationszeit gezogen. Die Emotionalisierung des Konflikts erreichte so auf beiden Seiten eine außerordentliche Intensität. Alle Voraussetzungen für den Ausbruch eines Bürgerkrieges waren vorhanden, trotzdem fand er nicht statt. Und dies lässt sich als eine Art „politisches Wunder" bezeichnen.

Was rettete das Land angesichts dieser Ausgangssituation letztlich vor dem Sprung ins Dunkel? Dies war zunächst die Taktik der maßgeblichen Solidarność-Führer. Ihre grenzenlose Empörung über das Vorgehen der Regierung, die das im August 1980 begonnene Freiheitsfest so brutal beendet hatte, verbanden sie mit Appellen, die Gewalt nicht mit Gewalt zu beantworten. Die Anwendung revolutionären Terrors gegen die Militärs lehnten sie aufs entschiedenste ab. Dieser hätte dem Ethos der Solidarność, die sich als friedliche und „sich selbst beschränkende Revolution" verstand, auf eklatante Weise widersprochen. „Der Terrorismus – das wäre das Ende der Solidarność", sagte einer der Führer der Provisorischen Koordinierungskommission (TKK), die seit April 1982 die Untergrundsolidarność leitete, Bogdan Lis: „Die Ausländer, die die polnische Geschichte gut kennen, wundern sich oft. Obwohl wir eine reiche aufständische Tradition haben [...] fiel im ‚Krieg' gegen die Militärjunta seitens der Gesellschaft kein einziger Schuss".

Die Appelle der TKK zu Besonnenheit und Mäßigung aber auch zum zivilen Ungehorsam und zu gewaltfreiem Widerstand blieben nicht ungehört. Dies zeugt vom großen Ansehen, das die Führung der unabhängigen Gewerkschaft, ungeachtet der beispiellosen Niederlage, die sie erlitten hatte, weiterhin genoss. Ausschlaggebend für ihren Einfluss waren demnach nicht Erfolgskriterien, sondern ihre moralische Integrität.

***

Neben der Solidarność-Führung trug auch die Kirche sehr viel dazu bei, die Eskalation des innenpolitischen Konflikts zu verhindern. Dabei erwies es sich als äußerst vorteilhaft, dass diese ansonsten zentralisierte und hierarchisch aufgebaute Institution nun, anders als zur Zeit des Kardinals Wyszyński, nicht mit einer Stimme sprach. Während sich die Kirchenhierarchie vor allem um die Beruhigung der Gemüter bemühte und eine Art Äquidistanz sowohl gegenüber der Regierung als auch gegenüber der Opposition zu bewahren suchte, identifizierte sich der niedere Klerus in der Regel mit der verbotenen Gewerkschaft. Unzählige Kirchen und Pfarreien verwandelten sich nun in Schutzburgen der Untergrundsolidarność. Der Regierungserlass vom November 1982, der der Solidarność formell die Legalität entzog, wurde von vielen Priestern als ein Willkürakt aufgefasst, der jeglicher Rechtsgrundlage entbehre. Die unabhängige Gewerkschaft existierte für sie formell und reell weiter. Auf diese Weise wurden die Kirchen zu einer Art Ventil für das aufgestaute Protestpotential und trugen dadurch zur Abwendung einer totalen Konfrontation zwischen Regime und Gesellschaft bei.

Schließlich sollte man bei der Analyse der Faktoren, die den Ausbruch eines Bürgerkrieges an der Weichsel verhindert haben, auch den Kurs der Regierung Jaruzelski nicht außer Acht lassen. Anders als zunächst befürchtet, errichtete sie keine Schreckensherrschaft. Trotz mancher gewagter Parallelen, die viele ihrer Kritiker zogen, erinnerte das neue Regime nicht im Entferntesten an das stalinistische oder gar nationalsozialistische Terrorsystem. Bei der Verfolgung der Regimekritiker beachtete die polnische Führung im Allgemeinen bestimmte Spielregeln. Und nicht zuletzt deshalb wurde sie von den Moskauer Dogmatikern immer wieder unter Beschuss genommen.

Die Hegemonialmacht hatte nur ein begrenztes Verständnis für die prekäre Situation der Warschauer Generäle – dafür zum Beispiel, dass die kleinen Freiheiten das einzige Ventil für den gesellschaftlichen Protest darstellten, der ansonsten wesentlich aggressivere Formen angenommen hätte. Und auch dafür, dass es für das weitgehend isolierte Regime lebenswichtig war, den Gesprächsfaden mit der Kirche – der einzigen Vermittlerin zwischen ihm und der in der Opposition verharrenden Bevölkerung – nicht abreißen zu lassen.

Die Perestrojka hat die Lage der Jaruzelski-Equipe schlagartig verändert. Nun war sie wenigstens von einem Druck – dem der östlichen Hardliner – befreit. Deshalb verfügt Gorbačev innerhalb der Warschauer Führung, anders als in Prag oder in Ostberlin, über zahlreiche glühende Verehrer.

Dennoch geriet der so vielversprechend in Gang gekommene Prozess alsbald ins Stocken. Im Gegensatz zum ersten Moskauer „Tauwetter" von 1956 vermochte die Perestrojka keine Aufbruchsstimmung an der Weichsel zu erzeugen. Eine einleuchtende Erklärung dafür gab vor Kurzem einer der Vordenker der Opposition, Jacek Kuroń. Er wies darauf hin, wie asynchron sich beide Länder in den achtziger Jahren entwickelt hätten. Polen befinde sich zur Zeit in einer nachrevolutionären Phase, in der UdSSR hingegen beginne sich eine revolutionäre Situation erst anzubahnen. In einem anderen Artikel verglich Kuroń die Lage Polens in Anlehnung an einen Film von Andrzej Wajda mit einer „Landschaft nach der Schlacht" (*Tygodnik Mazowsze*, 2.9.1987).

Und in der Tat befindet sich das Land zwischen Bug und Oder jetzt in einer sehr depressiven Stimmung, in einem nachrevolutionären Tief. Dies ließ sich am Beispiel der Arbeitskämpfe ablesen, die Polen Ende April/Anfang Mai dieses Jahres erlebte. Zunächst wurden Erinnerungen an den heißen Sommer 1980 wach. Die Streikenden versuchten sich immer wieder an die damaligen Vorbilder anzulehnen. Dennoch sprang der Funke nicht über. Von der früheren Euphorie, als die Bewegung sich wie ein Lauffeuer verbreitete, war nichts zu spüren. Die depressive Grundstimmung, die in der Gesellschaft zur Zeit vorherrscht, lässt eine tiefgreifende Erneuerung kaum zu.

Bedingt wird diese Gemütslage in erster Linie durch die desolate wirtschaftliche Situation des Landes. Die Ende der siebziger Jahre begonnene Talfahrt lässt sich kaum aufhalten, sie nimmt allmählich die Ausmaße einer zivilisatorischen Katastrophe an. Allein in den Jahren 1979 bis 1982 sank das Nationaleinkommen im Vergleich zum Jahre 1978 um 25 Prozent. Mirosława Marody, die zu den führenden polnischen Soziologen gehört, reflektierte vor Kurzem darüber, wie sich diese Entwicklung nun im gesellschaftlichen Bewusstsein widerspiegle. Da der wirtschaftliche Zusammenbruch völlig überraschend gekommen sei, habe die Mehrheit ihn zunächst als ein vorübergehendes Phänomen angesehen. Das Gefühl, in einem Provisorium zu leben, sei damals vorherrschend gewesen. Mitte der achtziger Jahre aber habe man mit Schrecken festgestellt, dass der wirtschaftliche Verfall einen Dauerzustand darstelle, auf den sich die Gesellschaft einstellen müsse. Daher das Gefühl der Ausweglosigkeit und der Sinnlosigkeit jeglichen Tuns (*Polityka*, 30.4.88).

Führende Regimekritiker weisen im Zusammenhang mit dieser pessimistischen Grundhaltung auch auf ein anderes beunruhigendes Phänomen hin, nämlich auf die Inflation des Wortes. Auch vor dem Beginn der Perestrojka war die polnische Zensur verhältnismäßig liberal und ließ Texte durch, die in anderen Ostblockländern keine Veröffentlichungschance gehabt hätten.

***

Man vermisst allerdings die Begeisterung über die Möglichkeiten, welche die neue Redefreiheit eröffnet. Der prominente Solidarność-Berater Jan Lityński gab hierzu folgenden Kommentar: „Das Wort hat nun [in Polen] jegliche Bedeutung verloren. Mehr noch, die relativ große Meinungsfreiheit trägt nur zur Verstärkung des Pessimismus bei [...]. Die Kluft zwischen dem allgemeinen Wissen über das Übel und der Unfähigkeit, es zu beseitigen, wirkt einfach lähmend" *(Tygodnik Mazowsze,* 20.1.1988).

Ganz anders verhalten sich zur Zeit, wie bekannt, die Dinge in der Sowjetunion. Denn dort hat der Glaube an die befreiende Bedeutung des Wortes keineswegs nachgelassen. Das Wort kann dort immer noch zur Tat werden. Dass die sowjetischen Intellektuellen, zumindest ein Teil von ihnen, derart euphorisch auf die partielle Aufhebung des Redeverbots reagieren, ist nicht zuletzt damit verbunden, dass sie wesentlich länger als ihre polnischen Kollegen schweigen mussten. So ließ sich zum Beispiel das Chruščevsche Tauwetter mit dem polnischen von 1956 auf dem Gebiet der Meinungsfreiheit in keiner Weise vergleichen. 1956/57 hatte sich die polnische Presse weitgehend von den Zwängen der Zensur befreit. Viele sowjetische Intellektuelle lernten damals Polnisch, um am Freiheitsrausch des Nachbarn zumindest mittelbar partizipieren zu können. Jetzt können sie aber den gleichen Vorgang bei sich zu Hause erleben, denn das, was sich bei ihnen nun vollzieht, gleicht einem Dammbruch. Einiges erinnert an die polnische Situation von 1980/81. „Sie sind nun, ähnlich wie wir vor sechs oder sieben Jahren, vor allem mit sich selbst beschäftigt", beschreibt der Warschauer Russlandkenner Andrzej Drawicz die Situation der sowjetischen Intellektuellen (*Tygodnik Powszechny,* 17.1.1988).

Auch die Argumentation und die Diktion der Moskauer Reformer erinnert in verblüffender Weise an diejenige der Solidarność-Zeit. Einige Beispiele: Die dirigistisch-bürokratischen Kommandostrukturen seien zwar durch die letzten Reformen erschüttert, aber keineswegs abgeschafft worden. Die Parteibürokratie fühle sich durch die neue Atmosphäre der Transparenz und Spontaneität außerordentlich verunsichert. Auf jeden Kontrollverlust reagiere sie mit Panik. Die Gefährdung ihrer eigenen Positionen und Privilegien setze sie mit der Gefährdung des Staates als solchen gleich.

Den Lesern der *Moskauer Nachrichten*, des *Ogonek* und anderer sowjetischer Blätter, die sich für die Perestrojka besonders intensiv einsetzen, sind solche Argumente durchaus vertraut. Sie stammen aber nicht aus diesen Zeitungen und Zeitschriften, sondern aus der Solidarność-Presse vom Jahre 1981 (*Tygodnik Solidarność*, 8.5.1981; *Odrodzenie*, 28.8.1981).

Wenn man bedenkt, welch tiefe Kluft Polen und die Sowjetunion in ihrem inneren Aufbau trennt, verblüffen diese Ähnlichkeiten um so mehr. Was verbindet also die unruhigste Provinz des Sowjetimperiums, die sich mit ihrem halbsouveränen Status nicht abfinden will, mit einer Hegemonialmacht, die der Bevölkerung zwar relativ wenig Freiheiten gewährt, aber dafür die Partizipation an ihrem internationalen Prestige bietet? Die Antwort liegt vielleicht im Folgenden: Bei der „sich selbst beschränkenden Revolution" der Solidarność und bei der Perestrojka handelt es sich jeweils um einen zweiten Anlauf, das in der Stalin-Zeit geschaffene System zu reformieren. 1956 hatten sich beide Länder infolge der Entstalinisierung, wenn auch in einem unterschiedlichen Ausmaß, bis zur Unkenntlichkeit verwandelt. Um so erschütternder wirkte auf die Anhänger der Reform die Tatsache, dass die angeschlagenen Machtapparate in der Lage waren, nach einer relativ kurzen Zeit viel von dem verlorenen Terrain zurückzuerobern. Als traumatisch empfanden die Befürworter der Erneuerung nicht nur den Sieg der Dogmatiker als solchen, sondern auch die Leichtigkeit, mit der er erzielt werden konnte. Deshalb suchten 1980 die Solidarność-Führer unentwegt nach Garantien, die dem Apparat einen erneuten erfolgreichen Gegenschlag unmöglich machen sollten. Sie versuchten nun, mit Hilfe einer Aktivierung der Gesellschaft der Omnipotenz des Machtapparates ein Ende zu setzen. In der Kontrolle von unten sahen sie die einzige Garantie für die Unumkehrbarkeit der Reformen. Die Erneuerung müsse zu einem unumkehrbaren Prozess werden, konnte man in Polen vor sieben Jahren immer wieder hören. Heute wird diese Beschwörungsformel stets von den Wortführern der Perestrojka, nicht zuletzt von Gorbačev selbst, wiederholt.

Aber auch die Unterschiede zwischen den beiden Prozessen sind gewaltig. Denn das, was die polnische Entwicklung zu einem Sonderfall ohne gleichen machte, war die Stellung der Kirche, die den gesellschaftlichen Reformkräften einen institutionellen Schutz bot und sie gegen die Übergriffe der Machthaber verteidigte, zugleich aber die Regimegegner vor einem allzu radikalen Auftreten abzuhalten suchte. Auf einen anderen Unterschied zwischen Polen und der Sowjetunion wies vor kurzem der bereits erwähnte Andrzej Drawicz. So fiel ihm bei seinem letzten Besuch in Moskau auf, welche Bedeutung seine sowjetischen Gesinnungsgenossen im Zusammenhang mit dem Gelingen der Reform der Person des Parteichefs beimessen. In Polen sei eine derartige Denkweise zur Zeit unvorstellbar.

Diese Beobachtung des Literaturwissenschaftlers lässt sich keineswegs auf die in Polen verbreitete Russophobie zurückführen. Drawicz gehört zu ihren leidenschaftlichen Gegnern und versucht seit Jahren, antirussische Denkklischees seiner Landsleute zu erschüttern.

Die Thesen dieses Verfechters der Sachlichkeit im polnisch-russischen Verhältnis müssen ernstgenommen werden. Sie werden übrigens auch von manchen sowjetischen Reformern bestätigt. Der Dramatiker Michail Šatrov, der zu den prominentesten Wortführern der Perestrojka zählt, beschreibt die Situation im Lande zwar als revolutionär. Zugleich hebt er aber hervor, wie stark das Schicksal dieser Revolution immer noch von der Person ihres Urhebers abhängt. Als besonders besorgniserregend bezeichnete der Dramatiker die Reaktion der Reformer auf den berüchtigten Brief der Leningrader Dozentin Nina Andreeva, der am 13. März 1988 in der Zeitung *Sovetskaja Rossija* publiziert wurde. Der Text, der mit ungewöhnlicher Schärfe die sogenannten Zerstörer der sozialistischen und nationalen Heiligtümer anprangerte, wurde im Lande sofort als eine Art Manifest der Perestrojka-Gegner eingestuft. Trotzdem wagten liberale Presseorgane nicht, den Artikel aus eigenem Antrieb zu kritisieren. Sie warteten auf einen Wink von oben, der erst am 5. April 1988 in Form eines *Pravda*-Leitartikels kam und den reformfeindlichen Thesen eine Abfuhr erteilte. Diese Obrigkeitstreue der Reformer bestürzte Šatrov:

Wie dünn ist noch das Eis [, auf dem wir stehen], wie sehr bemühen wir uns darum, zu erfahren, was in verschiedenen [höheren] Instanzen besprochen wird, um dementsprechend unser Verhalten zu gestalten. Dies ist das eigentliche Drama des Frühjahrs 1988! (*Literaturnaja Gazeta*, 18.5.1988)

Wie alle entschlossenen Verfechter eines bestimmten politischen Konzepts neigt Šatrov zu einer zugespitzten Argumentation. Es gibt in der UdSSR durchaus Kreise und Gruppen, die sich dem obrigkeitstreuen Denken widersetzen. Seinerzeit waren es die Dissidenten, heute sind es die sogenannten informellen Vereinigungen, die sich zur Zeit lawinenartig entwickeln, und zwar ohne jegliches Zutun des Apparats. Dennoch stellen sie, und hier muss man Šatrov beipflichten, kleine Inseln des Ungehorsams und der Nonkonformität im recht konservativ gebliebenen Ganzen dar.

***

Wie anders verhalten sich die Dinge in Polen! Nicht der Beharrungs-, sondern der Veränderungswille der Bevölkerung bereitet hier der Führung Kopfzerbrechen. Die Gesellschaft hat sich hier bereits in ein eigenständiges politisches Subjekt verwandelt, und die Krise im Lande ist in erster Linie damit verknüpft, dass die Machthaber diesen Tatbestand nicht akzeptieren wollen. Sie sind bereit, der Bevölkerung unzählige kleine Freiheiten zu gewähren, aber nicht die große Freiheit einer vom Regime unabhängigen politischen Organisation.

Die Popularität der Jaruzelski-Führung erreichte einen Tiefstand. Die autoritär beschlossenen und durchgeführten Preiserhöhungen trugen dazu wesentlich bei. 80 Prozent der Bevölkerung lehnen die gegenwärtige Regierungspolitik ab. Dieses Ergebnis stammt nicht etwa aus der Feder eines oppositionellen Soziologen, sondern aus einer Umfrage, die das Staatliche Institut für Meinungsforschung um die Jahreswende vorgenommen und, was besonders hervorzuheben ist, publiziert hat (*Polityka*, 9.1.1988). Die Sonderstellung Polens im Ostblock wird durch dieses Detail zusätzlich verdeutlicht. Hervorzuheben ist aber zugleich die Tatsache, dass Jaruzelski, ungeachtet aller dieser Zeichen des Unmuts, die Preiserhöhungen, anders als seine Vorgänger (so Gomułka oder Gierek), bisher recht gut überstehen konnte.

Außer der Resignation breiter Bevölkerungsschichten infolge des langjährigen wirtschaftlichen Verfalls kommt dem Regime auch eine gewisse Ratlosigkeit der Opposition zugute. Seit der Amnestie vom September 1986 rücken viele Oppositionelle von dem bis dahin wichtigsten Vorhaben ab, dem Kampf um die Wiederzulassung der Solidarność die absolute Priorität einzuräumen. Zbigniew Bujak, der legendäre Führer der Untergrundsolidarność, gelangte zu Jahresbeginn zu der folgenden Schlussfolgerung: „Die [Jaruzelski-]Equipe hat eine Antisolidaritäts-Phobie, und nichts spricht dafür, dass sie dieses Ressentiment aus eigenem Antrieb abbauen wird" (*Tygodnik Mazowsze*, 20.1.1988). Deshalb hält Bujak es für eine Illusion, dass die jetzige Regierung sich irgendwann mit der Solidarność-Führung an einen Verhandlungstisch setzen werde.

Diese Meinung wird von vielen anderen Arbeiterführern geteilt. Da die Staatsführung sich in diesem Punkt derart unversöhnlich zeigt, wollen sie, dass wenigstens die Opposition mehr Flexibilität an den Tag legt. Sie sollte sich zum Beispiel innerhalb der legalen gesellschaftlichen Organisationen, deren Möglichkeiten sich seit dem Beginn der Perestrojka erheblich erweiterten, stärker engagieren. Ein solches Entgegenkommen gegenüber der Regierung ruft innerhalb der Opposition heftige Kontroversen hervor und stärkt radikale Tendenzen im regimekritischen Lager.

Die Regierung konstatiert mit Befriedigung diese wachsenden Schwierigkeiten ihres Hauptkontrahenten. Damit zeigt sie, dass es ihr an weitblickenden Visionären im Stile Gorbačevs fehlt. Denn bei den nächsten Krisen wird sie sich ohnehin, angesichts ihrer mangelnden Verwurzelung innerhalb der Gesellschaft, an die Solidarność wenden müssen. Sie hat dies bei den letzten Arbeiterprotesten auch getan. So wurden Verhandlungen mit Streikkomitees geführt, die in ihrer Mehrheit aus Solidarność-Aktivisten bestanden.

Man kann sich durchaus vorstellen, dass die jetzige sowjetische Führung auf einen freimütigen Dialog der Warschauer Regierung mit der Opposition ganz anders reagieren wird, als dies früher der Fall gewesen war. Es wäre aber irreführend, zu vermuten, der Handlungsspielraum der polnischen Reformer sei schier unermesslich. Gerade in Umbruchszeiten reagieren Imperien äußerst empfindlich auf allzu starke Autonomiebestrebungen an der Peripherie. Man darf nicht vergessen, dass die brutale Zerschlagung des Ungarn-Aufstands von 1956 nicht vor, sondern nach dem 20. Parteitag der KPdSU, also während des Tauwetters, erfolgte.

Wie dem auch sei, die Entscheidungsschlacht um die künftige Gestalt des Sowjetimperiums wird zur Zeit in dessen Zentrum geschlagen. In Polen hingegen herrscht gespannte Ruhe. Es gleicht zwar einer Landschaft nach der Schlacht, aber einer solchen, die keine Entscheidung gebracht hat. Die unpopuläre Macht und die machtlose Popularität lähmen sich hier gegenseitig, und zwar in einer Situation, in der Lösungen für verschiedene existentiell wichtige Probleme dringend gefunden werden müssen. Die Erstarrung der Fronten an der Weichsel gibt der sowjetischen Führung eine Art Atempause. Sie kann sich vorläufig beinahe ungestört der Lösung der innenpolitischen Probleme widmen. Auch andere ostmitteleuropäische Staaten bereiten Moskau zur Zeit keine allzu großen Schwierigkeiten. Dieser Zustand kann aber nicht von Dauer sein. Früher oder später wird auch die westliche Peripherie des Imperiums in Bewegung geraten, was der Erneuerung sicher eine zusätzliche Dynamik verleihen wird. Erst dann wird man sagen können, die Perestrojka sei zu einem unumkehrbaren Prozess geworden.

Überarbeitete Fassung eines Artikels, der am 16./17.7.1988 in der *Süddeutschen Zeitung* erschienen ist.

Geräuschloser Abschied vom Kommunismus – Polens friedliche Revolution

Seit der Verhängung des Kriegsrechts im Dezember 1981 herrschte in Polen eine eigentümliche Pattsituation, die das Land weitgehend lähmte. Die zerschlagene Gewerkschaft Solidarność war nicht imstande, der Regierung ihre Wiederzulassung abzutrotzen. Die Partei wiederum konnte die Gesellschaft weder politisch noch wirtschaftlich aktivieren. Dadurch verliefen alle Reformprozesse in Polen im Sande und der Zerrüttungsprozess der Wirtschaft ging unaufhaltsam weiter. Es ist nun deutlich geworden, dass paternalistische und autoritäre Reformkonzepte im Lande keine Verwirklichungschance haben. Sehr aufschlussreich war in diesem Zusammenhang eine Aussage Lech Wałęsas vom September 1988 in einem Zeitungs-Interview – dem ersten des Solidaritäts-Vorsitzenden übrigens, das nach einer siebenjährigen Pause erscheinen durfte. Es gebe vielleicht Länder, die ihre wirtschaftlichen Krisen mit ökonomischen Methoden allein bewältigen könnten. In Polen hingegen sei dieser Weg undenkbar. Hier ließen sich wirksame Wirtschaftsreformen nur dann durchführen, wenn sie von einer radikalen sozialen Erneuerung begleitet würden.

Die Partei schien einige Monate später zur gleichen Ansicht gelangt zu sein. Von der ständigen Angst vor einer Bestrafungsaktion Moskaus befreit, begannen Verfechter des „weichen Kurses" in der polnischen Führung nach unorthodoxen Lösungen für die innenpolitischen Konflikte zu suchen und setzten ihren Kurs auf dem sehr kontrovers verlaufenden 10. ZK-Plenum der PVAP vom Dezember / Januar durch. Das neue Konzept der Führung der PVAP sah die Gespräche am „Runden Tisch" mit Vertretern der Opposition vor. Infolge dieser Gespräche wurde ein begrenzter innenpolitischer Pluralismus im Lande eingeführt, die Opposition erhielt die Möglichkeit, ein Drittel der Mandate im polnischen Parlament (Sejm) zu besetzen.

Die Parlamentswahlen vom Juni 1989 endeten mit einem Debakel der Kommunisten. Dies zeigte sich besonders deutlich bei den Wahlen zur ersten Kammer des Parlaments – zum Senat –, die im Gegensatz zu den Wahlen zum Sejm (der zweiten Kammer) keinen Restriktionen unterworfen waren. Hier erhielt die Opposition mehr als 90 Prozent der Mandate. All das zeigt, dass für die überwältigende Mehrheit der polnischen Wähler die PVAP, auch ihr Reformflügel um General Wojciech Jaruzelski, weiterhin die Einführung des Kriegsrechts und die Zerschlagung der Solidarność und keineswegs den Kompromiss am „Runden Tisch" und die Wiederzulassung der unabhängigen Gewerkschaft symbolisiert.

Die Folge des Wahldebakels vom Juni 1989 war die Auflösung des bestehenden Regimes. Die bis dahin regimetreuen Blockparteien begannen sich von der PVAP abzuwenden. Und diese Entwicklung führte letztendlich im September 1989 zur Entstehung der ersten Koalitionsregierung im Ostblock, die nicht von den Kommunisten, sondern von der Opposition dominiert wurde – der Regierung von Tadeusz Mazowiecki.

Durch die Errichtung der „Solidaritäts"-Regierung übersprang Polen stellvertretend für alle kommunistischen Staaten eine psychologische Barriere, die bis dahin als unüberwindbar gegolten hatte. Andras Hegedüs, der ehemalige ungarische Ministerpräsident (1955/56), der in einem langen Umdenkprozess zum Regimekritiker wurde, schrieb seinerzeit, der Versuch, ein Mehrparteiensystem im Ostblock zu errichten, werde unvermeidlich einen Bürgerkrieg mit unabsehbaren Folgen nach sich ziehen. Deshalb plädierte er für die Erweiterung der Freiheitsräume nur innerhalb der bestehenden Systeme unter Ausklammerung der Machtfrage. Das polnische Beispiel zeigt indes, dass auch eine beinahe geräuschlose Demontage des kommunistischen Systems möglich ist. Hegedüs' Befürchtung wurde überraschenderweise nur in den kommunistischen Staaten wahr, die von Moskau weitgehend unabhängig sind: China und Rumänien. Für die halbsouveränen Länder an der westlichen Peripherie des sowjetischen Imperiums hingegen wird das Jahr 1989 als das Jahr der friedlichen Revolutionen in die Geschichte eingehen. Dies – eine Art Umkehrung der Brežnev-Doktrin – gehörte zu den vielen Paradoxien des vorausgegangenen Jahres.

Der Abschied vom Kommunismus verläuft heute in Polen ohne die Aufbruchsstimmung, die für die anderen osteuropäischen Staaten zur Zeit so charakteristisch ist. Ihren Siegesrausch – wegen der Zurückdrängung der scheinbar allmächtigen Partei – hatte die polnische Bevölkerung bereits 1980/81, zur Zeit der Entstehung der sogenannten „ersten Solidaritätsbewegung", erlebt. Die „Solidarität" von heute hingegen lässt sich mit derjenigen von 1980/81 nicht vergleichen. Es handelt sich bei ihr nicht mehr um eine aufstrebende, siegesbewusste Volksbewegung, sondern um eine stark angeschlagene, von Identitätsschwierigkeiten geplagte Organisation. Sie zählt nur knapp über zwei Millionen Mitglieder – dies ist weniger als ein Viertel ihrer ursprünglichen Stärke von 1980/81. Und auch jetzt, ungeachtet der Entstehung einer von ihr bestimmten Regierung, erlebt sie keinen neuen Aufschwung. Ihre Mitgliederzahl stagniert.

Dies sei auch nicht verwunderlich, sagt ein Solidaritäts-Aktivist. Wirtschaftliche Krisen müssten zwangsläufig auch Krisen der Gewerkschaftsbewegung zur Folge haben. Angesichts der ökonomischen Zerrüttung des Landes könne die unabhängige Gewerkschaft ihrer Hauptaufgabe – der Sicherung des Lebensstandards ihrer Klientel – kaum gerecht werden.

Wenn man das in Betracht zieht, so drängt sich die Frage auf, warum ausgerechnet dieser stagnierenden und von Krisen geschüttelten Solidarität und nicht ihrer dynamischen Vorgängerin von 1980/81 atemberaubende Erfolge in der Auseinandersetzung mit dem Regime gelangen. Die Antwort muss in erster Linie an der Moskva und nicht an der Weichsel gesucht werden. Der von Gorbačev unternommene Versuch, die erstarrten bürokratischen Strukturen der kommunistischen Staaten aufzulockern, verunsicherte die osteuropäischen Regime viel stärker als frühere Massenauflehnungen und Volksaufstände. Denn der Kampf gegen die echten oder die vermeintlichen Feinde der „Diktatur des Proletariats" stellt für die Parteien bolschewistischen Typs seit 1917 etwas Alltägliches dar. Bei der Unterdrückung ihrer Gegner entwickelten sie eine Virtuosität, die es ihnen ermöglichte, auch scheinbar ausweglose Situationen siegreich zu bestehen. Zum Wesen des Gorbačevschen „neuen Denkens" gehört jedoch die Ablösung des „Freund-Feind-Konzepts" durch den politischen Diskurs; darauf reagiert die kommunistische Bürokratie in allen Ländern des Ostblocks unbeholfen. Die Nomenklatura fühlt sich in ihrem Element, wenn sie verordnen und reglementieren kann. Sobald sie sich aber auf den freien Meinungsaustausch einlässt, bei dem nur die besseren Argumente zählen, kommen ihre Unzulänglichkeiten und Schwächen zutage. Glasnost' und Perestrojka sollten ursprünglich den Anschluss der kommunistischen Regime an die Moderne, an den wirtschaftlich und technisch davoneilenden Westen ermöglichen. Tatsächlich leiteten diese Prozesse jedoch eine der tiefsten Krisen in der Geschichte des „real existierenden Sozialismus" ein. In der für sie ungewohnten Atmosphäre der politischen Konkurrenz mussten die Kommunisten seit Frühjahr 1989 – seit den Wahlen zum sowjetischen Kongress der Volksdeputierten – eine verheerende Niederlage nach der anderen hinnehmen, bis es dann in Polen zu ihrer weitgehenden Entmachtung kam.

Ein führender Funktionär der PVAP soll während der Verhandlungen am „Runden Tisch" gesagt haben: „Alle Lehrbücher erklären, wie schwer es ist, die Macht zu erobern; keines sagt aber, wie schwer es ist, sich ihrer zu entledigen."

Den Kommunisten wird zur Zeit die Rechnung für ihren einstigen totalen Sieg im Kampf gegen politische Konkurrenten präsentiert, denn es gibt heute im gesamten Ostblock so gut wie keine gut organisierte und eigenständige Kraft, die in der Lage wäre, eine allmähliche, nicht chaotische Demontage der bestehenden Systeme zu sichern. Polen stellt insoweit die einzige Ausnahme dar. Denn es besitzt in der „Solidarität" – trotz ihrer inneren Schwäche – eine Kraft, die imstande ist, den Kommunisten einen geordneten Rückzug zu ermöglichen. Ihre maßgeblichen Führer wollen nichts von einem Rachefeldzug gegen die Vertreter des „alten Regimes" hören und versuchen, den Volkszorn zu kanalisieren. Für die umwälzenden Vorgänge, die sich zur Zeit im Lande vollziehen, lehnen sie die Bezeichnung „Revolution" ab. Jacek Kuroń – einer der Vordenker der „Solidarität" – wandte sich vor Kurzem entschieden gegen Revolutionen jeglicher Art, auch wenn sie sich gegen das kommunistische Regime richten: „Dies ist ein altes Märchen: die Menschen verknüpfen mit der Revolution all ihre Hoffnungen, diese können sich aber nicht erfüllen [...]. Unser Land ist ruiniert. Eine eventuelle Revolution würde seinen Ruin nur noch weiter vertiefen."

Die Absage der Führung der „Solidarität" an einen unversöhnlichen Kurs gegenüber den unterlegenen Kommunisten ist im Lande keineswegs populär. Von vielen Gruppierungen, wird sie mit äußerster Schärfe kritisiert. Der Kompromiss zwischen den Reformkommunisten und der „Solidarität" wird oft als eine Übereinkunft der Eliten bezeichnet, die auf eine undemokratische Weise zustande gekommen sei. Der Warschauer Politologe und Regimekritiker Wojciech Lamentowicz meint, es sei für die junge polnische Demokratie gefährlich, dass ihr Schicksal von den Entscheidungen zweier oligarchisch strukturierter Organisationen abhänge. Die Führung der „Solidarität" habe sich in der Zeit der Illegalität ihrer Basis weitgehend entfremdet und sich an eine apodiktische Politik gewöhnt. Die Kommunisten stellten ihrerseits von Anfang an eine Verschwörerorganisation dar. So fehle dem politischen Leben im Lande eine ausreichende Transparenz, und manche Entscheidungen würden der Bevölkerung bloß als vollendete Tatsachen präsentiert.

Ein anderer Regimekritiker, Rafał Krawczyk, ruft die Bevölkerung dazu auf, allen Eliten zu misstrauen und sie einer permanenten Kontrolle zu unterwerfen. Bezeichnenderweise ist dieser Appell Krawczyks in der *Gazeta Wyborcza* – dem Hauptorgan der von ihm so angeprangerten „Solidarność"-Elite – veröffentlicht worden. Und diese Tatsache allein zeigt, wie überzogen manche Vorwürfe gegen die „neue Oligarchie" sind. Schonungslose innere Kontroversen gehörten nämlich von Anfang an zum Wesen der „Solidarność". Dabei wurden keine Tabus respektiert und keine Autoritäten geschont. Zwar ist die Basis der unabhängigen Gewerkschaft heute nicht mehr so politisiert wie zur Zeit der Gründung der Bewegung und lässt deshalb der Führung etwas mehr Handlungsspielraum als damals. Umso heftiger wird aber zur Zeit innerhalb des harten Kerns der „Solidarität" um den politischen Kurs der Organisation gerungen. Können daher bestimmte Entscheidungsvorgänge sich auf Dauer dem Einblick der Öffentlichkeit entziehen, wie dies manche Kritiker meinen?

Zur Zielscheibe der Kritik wurde in der letzten Zeit insbesondere der linke Flügel der „Solidaritäts"-Führung um Jacek Kuroń und Adam Michnik. Die Kompromissbereitschaft der beiden gegenüber den Reformkommunisten versucht man durch ihre marxistische Vergangenheit zu erklären. Sie hätten ihre „alte Liebe" neu entdeckt und sähen mehr Gemeinsamkeiten mit den liberalen Kräften innerhalb der PVAP als mit den christlichen oder nationalen Gruppierungen in der „Solidarität". Die Zeitschrift *Tygodnik Solidarność* – neben der *Gazeta Wyborcza* das bedeutendste Organ der unabhängigen Gewerkschaft – geriet in letzter Zeit in eine offene Auseinandersetzung mit der *Gazeta Wyborcza* und ihrem Chefredakteur Adam Michnik.

Ursprünglich von Tadeusz Mazowiecki geleitet, wurde das Blatt nach der Ernennung Mazowieckis zum Ministerpräsidenten trotz heftiger Proteste der Redaktion von einem engen Berater Lech Wałęsas, Jarosław Kaczyński, übernommen. Und dieser sieht es als seine Aufgabe an, die „Solidarität" dem Einfluss der „Linken" zu entziehen. Er hält die unabhängige Gewerkschaft für ein künstliches Bündnis unterschiedlicher ideologischer Strömungen, dessen Aufrechterhaltung in erster Linie den Interessen der „Linken" diene. Die letztere widersetze sich dem ideologischen Differenzierungsprozess innerhalb der „Solidarität" und der Entstehung eines Mehrparteiensystems in Polen, weil sie die „Solidarność" als Machtinstrument benötige, so Kaczyński in einem Gespräch mit der Warschauer Zeitschrift *Kultura*. Weiter heißt es:

> So entsteht ein Bündnis der „Solidarność"-Linken mit den sogenannten Parteireformern […], das über einen gewaltigen Einfluss verfügt […]. Das klassische Machtinstrumentarium (Staatspräsident, Armee, Polizei) wird in dieser Allianz durch die politische Erfahrung und Autorität der „Solidarność" ergänzt […]. Eine derartige Koalition hätte gewaltige Entfaltungsmöglichkeiten.

In Wirklichkeit verhalten sich die Dinge viel komplizierter. Schon seit geraumer Zeit werden in Polen Versuche unternommen, neue politische Parteien zu gründen. Die nichtkommunistischen Kräfte könnten sich auf Dauer nicht unter den Fittichen der „Solidarität" verstecken, argumentieren viele Regimekritiker, und zwar sowohl die von Kaczyński kritisierten „Linken" als auch ihre „rechten" Rivalen. Jan Józef Lipski, einer der Führer der vor wenigen Jahren neugegründeten Sozialistischen Partei Polens (PPS), erklärte, dass er den Zusammenschluss aller regimekritischen Kräfte in einer einzigen Organisation nicht für sinnvoll halte. In einer Demokratie, so Lipski, sei politischer Pluralismus selbstverständlich und wünschenswert. Dennoch ist es der PPS nicht gelungen, nennenswerte Erfolge zu erzielen, obwohl sie an die Tradition einer der populärsten politischen Bewegungen in der Geschichte des Landes anknüpfte. Nicht anders erging es auch den Kräften, die sich um die Wiederbelebung der 1946 gleichgeschalteten Christlich-Demokratischen Partei (Stronnictwo Pracy) bemühen.

Das Übergewicht der „Solidarność" ist derart gewaltig, dass alle oppositionellen Gruppierungen, die sich von ihr abzulösen versuchen, an den Rand des politischen Geschehens gedrängt werden. Was hält aber dieses, nach Ansicht vieler „künstliche" Bündnis auch jetzt, nach der Entmachtung der Kommunisten, zusammen? Warum entsteht im Lande kein Mehrparteiensystem westlicher Prägung? Es werden zwar zur Zeit unzählige neue Parteien gegründet, die an diejenigen der „Zweiten Polnischen Republik" (1918-39) anknüpfen. Dennoch haftet diesem Prozess eine gewisse Künstlichkeit an.

Authentisch und politisch wirksam hingegen bleibt lediglich die angeblich „künstliche" Allianz der „Solidarność". Diese Entwicklung bestätigt die Aussage Heraklits, dass man nicht zweimal in denselben Fluss steigen kann. Dies gilt insbesondere für die nachkommunistischen Gesellschaften. Kaum einer anderen revolutionären Bewegung in der neueren Geschichte ist es gelungen, mit der Vergangenheit derart radikal zu brechen, wie dies bei den Kommunisten der Fall war. Wie mit einem Hammer zertrümmerten sie die überkommenen wirtschaftlichen, politischen und sozialen Strukturen. Die demokratischen Bewegungen Osteuropas versuchen jetzt, die Scherben zu sammeln und bestimmte Kontinuitätslinien wiederherzustellen. Dies ist aber nicht ohne weiteres möglich. So mussten in den posttotalitären Gesellschaften zwangsläufig neue politische Gebilde entstehen, die das bürgerliche Zeitalter nicht kannte, und die „Solidarität" stellt sicher eines der erfolgreichsten von ihnen dar.

Jahrelang galt sie als eine typisch polnische Erscheinung. Enge Anlehnung an die mächtige Kirche und Anknüpfung an die lange Tradition des nationalen Unabhängigkeitskampfes hätten dem Arbeiterprotest an der Weichsel zu einer außerordentlichen Durchschlagskraft verholfen, meinten viele Beobachter. Nun stellte es sich aber heraus, dass die polnischen Ereignisse vom Sommer 1980 eine Art Prolog für die osteuropäischen Entwicklungen von 1989 bildeten. Wojciech Lamentowicz weist mit Stolz darauf hin, dass sogar die pragmatisch denkenden Tschechen und die Deutschen aus der DDR, die seinerzeit die angebliche „Irrationalität" der Polen anprangerten, nun die in Polen entwickelten Formen des antitotalitären Kampfes übernähmen. Überall in Osteuropa entstünden nun, so Lamentowicz, etwas diffuse Massenbewegungen, die keine festen Strukturen und kein konkretes Programm, dafür aber eine unwiderstehliche Dynamik besäßen.

Man muss indes hinzufügen, dass Polen nicht nur über die Erfahrung einer siegreichen Volksbewegung, sondern auch über diejenige ihrer gewaltsamen Zerschlagung verfügt. Eine Bewegung von zehn Millionen lasse sich nicht mehr verbieten, konnte man in Polen in den Jahren 1980/81 wiederholt hören. Und dann kam am 13. Dezember 1981 das böse Erwachen. Einige Stunden genügten, um die Strukturen einer zehn Millionen Mitglieder zählenden Organisation zu zerschlagen. Dieser Schock wirkte ernüchternd auf die Führung der „Solidarität". Sie neigt nicht mehr zur Unterschätzung der Kommunisten. Aber auch dem Regime zeigten die Jahre des Kriegsrechts, dass die immer auswegloser werdende Krise des „real existierenden Sozialismus" sich nicht mit Gewalt lösen ließ. Beide Erfahrungen lagen dem Kompromiss am „Runden Tisch" und der von ihm eingeleiteten Demontage des Regimes zugrunde.

Viele Kritiker des Kompromisses meinten, der Verbleib der Kommunisten in der Regierung, und zwar auf derart wichtigen Positionen wie Innen- oder Verteidigungsministerium, werde Mazowiecki zu einer Marionette in den Händen der Parteinomenklatura machen. Man erinnerte sich an die Salami-Taktik der osteuropäischen Kommunisten in den Jahren 1944-48, die ihre Kontrolle in erster Linie über die jeweiligen Innenministerien zur allmählichen Ausschaltung und Unterdrückung aller Gegner missbrauchten. Doch vergisst man dabei, dass die Kommunisten sich damals als Sieger der Geschichte fühlten und heute eher als Verlierer. Abgesehen davon konnten sich damals die osteuropäische Kommunisten auch auf die sowjetischen Streitkräfte – den wichtigsten Machtfaktor in der Region – stützen, was heute keineswegs der Fall ist. Daher lassen sich die beiden Konstellationen nicht ohne weiteres gleichsetzen. Der Vorsitzende des parlamentarischen Klubs (Fraktion) der „Solidarität", Bronisław Geremek, sagte vor Kurzem, das Innen- und das Verteidigungsministerium wie auch das Amt des Staatspräsidenten stellten keine Bastionen der kommunistischen Macht dar, sondern eher Instrumente der friedlichen Selbstentmachtung der PVAP. Kommunistische Beamte im Staats- und Wirtschaftsapparat (etwa eine Million) verhielten sich gegenüber der Regierung Mazowiecki, so Geremek, weitgehend loyal.

Bedeutet dies, dass die herrschaftsgewohnte PVAP sich nun mit ihrem Machtverlust endgültig abgefunden hat? Wohl kaum. Władysław Gomułka sagte einmal, die Kommunisten hätten nicht die Macht übernommen, um sie wieder abzugeben. Noch Anfang Juli 1989 äußerte sich Mieczysław Rakowski ähnlich. So ist es nicht verwunderlich, dass nach der Bildung der Regierung Mazowiecki die PVAP fieberhaft nach Wegen sucht, verlorenes Terrain wiederzugewinnen. Die Reformkräfte wollen dies durch den radikalen Bruch mit der Vergangenheit erreichen. Sie meinen, dass der Sozialismus in seiner bisherigen Form die geschichtliche Prüfung nicht bestanden habe, dass die Zeit der PVAP nun vorbei sei. Ihr Wahldebakel vom Juni 1989 führen sie nicht zuletzt darauf zurück, dass die PVAP sich nicht rechtzeitig von ihrem dogmatischen Flügel getrennt habe. Sie plädieren für die „Sozialdemokratisierung" des polnischen Kommunismus. Einer der Parteireformer führt aus: „Beschleunigte Demokratisierung führt uns zum Erfordernis, das Kapitel der PVAP zu beenden. Wir müssen versuchen, eine Partei aufzubauen, die Sozialdemokraten und Linksliberale in Polen vereinigt".

Die Reformer sehen mehr Gemeinsamkeiten mit dem linken Flügel der Solidarność als mit den Dogmatikern in den eigenen Reihen. Sie halten eine Renaissance linker Ideen in Polen für denkbar. Das Parteiblatt *Polityka* schrieb vor kurzem in diesem Zusammenhang: die immer tiefer werdende wirtschaftliche Krise im Lande schaffe einen günstigen Nährboden für das Aufkommen populistischer und chauvinistischer Tendenzen. Nur eine vereinigte demokratische Linke könne dieser Entwicklung wirksam beggnen. Um glaubwürdig zu erscheinen, setzen sich die Reformer schonungslos mit der Vergangenheit der PVAP auseinander. Ihre dogmatischen Gegner sehen hingegen in der radikalen Abrechnung mit der Vergangenheit der Partei die Gefahr einer Selbstaufgabe. „Die ununterbrochene Selbstgeißelung (einiger Kommunisten) im Namen der ganzen Partei lehnen wir entschieden ab", verkündete vor Kurzem das sogenannte Arbeiterforum der Warschauer Parteiorganisation.

Die Spaltung der Partei schien bereits seit ihrem Wahldebakel vom Juni 1989 unausweichlich. Inzwischen – im Oktober 1989 – fand die Selbstauflösung der Ungarischen Sozialistischen Arbeiterpartei statt. Die früher zwischen 700.000 und 800.000 Mitglieder zählende Partei vermochte nach ihrer Neugründung zunächst nur etwa 50.000 Mitglieder zu gewinnen. Dies ungeachtet der Tatsache, dass sie im Gegensatz zu den polnischen Kommunisten über so populäre Politiker wie Imre Pozsgay und Rezsö Nyers verfügt und immer noch alle Macht in der Hand hält. Die ungarische Entwicklung verursachte bei der PVAP einen Schock. Wenn die mit Abstand populärste kommunistische Partei des Ostblocks nach dem radikalen Bruch mit der Vergangenheit um ihre Existenz bangen musste, welche Folgen würde ein ähnlicher Akt für die weitgehend diskreditierte PVAP haben? Es begann sich die gegenläufige Tendenz durchzusetzen: Die Einheit der Partei sollte, ungeachtet aller inneren Spannungen, doch bewahrt werden. Der Beschluss des ZK-Plenums der PVAP vom 7. Januar über die Selbstauflösung der Partei spiegelt das Scheitern dieser Konsolidierungsversuche wider. Die Parteiführung will also, trotz der traumatischen Erfahrung ihrer ungarischen Gesinnungsgenossen, einen Neuanfang wagen.

Bei den letzten Umfragen schnitt die PVAP in der Regel katastrophal ab und war kaum imstande, die Zehn-Prozent-Hürde zu überspringen. Und diese Zahlen werden von Monat zu Monat niedriger, obwohl die PVAP sich nun durch populistische Kritik an der Wirtschaftspolitik der „Solidaritäts"-Regierung zu profilieren sucht. Als besonders gefährlich stuft Tadeusz Mazowiecki die prokommunistischen Gewerkschaften – OPZZ – ein. Die OPZZ, die von dem langjährigen Verbot der „Solidarität" profitierte, zählt zur Zeit etwa sieben Millionen Mitglieder und wird von ihrem Vorsitzenden Alfred Miodowicz als die einzige Gewerkschaft bezeichnet, die in Opposition zur Regierung stehe. Der Nährboden für populistische Propaganda scheint im heutigen Polen günstig zu sein. Trotzdem ließ sich die polnische Öffentlichkeit durch die Agitation der Kommunisten kaum beeindrucken. Die Unterstützung für die Regierung Mazowiecki blieb trotz der unpopulären wirtschaftlichen Maßnahmen auch im Dezember 1989 hoch.

Der ZK-Beschluss vom 7. Januar 1990 stellt so vielleicht den letzten verzweifelten Versuch der PVAP dar, Tritt zu fassen. Der sogenannte „sozialdemokratische Block" der sich innerhalb der PVAP am 13. Januar gebildet hatte, verkündete: „Die Geschichte der PVAP – einer Partei leninistischen Typs – geht nun zu Ende. Diese Organisation entspricht nicht mehr den Erfordernissen der Zeit".

Und sogar Mieczysław Rakowski, der Parteichef selbst, versucht sich jetzt von der leninistischen Vergangenheit der polnischen Kommunisten strikt zu distanzieren. Zum Vorbild für die polnischen Kommunisten werden nun nicht die einst so bewunderten Bolschewiki, sondern die Partei der Polnischen Sozialisten (PPS) erklärt. So versucht sich die PVAP mit einer Kraft zu identifizieren, die sie vor mehr als vierzig Jahren von der politischen Bühne des Landes durch Druck und Terror verjagt hatte.

Von der Bevölkerungsmehrheit indes wird diese innere Entwicklung des polnischen Kommunismus nur am Rande registriert. Durch ihr Wahlverhalten am 4. Juni 1989 zeigte sie, dass das „Kapitel PVAP" für sie schon damals zu Ende gegangen war.

Überarbeitete Fassung eines Artikels, der am 24.1.1990 in der *Frankfurter Allgemeinen Zeitung* veröffentlicht wurde.

VI. Polen und seine Nachbarn

Aleksander Wat über das „janusköpfige Russland"[1]

Der avantgardistische polnische Dichter Aleksander Wat (1900-1967) gehört zu einer relativ kleinen Gruppe von „Konvertiten" (ehemaligen Kommunisten oder fellow-travellers), die bereits in den 1930er Jahren – ungeachtet der immer größer werdenden nationalsozialistischen Gefahr – sich vom Kommunismus abwandten und ihn seit ihrer „Konversion" für die Verkörperung des Infernalischen hielten. Im Unterschied zu Arthur Koestler oder George Orwell geriet aber Wat für mehrere Jahre in die Fänge des Systems, das er nach der anfänglichen Bewunderung derart scharf ablehnte. Der Entzauberungsprozess wurde bei ihm durch die langjährige Konfrontation mit der sowjetischen Wirklichkeit (1939-1946) zusätzlich bekräftigt. Wat war Outsider und Insider zugleich, konnte das sowjetische Experiment sowohl aus der Distanz als auch aus der unmittelbaren Nähe beobachten. Als universal gebildeter Mitteleuropäer gehörte er zugleich zu den besten Kennern der russischen Kultur, er beherrschte Russisch in all seinen Nuancen. Dies erleichterte ihm die Einordnung russischer Entwicklungen in allgemein europäische Zusammenhänge und zugleich das Erfassen wichtigster Wesensmerkmale des russischen „Sonderweges". Aus all diesen Gründen stellt der Bericht Aleksandr Wats über „sein Jahrhundert", der die Form eines langen Interviews mit seinem Dichterkollegen Czesław Miłosz hat[2], ein einmaliges Dokument dar. Aber ein Dokument besonderer Art, denn es handelt sich bei ihm um geronnene Emotionalität. Wat setzt sich schonungslos nicht nur mit dem Kommunismus bzw. Stalinismus,

---

[1]   Dieser Text basiert im Wesentlichen auf meinem Beitrag „Haßliebe? – Aleksandr Wats Rußlandbild", in: Freise, Matthias / Lawaty, Andreas (Hrsg.): *Aleksander Wat und „sein" Jahrhundert*. Wiesbaden 2002, S. 60-65.

[2]   Wat, Aleksander: *Mój wiek. Pamiętnik mówiony*, Bde. 1-2. Warschau 1998.

sondern auch mit sich selbst auseinander. Auch drei Jahrzehnte nach seiner Abwendung vom Kommunismus kann er sich selbst nicht verzeihen, dass er seinerzeit zur Verbreitung der kommunistischen Idee beigetragen hatte. Immer wieder versucht er seine Aussagen zu relativieren, weil sie, wie er sagt, nicht selten durch Hass bzw. durch Selbsthass inspiriert seien.

Aber nicht nur Hass durchzieht diesen Bericht, sondern auch Liebe. Liebe zum Land, das als erstes der kommunistischen Versuchung erlegen war, um dann zu ihrem Opfer zu werden, zu seiner Kultur, zu vielen ihrer Vertreter, deren tragisches Schicksal er selbst eine Zeitlang teilte. Gelegentlich schimmert durch seine Aussagen sogar die Zuneigung zu seinen früheren Idealen durch, die er vor allem nach der Konfrontation mit der sowjetischen Wirklichkeit derart radikal verwarf. So sagt er an einer Stelle, der Marxismus habe durchaus eminent wichtige Fragen aufgeworfen, nur die Antworten auf diese Fragen seien falsch gewesen.[3]

In den Augen von Wat ist Russland ein janusköpfiges Gebilde. Es hat sowohl ein abstoßendes, wie er sagt, „asiatisches" Gesicht, und ein bezauberndes europäisches Antlitz. Asien stellt für Wat keineswegs die Wiege der Zivilisation dar, im Gegenteil, es verkörpert für ihn geradezu die Tyrannei und die Missachtung der Menschenwürde. Seine ursprüngliche Bewunderung für die Bolschewiki erklärt er nicht zuletzt dadurch, dass er von ihrem ehrgeizigen Vorhaben, ein bäuerliches, vorwiegend „asiatisches" Land zu europäisieren, fasziniert gewesen sei.[4] Später änderte Wat seine Meinung über den Bolschewismus. Nun verkörperte auch dieser für ihn den kulturfeindlichen Orient.[5] So stellte für ihn die Rote Armee, die 1939 infolge des Hitler-Stalin-Paktes Ostpolen besetzte, eine asiatische Horde dar, die mit den Horden Dschingis-Khans verglichen wird. Der Kommunismus in jeder Form symbolisiert für ihn den Aufstand des Orients gegen die westliche Zivilisation. Die im Westen oft vertretene These, bei der bolschewistischen Tyrannei handele es sich um eine typisch russische Erscheinung, um das Endprodukt des jahrhundertealten russischen Etatismus, lehnt Wat vehement ab. Der Kommunismus habe viel tiefere Ur-

---

3   Wat, *Mój wiek*, Bd. 2, S. 164 ff.
4   Ebda., Bd. 1, S. 21, 89, 143.
5   Ebda., Bd. 1, S. 274, 300, 320, 354 f.; Bd. 2, S. 30; siehe dazu auch Wat, Aleksander: *Dziennik bez samogłosek*. London 1986, S. 47.

sprünge. Einer seiner Gesprächspartner in der Gefängniszelle der Lubjanka habe z. B. in allen Einzelheiten den Charakter eines kollektivistischen bzw. kommunistischen Systems, das in China tausend Jahre vor Marx errichtet worden sei, geschildert.[6] Auch das zaristische Russland partizipierte Wats Meinung nach an dieser kollektivistischen Tradition, an die später die Bolschewiki appellierten. Aber Russland ist für Wat nicht nur das angeblich kulturfeindliche Asien, sondern auch das kultivierte Europa. Die Bolschewiki, vor allem die Stalinisten, hätten versucht, die Überreste dieses europäischen Russlands auszumerzen – vergeblich. Viele seiner Leidensgenossen in den Gefängnissen, aber auch in der fernen sowjetischen Provinz hatten den den Bolschewiki so verhassten Typus des kultivierten russischen Europäers verkörpert. Unzählige Vertreter dieser alten russischen Bildungsschicht seien der unvorstellbaren stalinistischen Barbarei zum Opfer gefallen, unzählige seien aber am Leben geblieben, denn ihre gänzliche Ausmerzung habe sogar die Möglichkeiten des perfekten Polizeistaates überstiegen, der in der Stalin-Zeit in Russland errichtet worden war.[7] Wat vertritt sogar die ketzerische These, dass Vertreter der literarischen Elite Russlands (V. Šklovskij, K. Paustovskij u. a.), mit denen er 1942/43 in der kasachischen Hauptstadt Alma-Ata intensive Kontakte pflegte, gebildeter und „europäischer" gewesen seien als die Autoren der polnischen literarischen Avantgarde der Zwischenkriegszeit, mit denen er seinerzeit intensiv verkehrt hatte[8] (man darf nicht vergessen, dass Wat selbst zu den zentralen Figuren dieser Avantgarde gezählt hatte).[9]

Die eigenwillige Theorie Wats vom „asiatischen" und vom „europäischen" Russland durchzieht wie ein roter Faden seine Erinnerungen. Ein anderes zentrales Motiv des Berichts stellt die Darstellung des „leidenden" Russland dar, mit dem sich Wat vorbehaltlos solidarisiert. Nicht zuletzt aus diesem Grund schätzt er den Roman *Dr. Živago* von Boris Pasternak außerordentlich, obwohl das Werk Wats Meinung nach sehr schlecht geschrieben sei. Aber ungeachtet all seiner literarischen Schwächen zeige der Ro-

---

6 Wat, *Mój wiek*, Bd. 2, S. 88; siehe auch Wat, *Dziennik bez samogłosek*, S. 199.
7 Wat, *Mój wiek*, Bd. 2, S. 191.
8 Ebda., S. 282.
9 Siehe dazu u. a. Wat, Aleksander: *Bezrobotny Lucyfer*. Warschau 1960; ders.: *Poezje*. Warschau 1997.

man mit ungewöhnlicher Eindringlichkeit, welches Unheil über das Land infolge der Ereignisse von 1917 hereinbrach.[10] Das unglückliche, leidende Russland gehört neben einigen markanten Persönlichkeiten, die Wat in sowjetischen Gefängnissen kennengelernt hatte, zu den wichtigsten Helden seines Berichts, es ist eine Art Kollektivheld. Mit Empörung reagiert er auf die Überheblichkeit, mit der seine Landsleute nicht selten auf den östlichen Nachbarn herabsehen, und zwar aufgrund der in Russland angeblich so tief verankerten „Sklavenmentalität". Wat meint, hätten die Polen genauso lange und intensiv unter Kommunismus bzw. Stalinismus gelitten, wie dies bei den Russen der Fall gewesen war, so wären auch sie nicht imstande gewesen, ihre innere Würde zu bewahren.[11] Dass aber die polnische Überheblichkeit Russland gegenüber beinahe unausrottbar ist, lässt sich am Beispiel von Wat selbst demonstrieren. Er berichtet immer wieder darüber, wie oft er der Versuchung erlag, die Russen abschätzig zu bewerten. Diese in Polen so verbreitete Haltung lässt sich seiner Meinung nach durch polnische Minderwertigkeitsgefühle gegenüber Russland erklären.[12] Diese These wird allerdings nicht näher begründet.

Dass der Kommunismus ausgerechnet in Russland siegte, hält Wat keineswegs für einen Zufall. Die kommunistische Idee habe den tiefen Sehnsüchten bestimmter Schichten der russischen Bevölkerung entsprochen. Dabei denkt Wat nicht in erster Linie an die russische Bauernschaft und nicht an die russischen Industriearbeiter mit ihren egalitaristischen Träumen, mit ihrer Ablehnung des hierarchischen Prinzips als solchen. Nein, viel wichtiger für den Erfolg der bolschewistischen Revolution seien die Bestrebungen der kleinbürgerlichen, halbgebildeten Schichten Russlands gewesen, deren Geduld nun am Ende war. Sie hätten sich 1917 für alle Demütigungen, die sie seit Generationen seitens des Staates und seitens der Oberschicht erfahren hätten, rächen wollen und seien nun zum eigentlichen Motor der Umwälzung geworden.[13] Hier stimmt Wat übrigens mit den Thesen des russischen Exilhistorikers Georgij Fedotov überein, der

---

10 Wat, *Mój wiek*, Bd. 1, S. 88.
11 Ebda., Bd. 2, S. 236.
12 Ebda., S. 49.
13 Ebda., S. 194 f.

ebenfalls auf die herausragende Rolle des russischen Kleinbürgertums bei den Ereignissen von 1917-1920 hinweist.[14]

Aber die Revolution war für Wat nicht nur durch kleinbürgerliche Ressentiments bedingt. Auch die in Russland tief verwurzelte Bereitschaft zu leiden, habe erheblich zum Sieg der Bolschewiki beigetragen.[15] Aber auch den Sieg Russlands über das Dritte Reich führt Wat auf die Leidensfähigkeit der Russen zurück. Allerdings nicht nur darauf. Dieser Sieg war auch mit dem imperialen Stolz verknüpft, der beinahe zur zweiten Natur der Nation geworden sei. Eine vergleichbare Haltung kann Wat nur bei den Engländern entdecken. Wat selbst war noch 1942 – bereits nach der Schlacht von Moskau – davon überzeugt, dass Russland den Krieg verlieren werde. Seine russischen Gesprächspartner seien indes in der Regel davon überzeugt gewesen, dass das Imperium diese Gefahr überstehen werde, und diese ihre Zuversicht, die Selbstverständlichkeit, mit der sie an den Sieg glaubten, begann allmählich auch Wat zu beeinflussen.[16]

Wat geht auch auf die atmosphärischen Veränderungen ein, die sich in Russland im ersten Kriegsjahr, also in der Zeit als die stalinistische Despotie um ihr Überleben kämpfte, vollzogen haben. Es ging dabei um einen Prozess, den der Moskauer Historiker Michail Gefter viele Jahre später als „spontane Entstalinisierung" bezeichnete.[17] Wat schreibt, dass sogar die überzeugten Kommunisten „spürten, dass sich alles von Grund auf ändern wird. Sie glaubten nicht an den Fortbestand des Stalinismus [...]. Vielleicht spürten manche unterbewusst Freude darüber, dass das Übel aus Russland geschwemmt wurde, dass es grundlegende Veränderungen geben würde".[18]

Kaum jemand habe damals damit gerechnet, dass die Rückkehr zu der gespenstischen stalinistischen Wirklichkeit der Vorkriegszeit möglich sei, so Wat: „Alle glaubten, wenn diese Woge der Millionen Helden und

---

14 Fedotov, Georgij: Revoljucija idet, in: *Sovremennye zapiski* Nr. 39, 1929, S. 306-359.
15 Wat, *Mój wiek*, Bd. 2, S. 14 f., 273.
16 Ebda., S. 308, 310, 319.
17 Gefter, Michail: *Iz tech i ėtich let*. Moskau 1991, S. 418.
18 Wat, Aleksander: *Jenseits von Wahrheit und Lüge. Mein Jahrhundert. Gesprochene Erinnerungen*. Frankfurt / Main 2000, S. 516 f.

Märtyrer von der Front zurückkäme, dann könnte kein Stalin mehr etwas ausrichten, dann würde Russland sich ändern, und zwar von Grund auf"[19].

Diese Beobachtungen Wats werden durch zahlreiche russische Zeugnisse von damals bestätigt.

Die von der Front zurückkehrenden Soldaten, die allerhand gesehen hätten, würden nun ganz neue Maßstäbe im Lande setzen, schrieb z. B. der Dichter Aseev im Oktober 1944.[20]

Das Zwangskorsett der stalinistischen Ideologie lockerte sich nach Kriegsbeginn ebenfalls auf. Als Wat im Kreise prominenter sowjetischer Schriftsteller danach fragte, was sie vom Sozrealismus hielten, also von einem Kanon, den die stalinistischen Funktionäre seit 1934 als verpflichtend für alle Künstler ansahen und jede Abweichung von ihm nicht selten mit dem Tode bestraften, erhielt Wat folgende Antwort: „Na wissen Sie, darüber redet man auf Versammlungen, man schreibt über den Sozrealismus, aber in anständiger Gesellschaft spricht man nicht davon."[21]

Diese Antwort versah Wat mit folgendem Kommentar: „Das stimmte tatsächlich. Es gab keine Slogans, keine Losungen, keinen Kommunismus."[22]

Die vorübergehende Lockerung der stalinistischen Kontrollmechanismen kam nicht nur den Intellektuellen, sondern auch breiteren Bevölkerungsschichten zugute, nicht zuletzt den Kolchosbauern, deren Bewegungsfreiheit seit der Kollektivierung der Landwirtschaft, insbesondere aber seit der Einführung der Inlandspässe im Dezember 1932 erheblich eingeschränkt war. Nur die Inhaber der neuen Pässe hatten das Recht ihren Wohnort relativ frei zu wechseln. Da die Kolchosbauern diese Ausweise in der Regel nicht erhielten, wurden sie zu Bürgern zweiter Klasse degradiert, quasi zu Leibeigenen des Staates. Um ihrer Empörung über die Unterdrückungsmaßnahmen des Regimes Ausdruck zu verleihen, gaben die Bauern der bolschewistischen Partei eine neue Bezeichnung. Die Ab-

---

19 Ebda., S. 590 f.
20 Babičenko, Denis: *Pisateli i cenzory. Sovetskaja literatura 1940-ch godov pod političeskim kontrolem CK.* Moskau 1994, S. 98; siehe dazu auch: Okljanskij, Jurij: *Roman s tiranom.* Moskau 1994, S. 69.
21 Wat, *Jenseits von Wahrheit und Lüge,* S. 586.
22 Ebda.

kürzung VKP(b) (Allunions Kommunistische Partei der Bolschewiki) mutierte im Volksmunde zum „Vtoroe Krepostnoe Pravo" [die „Zweite Leibeigenschaft"].

Kurz nach Kriegsausbruch fand aber in Russland eine wahre Völkerwanderung statt. Wat, der Ende 1941 aus dem NKVD-Gefängnis entlassen wurde, berichtet darüber: „Ein großer Prozentsatz der Bevölkerung durfte die [jeweilige] Region nicht ohne einen Passierschein vom NKVD verlassen. Aber plötzlich wurde das alles hinfällig, die Wogen des Krieges rissen diese Schranken weg, und Russland war in Bewegung."[23]

Aber bereits ein Jahr später, noch vor dem Sieg von Stalingrad, begann das zunächst verunsicherte Regime, das „verlorene innenpolitische Terrain" wiederzugewinnen und zur früheren Rigidität zurückzukehren. Wat sagt: „[Der] Bruch im Rückgrat des Systems [war] inzwischen verheilt. Es herrschte absolute Ordnung. Alle Akten waren an Ort und Stelle. Dann wurde auch der Völkerwanderung Einhalt geboten, denn ohne Erlaubnis des NKVD durfte man gar nicht mehr reisen."[24]

Hand in Hand mit dieser Wiederherstellung der vorübergehend erschütterten totalitären Strukturen ging die zunehmende Stalin-Euphorie im Lande, die Wat mit Verblüffung registrierte. Sogar manche kritisch denkende Intellektuelle wurden von ihr erfasst, dies insbesondere nach Stalingrad:

,Der große Retter Russlands!'. Alle sagten das. Lenin war nicht so beliebt, er war in Russland nie so beliebt gewesen, wie Stalin in diesem kurzen Zeitraum zwischen dem Sieg von Stalingrad und dem Ende des Krieges. [Plötzlich] glätteten sich in jedermanns Vorstellung die tierischen Züge Stalins, sie verschwanden durch irgendeinen Zauber.[25]

---

23 Ebda., S. 568.
24 Ebda., S. 625.
25 Ebda., S. 630 f.

Wat hebt hervor, dass diese Stalin-Euphorie sich vor allem auf seine russischen und jüdischen Gesprächspartner erstreckte, nicht aber auf Vertreter anderer nationaler Minderheiten.[26]

Diese russisch-jüdische „Liebesaffäre" mit Stalin, die kurz nach der Bezwingung des Dritten Reiches an ihr Ende gelangte, bedarf einer Erklärung. Warum verknüpften viele Gesprächspartner Wats ihre Hoffnungen auf die Liberalisierung des Systems, auf die Auflösung von Kolchosen und menschenwürdiges Leben ausgerechnet mit einem der größten politischen Verbrecher der Geschichte?[27] Nur wenige hätten diese rosigen Hoffnungen nicht geteilt, sagt Wat. Zu diesen Wenigen habe z. B. der Filmregisseur Sergej Ėjzenštein gehört, von dem Wat berichtet, er habe die optimistischen Zukunftsvisionen seiner Landsleute oft mit einem ironischen Lächeln quittiert.[28]

Die allgemein verbreitete Fehleinschätzung Stalins war mit der Illusion verbunden, der Kreml-Despot sei lernfähig. Er habe nach dem Hitlerschen Überfall auf die Sowjetunion letztendlich begriffen, dass nicht die Erstickung, sondern nur die Förderung der Eigeninitiative der Gesellschaft sein Regime retten könne. Dass Stalin in Wirklichkeit jede spontane gesellschaftliche Regung als tödliche Gefahr für seine Herrschaft betrachtete, die er nur vorübergehend zu dulden bereit war, sollte sich erst allmählich herausstellen.[29]

Aber nicht nur die von der Außenwelt abgeschotteten und indoktrinierten Sowjetbürger erlagen der Illusion, die Errichtung eines stalinistischen Regimes mit „menschlichem Antlitz" sei möglich. Ähnlich dachten damals auch zahlreiche Vertreter des britischen und amerikanischen Establishments, nicht zuletzt der amerikanische Präsident Franklin D. Roosevelt. Um das Bündnis der angelsächsischen Demokratien mit dem sowjetischen Regime zur Zeit der Anti-Hitler-Koalition zu legitimieren, neigte die amerikanische und die britische Presse zur Beschönigung der Stalinschen Schreckensherrschaft. 1942 wurde Stalin vom Time-Magazin sogar zum

---

26 Ebda.
27 Wat, *Mój wiek*, Bd. 2, S. 189, 268, 270.
28 Ebda., S. 270 f.
29 Vgl. Dazu u. a. Avotorchanov, Abdurachman: *Zagadka smerti Stalina (zagovor Berija)*. Frankfurt / Main 1976, S. 16-17.

Mann des Jahres auserkoren. Erst nach 1945 fand im Westen, ähnlich wie in der Sowjetunion, die damals eine Disziplinierungskampagne nach der anderen erlebte, eine allgemeine Desillusionierung statt.

Schmilzt das Eis?
Die polnisch-sowjetischen Beziehungen auf dem Prüfsfand

Das polnisch-sowjetische Verhältnis hat innerhalb des Ostblocks einen Sondercharakter. Alle anderen Staaten an der westlichen Peripherie des Moskauer Imperiums – von der Tschechoslowakei bis Bulgarien – gerieten erst 1945 unter seine unmittelbare Kontrolle. Polen hingegen ringt bereits seit zweieinhalb Jahrhunderten gegen dessen Hegemonialdrang. So ist der jetzige Konflikt zwischen den beiden Staaten zusatzlich durch zahlreiche geschichtliche Erinnerungen belastet. Da die Polen bei dieser Auseinandersetzung in der Regel auf der Verliererseite gestanden hatten, könnte man meinen, dass lediglich ihr Verhältnis zum Nachbarn durch Ängste und Ressentiments geprägt sei. Dies ist aber keineswegs der Fall. Weil das Land an der Weichsel sich niemals mit seinem abhängigen Status abfinden wollte, stellte es eine permanente Herausforderung für seinen Bezwinger dar. Es galt in den Augen der russischen Herrscher als Inbegriff der Aufsässigkeit. Sie waren aber zugleich keineswegs bereit, den polnischen Stachel aus dem Körper des Reiches zu entfernen. Die Überzeugung, dass von der Beherrschung Polens das Schicksal ihres Imperiums abhänge, habe sich zu einer Art Idée fixe der Zaren entwickelt, bemerkte seinerzeit der englische Historiker Alan J. P. Taylor.[1]

Diese Überzeugung scheint sich auch auf die sowjetischen Führer übertragen zu haben. Auch sie gehen davon aus, dass der Verlust des Landes zwischen Bug und Oder das gesamte imperiale Gefüge zum Einsturz bringen könnte. Indirekt wird dieser Sachverhalt durch Äußerungen mancher polnischer Politiker bestätigt. Sie weisen daraufhin, dass der Traum ihrer Landsleute von einer vollständigen Souveränität in der gegebenen politischen Konstellation nicht zu verwirklichen sei. Der Warschauer Botschafter in Moskau, Natorf, bemerkte kürzlich Folgendes hierzu: „[Der

---

1 Taylor, Alan J. P.: *The Struggle for Mastery in Europe 1848-1918*. London 1971, S. 9.

Sowjetunion] lag sehr viel daran, Polen in einen Verbündeten zu verwandeln. Denn Polen wurde häufig als Sprungbrett für Aggressionen gegen Russland benutzt. Heute, mit einem Verbündeten an seiner Westgrenze, fühlt sich die Sowjetunion viel sicherer."[2]

Da die Polen ungeachtet aller „Vernunftgründe" nicht auf die volle Unabhängigkeit verzichten wollen, werden sie vom östlichen Nachbarn oft des Anarchismus und des übertriebenen Stolzes bezichtigt. Dabei hatten sich in der Vergangenheit an der Verbreitung solcher Ansichten nicht nur Vertreter der herrschenden Bürokratie oder regierungsnahe Publizisten beteiligt, sondern auch manche Klassiker der russischen Literatur, die zu den am meisten gelesenen Autoren im Lande zählen, so Puškin, Gogol' oder Dostoevskij. Eine gewisse Reserviertheit gegenüber dem unterlegenen westslawischen Rivalen hat also in Russland eine lange Vorgeschichte. Es gab und gibt hier zwar durchaus Polen-begeisterte Intellektuelle, die den Freiheitsdrang und die geistige Unabhängigkeit des kleinen Nachbarn bewundern (Aleksandr Gercen, Michail Bakunin, viele sowjetische Dissidenten von heute). Mit ihrer Einstellung scheinen sie aber die Mehrheit ihrer Landsleute nicht angesteckt zu haben.

Wie verhält es sich aber mit der Gegenseite? Mit welchem geistigen Gepäck verlässt zum Beispiel ein polnischer Jugendlicher die Schule? Russland bildete für die wichtigsten seiner Nationaldichter des 19. Jahrhunderts das Böse an sich. Die Auseinandersetzung zwischen Polen und dem Zarenreich schildern sie wie einen Kampf zwischen Licht und Finsternis. Sie warnen den Westen davor, Russland wie eine normale Großmacht zu betrachten, denn dieser despotische Koloss strebe nicht nur eine totale Unterwerfung seiner Untertanen, sondern auch der gesamten freien Welt an. In diesem Sinne äußern sich Adam Mickiewicz, Zygmunt Krasiński und andere Autoren. Diese Dämonisierung Russlands stellt ein Pendant zum verzerrten Polenbild dar, das manche russische Schriftsteller und Dichter vermitteln. So liefern die Klassiker beider Länder nicht immer die besten Voraussetzungen für die Einfühlung in die Eigenart des Nachbarn. Die polnischen Kommunisten betonen immer wieder, dass es verfehlt sei, der Russlandkritik ihrer Nationaldichter eine aktuelle Bedeutung beizumessen.

---

2   *Polityka*, 30.4.1988.

Sie sei ausschließlich für die vorrevolutionäre Zeit relevant. Diese Beschwörungen nutzen aber wenig. Da die Regierung die offene Darstellung der polnisch-sowjetischen Beziehungen mit allen ihren Schattenseiten tabuisiert, erhalten viele historische Texte und Debatten einen Ersatzcharakter. Es wird andauernd zwischen den Zeilen gelesen, und so bekommt die Anprangerung der Polenpolitik der Zaren einen durchaus aktuellen Bezug. Auf diese Weise hat die Zensur alle Hände voll zu tun. Denn es gehört zu ihren Pflichten, in den historischen Abhandlungen sowjetfeindliche Anspielungen aufzuspüren: „Die Partei betrachtet die Kritik am Zarismus als eine versteckte Kritik an der Sowjetunion." Diese Aussage eines hohen Parteifunktionärs aus der Gierek-Zeit zitierte vor kurzem der polnische Historiker Karol Żurawski.[3] Dennoch muss man gerechtigkeitshalber sagen, dass das Vorgehen des Regimes auf diesem Gebiet keineswegs konsequent war. Wollte es antirussische Akzente aus dem Nationalerbe gänzlich verbannen, dann hätte es die Auseinandersetzung mit dem gesamten Kulturerbe des 19. Jahrhunderts verbieten müssen – eine vollkommen unrealistische Vorstellung. Abgesehen davon erkannte wohl ein Teil der Herrschenden, dass die tiefverwurzelten antirussischen Ressentiments ihrer Landsleute irgendein Ventil brauchten, um nicht wesentlich aggressivere Formen anzunehmen. Daher ließ man, dies betraf vor allem die relativ liberalen 1970er Jahre, eine Reihe sehr scharfer Auseinandersetzungen mit dem Zarenreich zu.[4]

Solche Ersatzdiskussionen konnten allerdings niemanden befriedigen. Vor allem während der „Tauwetterperioden", die in Polen seit 1956 zyklisch vorkommen, wird jeweils die Forderung nach Aufrichtigkeit bei der Behandlung der polnisch-sowjetischen Beziehungen laut. Und diese Forderung versetzt die Warschauer Führung immer wieder in Panik. Sie scheint davon auszugehen, dass eine offene Diskussion über das Verhältnis zum östlichen Nachbarn das Regime in seinen Grundfesten erschüttern könnte. Dabei ist sie manchmal sogar päpstlicher als der Papst. So hatte zum Beispiel der 20. Parteitag der KPdSU mit seinem antistalinistischen

---

3 „Belye Pjatna": ot ėmocij k faktam, *Literaturnaja gazeta*, 11.5.1988.
4 Vgl. u. a. Karpiński, Wojciech / Król, Marcin: *Sylwetki polityczne XIX wieku*. Krakau 1974.

Pathos eine günstige Atmosphäre geschaffen, um die dunklen beziehungsweise „weißen" Flecken der Stalinschen Polenpolitik deutlich zur Sprache zu bringen. Dazu zählten unter anderem der Ribbentrop-Molotov-Pakt, das Verschwinden von 15.000 polnischen Offizieren, die Stalin 1939 in die Hände fielen (die Leichen von etwa 4.400 von ihnen sind im Wald von Katyn gefunden worden), Deportationen der Bevölkerung aus den ostpolnischen Gebieten ins Innere der Sowjetunion usw. Alle diese traumatischen Kapitel des beiderseitigen Verhältnisses sind 1956, trotz des „Tauwetters", kaum berührt worden. Wenn man bedenkt, wie schonungslos sich die damalige polnische Presse mit anderen Aspekten der stalinistischen Vergangenheit auseinandersetzte, wirkt ihre Zurückhaltung in Bezug auf dieses eine Thema überraschend. Darin spiegelt sich sicher ihre Solidarisierung mit dem Programm Gomułkas – der Galionsfigur der Erneuerung von 1956 – wider. Der neue Generalsekretär der Polnischen Vereinigten Arbeiterpartei flehte die Bevölkerung buchstäblich an, das Bündnis mit der UdSSR nicht zu gefährden, denn sonst werde sich in Polen die ungarische Tragödie vom Herbst 1956 wiederholen. Und diese Appelle verfehlten ihre Wirkung nicht. Nicht nur seine Gesinnungsgenossen, sondern auch einflussreiche katholische Kreise erklärten sich bereit, den neuen Kurs der Partei zu unterstützen. Dies betraf in erster Linie die Gruppe um das katholische Wochenblatt *Tygodnik Powszechny*. Zwar hatte sie sich, im Gegensatz zum Regime, an der propagandistischen Verklärung des polnisch-sowjetischen Bündnisses nicht beteiligt. Dennoch trat auch sie, und zwar aus Gründen der Staatsräson, für die Beibehaltung des bestehenden Paktsystems ein.[5] Daher vermied sie, ähnlich wie die Partei, die Behandlung von heiklen Fragen aus der Geschichte der sowjetischen Polenpolitik.

Seit Herbst 1957 war das Regime indes auf die freiwillige Zurückhaltung der Gesellschaft nicht mehr angewiesen. Damals begann eine Restauration, die viele Errungenschaften des Tauwetters von 1956 wieder rückgängig machte. Das Flaggschiff der Erneuerung, die Zeitschrift *Po prostu*, wurde im Oktober 1957 verboten. Die Partei hatte die Öffentlichkeit erneut fest im Griff. Daran sollte sich, ungeachtet eines „Mini-Tauwetters" zu Be-

---

5   Kisielewski, Stefan: Czy neopozytywizm?, TP, 25.12.1956; Stomma, Stanisław: Idea i siła, ebda.

ginn der Gierek-Periode, bis 1980 im Grunde nicht allzu viel ändern. Erst infolge der „Solidarność"-Revolte geriet das Regime erneut, ähnlich wie 1956, aus den Fugen. Die „Solidarność" – das war die personifizierte Transparenz und Wahrheitssuche. Sie machte vor keinen Tabus halt, auch nicht vor solchen, die das polnisch-sowjetische Verhältnis betrafen. Die Partei versuchte zunächst die öffentliche Erörterung dieser „sakrosankten" Thematik zu verhindern, dennoch gab sie schließlich dem immer stärker werdenden Druck von unten nach. Ihre Führung gelangte höchstwahrscheinlich zur Überzeugung, dass unterschwellige Spannungen das Bündnis wesentlich stärker gefährdet hätten als deren Offenlegung. So kam es im Mai 1981 in der Redaktion der Warschauer Zeitschrift *Kultura* zu einer aufschlussreichen Diskussion über die Beziehung des Landes zu seinem östlichen Nachbarn, die am 17. Mai 1981 im Blatt abgedruckt wurde. Den offiziellen Standpunkt vertraten hier zwei regierungsnahe Publizisten, Dominik Horodyński und Jerzy Wójcik. Bei ihren Kontrahenten handelte es sich um zwei Mitarbeiter des bereits erwähnten *Tygodnik Powszechny*, Stanisław Stomma und Marcin Król.

Man darf den politischen Kontext, in dem sich diese Diskussion abspielte, nicht außer Acht lassen. Die Partei hat damals weitgehend die Kontrolle über die Ereignisse verloren. Das weitere Schicksal der Solidarność-Revolution schien nun vom Verhalten des östlichen Nachbarn abhängig zu sein. Deshalb war er, obwohl unsichtbar, am Redaktionstisch immer anwesend. An ihn richteten nicht zuletzt beide Seiten ihre Argumente und Appelle. So rief Horodyński die Leser dazu auf, das polnisch-sowjetische Verhältnis beziehungsweise die innenpolitische Entwicklung im Lande nicht nur mit den eigenen Augen, sondern auch mit denen Moskaus zu sehen. Indirekt wollte er damit sagen, dass die Geduld des „großen Bruders" irgendwann ein Ende nehmen könnte. Die Sowjetunion sehe das sozialistische System in Polen und damit auch die ganze nach dem Krieg entstandene Ordnung gefährdet. Das Land an der Weichsel sei für die sowjetische beziehungsweise russische Sicherheit immer von immenser Bedeutung gewesen; durch dieses Gebiet seien beinahe alle großen amirussischen Invasionen geführt worden (vgl. dazu auch Anm. 2 – *L.L.*). Die sowjetische Führung habe bisher keine Einwände gegen die inneren Reformen in

Polen erhoben, solange diese das Verbleiben des Landes innerhalb des sozialistischen Lagers nicht in Frage stellten.

In ähnlichem Sinne argumentierte auch der andere Vertreter der Parteilinie. Jerzy Wójcik (Chefredakteur der Zeitung *Życie Warszawy*). Nach 1956 habe die Sowjetunion immer die Besonderheit des polnischen Weges zum Sozialismus anerkannt. Die Kollektivierung der Landwirtschaft sei hier rückgängig gemacht worden, die Stellung der Kirche im Lande sei so stark wie nirgendwo sonst im Ostblock. Auch gegen die seit Sommer 1980 durchgeführten Reformen hätte die Moskauer Führung keine Einwände erhoben, wenn sie Polen nicht derart stark destabilisiert hätten.

Diesen Argumenten wurde von der katholischen Seite heftig widersprochen. Die Demokratisierung des Landes stelle für die polnisch-sowjetischen Beziehungen keine Gefahr dar, meinte Marcin Król. Die Erfahrung zeige, dass unpopuläre Regierungen, die keinen Rückhalt innerhalb der Bevölkerung hätten, niemals Garant eines dauerhaften polnisch-sowjetischen Bündnisses sein konnten. Bereits mehrmals hätten sie behauptet, nur sie besäßen das Vertrauen Moskaus und wenig später seien sie gestürzt worden. Der katholische Publizist ist davon überzeugt, dass die sowjetische Politik von pragmatischen und nüchternen Fachleuten gestaltet werde, die die Bedeutung ideologischer und politischer Symbolik nicht überbewerteten. Ihnen sei deshalb sicherlich klar, dass eine demokratische und populäre Regierung das polnisch-sowjetische Bündnis wesentlich besser sichere als ein unpopuläres und isoliertes Regime.

Aus heutiger Sicht ist es völlig klar, wie unrealistisch der Appell Króls an die Moskauer Führung war. Er verlangte einen im Grunde revolutionären Schritt von einer Equipe, die geradezu die Unbeweglichkeit und die Angst vor Experimenten verkörperte. Nicht einmal Gorbačev wäre ein derart mutiger Akt – die Verlagerung des Vertrauens Moskaus von der Partei auf weniger diskreditierte politische Kräfte – zuzutrauen.

In einem anderen Punkt war allerdings die Argumentation Króls in gewisser Hinsicht zukunftsweisend. Er war davon überzeugt, dass eine offene Diskussion über die beiderseitigen Beziehungen viele Themen berühren würde, die bisher als Tabus angesehen worden waren. Es sei aber besser über unangenehme Probleme zu reden, als sie zu verschweigen. Durch das Diskussionsverbot verliere das Bündnis seinen rationalen Charakter und nehme „mystische" Wesenszüge an.

Das Postulat Króls ließ sich aber zunächst kaum verwirklichen. Zwar löste die Debatte in der *Kultura* andere Stellungnahmen zum polnisch-sowjetischen Verhältnis in der Presse aus, jedoch wurde die soeben begonnene Diskussion durch die Verkündung des Kriegsrechts jäh unterbrochen. Erst die „Perestrojka" sollte ihr einen neuen Impuls verleihen. Eingeleitet wurde das neue Kapitel in der Geschichte der Beziehungen zwischen den beiden Nachbarn zur allgemeinen Überraschung nicht von der polnischen, sondern von der sowjetischen Seite.

Es gehört zu den wichtigsten Wesenszügen der Perestrojka, dass sie längst verschüttete Wahrheiten ans Tageslicht bringt und der propagandistischen Verzerrung der Wirklichkeit den Kampf ansagt. Davon profitierte auch das polnisch-sowjetische Verhältnis. So stellten einige sowjetische Autoren zu Beginn des neuen Kurses mit Erstaunen fest, dass sie neben einem Land lebten, das, ungeachtet seines sozialistischen Systems, in mancher Hinsicht das genaue Gegenteil der Sowjetunion darstellte. Der Korrespondent der Moskauer *Literaturnaja gazeta*, Leonid Počivalov, schwärmte von den demokratisch-freiheitlichen Traditionen Polens, wie sie in Russland nur unzureichend vorhanden waren.[6] Počivalov rief seine Landsleute dazu auf, die Andersartigkeit Polens voll zu akzeptieren.[7]

Diese Abkehr von propagandistischen Klischees bei der Bewertung des Nachbarn in einem der zentralen Presseorgane der Sowjetunion zeugte von einem eindeutigen Klimawechsel in der Entwicklung der beiderseitigen Beziehungen. Diese neue Atmosphäre der Offenheit ermutigte wahrscheinlich auch die ansonsten äußerst vorsichtige Warschauer Führung dazu, einen kleinen Vorstoß in Richtung Vergangenheitsbewältigung zu wagen. Im Juli 1987 ist im theoretischen Organ der PVAP *Nowe Drogi* ein Beitrag des Parteichefs Jaruzelski erschienen, in dem in vagen Formulierungen der Hitler-Stalin-Pakt und die brutale Verfolgung der Bevölkerung in dem von Stalin besetzten Teil Polens kritisiert wurde.[8] Erwähnenswert

---

6   *Literaturnaja gazeta*, 25.2.1987.
7   Ponjatie mira odnoznacno dlja vsech, *Literaturnaja gazeta*, 4.2.1987, S. 14.
8   Jaruzelski, Woiciech: Ku nowym horyzontom, in: *Nowe Drogi* 1987, S. 9.

ist in diesem Zusammenhang die Tatsache, dass die russische Übersetzung des Artikels im gleichen Monat im theoretischen Organ der KPdSU *Kommunist* abgedruckt wurde.

Dennoch entsprach Jaruzelskis vorsichtiger Ton nicht mehr dem Geist der Zeit. Dieser verlangte nach mehr, die Dinge sollten nun beim Namen genannt werden. Und diesmal war es wieder ein sowjetischer Autor, der den Stein ins Rollen brachte. Es handelt sich um den Direktor des Historisch-Archivarischen Instituts in Moskau, Jurij Afanas'ev, der im Oktober 1987 im Warschauer Parteiblatt *Polityka* Folgendes sagte: „Ich kann kein Problem in der Geschichte der polnisch-sowjetischen Beziehungen entdecken, vor dem wir fliehen müssten. Nicht einmal vor Katyn."[9]

Die Worte des Historikers wirkten befreiend auf die polnische Öffentlichkeit. Von nun an kann man sich im Kampfe gegen die Geschichtsfälscher auf sie berufen und dies wird auch unentwegt getan. So bezog sich der parteilose Sejm-Abgeordnete Ryszard Bender in seiner aufsehenerregenden Parlamentsrede vom 10. März 1988, in der er stalinistische Verbrechen gegenüber Polen scharf anprangerte, ausdrücklich auf Afanas'ev.[10]

Eine unverzügliche Aufklärung des Verbrechens von Katyn verlangte vor Kurzem auch Kardinal Glemp in seinen für die sowjetische Presse bestimmten Interviews.[11] So werden polnische und sowjetische Leser zum ersten Mal offiziell mit Aussagen konfrontiert, die die dunklen Kapitel des beiderseitigen Verhältnisses beim Namen nennen. Dennoch handelt es sich bei diesem Ringen um die geschichtliche Wahrheit um einen äußerst widersprüchlichen Prozess. Wie an den anderen Fronten der Perestrojka leisten auch hier ihre Gegner hartnäckigen Widerstand. Dabei ist eine Einheitsfront der Dogmatiker dies- und jenseits der Grenze entstanden, zu der auch mehrere Mitglieder der gemeinsamen Historiker-Kommission zählen, die sich seit Mai 1987 der hehren Aufgabe widmet, die „weißen Flecken" der Geschichte der beiderseitigen Beziehungen zu beseitigen. Manche Aussagen der hier versammelten „Aufklärer" irritieren die polnische Öffentlichkeit außerordentlich. So verkünden die Mitglieder der Kommission

---

9 Prawo do własnej historii, in: *Polityka*, 3.10.1987, S. 9.
10 Białe plamy, in: *Polityka*, 19.3.1988.
11 *Moscow News*, Nr. 25, 1988, S. 5; Cerkov' i mir, in: *Literaturnaja gazeta*, 22.6.1988, S. 14.

immer wieder, dass es sich bei ihrem Vorhaben um ein kompliziertes historiographisches Problem handele, das einer detaillierten dokumentarischen Analyse bedürfe. Voreilige Schlüsse seien unzulässig.[12]

Solch heuchlerische Äußerungen werden von vielen polnischen Autoren scharf zurückgewiesen. Sie weisen darauf hin, dass im Westen bereits ganze Berge von Literatur zu solchen Fragen wie dem „Hitler-Stalin-Pakt" oder „Katyn" erschienen sind. Die Kommission renne eine Tür ein, die längst offenstehe, deshalb solle sie von ihrer Entdeckerpose Abstand nehmen, so drückte sich der Mitarbeiter der Warschauer Zeitschrift *Res publica*, Andrzej Chojnowski zu Jahresbeginn ironisch aus.[13]

Und in der Tat handelt es sich bei den „weißen Flecken" keineswegs um ein wissenschaftliches, sondern um ein moralisches und politisches Problem. Die Fakten, die sich dahinter verbergen, sind der polnischen Öffentlichkeit längst bekannt, es geht nur um ihr offizielles Eingeständnis.

Indes kommen die Verfechter der historischen Wahrheit ungeachtet aller Widerstände ihrem Ziel immer näher. Denn nicht nur die Dogmatiker auf beiden Seiten der Grenze, sondern auch die Reformer haben nun eine Art Einheitsfront gebildet, die den Geschichtsfälschern den Kampf ansagt. Bei der Betrachtung dieser neuartigen polnisch-sowjetischen Allianz kommen die Worte des polnischen Dichters Cyprian Kamil Norwid in Erinnerung, der bereits im 19. Jahrhundert (1863) Folgendes sagte: In der Auseinandersetzung mit dem Zarenreich habe Polen nur dann eine Chance, wenn es ihm gelänge, eine propolnische Partei in Russland selbst zu finden. Ohne diese Brücke nach Osten würden beide Länder wie zwei undurchdringliche Blöcke nebeneinanderstehen und nach gegenseitiger Vernichtung trachten.[14]

Nun ist die Voraussage Norwids in gewisser Weise eingetroffen. Zum ersten Mal seit 1945 ist innerhalb des sowjetischen Establishments eine „propolnische" Partei entstanden, die dem Kampf „für unsere und eure

---

12 Vgl. dazu u. a. „Belye pjatna"; Białe plamy. Korab, Alexander: Beseitigung von „weißen Flecken" zwischen Moskau und Warschau?, in: *Osteuropa* 1988, S. 385-389.
13 *Res publica*, 1.1988, S. 3.
14 Norwid, Kamil Cyprian: *Pisma Wybrane*. Warschau 1968, Band 5, S. 456.

Wahrheit" (Adam Michnik)[15] die gleiche Bedeutung beimisst, wie dies auch die Verfechter der historischen Wahrheit an der Weichsel tun. Der Ausgang dieses Kampfes ist genauso offen, wie das Schicksal der gesamten Perestrojka. Dennoch gehört die Initiative bei dieser Auseinandersetzung eindeutig den Reformern. Dass die Diskussion über die „weißen Flecken" überhaupt zustande kam, lässt sich ausschließlich als ihr Verdienst bezeichnen. Zwar versuchen ihre Gegner, sich dieses Disputs zu bemächtigen. Es ist aber wenig wahrscheinlich, dass die Wortführer der Perestrojka diese Verzögerungstaktik tatenlos hinnehmen werden.

Veröffentlicht in: *Kommune* 8/1988 (geringfügig revidierte Fassung).

---

15 Michnik, Adam: Kampf um die Erinnerung, *Die Zeit*, 15.4.1988. S. 17 f.

Moskau und das „andere" Polen

Bis vor Kurzem hielt die sowjetische Führung die polnischen Kommunisten für die einzige Kraft im Nachbarland, die in der Lage wäre, das polnisch-sowjetische Bündnis zu garantieren. Sowjetische Polen-Experten versuchten zwar gelegentlich dieses Bild zu korrigieren und traten für die Kontaktaufnahme mit den führenden Kräften der polnischen Opposition ein. Dennoch vermochten sie dabei, wie sie selbst berichten, keine Erfolge zu erzielen. So blieben die politischen Vorstellungen und das weltanschauliche Selbstverständnis des „anderen", nichtkommunistischen Polen – also der überwältigenden Mehrheit der polnischen Gesellschaft – für die Moskauer Machthaber bisher eine Art „Terra incognita".

Aber auch die polnischen Regimekritiker bemühten sich kaum um direkte Kontakte mit der sowjetischen Führung. Ihre Ablehnung gegenüber den einheimischen Kommunisten erstreckte sich auch auf deren sowjetische Gesinnungsgenossen. Kräfte, die sie als Verbündete im östlichen Nachbarland ansahen, befanden sich ausschließlich im Dissidenten- und nicht im Regierungslager. Zu den wenigen Kritikern dieser Haltung gehörte der bekannte katholische Publizist Stefan Kisielewski. Er hielt es für einen großen Fehler der polnischen Opposition, dass sie kein konkretes ostpolitisches Konzept ausgearbeitet hatte. Er rief regimekritische Kräfte immer wieder dazu auf, ein direktes Gespräch mit den sowjetischen Machthabern zu suchen. Früher oder später werde Moskau es einsehen, argumentierte Kisielewski, dass die polnischen Kommunisten, denen die Verwurzelung bei der eigenen Bevölkerung beinahe gänzlich fehle, kein ausreichender Garant der polnisch-sowjetischen Allianz sein könnten.

Kisielewskis Thesen wurden jedoch in den regimekritischen Kreisen an der Weichsel als exzentrisch abgetan. Die KPdSU werde niemals die PVAP fallen lassen – dies war bis vor Kurzem die Meinung der überwältigenden Mehrheit der polnischen Oppositionellen. Angesichts der letzten Ereignisse beginnt man indes die Gedankengänge des katholischen

Publizisten in einem ganz anderen Licht zu sehen. Das Organ der „Solidarität" *Gazeta Wyborcza* schrieb: „[Die Voraussage Kisielewskis], dass die polnische Opposition eines Tages direkte Verhandlungen mit der sowjetischen Regierung führen werde, hatten viele von uns als ein harmloses Räsonieren betrachtet. Nun sieht man, wie scharf und weitblickend sie war." (31. Juli 1989)

Die Abkehr von den bisherigen Denkgewohnheiten vollzieht sich allerdings nicht nur an der Weichsel, sondern auch an der Moskva. Man ist erstaunt, wie gelassen, die sowjetischen Medien auf die jüngsten Entwicklungen in Polen reagieren. Noch vor acht-neun Jahren wurde die „Solidarität" in den sowjetischen Presseorganen des „Extremismus" bezichtigt, weil sie angeblich die Macht in Polen übernehmen wollte. Nun ist der damalige „Alptraum" der Moskauer Führung Wirklichkeit geworden. Dennoch blieben die Interventionsdrohungen, anders als 1980/81 aus. Aus Moskau hört man jetzt immer wieder Warnungen vor einer „überflüssigen Dramatisierung" der Lage in Polen. Oft weisen die sowjetischen Medien auf die Erklärung des Ministerpräsidenten Tadeusz Mazowiecki hin, Polen stelle seine Zugehörigkeit zum Warschauer-Pakt nicht in Frage. Angesichts der umwälzenden Veränderungen in Warschau will man sich in Moskau wenigstens noch an diese Kontinuität klammern. Auch die kommunistischen Minister innerhalb der neuen polnischen Regierung verkörpern in den Augen der sowjetischen Führer die Kontinuität. Ihnen weist Moskau eine Art Vermittlerrolle zu. Dennoch ließen die sowjetischen Medien in den letzten Wochen auch Vertreter der „Solidarität" zu Wort kommen. Dabei stellte es sich heraus, dass diese sogenannten „Extremisten" keineswegs radikaler denken als viele sowjetische Reformer.

Unterschiedliche Standpunkte Warschaus und Moskaus zu manchen Fragen kommen zwar immer wieder deutlich zur Sprache – sie wurden auch während des Besuchs Mazowieckis in der sowjetischen Hauptstadt nicht ausgeklammert. Dazu zählt vor allem die Frage der sogenannten „weißen Flecken" in der Geschichte der polnisch-sowjetischen Beziehungen, also der stalinistischen Verbrechen gegenüber Polen. In Bezug auf die Gegenwart jedoch herrschte bei den Gesprächen ein weitgehendes Einvernehmen.

Diese gegenseitige Kompromissbereitschaft ist sicher damit verbunden, dass weder Gorbačev noch Mazowiecki dazu neigen, ihre jeweilige Weltanschauung mit einem fundamentalistischen Eifer zu vertreten. Ideologische Unvoreingenommenheit und Offenheit gegenüber anderen weltanschaulichen Systemen gehört zu den wichtigsten Wesenszügen des von Gorbačev propagierten „neuen Denkens". Mazowiecki zählt seinerseits seit Jahrzehnten zu den prominentesten Vertretern des liberalen und weltoffenen Flügels des polnischen Katholizismus. Die von ihm in den Jahren 1958-1981 geleitete Zeitschrift *Więź* entwickelte sich zu einem wichtigen Forum des Dialogs zwischen Katholiken und unorthodoxen Linken. Abgesehen davon gehörte Mazowiecki nach 1961 dem katholischen Abgeordnetenzirkel *Znak* an, der für die Entideologisierung und Versachlichung des polnisch-sowjetischen Verhältnisses eintrat. Die *Znak*-Gruppe akzeptierte damals den Verbleib Polens in der sowjetischen Einflusssphäre.

Diese Entscheidung begründete sie jedoch, anders als die polnischen Kommunisten, nicht durch den „vorbildlichen Charakter" des sowjetischen Systems, sondern ausschließlich durch die prekäre geopolitische Lage Polens. Das sogenannte „geopolitische Konzept" der *Znak*-Gruppe stieß in Polen seinerzeit keineswegs auf uneingeschränkte Zustimmung. Die Kommunisten warfen seinen Verfechtern mangelndes soziales Engagement und die Abkapselung von der neuen gesellschaftlichen Wirklichkeit vor. Entschlossene Regimegegner ihrerseits hielten die *Znak*-Gruppe für allzu zahm und kompromissbereit gegenüber den Kommunisten. Dieser alte Streit erlebt heute an der Weichsel eine Art Neuauflage. Der vorsichtige außenpolitische Kurs Mazowieckis, mit dessen Hilfe die neue Regierung die innenpolitische Umwälzung absichern will, hat in Polen viele Kritiker. Dennoch hat Mazowiecki, wie die Umfragen zeigen, zur Zeit eindeutig eine Mehrheit hinter sich. Moskau empfing also zum ersten Mal seit vielen Jahren einen polnischen Regierungschef, der keiner sowjetischen Unterstützung bedarf, um sich an der Macht zu halten. Von dieser Entlastung an der westlichen Peripherie des Imperiums kann Gorbačev, der sich über einen Mangel an Problemen nicht beklagen kann, nur profitieren.

Veröffentlicht in: *Kommune* 1/1990 (geringfügig revidierte Fassung).

Vorurteile und Annäherungsversuche – Katholiken und Juden im kommunistischen Polen

Seit Jahren berichten Medien in Ost und West über polnisch-jüdische Kontroversen um die Gestaltung der Gedenkstätte Auschwitz, über den sogenannten „Streit der Opfer". So machte z. B. die Auseinandersetzung um das 1984 in Auschwitz errichtete Karmelitinnenkloster die Weltöffentlichkeit betroffen und ratlos zugleich. Für die Juden symbolisiert Auschwitz das Schweigen Gottes und der Weltöffentlichkeit. Die Tragödie, die sich dort abspielte, sei zwar Menschenwerk gewesen, sie habe jedoch auch eine religiöse Dimension, so der jüdische Schriftsteller und Theologe Elie Wiesel. Es sei unvorstellbar, dass jemand vor und nach Auschwitz den gleichen Glauben an Gott habe. Jüdische Proteste gegen die Errichtung von religiösen Symbolen und Gotteshäusern an der Stätte, an der ihrer Ansicht nach Gott abwesend war, stehen in enger Verbindung mit der von Holocaust verursachten Zäsur in ihrem religiösen Bewusstsein. Diese Betrachtungsweise wird aber von der Mehrheit der polnischen Katholiken nicht geteilt. Sie sind der Meinung, dass der Bau von Gotteshäusern oder die Errichtung von anderen religiösen Symbolen überall möglich sei, auch in Auschwitz.

Auch andere Kontroversen trüben das Verhältnis zwischen der jüdischen und der katholischen Öffentlichkeit in Polen, auf die der vorliegende Beitrag nun etwas genauer eingehen wird.

So wird die katholische Kirche von vielen Beobachtern als die größte moralische Kraft im heutigen Polen bezeichnet. Nach der Auflösung aller oppositionellen Organisationen durch das kommunistische Regime in der zweiten Hälfte der vierziger Jahre gelange es nur der Kirche, sich der staatlichen Bevormundung zu entziehen. Seit 1945 beschützt sie einen Teil der regimekritischen Kräfte und protestiert gegen die Unterdrückung der demokratischen Freiheiten im Lande. Erstreckte sich ihr Schutz auch auf die polnischen Juden – die Überlebenden des Holocausts –, die nach 1945 wiederholt antisemitischen Ausschreitungen zum Opfer fielen? Gelang es den polnischen Katholiken, antijüdische Vorurteile und Ressentiments aus der Vorkriegszeit zu überwinden?

Es handelt sich hier um delikate und zugleich schmerzliche Fragen. Ihre Brisanz offenbarte vor Kurzem die Kontroverse, die der Film „Shoah" von Claude Lanzmann sowohl in der polnischen als auch in der westlichen Öffentlichkeit ausgelöst hatte. So zeichnete Lanzmann ein Polenbild, das mit der weitverbreiteten Vorstellung vom polnischen Nationalcharakter nicht übereinstimmte. Seit Generationen bewundert man im Westen den Freiheits- und Gerechtigkeitsdrang der Polen, deren Bereitschaft, nicht nur für die eigene Freiheit, sondern auch für die der anderen Völker zu kämpfen. Nur wenig von diesen Eigenschaften ist aber im Film spürbar. Man sieht hier, von wenigen Ausnahmen abgesehen, vor allem die Gleichgültigkeit der Befragten gegenüber dem tragischen Schicksal ihrer jüdischen Mitbürger und nicht selten auch Judenhass. Da es sich bei den Gesprächspartnern des Regisseurs meist um Bauern handelt – also um die wichtigste Bastion des polnischen Katholizismus –, drängt sich die Frage auf, wie repräsentativ das von Lanzmann vermittelte Bild für die polnischen Katholiken ist, die etwa 90 Prozent der Bevölkerung ausmachen, und wie das Verhältnis maßgeblicher katholischer Autoritäten des Landes zur jüdischen Problematik aussieht.

Zunächst aber eine Vorbemerkung. Die im Westen gelegentlich vertretene Meinung, nicht unwesentliche Teile der polnischen Bevölkerung hätten bei der nationalsozialistischen Judenvernichtung mitgeholfen, ist selbstverständlich unbegründet. Die Polen gehörten zu den wenigen besetzten Nationen, die keinen Quisling hervorgebracht haben. Die kleinen polnischen Kollaborateure, die es natürlich gegeben hatte, mussten ständig um ihr Leben fürchten. Viele wurden vom polnischen Widerstand – der „Heimatarmee" – zum Tode verurteilt und hingerichtet. 1942 entstand eine spezielle Organisation, die den Namen „Der Rat für die Judenhilfe" trug, und deren Aufgabe die Rettung der Juden war. Allzu viel konnte diese Organisation freilich nicht ausrichten. Sie war nicht in der Lage, die Ermordung von drei Millionen polnischer Juden zu verhindern. Man sollte also ihre Bedeutung nicht überbewerten, wie dies in Polen oft geschieht. Dennoch muss man sagen, dass von etwa 80.000 Juden, die den Holocaust in den besetzten polnischen Gebieten überlebten, viele dieses Überleben der Hilfe des polnischen Widerstandes verdanken. Einige polnische Autoren weisen darauf hin, dass der polnische Widerstand gegen die nationalsozialistische Judenvernichtung wesentlich stärker gewesen sei, als in vielen anderen europäischen Ländern, stärker z. B. als in Frankreich – in einem Land also, in dem das nationalsozialistische Besatzungsregime wesentlich milder gewesen sei als in Polen. Und in der Tat, in der Jerusalemer Allee der Gerechten, die den Rettern der Juden gewidmet ist, sind die meisten Bäume von Polen gepflanzt worden. Es gab aber auf der anderen Seite Zehntausende von Juden, die deshalb umkamen, weil polnische Denunzianten ihre Verstecke verrieten. An der Rettung der Juden war wohl nur eine sehr kleine Minderheit der Polen beteiligt. Der größte Teil der Bevölkerung beobachtete die jüdische Tragödie mit Gleichgültigkeit, einige taten es sogar mit Schadenfreude. Darüber berichten mehrere Autoren. Der bekannte polnische Schriftsteller jüdischer Herkunft Kazimierz Brandys, der mit Dankbarkeit die Hilfsbereitschaft mancher seiner nichtjüdischen Landsleute erwähnt, spricht zugleich von entsetzlichen Äußerungen, die er während der Besatzungszeit immer wieder hören musste. Zum Beispiel: Die Vernichtung der Juden sei die Strafe für die Leiden des Herrn Jesus.

Solche Äußerungen stellen natürlich nichts typisch Polnisches dar. Auch außerhalb Polens konnte man sie tausendfach hören. Dennoch macht diese unbarmherzige Kälte bei Vertretern eines Volkes, das selbst brutalen Verfolgungen ausgesetzt war, besonders betroffen. Die Tatsache, dass Polen, vielleicht neben Spanien, die katholische Nation par excellence ist, führt zu der Frage zurück, ob das negative Judenbild bei einem Teil der polnischen Bevölkerung nicht gewisse Tendenzen innerhalb der Kirche widerspiegelt.

Man muss als erstes hervorheben, dass die Einstellung der polnischen Katholiken zum Judentum sehr uneinheitlich ist. So unterscheidet sich zum Beispiel das Judenbild des liberalen Flügels des polnischen Katholizismus, der sich um die Zeitschrift *Tygodnik Powszechny* gruppiert, wesentlich von dem des polnischen Episkopats, der in seiner Mehrheit konservativ gesinnt ist.

Der im März 1945 gegründete *Tygodnik Powszechny* kritisierte von Anfang an mit äußerster Schärfe alle Formen des Antisemitismus. Das Blatt reagierte empört auf antijüdische Ausschreitungen, die sich in Polen in der ersten Nachkriegsperiode ereigneten. Die Überlebenden des Holocausts, die nun aus ihren Verstecken und aus dem sowjetischen Exil zurückkehrten, wurden nicht selten feindselig empfangen. Man hatte zum Beispiel Angst, die Juden könnten ihr Eigentum, das inzwischen unter ihren polnischen Nachbarn aufgeteilt wurde, zurückverlangen. Abgesehen davon wurde es ihnen verübelt, dass sie sich gegenüber dem neuen kommunistischen Regime wohlwollender verhielten, als dies die Mehrheit der Polen tat. So kam es immer wieder zu antijüdischen Ausschreitungen und Pogromen, bei denen allein im Jahre 1945 mehr als 350 Juden ermordet wurden. Das schlimmste Pogrom der Nachkriegszeit fand im Juli 1946 in der Stadt Kielce statt. Mehr als 40 Juden fielen ihm zum Opfer. Ausgelöst wurde es durch das Gerücht, Juden hätten einen Ritualmord begangen. (Das vermeintlich ermordete polnische Kind tauchte bald wieder auf). In Polen wird immer wieder die Vermutung geäußert, das Pogrom von Kielce sei die Folge einer Provokation der polnischen Sicherheitskräfte gewesen. Das Regime habe dadurch die Öffentlichkeit von anderen Problemen ablenken wollen. Aber sogar wenn diese These zutreffend sein sollte, bleibt die eigentlich relevante Frage immer noch unbeantwortet: Warum ließen sich die Bewohner von Kielce so leicht provozieren?

Auf alle antijüdischen Ausschreitungen und Pogrome reagierte die Redaktion des *Tygodnik Powszechny* mit Entrüstung und Abscheu. Sie beschrieb den Antisemitismus als eine Ideologie des Hasses, die in schreiendem Widerspruch zu den Grundsätzen des Katholizismus stehe. Zugleich wurde von einigen Autoren die Sorge ausgesprochen, dass manche deutsche Kreise versuchen könnten, antisemitische Ausschreitungen in Polen zur eigenen Entlastung zu missbrauchen, was dann tatsächlich auch geschah – also das beispiellose Verbrechen des Dritten Reiches an den Juden mit dem Hinweis auf die Gewaltakte der polnischen Antisemiten zu relativieren und die Polen für den Völkermord an den Juden mitverantwortlich zu machen.

VORURTEILE UND ANNÄHERUNGSVERSUCHE 329

Die Redaktion des *Tygodnik Powszechny* konnte den Antisemitismus mit gutem Gewissen verurteilen. Die Mehrheit ihrer Mitglieder, etwa der Chefredakteur Jerzy Turowicz, hatte bereits in den dreißiger Jahren den katholischen Gruppierungen angehört, die den Judenhass bekämpften. Die polnischen Katholiken in ihrer Gesamtheit waren allerdings in der Vorkriegszeit keineswegs judenfreundlich gesinnt, und schon gar nicht die Kirchenhierarchie. Der Primas der katholischen Kirche Polens, Kardinal Hlond, sagte zum Beispiel 1936: Es sei eine Tatsache, dass die Juden die katholische Kirche bekämpften, in Freidenkerei verharrten und die Vorhut der Gottlosigkeit, des Bolschewismus und der Subversion bildeten. Es sei eine Tatsache, dass der jüdische Einfluss auf die Sitten verderblich sei, und dass ihre Verlage Pornographie verbreiteten.

Dann fährt der Kardinal fort und sagt, man solle aber gerecht sein, es gebe auch andere Juden: Es gebe viele Juden, die gläubig, ehrlich, gerecht, barmherzig und gut seien. Der Familiensinn vieler Juden sei gesund und erbaulich.

Diese Hervorhebung der Tugenden vermochte aber kaum, die vorhin zitierten Angriffe gegen die Juden auszugleichen. Diese keineswegs judenfreundliche Ansprache des Kardinals sollte erstaunlicherweise dem Schutz der Juden dienen. Hlond warnte nämlich vor dem aus Deutschland importierten radikalen Antisemitismus, der mit der katholischen Ethik nicht zu vereinbaren sei. Es sei zu empfehlen, jüdische Geschäfte zu meiden, so Hlond weiter, man dürfe sie aber nicht demolieren. Man müsse sich von den schädlichen, antichristlichen Einflüssen der jüdischen Presse schützen, man dürfe aber die Juden nicht angreifen, schlagen, verkrüppeln oder diffamieren.

Die hier von Kardinal Hlond vertretenen Ansichten waren im polnischen Klerus der Zwischenkriegszeit sehr stark verbreitet. Die Tragödie des polnischen Judentums während der deutschen Besatzungszeit trug zwar zu Abmilderung des Judenhasses bei (viele polnische Juden verdankten ihr Überleben der Hilfe katholischer Priester), aber ein nicht unbeträchtlicher Teil der katholischen Hierarchie blieb auch nach 1945 den antijüdischen Vorurteilen treu. So war Kardinal Hlond nicht bereit, die antijüdischen Ausschreitungen in Polen eindeutig zu verurteilen – trotz mehrerer Aufforderungen verschiedener jüdischer Organisationen. Er begründete seine Weigerung mit dem Argument, die Juden unterstützten das neue kommunistische Regime, das von der Mehrheit der polnischen Bevölkerung abgelehnt werde. Auf diese prokommunistische Haltung der Juden führten Hlond und andere polnische Bischöfe antijüdische Ressentiments und Ausschreitungen zurück und entschuldigten sie in gewisser Weise.

Man konnte allerdings innerhalb der polnischen Kirchenführung auch andere Stimmen vernehmen. Um antijüdische Ausschreitungen zu verhindern, gab z. B. der damalige Bischof von Częstochowa, Tadeusz Kubina, folgende Erklärung ab: „Alle Behauptungen über die Existenz ritueller Morde sind Lügen. Keinem Christen, ob in Kielce, Częstochowa oder anderswo in Polen, ist jemals von Juden zu religiösen oder rituellen Zwecken Schaden zugefügt worden".

Auch der Krakauer Erzbischof Sapieha, der wegen seiner unbeugsamen Haltung gegenüber den deutschen Besatzern einen legendären Ruhm im Lande genoss, solidarisierte sich damals mit seinen jüdischen Landsleuten. Die Haltung Kubinas und Sapiehas spiegelte allerdings nicht die Haltung der Mehrheit der damaligen polnischen Katholiken wider.

Die katholische Mehrheit des Landes empfand es als demütigend, von einer Regierung beherrscht zu werden, die sie selbst nicht gewählt hatte. Die Tatsache, dass eine beträchtliche Zahl polnischer Kommunisten jüdischer Herkunft war, veranlasste viele Gegner der Kommunisten, das neue Herrschaftssystem mit den Juden gleichzusetzen. Dies ungeachtet der Tatsache, dass die sowjetische Regierung, von der das polnische Regime weitgehend abhing, ab etwa 1948/49 einen immer schärferen Kampf gegen die Juden führte und eine Pogromstimmung im gesamten Imperium erzeugte.

All das spricht gegen die These von einer jüdischen Allmacht im kommunistischen Herrschaftsbereich. Warum wurde sie aber von vielen katholischen Gegnern des Kommunismus derart vehement vertreten? Die Gründe dafür liegen möglicherweise darin, dass die katholische Mehrheit sich auch im kommunistisch regierten Polen nach einer ähnlich klaren Trennung von Gut und Böse sehnte, wie dies unter der deutschen Besatzung oder zur Zeit der Teilungen Polens der Fall gewesen war. Damals trat die polnische Gesellschaft äußerst geschlossen den Besatzern entgegen. Jeder Pole, der die von den Besatzern aufgezwungene Ordnung vorbehaltlos akzeptierte, wurde als Verräter angesehen. Die Lage im Nachkriegspolen war aber wesentlich komplizierter. Die Zahl der Mitglieder der kommunistischen Partei stieg fortwährend. Im Januar 1945 gab es nur etwa 30.000 Kommunisten im Lande, Ende 1946 550.000 und zwei Jahre später, nach der Vereinigung mit der Sozialistischen Partei Polens, waren es bereits mehr als 1,5 Millionen. Zur gleichen Zeit lebten in Polen etwa 90.000 Juden. Logischerweise konnte man also den polnischen Kommunismus nicht als eine ausschließlich jüdische Angelegenheit betrachten. An der Errichtung des neuen Regimes beteiligten sich Hunderttausende und später Millionen von Polen aus allen Schichten der Bevölkerung. Es fiel jedoch den Gegnern des Kommunismus äußerst schwer, diesen Sachverhalt zu akzeptieren. Mit ihrer Überzeugung, dass der Kommunismus dem polnischen Wesen völlig fremd sei und lediglich das Ergebnis einer jüdischen Verschwörung und Verführung darstelle, versuchten sie eine klare Trennlinie zwischen den Besatzern und den Besetzten zu ziehen, die in Wirklichkeit nicht bestand.

Und noch etwas. Die Errichtung des kommunistischen Regimes in Polen war das Resultat eines umfassenden historischen Prozesses, der bekanntlich nicht nur Polen, sondern ganz Osteuropa in seinen Sog gezogen hatte. Es ist äußerst schwierig, Widerstand gegen solche Prozesse zu leisten. Wesentlich leichter ist es, konkrete Gegner zu bekämpfen. Daher auch die Neigung zur Personifizierung des Übels, wozu die Juden besonders gut geeignet zu sein schienen. Sie wurden einerseits als allmächtig angesehen. Auf der anderen Seite wusste man aber, wie verletzbar sie in Wirklichkeit waren. Und so zeichnete sich eine scheinbare Chance ab, den unliebsamen Prozess doch aufhalten zu können, und zwar durch die Entmachtung der Juden, die ihn angeblich verkörperten.

Die allzu starke Beschäftigung mit der „jüdischen Übermacht" im kommunistischen Polen hatte eine gravierende Folge. Sie führte nämlich dazu, dass die Mehrheit der polnischen Katholiken die Ereignisse des Holocaust zunächst kaum zu verarbeiten vermochte. Die Juden wurden vorwiegend als Täter und nicht als Opfer gesehen. Die kurz zuvor erfolgte Ermordung von Millionen trug zur Relativierung dieser Sicht wenig bei.

Nach einer vorübergehenden Beruhigung in den fünfziger Jahren sollte sich die jüdische Frage in Polen Mitte der sechziger Jahre erneut zuspitzen. Es begann eine neue antisemitische Welle, die anders als in der zweiten Hälfte der vierziger Jahre nicht von der Bevölkerung, sondern von der Regierung ausging.

1956 fand in Polen bekanntlich ein umfassender Entstalinisierungsprozess statt. Der neue Parteichef Władysław Gomułka versprach damals, mit den Fehlern der Vergangenheit zu brechen und eine tiefgreifende Demokratisierung der Gesellschaft einzuleiten. Dennoch wurde diese Entwicklung nach einigen Jahren abgewürgt. Dies führte zu einem gewaltigen Popularitätsverlust des Regimes. Die Sackgasse, in welche die Partei nun geriet, gab dem nationalen Flügel in der Parteiführung unter dem Innenminister Mieczysław Moczar die Chance, stärker in den Vordergrund zu treten. Mit Hilfe eines populistisch-antisemitischen Programms versuchte die nationale Fraktion, die Popularität der Partei innerhalb der Bevölkerung wiederherzustellen. Die Tatsache, dass dem liberalen Flügel der Partei mehrere Juden angehörten, nahmen die Gefolgsleute Moczars zum Anlass, das Streben nach einer Liberalisierung des Regimes zu diskreditieren. Der polnische Kommunismus schien sich damals seines internationalistischen Ursprungs zu entledigen und tiefere Wurzeln im nationalen Boden zu schlagen. Die Vertreter des liberalen Flügels der Partei, die den Kommunismus als eine universalistische Lehre auffassten, wurden als „vaterlandslose Gesellen" apostrophiert. Das Streben nach mehr innerparteilicher und innenpolitischer Demokratie galt in den Augen der nationalen Fraktion als „unpolnisch". Die Tatsache, dass eine Reihe prominenter Reformer jüdischer Herkunft war, lieferte den Verfechtern der Nationalisierung der Partei eine zusätzliche Erklärung für deren „unpatriotisches" Verhalten. Es sei nämlich „rassisch" bedingt. Die Juden seien von Natur aus kosmopolitisch gesinnt, behaupteten kommunistische Nationalisten, und es falle ihnen schwer, sich in das Wesen des Polentums einzufühlen. Aber das Sündenregister der Reformkommunisten erschöpfte sich nicht nur darin, dass einige von ihnen jüdischer Herkunft waren. Man warf vielen von ihnen auch ihre stalinistische Vergangenheit vor. In der Tat hatten sich einige Wortführer der Reform, z. B. Roman Zambrowski, führend am stalinistischen Terrorregime beteiligt. Später schworen sie, aus welchen Gründen auch immer, ihren früheren Idealen ab, dennoch galt diese ihre antistalinistische Wende dem nationalistischen Flügel der PVAP als ein äußerst raffiniertes taktisches Manöver. Die ehemaligen Stalinisten hätten eingesehen, dass ihre Herrschaft im Lande mit Hilfe terroristischer Methoden nicht mehr zu sichern sei, deshalb hätten sie ein weicheres Regiment zu errichten versucht. Das reformkommunistische Konzept wurde von den Vertretern der nationalen Fraktion in der Partei als eine Art „jüdisch-stalinistische Intrige" bezeichnet, die den Interessen Polens schädigen wolle. Mit ähnlichen Argumenten wurden auch die Studentendemonstrationen vom März 1968, die nach mehr Meinungsfreiheit verlangten, diskreditiert. So wurde geschickt die Tatsache ausgenützt, dass an diesen Demonstrationen auch einige Söhne der kurz zuvor abgesetzten jüdischen Parteifunktionäre teilnahmen. Die Protestaktionen der Studenten interpretierte man als einen Versuch der Söhne, die Entmachtung ihrer jüdischen Väter zu rächen.

Folgen der antisemitischen Kampagne von 1968 waren eine gründliche Säuberung aller staatlichen Institutionen nach dem rassischen Prinzip und eine Massenauswanderung der Juden. Von etwa 30.000 Juden, die Anfang der sechziger Jahre in Polen gelebt hatten, blieben nun nur etwa 5.000.

Die antisemitische Kampagne des polnischen Regimes vom März 1968 verschlug den linken Regimekritikern einfach den Atem. Ihre gesamte ideologische Wertehierarchie wurde durch diesen Schock zutiefst erschüttert. Sie gerieten in eine beispiellose Identitätskrise, die mehrere Jahre dauern sollte. Dennoch stellten die Vorgänge vom März 1968 bekanntlich nichts Neues in der Geschichte der kommunistischen Staaten dar. Die antikosmopolitische Kampagne in der Sowjetunion Ende der 1940er / Anfang der 1950er Jahre, an die die polnische Kampagne außerordentlich stark erinnert, lässt sich als ihr wichtigster Vorläufer bezeichnen. So kann die Analyse des Originals sicher zum besseren Verständnis der Kopie beitragen.

Die Verwandlung des Kommunismus, etwa Ende der 1940er Jahre, aus einer Kraft, die den Antisemitismus angeprangert und sogar unter Strafe gestellt hatte, in einen der wichtigsten Wortführer des Kampfes gegen den sogenannten Kosmopolitismus, d. h. im Großen und Ganzen gegen die Juden, bildete eine der seltsamsten Metamorphosen des 20. Jahrhunderts. Sie ereignete sich in einer Zeit, in der die sowjetische Bevölkerung eine beispiellose Enttäuschung verkraften musste. Nach dem Sieg über das Dritte Reich hielt man in der Sowjetunion die Rückkehr zum Schreckensregiment der Vorkriegszeit im Allgemeinen für unvorstellbar. In Wirklichkeit sollte sich aber die auf ihren Sieg so stolze Nation innerhalb weniger Jahre erneut in ein willensloses Werkzeug eines despotischen Führers verwandeln. Ihre Disziplinierung und emotionale Bindung an das Willkürregime der Nachkriegszeit stellte aber keine leichte Aufgabe dar. Der Hinweis auf den kriegslüsternen Weltimperialismus, der die Heimat der Diktatur des Proletariats zu zerstören trachte, verlor, anders als in den 1920er und 1930er Jahren seine frühere Überzeugungskraft. Die Attraktivität der klassenkämpferischen Ideale ließ während des deutsch-sowjetischen Krieges eindeutig nach. Man kämpfte in erster Linie für die Verteidigung des Vaterlandes. Bei der Suche nach der Bedrohung, die den restaurativen Kurs des Regimes rechtfertigen sollte, versuchte die Moskauer Führung der nationalen Wende Rechnung zu tragen. Der neue Gegner musste nicht nur die Grundlagen des Sozialismus, sondern auch das Wesen des Russentums gefährden. Er hatte all das zu verkörpern, was den Russen angeblich „fremd" war – mangelnden Nationalstolz, Verklärung fremdländischer Werte, Doppelzüngigkeit, Feigheit und Machtgier.

Die Analogie zur antisemitischen Kampagne in Polen von 1968 ist verblüffend. Auch in Polen ging es um einen Versuch, die in ihren Hoffnungen betrogene Gesellschaft von ihrem eigentlichen Ziel – der Demokratisierung – abzulenken und die Verantwortung für alle Fehler des Regimes auf einen imaginären Feind abzuladen. Die Aushöhlung der demokratischen Grundlagen des „Tauwetters" von 1956 sollte durch den Stolz auf das eigene nationale Wesen kompensiert werden. Dennoch war die Situation der polnischen Dogmatiker um General Moczar wesentlich komplizierter als diejenige der Kremlführung zur Zeit der „antikosmopolitischen Kampagne" der 1940er / 1950er Jahre. Die letztere beherrschte ein Weltreich, dessen Handlungsspielraum von außen nicht eingeengt war. Moczars Anhänger hingegen schürten chauvinistische Emotionen in einem halbsouveränen Land, und nichts sprach dafür, dass sie an diesem Status rütteln wollten. Im Gegenteil, da ihr Aufstieg vom Wohlwollen der sowjetischen Führung abhing, waren sie ihr gegenüber besonders unterwürfig. Die Frage der staatlichen Souveränität, die sich bei jeder genuinen nationalen Bewegung hätte zwangsläufig stellen müssen, klammerten die Anhänger Moczars aus ihrem Vokabular gänzlich aus.

Wie sah die Reaktion der polnischen Katholiken auf die antijüdische Kampagne von 1968 aus? Wieder waren es die liberalen Katholiken um die Zeitschrift *Tygodnik Powszechny*, die, ähnlich wie in den vierziger Jahren, mit Empörung auf die antisemitischen Angriffe reagierten. Die Vertreter dieser Gruppe im Parlament – es handelte sich um fünf Abgeordnete des Zirkels *Znak* – unterzeichneten am 11. März 1968 eine Interpellation, in der sie das brutale Vorgehen der Miliz gegen die Studenten aufs äußerste verurteilten. Die antisemitische Kampagne des Regimes wurde zwar in diesem Dokument nicht ausdrücklich erwähnt, aber es war denen, die zwischen den Zeilen lesen konnten, klar, dass die katholischen Abgeordneten das Vorgehen des Regimes in seiner Gesamtheit verurteilten, also auch die Hetzjagd auf die Juden.

Dennoch traf die nationalistische Wende des polnischen Regimes im katholischen Lager nicht nur auf Ablehnung. Viele Katholiken, welche die negativen Seiten des Kommunismus auf den jüdischen Einfluss zurückführten, verbanden mit der Ausschaltung der Juden aus der Partei große Hoffnungen. Erst jetzt, meinten sie, könne die Partei den wahren polnischen Interessen dienen. Zu den führenden Vertretern dieser nationalen katholischen Strömung gehörten die einflussreichen Publizisten Janusz Zabłocki und Andrzej Micewski. Zabłocki, der Mitglied des *Znak*-Zirkels war, unterschrieb zwar die Interpellation vom 11. März, zugleich hielt er sie für einen Fehler. Unmittelbar nach den Märzereignissen verfasste er einen Artikel, der auch von Micewski unterschrieben wurde. Beide kritisierten die bereits erwähnte Interpellation der katholischen Abgeordneten vom März 1968, und zwar vor allem die Tatsache, dass diese Abgeordneten für eine Sache kämpften, die nicht ihre Sache sei.

Es ist interessant zu erwähnen, dass der Aufsatz, in dem beide Autoren diese Gedankengänge entwickelten und der für die liberale katholische Zeitschrift *Więź* bestimmt war, vom Chefredakteur dieser Zeitschrift, Tadeusz Mazowiecki, abgelehnt wurde. Trotz der immer schärferen antisemitischen Kampagne des Regimes ließen die liberalen katholischen Zeitschriften antisemitische Akzente und Andeutungen auf ihren Seiten nicht zu.

Die antisemitische Kampagne von 1968 hat ihr Ziel nicht erreicht. Das Regime ist durch sie nicht populärer geworden. Zwei Jahre später wurde die Regierung Gomułkas infolge der Arbeiterunruhen an der polnischen Küste gestürzt. Eines ist in diesem Zusammenhang allerdings zu erwähnen. Seit 1956 kam es in Polen immer wieder zu Auflehnungen bestimmter gesellschaftlicher Gruppen gegen das Regime, und diese Auflehnungen fanden in der Regel eine breite Resonanz in der Bevölkerung. Nur die Protestbewegung vom März 1968 blieb weitgehen isoliert. Die Tatsache, dass die Regierung die damaligen Demonstrationen als Bestandteil einer jüdischen Verschwörung diffamierte, trug nach Meinung einiger Zeitzeugen zu dieser Isolation in gewisser Hinsicht bei. Dies war der eigentlich Erfolge der Antisemitismus-Kampagne von 1968.

Die Ereignisse von 1968 zogen einen Schlussstrich unter die jahrhundertelange Geschichte des polnisch-jüdischen Zusammenlebens. Etwas Merkwürdiges war aber nun zu beobachten: Das Interesse eines Teils der polnischen Katholiken für die jüdische Kultur, das bis dahin nicht außergewöhnlich stark ausgebildet war, begann nun, ausgerechnet nach dem Verschwinden der Juden, merklich zu steigen. Die Lücke, die durch das Fehlen der Juden entstand, wurde von vielen katholischen Intellektuellen als schmerzlich empfunden. In einigen katholischen Kreisen brach eine wahre Nostalgiewelle aus. Jüdische Friedhöfe und Denkmäler wurden restauriert, unzählige Abhandlungen und Bücher zur Geschichte des Judentums erschienen. Umso stärker wurden diese Katholiken in jüngster Zeit durch die Aussagen ihrer Landsleute getroffen, die sie im Film „Shoah" vernahmen. Die Befreiung von den antisemitischen Vorurteilen stellt also einen vielschichtigen und sehr langsamen Prozess dar, auch in den Ländern, in denen praktisch keine Juden mehr leben. Ein Mitarbeiter der Zeitschrift *Więź* schrieb vor Kurzem dazu: „Der Hass der Antisemiten von gestern war tödlich. Die heutigen Antisemiten [...] hassen aber sogar die Erinnerung an die Getöteten. Sie wollen [...] die einzige Art der jüdischen Existenz, die [in Polen] noch verblieben ist, nämlich die Existenz in Erinnerung, auslöschen."

Die Zahl der polnischen Katholiken, vor allem aus der jüngeren Generation, die so schreiben und denken, ist in der letzten Zeit gewachsen. Ihre Betroffenheit macht auch andere, bis dahin Gleichgültige, betroffen. In die Breite hat allerdings dieser Umdenkungsprozess noch nicht gewirkt. Die katholischen Intellektuellen bleiben mit ihrer neuen Einstellung zum Judentum innerhalb der Bevölkerung noch relativ isoliert. Die symbolische Geste des aus Polen stammenden Papstes – sein Besuch in der römischen Synagoge – könnte sie vielleicht aus dieser Isolation befreien.

Überarbeitete Fassung eines Artikels, der am 1./2.11.1986 in der *Süddeutschen Zeitung* veröffentlicht wurde.

Die Deutsche Frage im Spiegel der nichtoffiziellen polnischen Publizistik der 1970er Jahre

Das polnische Deutschlandbild war bis etwa Ende der 1960er Jahre relativ homogen. Es wurde durch die Erinnerungen an die Schrecken der nationalsozialistischen Besatzung und durch die Angst um die Oder-Neiße-Grenze geprägt. Als die polnischen Bischöfe im November 1965 das berühmt gewordene Schreiben an das deutsche Episkopat sandten, in dem sie von Vergebung sprachen und um Vergebung baten,[1] setzte die regierende Polnische Vereinigte Arbeiterpartei diese Worte mit einem Landesverrat gleich. Das theoretische Organ der PVAP *Nowe Drogi* schrieb im April 1966: Seit mehreren Jahren verbreite die Kirche antikommunistische Parolen und hoffe auf einen baldigen Zusammenbruch des kommunistischen Regimes. Ihr Brief an die deutschen Bischöfe zeige aber, dass sie nun darüber hinausgehe. Zum ersten Mal nämlich verstoße die Kirche auch gegen die Grundprinzipien der polnischen Staatsräson.[2]

Solche Vorwürfe blieben nicht ohne eine gewisse Resonanz in der Bevölkerung, und dies war angesichts der Erfahrung von 1939-45 nicht verwunderlich.

---

1   *Orędzie biskupów polskich do biskupów niemieckich. Materiały i dokumenty.* Warschau 1966; siehe dazu auch Stehle, Hansjakob: *Die Ostpolitik des Vatikan.* München 1975, S. 377 f.; Heller, Edith: *Macht. Kirche. Politik. Der Briefwechsel zwischen den polnischen und deutschen Bischöfen.* Köln 1992; Stomma, Stanisław: *Pościg za nadzieją.* Paris 1991, S. 188 ff.; Rohde, Gotthold: Die deutsch-polnischen Beziehungen von 1945 bis in die achtziger Jahre, in: *Aus Politik und Zeitgeschichte. Beilage zur Wochenzeitung „Das Parlament"* 11-12/1988, S. 3-20, hier S. 16.

2   W sprawie stosunków między państwem i kościołem, in: *Nowe Drogi* 4, 1966, S. 3-14; siehe dazu auch: Przemówienie tow. Władysława Gomułki na uroczystej sesji Sejmu w dniu 21 lipca 1966, in: *Nowe Drogi* 8, 1966, S. 3-23. Nach dem Sturz Gomułkas (Dezember 1970) wurden manche Aspekte seiner Kirchenpolitik in der offiziellen polnischen Historiographie heftig kritisiert (Markiewicz, Stanisław: *Państwo i Kościół w Polsce.* Warschau 1984, S. 100 f.).

Erst die Entkrampfung des deutsch-polnischen Verhältnisses infolge der neuen deutschen Ostpolitik, welche die Regierung Brandt-Scheel 1969 in die Wege leitete, führte dazu, dass die polnische Öffentlichkeit vom Konformitätszwang bei der Behandlung der deutschen Problematik befreit wurde.[3] Es begann der allmähliche Abbau von Denkstereotypen, die dem gegenseitigen besseren Kennenlernen im Wege gestanden hatten – und zwar auf beiden Seiten. Besonders stark trug zur Veränderung des tradierten polnischen Deutschlandbildes die nichtoffizielle polnische Publizistik bei, die den Gegenstand dieses Beitrags darstellen wird. Es handelt sich dabei um „legal" erscheinende und zugleich regierungskritische katholische Presseorgane sowie um den zensurfreien polnischen Samizdat (bzw. den „zweiten Umlauf"), der sich vor allem nach der Gründung des oppositionellen Komitees zur Verteidigung der Arbeiter (KOR) im Jahre 1976 rasant zu entwickeln begann.

Die nichtoffiziellen polnischen Publizisten mussten, im Gegensatz zu den regierungsnahen Autoren, bei ihren Äußerungen kaum Rücksicht auf die herrschende politische Doktrin der Volksrepublik Polen nehmen. Deshalb klangen ihre Stimmen wesentlich authentischer als diejenigen der „offiziösen" Medien.

Was fiel den unabhängigen polnischen Publizisten, vor allem aus dem katholischen Lager in der ersten Hälfte der 70er Jahre, also bereits nach dem Beginn der Normalisierung der deutsch-polnischen Beziehung, an der westdeutschen Gesellschaft auf? Es war vor allem ihre Normalität. Sie konstatierten mit Erstaunen und zugleich mit Befriedigung, dass die Bundesrepublik sich strukturell und mental kaum von anderen westeuropäischen Staaten unterschied. Die demokratischen Veränderungen, die in Westdeutschland seit 1945 stattgefunden hatten, hätten diesen Teil der deutschen Nation tief umgepflügt, schrieb 1975 der bekannte katholische Pub-

---

3 Vgl. dazu u. a. Garsztecki, Stefan: *Das Deutschlandbild in der offiziellen, der katholischen und der oppositionellen Publizistik Polens 1970–1989*. Marburg 1997; Bingen, Dieter: *Die Bonner Deutschlandpolitik 1969–1979 in der polnischen Publizistik*. Frankfurt / Main 1982; Węc, Józef Janusz: Die Beziehungen zwischen der Volksrepublik Polen und der Bundesrepublik Deutschland 1989–1987, in: *Aus Politik und Zeitgeschichte. Beilage zur Wochenzeitung „Das Parlament"* 11–12/1988, S. 21–33, hier S. 26–33.

lizist Andrzej Micewski. Die Zweifel an der Fähigkeit der Deutschen zum Aufbau eines demokratischen Gemeinwesens und zur Achtung der Normen des Völkerrechts, die angesichts der Erfahrungen aus der jüngsten Geschichte ihre Berechtigung gehabt hätten, seien nun nicht mehr angebracht. Die Bundesrepublik habe eine authentische Demokratie entwickelt. Sie habe sich auch völlig in die westeuropäische Staatengemeinschaft eingefügt. In Polen habe man diesen neuen Sachverhalt lange nicht wahrgenommen, da die ungelöste Grenzfrage alles andere überdeckt habe. Erst der Warschauer Vertrag vom Dezember 1970 habe in der polnischen Öffentlichkeit die Bedingungen zu einer sachlichen Beurteilung der wichtigen historischen Prozesse geschaffen, die in der Bundesrepublik stattgefunden hätten.[4]

Die Veränderungen im Charakter der Deutschen bzw. Westdeutschen verblüfften auch einen der populärsten katholischen Publizisten Polens, Stefan Kisielewski. 1974 konstatierte er mit Erstaunen die Abkehr der Deutschen von dem bei ihnen früher so verbreiteten abstrakten und ideologischen Denken. Es fiel ihm auf, wie stark sich der ideologieferne Pragmatismus in der deutschen Politik durchgesetzt hatte. Als er seine deutschen Gesprächspartner fragte, welche politischen Probleme in der Bundesrepublik dominierten, seien die Antworten immer gleichlautend gewesen, und zwar unabhängig von der Parteizugehörigkeit der Befragten: Inflation, Preise, Steuern, Erdöl. Dies seien aber doch keine politischen, sondern wirtschaftliche Probleme, erwiderte Kisielewski. Nein, entgegnete man ihm, diese Fragen hätten einen ausgesprochen politischen Charakter, denn von ihnen würden die Wahlergebnisse und damit auch die politische Richtung der künftigen Regierung abhängen: „Die Landsleute von Hegel, Fichte und Marx entsagen der Ideologie?" – fragt der erstaunte Kisielewski: „Welch ein Wunder?! Aber gewiss sind das die Folgen von Hitler. Hitler hat den Begriff der Ideologie so karikiert und brutalisiert, sie haben sich so sehr die Finger daran verbrannt [...], dass sie in ein anderes Extrem verfallen sind".[5]

---

4   Micewski, Andrzej: *Das Deutschlandbild in der katholischen Publizistik Polens 1969–1974*. München 1976; siehe dazu auch Stomma, *Pościg*, S. 200–217.
5   Kisielewski, Stefan: Czy mają ideę?, *TP*, 14.4.1974.

Sogar die Frage der deutschen Wiedervereinigung beschäftigte nach Ansicht Kisielewskis die überwiegende Mehrheit dieser pragmatischen und wirtschaftsorientierten Deutschen nicht mehr. So resümierte Kisielewski seine Beobachtungen vom Jahre 1974:

> Die jungen [Fortschrittler] erklärten mir, dass niemand in der Welt einen deutschen Staat mit 80 Millionen Einwohnern haben wolle, [sie selbst auch nicht]. Sogar Franz Josef Strauß, obwohl nicht fortschrittlich, sagte lakonisch, dass die Wiedervereinigung Deutschlands und der Deutschen ‚nicht in Frage komme'. So sind nun mal die Zeiten.[6]

Für seine Berichterstattung aus Deutschland wurde Kisielewski in der Parteipresse, so in den Zeitschriften *Polityka* und *Perspektywy*, kritisiert. Man warf ihm eine Verharmlosung der revisionistischen Tendenzen in Deutschland vor und eine viel zu positive Einstellung gegenüber den Gegnern der Brandtschen Ostpolitik, vor allem gegenüber Franz Josef Strauß.

Obwohl diese Kritik im Großen und Ganzen einen propagandistischen Charakter trug, wies sie in einem Punkt doch auf bestimmte tatsächlich vorhandene Schwächen in der Analyse Kisielewskis hin. So kritisierte z. B. Daniel Passent in der Zeitschift *Polityka* die These Kisielewskis, er habe keine qualitativen Veränderungen in Deutschland seit dem Machtwechsel von 1969 feststellen können. Und in der Tat, Kisielewski meinte, das Vorherrschen der praktischen Vernunft und die Abneigung gegen ideelle Fragen zeichneten das Deutschland der 1970er Jahre in gleicher Weise aus, wie dies in der Ära Adenauer der Fall gewesen sei. Dabei ließ er außer Acht, dass der Grundgedanke der Brandtschen Ostpolitik – das Streben nach Aussöhnung mit den Völkern des Ostens – eher ideellen als technokratisch-pragmatischen Überlegungen entsprang.

Seit 1976 verlagerte sich der Schwerpunkt der polnischen Diskussionen über Deutschland in den zensurfreien Samizdat. Manche Thesen, die in den von der Zensur kontrollierten katholischen Zeitschriften, vor allem im

---

6 Ders.: Migawki, resztki, dziwne smaki, *TP*, 21.4.1974; siehe dazu auch Garsztecki, *Das Deutschlandbild*, S. 170 f.; Bingen, *Die Bonner Deutschlandpolitik*, S. 46.

Krakauer Wochenblatt *Tygodnik Powszechny,* bereits formuliert worden waren, äußerten die Samizdat-Autoren in einer noch prägnanteren und deutlicheren Form, z. B. die These von einer Anpassung Deutschlands an die westeuropäische Normalität und von einer tiefgreifenden Demokratisierung der westdeutschen Gesellschaft. Der Literaturwissenschaftler Andrzej Drawicz berichtete 1979 in der Samizdat-Zeitschrift *Zapis* mit Bewunderung über das Funktionieren der westdeutschen Demokratie. Die Überbleibsel aus der nationalsozialistischen Vergangenheit bzw. die neofaschistischen Gruppierungen, von denen die offizielle polnische Presse ununterbrochen berichte, spielten, so der Autor, in der heutigen Bundesrepublik so gut wie keine Rolle. Jeder Staatsbeamte, in dessen Biographie braune Flecken entdeckt wurden, sei gezwungen, seinen Dienst zu quittieren. Die entrüstete Öffentlichkeit lasse ihn sonst nicht in Frieden.

Drawicz, der diese Worte zur Zeit der Filbinger-Affäre schrieb, träumte von einem ähnlichen Vorgehen gegen Staatsbeamte in den kommunistischen Ländern, bei denen man eine stalinistische Vergangenheit entdeckte. Er wies auch darauf hin, wie stolz man in der Bundesrepublik die Erinnerungen an die demokratischen deutschen Traditionen und an die Tradition des deutschen Widerstandes pflege. Zwar seien diese Traditionen durchaus bescheiden gewesen, es sei aber die Tatsache bedeutsam, dass die Bundesrepublik gerade an diese Momente der deutschen Geschichte anknüpfen wolle.[7]

Drawicz malte in seinem Bericht mit hellen Farben. Die Bundesrepublik wurde von ihm als ein Gemeinwesen praktisch ohne Probleme dargestellt. Themen wie Arbeitslosigkeit, Ausländerfeindlichkeit oder auch die verschiedenen Formen der Verdrängung der NS-Vergangenheit wurden von ihm nicht angesprochen. In seinem Protest gegen die tendenziösen Deutschlandbilder der offiziellen polnischen Presse verfiel er in eine andere Tendenziösität. Statt einer lebendigen Demokratie mit all ihren eigenen Problemen und Konflikten vermittelte er den polnischen Lesern das Bild einer Idylle, das nur bedingt mit der Wirklichkeit übereinstimmte.

---

7 Drawicz, Andrzej: List do czytelnika „Zapisu". W sprawie pewnego szantażu, in: *Zapis* 9, 1979, S. 18–32.

Die Tatsache, dass sich die Bundesrepublik derart reibungslos in die westeuropäische Staatengemeinschaft integrierte, wurde von einigen anderen polnischen Autoren mit der Abwendung Westdeutschlands von der preußischen Tradition in Verbindung gebracht. Die Bundesrepublik setze sich aus den Gebieten zusammen, deren Bevölkerung traditionell nach Westen tendierte und die preußische Hegemonie ablehnte, schrieb Stanisław Kotowicz (= Andrzej Szczypiorski) in der Samizdat-Zeitschrift *Krytyka* im Jahre 1980. Diese Territorien verfügten über alte demokratische Traditionen, an welche die Bundesrepublik nun anknüpfe, so Kotowicz. Militaristische und prorussische Tendenzen seien im Wesentlichen nur für Preußen charakteristisch gewesen, setzte er seine Ausführungen fort. Nach der Abschüttelung der preußischen Einflüsse habe die west- und süddeutsche Bevölkerung zu ihren eigenen prowestlichen und wenig militanten Traditionen zurückgefunden. Alles, was östlich der Elbe liege, sei für West- und Süddeutschland fremd und exotisch.[8]

Dass die Westdeutschen die Europäische Gemeinschaft als eine Art Großheimat betrachteten, sei aus polnischer Sicht außerordentlich vorteilhaft, schrieb 1979 ein anderer Samizdat-Autor, der sich des Pseudonyms Timur bediente. Diese neue nationale Identität schwäche in Deutschland diejenigen Kräfte, die eine Revision der Oder-Neiße-Grenze anstrebten. Die polnische Regierung müsse die westeuropäische Integration, die nun auch Deutschland einbeziehe, nachhaltig unterstützen. Stattdessen greife das Warschauer Regime in törichter Weise die Idee der europäischen Integration an und begrüße jede Initiative, die zur Sprengung der Europäischen Gemeinschaft beitrage.[9]

Trotz ihrer Zugehörigkeit zum Ostblock identifizierten sich die Polen seit Generationen mit den Werten der abendländischen Kultur. So wurde die Westintegration Deutschlands von den regimekritischen polnischen

---

8 Kotowicz, Stanisław (= Andrzej Szczypiorski): Niemcy, jacy Niemcy?, in: *Krytyka* 7, 1980, S. 159–163; siehe dazu auch Ziemer, Klaus: Die Ostpolitik der Bundesrepublik Deutschland im Urteil der polnischen Oppositionsbewegung der siebziger und achtziger Jahre, in: *Rocznik Polsko-Niemiecki* [Deutsch-Polnisches Jahrbuch]. Warschau 2006, S. 169–192, hier S. 179; Garsztecki, *Das Deutschlandbild*, S. 174.

9 Timur (= Krzysztof Wolicki): Niemcy, in: *Krytyka* 5, 1979, S. 59–67.

Autoren als eine Art „Rückkehr der verlorenen Söhne" in die gemeinsame geistige Heimat betrachtet. Beide Nationen schienen nun eine annähernd gleiche geistige und kulturelle Wertehierarchie zu besitzen. Dies trug erheblich zum Abbau der polnischen Ängste vor der Unberechenbarkeit der Deutschen bei.

Zusammenfassend lässt sich sagen, dass Deutschland bis etwa Mitte der 1970er Jahre in den Augen der nichtoffiziellen polnischen Autoren als eine saturierte Nation galt, die sich mit den Folgen des Zweiten Weltkrieges, nicht zuletzt mit der Teilung, abgefunden habe. Wenn man all dies bedenkt, ist es auf den ersten Blick unverständlich, warum Ende der 1970er Jahre in der regimekritischen polnischen Publizistik eine leidenschaftliche Debatte über die Frage der deutschen Wiedervereinigung entbrannte. Die Entwicklungen in Deutschland selbst gaben für eine Neubewertung der deutschen Frage keinen Anlass. Die zweite Hälfte der 1970er Jahre stellte hier insoweit keine Zäsur dar. Die Debatte über die deutsche Wiedervereinigung im regimekritischen Lager Polens hatte im Grunde nur innerpolnische Ursachen. Damals setzte im nichtoffiziellen polnischen Diskurs eine lebhafte Diskussion über die Frage ein, ob Polen, angesichts seiner prekären geopolitischen Lage, die volle Souveränität erreichen könne oder nicht. Einige Regimekritiker beantworteten diese Frage negativ. Jacek Kuroń, der zu den Gründern des Komitees zur Verteidigung der Arbeiter zählte, vertrat Ende 1976 die These, Polen könne angesichts seiner ungünstigen geopolitischen Situation gegenwärtig höchstens den Status Finnlands erreichen, mehr nicht.[10]

Diese These rief innerhalb der polnischen Opposition entrüstete Reaktionen hervor. Kuroń's Kritiker hielten den Kampf um die vollständige Souveränität, um den Ausbruch Polens aus dem sowjetischen Machtbereich, für eine Art kategorischen Imperativ.[11] Sie traten für eine Dynamisierung der in Jalta geschaffenen politisch-territorialen Ordnung ein. Da aber die deutsche Teilung den Grundpfeiler dieser Ordnung bildete, rückte die

---

10 Kuroń, Jacek: Myśli o programie działania, in: ders.: *Polityka i odpowiedzialność*. London 1984, S. 124–142, hier S. 142.

11 Vgl. dazu Luks, Leonid: *Katholizismus und politische Macht im kommunistischen Polen 1945–1989. Die Anatomie einer Befreiung*. Köln 1993, S. 101 f.

Frage der deutschen Wiedervereinigung immer stärker ins Blickfeld der polnischen Regimekritiker. Eine der ersten Diskussionen zu dieser Frage fand im Dezember 1977 in der Samizdat-Zeitschrift *Opinia* statt, die von der national gesinnten Bewegung für Menschen- und Bürgerrechte (ROPCiO) herausgegeben wurde. Besondere Beachtung verdienen hier die Aussagen Adam Wojciechowskis und Leszek Moczulskis. Die Polen dürften nicht der Illusion verfallen, die Deutschen würden sich irgendwann mit der Teilung ihres Landes abfinden, schrieb Wojciechowski. Die polnische Erfahrung lehre, dass sich das Streben nach Einheit bei einer Nation nicht auslöschen lasse. Wojciechowski wandte sich gegen diejenigen Kräfte in Polen, die in der Teilung Deutschlands und im Bündnis mit der Sowjetunion eine Art Garantie für die polnische Westgrenze sahen. Sowjetische Garantien seien von der politischen Konjunktur abhängig. Es sei töricht, ausgerechnet diese Garantien als Grundlage für die Sicherheit und territoriale Integrität des polnischen Staates zu betrachten. Nur ein geeintes Deutschland könne der polnischen Westgrenze eine ausreichende völkerrechtliche Anerkennung verschaffen und den provisorischen Zustand, der hier noch bestehe, beenden.

Auch Leszek Moczulski sprach über das Dilemma der deutschen Frage. Einerseits sei eine weitere Existenz des geteilten Deutschland unnatürlich, die Einheit sei ein Grundrecht jeder Nation. Andererseits stelle die spezifische Erfahrung mit einem geeinten Deutschland einen Grund dafür dar, dass man die Deutschen nicht gerne der eigenen Verantwortung überlasse.[12]

Das Jalta-System, das nach Ansicht der regimetreuen polnischen Autoren zum ersten Mal seit zwei Jahrhunderten Polens Sicherheit garantierte, verkörperte für die Mehrheit der Regimekritiker, die nun in der Untergrundpublizistik zu Wort kamen, das Böse schlechthin.

Die 1945 den Europäern aufgezwungene Ordnung müsse zusammenbrechen, schrieb 1978 die oppositionelle Gruppierung Polnische Verständigung für Unabhängigkeit (PPN). Nur die Sowjetunion sei an ihrer Aufrechterhaltung interessiert. Die Frage der Grenzen werde in Europa nach

---

12 Siehe dazu Moczulski, Leszek: Jedność i podział Niemiec, in: *Aspekt* 2/3, 1979, S. 62–63.

dem Zusammenbruch der sowjetischen Hegemonie keine Rolle mehr spielen. Ängste um die Oder-Neiße-Grenze seien daher unbegründet. Im Westen seien die Grenzen bereits zu abstrakten durchsichtigen Linien geworden, deren Überschreiten man häufig gar nicht bemerke. Wirkliche Grenzen existierten in Europa nur im Einflussbereich der UdSSR. Nur Moskau sei an der Abschirmung der von ihm abhängigen Völker von der Außenwelt interessiert.

Als vehemente Gegner des Jalta-Systems sprachen sich die PPN-Autoren auch für die Überwindung der Teilung Deutschlands aus. Sie hielten sie für unerträglich und absurd. Sie diene lediglich den Interessen der UdSSR. Diejenigen Kräfte in Polen, die die Teilung Deutschlands begrüßten, seien im Grunde auch Befürworter der Unterjochung Polens, denn die sowjetische Hegemonie in Ostmitteleuropa sei in erster Linie durch die Teilung Deutschlands gesichert.[13]

Mit Verblüffung registrierten die damaligen deutschen Medien dieses leidenschaftliche Plädoyer für die deutsche Einheit, das ausgerechnet aus Polen kam.[14] Einen breiten Diskurs in der deutschen Öffentlichkeit lösten aber die Denkschriften des PPN nicht aus. Dies hat die PPN-Autoren sichtlich enttäuscht. So beklagten sie sich im Februar 1980 darüber, dass ihr Thesenpapier vom Jahre 1978, in dem die für Deutschland immerhin zentrale Frage der nationalen Einheit behandelt worden war, bei den großen deutschen Parteien praktisch kein Echo hervorrief. Die deutschen Politiker seien der Meinung, so das PPN, dass der Schlüssel zur deutschen Einheit nur in Moskau liege, daher interessierten sie die Standpunkte der ostmitteleuropäischen Völker kaum. Dies sei aber eine Fehleinschätzung. Im Falle

---

13   PPN Nr. 19, Mai 1978.
14   Siehe dazu u. a. *Die Zeit*, 14.7.1978. *Frankfurter Allgemeine Zeitung*, 26.7.1978; *Die Welt*, 11.7.1978. Regimetreue polnische Publizisten setzten sich scharf mit den Thesen der PPN-Autoren auseinander und bezichtigten sie des „nationalen Verrats" (siehe dazu Mooshütter, Xaver: Polens Nachbar im Westen: Deutschland, in: *Osteuropa* 23, 1979, S. 137–146, hier S. 140). Auch im polnischen Exil wurden die PPN-Denkschriften skeptisch bewertet (vgl. dazu u. a. Piłsudski, Rowmund: Stosunki polsko-niemieckie, in: *Aspekt* 2/3, 1979, S. 66–69); zu den westlichen Reaktionen auf die PPN-Schriften siehe auch Garsztecki, *Das Deutschlandbild*, S. 177; Ziemer, *Die Ostpolitik*, S. 172–175; Mooshütter, *Polens Nachbar*.

einer Schwächung der Sowjetunion – und dies sei eine Grundvoraussetzung für die deutsche Einheit – werde die Wiedervereinigung Deutschlands auch vom Einverständnis der Ostmitteleuropäer abhängen.[15]

Es ist indes zu bezweifeln, ob die PPN-Autoren die Motive der deutschen Politiker richtig interpretierten. Das fehlende Interesse der Bonner Parteien für die Vorschläge der polnischen Regimekritiker ist wohl dadurch zu erklären, dass sie eine Veränderung der europäischen Nachkriegsordnung, im Gegensatz zum PPN, nicht als Sofortprogramm ansahen. Die PPN-Autoren übertrugen, ebenso wie andere polnische Befürworter der deutschen Einheit, ihre eigene Ungeduld auf die Deutschen. Viele polnische Regimekritiker wollten, vor allem seit der Zäsur von 1976 (nach der Entstehung des Komitees zur Verteidigung der Arbeiter und anderer oppositioneller Organisationen), nicht mehr auf die Verwirklichung ihrer nationalen Aspirationen warten. Sie sahen den bestehenden Zustand als unhaltbar und unerträglich an. Eine ähnliche Sicht unterstellten sie auch den Deutschen. Sie konnten nicht nachvollziehen, dass die nationale Problematik in der Bundesrepublik weit hinter der wirtschaftlichen oder der sozialen rangierte.

Die Tatsache, dass die regimekritischen Publizisten Polens das bis dahin tabuisierte Thema der deutschen Einheit, derart offen ansprachen, zeigte, dass sich das polnische Deutschlandbild innerhalb kürzester Zeit – seit der Unterzeichnung des Warschauer Vertrages im Dezember 1970 – grundlegend gewandelt hatte. Das Schreckgespenst des deutschen Revanchismus spielte in der zensurfreien polnischen Presse, die im Gegensatz zur regimetreuen authentische Stimmungen der Gesellschaft widerspiegelte, so gut wie keine Rolle mehr. Dem polnisch-sowjetischen bzw. polnisch-russischen Gegensatz wurde jetzt in Polen eine absolute Priorität eingeräumt, der polnisch-deutsche hingegen wurde an die Peripherie des gesellschaftlichen Bewusstseins verdrängt.

Die im Sommer 1980 ausgebrochene Revolution der Solidarność war untrennbar mit diesem Paradigmenwechsel verbunden. Die Auflehnung der polnischen Gesellschaft sowohl gegen das Warschauer Marionetten-

---

15 PPN Nr. 38, Februar 1980; siehe dazu auch Garsztecki, *Das Deutschlandbild*, S. 148, 176 ff.

Regime als auch gegen seine Moskauer Gönner konnte nur deshalb die für den gesamten Ostblock beispiellose Dimension erreichen, weil das Regime jetzt nicht mehr imstande war, mit dem Heraufbeschwören der deutschen Gefahr die eigene Gesellschaft zu disziplinieren.

Ähnlich verhielt es sich auch nach der Verkündung des Kriegsrechts im Dezember 1981. Das Thema „deutsche Gefahr" spielte bei den damaligen innerpolnischen Auseinandersetzungen keine Rolle. Nicht der deutsche Revanchismus rief damals bei den polnischen Regimekritikern die größten Irritationen hervor, sondern der deutsche Pazifismus. Die polnische Opposition warf der politischen Klasse der Bundesrepublik eine allzu nachgiebige Haltung gegenüber Moskau vor. Die Bonner Regierung habe sich mit der Zerschlagung der Solidarność-Bewegung abgefunden, um die Ost-West-Entspannung nicht zu gefährden, so lautete die Anklage, die aus den regimekritischen Kreisen Polens kam.[16] Die Euphorie, die den deutsch-polnischen Annäherungsprozess in den 1970er Jahren begleitet hatte, ließ nun eindeutig nach.

Auf der anderen Seite hatte der Abbau der polnischen Ängste vor dem deutschen Revanchismus und Militarismus für den deutschen Einigungsprozess im Schicksalsjahr 1989 eine kaum zu unterschätzende Bedeutung. Da sich die deutsche Wiedervereinigung in Form eines Beitritts der ostdeutschen Länder in die bereits bestehende Bundesrepublik vollzog, wurde die neue Berliner Republik von den Polen, aber auch von anderen Nachbarn Deutschlands im Wesentlichen mit der alten Bundesrepublik identifiziert. Also mit einem Staat, der aus der verheerenden Erfahrung des Dritten Reiches entsprechende Lehren gezogen hatte und auf einen „deutschen Sonderweg" verzichtete, oder, wie der Berliner Historiker Heinrich August Winkler dies formulierte, seinen „langen Weg nach Westen" vollendet hatte. Dieses befriedete, saturierte und in der europäischen Wertegemeinschaft integrierte Deutschland trug, anders als zunächst befürchtet, nicht zur Destabilisierung, sondern zur Konsolidierung der nach der Wende von 1989 entstandenen europäischen Ordnung bei. Es wurde auch zum wichtigsten Anwalt der nun unabhängig gewordenen Länder Ostmitteleu-

---

16 Siehe dazu Garsztecki, *Das Deutschlandbild*, S. 127 f., 150–154; Ziemer, *Die Ostpolitik*, S. 180–183.

ropas, einschließlich Polens, bei ihrem Streben, der Europäischen Union beizutreten. Dass die Dinge sich so und nicht anders verhalten würden, hatten viele polnische Regimekritiker bereits in den 1970er Jahren vorausgesagt. Sie sollten recht behalten. Dies ungeachtet mancher Irritationen, die das deutsch-polnische Verhältnis in den letzten Jahren belastet haben. Die Grundlagen der bereits in den 1970er Jahren erfolgten Annäherung zwischen den beiden Gesellschaften wurden dadurch nur unwesentlich tangiert.

Veröffentlicht in: *Forum für osteuropäische Ideen- und Zeitgeschichte*, 14. Jahrgang, 2010, Heft 1, S. 57-68 (geringfügig revidierte Fassung).

Das Dreieck Polen-Deutschland-Russland und die östliche Dimension der europäischen Idee

Im Jahre 1973 reflektierte der Starpublizist der Pariser Exilzeitschrift *Kultura*, Juliusz Mieroszewski, über die künftige polnische Ostpolitik. Er sagte, solange Russland ein Imperium bleibe, habe Polen keine Chance, seine Unabhängigkeit wiederzuerlangen. Zugleich warnte aber Mieroszewski seine Landsleute davor, eine eventuelle Schwäche Russlands in der Stunde des unvermeidlichen Zerfalls des Sowjetreiches für die Verwirklichung ihrer eigenen imperialen Träume im Osten auszunutzen. Polen müsse sich endgültig mit dem Verlust von Lemberg und Wilna abfinden und das Streben der Völker der Region nach Eigenständigkeit in jeder denkbaren Form unterstützen.[1] Was Mieroszewski verblüffte, war die Tatsache, dass die damalige Weltmacht UdSSR den von ihr völlig abhängigen polnischen Vasallen als eine potentielle Imperialmacht, als einen Konkurrenten um die Hegemonie in Osteuropa betrachtete.[2]

Die Tatsache, dass die heutige russische Führung die polnische Unterstützung für die orangene Revolution in der Ukraine für einen Affront ohnegleichen hält, zeigt, wie vorausschauend die Analyse Mieroszewskis war.

Polen wird in der Tat im heutigen Moskau als Rivale empfunden, und zwar in einem viel stärkeren Ausmaß als Deutschland – das mächtigste Mitglied der EU. Dies hat nicht zuletzt mit den Umständen zu tun, die zur deutschen Einheit führten. Zwar hat die Gorbačev-Euphorie in Deutschland inzwischen etwas nachgelassen, dessen ungeachtet wird die Russlandpolitik Berlins immer noch durch die Dankbarkeit für die damalige Bereitschaft Moskaus geprägt, den im Kreml deponierten Schlüssel zur deutschen Ein-

---

1   Mieroszewski, Juliusz: Polska „Ostpolitik", in: Ders.: *Materiały do refleksji i zadumy*. Paris 1976, S. 1976, S. 110-122.
2   Mieroszewski, Juliusz: Rosyjski „kompleks polski" i obszar ULB, in: Ders.: *Materiały do refleksji i zadumy*, S. 175-186.

heit herauszugeben. Dies bedeutet aber nicht, wie man in Warschau befürchtet und in Moskau hofft, dass eine deutsch-russische Allianz wie in den Zeiten von Rapallo aktuell sei. Damals handelte die deutsche Führung nach der für das nationalistische Zeitalter typischen Maxime, die Verteidigung der nationalen Interessen dürfe sich keinen übergeordneten Werten unterordnen. Der Zweck – und dies war die Revision der Bestimmungen des Versailler Vertrages – heiligte die Mittel, d. h. ein Bündnis mit der bolschewistischen Diktatur.

Nach den verheerenden Erfahrungen des Zweiten Weltkrieges ist aber eine vergleichbare Denkweise, zumindest im westlichen Teil des Kontinents kaum denkbar. Man hat hier nun eingesehen, dass die Vergötterung des Nationalstaates und der nationalen Interessen, wie dies für das 19. Jahrhundert typisch war, in den Abgrund führt. Diese Erkenntnis lag dem europäischen Integrationsprozess zugrunde. Auch auf die russischen „Westler" übte der europäische Gedanke zur Zeit der Gorbačevschen Perestrojka eine außerordentliche Anziehungskraft aus. Und es wäre völlig verfehlt, diese europäische Sehnsucht eines Teils der russischen Eliten als „romantische Schwärmerei" abzutun, wie dies gelegentlich geschieht, denn diese Haltung hatte ganz konkrete politische Folgen. Die friedlichen Revolutionen von 1989, die Überwindung der deutschen und der europäischen Spaltung wären ohne das Streben der russischen Reformer nach einer „Rückkehr nach Europa" und ohne den Verzicht der Gorbačev-Equipe auf die Brežnev-Doktrin, die der Idee des „gemeinsamen europäischen Hauses" eklatant widersprach, undenkbar gewesen.

Nach der Auflösung der Sowjetunion haben die russischen „Westler" allerdings sehr schnell die Initiative im politischen Diskurs verloren. Begriffe wie Nationalstolz, nationale Interessen oder russischer Sonderweg erlebten bereits zu Beginn der 90er Jahre eine Renaissance in Russland, auch im Lager der siegreichen Demokraten. Dies nicht zuletzt deshalb, weil die Aufnahme Russlands in das „gemeinsame europäische Haus" nicht auf der Tagesordnung stand. Das Land wurde nur partiell in wirtschaftliche und politische Strukturen des Kontinents integriert. Während der Westen an der Schwelle des postnationalen Zeitalters steht, kehrt das isolierte

Russland quasi ins 19. Jahrhundert zurück und räumt den nationalen Interessen absolute Priorität ein.

Man darf zugleich nicht vergessen, dass Russland sich zur Zeit, ähnlich wie viele andere ehemalige Sowjetrepubliken, praktisch zum ersten Mal in seiner Geschichte als säkularer Nationalstaat konstituiert. Nationbuilding Prozesse sind aber in der Regel mit der Verstärkung von nationalen Emotionen verknüpft. Daher die beinahe vorbehaltlose Identifizierung der heutigen Moskauer Führung mit der „russischen Nationalidee". Dieses ethnozentrische Bekenntnis verknüpft sie allerdings mit der Hervorhebung des europäischen Charakters des russischen Staates. Dabei lässt sie außer Acht, dass der Begriff Europa heute untrennbar mit der Eindämmung des nationalen sacro egoismo verbunden ist wie auch mit der Bereitschaft, Konflikte ausschließlich am Verhandlungstisch zu regeln. Und noch etwas wird von der Putin-Riege unterschätzt: Ihr patriarchalisches Gehabe lässt sich nur schlecht mit dem Streben des modernen Menschen nach Selbstbestimmung und Selbstverwirklichung vereinbaren. Ende der 80er / Anfang der 90er Jahre haben diese emanzipatorischen Ideen Russland bis zur Unkenntlichkeit verändert und entscheidend zum Zusammenbruch des scheinbar unbesiegbaren kommunistischen Leviathans beigetragen. Aus dem gesellschaftlichen Bewusstsein sind sie trotz ihrer späteren Diskreditierung keineswegs verschwunden. Die im Dezember 2011 begonnenen Proteste gegen die massiven Manipulationen bei den Wahlen zur Staatsduma stellen ein Indiz dafür dar. So ist ein erneuter demokratischer Aufbruch im Lande, die Fortsetzung des vor einigen Jahren unterbrochenen Prozesses der „Rückkehr Russlands nach Europa", immer noch denkbar. Davor haben die Verfechter der „gelenkten Demokratie" panische Angst. Nicht zuletzt deshalb versuchen sie die regimekritischen Gruppierungen gänzlich von der politischen Bühne zu verjagen. Ob ihnen dies gelingen wird, bleibt noch offen.

Geringfügig revidierte Fassung eines Beitrags, der am 30.01.2013 in der Zeitschrift *The European* erschienen ist.

Putins neoimperiale Doktrin und die polnisch-ukrainischen Parallelen

Seit der „Orangenen Revolution" von 2004 stellt die Ukraine wohl das schwächste Glied im imperialen Gefüge Moskaus dar und übernimmt somit die Rolle, die Polen generationenlang, bis 1989, auf diesem Gebiet gespielt hatte.

Seit dem ausgehenden 18. Jahrhundert, als Polen infolge der Teilungen von der politischen Landkarte Europas verschwand, waren die russischen Herrscher davon überzeugt, dass das russische Imperium einen eventuellen Verlust Polens nicht überleben werde. Deshalb waren sie, trotz der permanenten Aufsässigkeit der polnischen Gesellschaft, nicht bereit, auf das „Land an der Weichsel" zu verzichten.

Diese Überzeugung hatte sich nach 1945 auch auf die sowjetische Führung übertragen. Auch sie ging davon aus, dass der Verlust Polens das gesamte imperiale Gefüge Moskaus zum Einsturz bringen könnte.

Ähnlich denkt man heute in Moskau über die Ukraine. Der Versuch Vladimir Putins, das 1989-91 zusammengebrochene „äußere" und „innere" Sowjetimperium zumindest im „Kleinformat" wiederherzustellen, scheint davon abzuhängen, ob die Ukraine sich für eine östliche oder eine westliche Option entscheidet.

Somit mussten die ukrainischen Verfechter der „Rückkehr" ihres Landes nach Europa, ähnlich wie früher ihre polnischen Gesinnungsgenossen, an zwei Fronten kämpfen. Sowohl gegen die eigene repressive Regierung als auch gegen ihre Moskauer Gönner.

In Polen hatte diese Auseinandersetzung ihren Höhepunkt zu Beginn der 1980er Jahre erreicht, als dort die Gewerkschaft „Solidarność" entstand, die viele Ähnlichkeiten mit dem heutigen „Euromajdan" aufwies. Die „Solidarność" verkörperte geradezu den gesellschaftlichen Ungehorsam, das Streben der Untertanen eines repressiven Regimes zu mündigen Staatsbürgern zu werden. Nicht anders verhält es sich auch mit dem

Euromajdan. Auch in einem anderen Punkt scheint sich die ukrainische Opposition, bewusst oder unbewusst, an die Postulate der polnischen Freiheitskämpfer anzulehnen, und zwar an deren Konzeption von der „sich selbst verwaltenden Gesellschaft".

Aber auch die Unterschiede zwischen den beiden Protestbewegungen sind nicht zu übersehen. Als die polnischen Generäle am 13. Dezember 1981 das 16-monatige „Freiheitsfest" der „Solidarność" gewaltsam beendeten, vollzog sich im Bewusstsein der Bevölkerungsmehrheit eine Art Trennung zwischen Gut und Böse, die als unüberbrückbar galt. Das Land schien am Rande eines Bürgerkrieges zu stehen. Dennoch brach dieser Krieg nicht aus, und dies nicht zuletzt deshalb, weil Polen über eine Autorität verfügte, die sowohl von der Opposition als auch von den Machthabern respektiert wurde. Dies war die Katholische Kirche Polens, die an beide Konfliktparteien appellierte, sich besonnen zu verhalten. Die Kirche wurde zum wichtigsten Vermittler zwischen dem weitgehend isolierten Regime und der opponierenden Gesellschaft und trug erheblich zur Deeskalation der Lage bei.

Vergleichbare Autoritäten stehen der politisch und kulturell gespaltenen Ukraine nicht zur Verfügung. Gerade jetzt aber, in der Stunde des Triumphs des Euromajdan über das korrupte Janukovič-Regime, werden solche allgemein anerkannten Autoritäten angesichts der außerordentlichen Heterogenität der siegreichen Koalition wie auch der gefährlichen Spannungen zwischen den einzelnen Regionen des Landes schmerzlich vermisst. Und hier wird ein zusätzlicher Unterschied zwischen der „Solidarność" und dem Euromajdan augenfällig. Ähnlich wie der Majdan stützte sich die „Solidarność" zwar auf eine breite Koalition liberaler, linker und nationalgesinnter Gruppierungen. Radikalnationalistische oder rechtsradikale Kräfte wie Teile der Partei „Swoboda" von Oleh Tjahnybok oder des sogenannten „Rechten Sektors" waren in der „Solidarność"-Allianz indes nicht vertreten. Insbesondere für den einflussreichen linken Flügel der „Solidarność" um Jacek Kuroń und Adam Michnik wäre eine Zusammenarbeit mit solchen Gruppierungen nicht in Frage gekommen. Radikale Nationalisten stellen natürlich nur ein kleines Segment der Majdan-Bewegung dar. Man darf aber auf der anderen Seite im Gefühl der Euphorie über die siegreiche demokratische Revolution in der Ukraine nicht die Augen davor verschließen, dass das rechte Spektrum des Majdan zu einer erheblichen Herausforderung für die junge ukrainische Demokratie werden kann.

Abschließend noch einige Worte zu Russland. Während die EU, die seit dem Beginn der Majdan-Revolte Kontakte mit beiden Konfliktparteien pflegte, identifizierte sich die Kreml-Führung gänzlich mit dem Janukovič-Lager. Die ukrainische Opposition war für sie als politischer Akteur nicht vorhanden. Damit wiederholte Vladimir Putin die Fehler, die seine sowjetischen Vorgänger in ihrer Polen-Politik bis zum Beginn der Gorbačevschen Perestrojka begangen hatten, als sie lediglich auf die polnischen Kommunisten als Partner Moskaus im Nachbarland setzten. Als die polnische Opposition im August 1989 in Warschau an die Macht kam, stellten die politischen Vorstellungen der polnischen Nichtkommunisten, also der überwältigenden Mehrheit der Bevölkerung, eine Art Terra incognita für die Kreml-Führung dar. Nicht zuletzt deshalb blickte man damals in Warschau mit Sorge in Richtung Moskau. Eine Wiederholung früherer Interventionsdrohungen hielt man durchaus für möglich. Nichts dergleichen ist aber geschehen. Denn die Geschicke des sowjetischen Staates lenkte damals nicht mehr Leonid Brežnev, sondern Michail Gorbačev, der die Nichteinmischung in die Politik der Nachbarstaaten zu einem der zentralen Grundsätze seiner Außenpolitik erklärt hatte.

Ein vergleichbares Entgegenkommen an die Freiheitsbestrebungen der Völker Osteuropas kommt für die russischen Verfechter der „gelenkten Demokratie" nicht in Frage. Obwohl sie die zivilgesellschaftlichen Strukturen, die in Russland in der Gorbačev und in der El'cin-Periode aufgebaut worden sind, weitgehend demontiert haben, fühlen sie sich keineswegs als omnipotente Sieger.

Das alles beherrschende Motiv ihres Handelns scheint die Angst um das „Erreichte" zu sein. Angesichts dieser Sachlage stellt der Sieg des Euromajdan für die Putin-Equipe einen wahren Schock dar, denn sie ist sich darüber im Klaren, dass der demokratische Aufbruch in einem Land, das mit Russland geschichtlich, kulturell und sprachlich so eng verwandt ist, an der Grenze der Ukraine nicht stehen bleiben wird. Daher ihr Versuch, die Ukraine zu spalten und zu destabilisieren. Begründet wird diese Intervention durch die Aktivität radikal nationalistischer Gruppierungen, die auf dem Euromajdan in der Tat eine wichtige Rolle spielen, was im Westen, der sich ansonsten mit der ukrainischen Revolution vorbehaltlos solidarisiert, recht zwiespältige Gefühle hervorruft. Es sind allerdings – trotz aller gegenteiligen Behauptungen – nicht die ukrainischen Rechtsradikalen, die Putin die größten Sorgen bereiten, sondern die Demokraten, denn nur sie können durch ihr zündendes Beispiel die gelenkten Demokratien im gesamten postsowjetischen Raum aus den Angeln heben.

Die von Putin konzipierte Eurasische Union soll zu einer Art Barriere für derartige Entwicklungen werden. Viele Kommentatoren sehen in diesem Putinschen Projekt vor allem den Versuch, das 1991 zusammengebrochene Sowjetreich, dessen Zerfall Putin im April 2005 als die „größte geopolitische Katastrophe des 20. Jahrhunderts" bezeichnete, in einem neuen Gewand wiederherzustellen. Noch wichtiger scheint in diesem Zusammenhang jedoch der antiemanzipatorische Charakter des geplanten Gebildes zu sein. Es soll zu einer Art neuen „Heiligen Allianz" werden und demokratische Bestrebungen im gesamten postsowjetischen Raum bekämpfen. Der auf dem Wiener Kongress von 1815 gegründete Vorgänger der Eurasischen Union war bekanntlich nicht imstande, das Rad der Geschichte auf Dauer zurückzudrehen. Seinem heutigen Pendant wird es wohl nicht anders ergehen.

Erweiterte Fassung eines Beitrags, der am 26. Februar 2014 in der Zeitschrift *The European* erschienen ist

Namensregister

A

Abuladze, Tengiz	80
Adenauer, Konrad	341
Afanas'ev, Jurij	40, 70, 71, 72, 76, 84, 93, 99, 319
Ajtmatov, Čingiz	83
Aksakov, Konstantin	37
Aldanov, Mark	133
Alekseeva, Ljudmila	25, 26
Alksnis, Viktor	112
Altaev, O.	32, 33, 34 35, 36
Amal'rik, Andrej	9, 25, 27, 28, 29, 47, 50
Ambarcumov, Evgenij	130, 138, 139, 142
Amlinskij, Vladimir	85
Andreeva, Nina	288
Andropov, Jurij	61
Anet, Claude	114
Anpilov, Viktor	156, 157
Aseev, Nikolaj	308
Atatürk, Kemal	140, 170

B

Baklanov, Grigorij	70, 75
Bakunin, Michail	313
Balcerowicz, Leszek	120, 121
Barabanov, Evgenij	50
Barkašov, Aleksandr	153, 157
Batkin, Leonid	76, 77
Benda, Václav	77
Bender, Ryszard	319
Bieńkowski, Władysław	218
Bierut, Bolesław	215, 217

Bismarck, Otto von	417, 114, 171
Bogomolov, Oleg	251
Bonaparte, Louis	110
Bondarev, Jurij	65
Bordjugov, Gennadij	89
Borisov, Vadim	48
Bovin, Aleksandr	78, 82
Brandys, Kazimierz	327
Brežnev, Leonid	10, 35, 61, 80, 81, 82, 91, 92, 111, 113, 120, 137, 144, 256, 263, ^266, 276, 293, 351, 355
Briand, Aristide	183
Bromke, Adam	246
Brzezinski, Zbigniew	58
Bucharin, Nikolaj	22, 54, 55, 74, 102, 106, 107
Bujak, Zbigniew	290
Bukovskij, Vladimir	23, 25
Burlackij, Fedor	89, 91, 92
Burtin, Jurij	72, 81, 82
Butenko, Anatolij	84, 95, 85, 99

Č, C

Čaadaev, Petr	30, 31, 32, 40, 46
Čelnov, M.	39, 40
Cereteli, Iraklij	188, 191
Černov, Viktor	134
Chojnowski, Andrzej	320
Chruščev, Nikita	17, 18, 23, 24, 36, 53, 54, 55, 56, 57, 58, 59, 62, 66, 78, 80, 81, 83, 84, 91, 92, 108, 263, 286
Cvigun, Semen	51
Cypko, Aleksandr	79, 96
Cywiński, Bohdan	242, 243, 248

D

Daniėl', Julij	22, 24, 26
Dimitroff, Georgi	24

NAMENSREGISTER 359

Dmowski, Roman	211, 212
Dostoevskij, Fedor	37, 313
Drawicz, Andrzej	286, 288, 342
Dudincev, Vladimir	80
Dugin, Aleksandr	166

E, Ė

Ebert, Friedrich	167, 175, 177
Ėjzenštejn, Sergej	310
El'cin, Boris	13, 112, 115, 117, 118, 119, 120, 121, 125, 126, 127, 128, 132, 144,145, 146, 147, 149, 150, 151, 153,165, 176, 177, 181, 195
Esenin-Vol'pin, Aleksandr	22, 23, 26
Ėtkind, Efim	69, 70

F

Fedotov, Georgij	193, 194, 306
Fichte, Johann Gottlieb	340
Filofej	37
Friedrich, Carl J.	58
Fukuyama, Francis	140, 170
Furman, Dmitrij	123

G

Gajdar, Egor	121, 129, 146, 158
Gefter, Michail	35, 77, 87, 93, 307
Gercen, Aleksandr	32, 313
Geremek, Bronisław	269, 300
Gierek, Edward	239, 241, 243, 244, 245, 248, 250, 253, 290, 314, 316
Glemp, Józef	266, 278, 279, 319
Główczyk, Jan	264
Gołubiew, Antoni	202, 209
Gombrowicz, Witold	257
Gomułka, Władysław	217, 218, 219, 227, 229, 234, 237, 239, 244, 248, 253, 290, 300, 315, 332, 336
Gorbačev, Michail	11, 13, 14, 17, 35, 37, 40, 51, 52, 53, 60, 61,

	62, 63, 64, 65, 66, 68, 71, 72, 75, 80, 81, 83, 91, 92, 95, 97, 100, 108, 109, 110, 112, 119, 128, 132, 135, 137, 149, 150, 154, 221, 256, 261, 265, 266, 273, 275, 284, 287, 290, 294, 317, 324, 350, 351, 355
Gorskij, V.	37, 38, 39, 41, 42, 44, 45, 46, 50
Graczyk, Roman	248, 249
Gulbinowicz, Henryk Roman	279
Gwiazda, Andrzej	269

H

Hegedüs, Andras	293
Hegel, Georg Wilhelm Friedrich	340
Hilferding, Rudolf	172, 173, 192
Hindenburg, Paul von	146, 174, 175
Hitler, Adolf	12, 47, 72, 199, 201, 329, 330
Hlond, August	
Hobbes, Thomas	206
Horodyński, Dominik	

I

Ioffe, Genrich	97,
Ivanova, Natal'ja	71, 72, 93

J

Janaev, Gennadij	114
Janov, Aleksandr	47
Jaruzelski, Wojciech	253, 264, 265, 273, 275, 282, 284, 289, 290, 293, 318, 319
Jasienica, Paweł	201, 223, 224
Jasin, Evgenij	121
Javlinskij, Grigorij	118
Jensen, Knud W.	68
Jünger, Ernst	154, 159, 166, 337

K

Kaczyński, Jarosław	206, 297
Kaczyński, Zygmunt	297

NAMENSREGISTER 361

Kádár, János	270
Karjakin, Jurij	156
Karpinskij, Len	???
Kautsky, Karl	109, 110
Kennan, George F.	139
Kerenskij, Aleksandr	109, 110, 192,
Kirov, Sergej	55, 88
Kisielewski, Stefan	208, 219, 222, 226, 228, 242, 248, 256, 258, 273, 276, 322, 323, 340, 341
Kistjakovskij, Bogdan	30
Kliszko, Zenon	218
Kljamkin, Igor'	79
Kłoczowski, Jan Andrzej	259
Koestler, Arthur	303
Kołakowski, Leszek	226
Konwicki, Tadeusz	270
Kornilov, Lavr	189, 190
Kostow, Trajtscho	217
Kotowicz, Stanisław	343
Kozlov, Vladimir	89
Kozłowski, Krzysztof	236, 255
Kožokin, Evgenij	138
Kozyrev, Andrej	131, 132, 138, 139, 140
Krasiński, Zygmunt	313
Krawczyk, Rafał	296
Król, Marcin	316, 317, 318
Kubina, Tadeusz	330
Kurbskij, Andrej	46
Kuroń, Jacek	269, 273, 274, 284, 295, 296, 344, 354
Kuśmierek, Józef	115
L	
Lacis, Otto	18, 89
Lamentowicz, Wojciech	296, 299
Lanzmann, Claude	326

Lenin, Vladimir — 25, 38, 39, 61, 78, 91, 93, 94, 95, 96, 90, 97, 98, 99, 102, 103, 104, 105, 106, 107, 109, 113, 114, 125, 130, 151, 155, 172, 186, 189, 226, 309
Levada, Jurij — 146
Liebknecht, Karl — 174
Limonov, Ėduard — 157, 158
Linz, Juan — 175
Lipski, Jan Józef — 243, 247, 272, 297, 298
Lis, Bogdan — 30, 283
Litvinov, Pavel — 26, 27
Lityński, Jan — 286
Ljubarskij, Kronid — 74
Ludendorff, Erich — 162
Lukin, Vladimir — 139
Luxemburg, Rosa — 95, 174

M

Marody, Mirosława — 285
Martov, Julij — 188
Marx, Karl — 340
Mazowiecki, Tadeusz — 12, 121, 269, 293, 297, 299, 300, 301, 302, 323, 324, 336
Mazur, Francisczek — 213
Meier, Reinhard — 9
Meissner, Boris — 64
Micewski, Andrzej — 231,
Michnik, Adam — 268, 296, 297, 321, 354
Mickiewicz, Adam — 313
Mieroszewski, Juliusz — 226, 350,
Migranjan, Andranik — 122, 146
Mikojan, Anastas — 85, 88
Mikojan, Sergo — 85, 86, 87
Mikołajczyk, Stanisław — 203
Miljukov, Pavel — 114, 186, 191

NAMENSREGISTER

Miłosz, Czesław	303
Mindszenty, József	207
Miodowicz, Alfred	301
Mlynář, Zdeněk	64, 66
Moczar, Mieczysław	332, 334
Moczulski, Leszek	345
Moeller van den Bruck, Arthur	154, 165, 166
Moisi, Dominique	131
Mussolini, Benito	152

N

Napoleon I.	17, 171
Nenašev, Michail	96
Nikolaus II.	133
Nipperdey, Thomas	17
Nixon, Richard	145
Norwid, Cyprian Kamil	320
Nowak, Stefan	257
Nyers, Rezsö	301

O

Ordžonikidze, Georgij	85, 88
Orlov, Jurij	51
Orwell, George	303
Osipov, Vladimir	48

P

Passent, Daniel	267, 341
Paustovskij, Konstantin	305
Peter I.	53
Piasecki, Bolesław	211, 212, 214, 227
Piwowarczyk, Jan	201, 207
Počivalov, Leonid	264, 266, 318
Polikarpov, Vasilij	81
Poltoranin, Michail	151
Pomeranc, Grigorij	27
Popcov, Oleg	73, 75

Popov, Gavriil	111, 126, 147, 175
Pozsgay, Imre	301
Preobraženskij, Evgenij	106
Prochanov, Aleksandr	136, 154, 155
Prošečkin, Evgenij	156
Proskurin, Petr	70, 83
Puškin, Aleksandr	20, 26, 313
Putin, Vladimir	14, 181, 195, 196, 352, 353, 355, 356

R

Radkiewicz, Stanisław	205
Radzichovskij, Leonid	128
Rajk, Laszlo	217
Rakowski, Mieczysław	264, 300, 302
Raskol'nikov, Fedor	81
Rauschning, Hermann	123, 124
Razgon, Lev	86, 87
Riekhoff, Harald von	170
Rjutin, Martem'jan	86, 87
Roosevelt, Franklin D.	310
Rosenberg, Arthur	95, 173, 174
Ruckoj, Alksandr	120, 121, 130, 153
Rumjancev, Oleg	144, 148
Rybakov, Anatolij	80

S, Š

Sacharov, Andrej	24, 51, 77, 78
Šafarevič, Igor'	40, 44, 45, 46, 48
Safonova, Aleksandra	88
Sapieha, Adam	198, 200, 201, 330
Šatrov, Michail	66, 73, 266, 288, 289
Schmid, Carlo	194
Schmitt, Carl	154
Schwalber, Josef	194
Seljunin, Vasilij	89, 96
Ševardnadze, Eduard	119, 131, 132, 256

NAMENSREGISTER 365

Ševcova, Lilija	113
Simonov, Konstantin	35
Sinjavskij, Andrej	22, 24, 26
Šklovskij, Viktor	305
Skwarnicki, Marek	243
Słonimski, Antoni	244, 245
Smirnov, Georgij	96
Sobčak, Anatolij	127
Solženicyn, Aleksandr	10, 40, 41, 42, 43, 4850, 185, 186
Spengler, Oswald	166
Stalin, Iosif	12, 17, 18, 19 21, 22, 23, 24, 25, 34, 35, 36, 47, 53, 54, 55, 58, 59, 60, 6272, 76, 77, 78, 80, 82, 83, 84, 85, 86, 87, 88, 89, 90, 91, 92, 93, 94, 95, 96, 98, 102, 105, 106, 107, 113, 137, 172, 178, 179, 213, 215, 217, 255, 261, 262, 264, 287, 304, 305, 308, 309, 310, 315, 318, 320,
Staniszkis, Jadwiga	268
Stankevič, Sergej	129, 138, 140, 141, 142, 169, 170, 171
Starovojtova, Galina	125
Stehle, Hansjakob	225
Stepan, Alfred	175
Stepun, Fedor	38, 186, 192, 193, 194
Stolypin, Petr	66
Stomma, Stanisław	202, 207, 208, 209, 213, 214, 219, 220, 222, 225, 231, 239, 242. 245, 248, 249, 271, 316
Strauß, Franz Josef	341
Stresemann, Gustav	241
Struve, Petr	186, 187
Surkov, Vladislav	69
Suslov, Michail	163
Susuł, Jacek	237

T

Taylor, Alan J. P.	311
Titma, M.	99
Tjahnybok, Oleh	354
Tolstoj, Aleksej	35
Trapeznikov, Sergej	81
Trockij, Lev	54, 71, 106, 114
Trubeckoj, Nikolaj	163, 164
Turnau, Jan	259
Turowicz, Jerzy	9, 202, 209, 234, 245, 248, 329
Tvardovskij, Aleksandr	80
Tyrmand, Leopold	211, 213

U

Ustrjalov, Nikolaj	43

V

Vasil'ev, Dmitrij	156
Vitte, Sergej	134, 135
Vladislavlev, Aleksandr	129
Volkogonov, Dmitrij	84

W

Wałęsa, Lech	121, 269, 275, 280, 292, 297
Wat, Aleksander	303, 304, 305, 306, 307, 308, 309, 310,
Weil', Boris	74
Wereszycki, Henryk	243
Wiatr, Jerzy	267
Wiesel, Elie	325
Winkler, Heinrich August	348
Wojciechowski, Adam	345
Wójcik, Jerzy	316, 317
Wojna, Ryszard	265
Wojtyła, Karol	251
Wóycicki, Kazimierz	259
Woźniakowski, Henryk	9
Woźniakowski, Jacek	213, 248,

NAMENSREGISTER 367

Wyszyński, Stefan	212, 215, 216 217, 218, 219, 230, 231, 234, 235, 283

Y

Yanov, Alexander	161

Z, Ž, Ż

Zabłocki, Janusz	335
Zambrowski, Roman	332
Zaslavskaja, Tat'jana	111
Zawieyski, Jerzy	233, 237
Zinov'ev, Grigorij	54
Žirinovskij, Vladimir	157, 158, 159
Zor'kin, Valerij	130
Żurawski, Karol	314

Sie haben die Wahl:
Bestellen Sie die Schriftenreihe
Studien zur Ideen-, Kultur- und Zeitgeschichte
einzeln oder im **Abonnement**

per E-Mail: vertrieb@ibidem-verlag.de | per Fax (0511/262 2201)
als Brief (*ibidem*-Verlag | Leuschnerstr. 40 | 30457 Hannover)

Bestellformular

☐ Ich abonniere die Schriftenreihe *Studien zur Ideen-, Kultur- und Zeitgeschichte* ab Band # ____

☐ Ich bestelle die folgenden Bände der Schriftenreihe *Studien zur Ideen-, Kultur- und Zeitgeschichte*
____; ____; ____; ____; ____; ____; ____; ____; ____; ____

Lieferanschrift:

Vorname, Name ....

Anschrift ....

E-Mail.. | Tel.: ....

Datum .... | Unterschrift ....

Ihre Abonnement-Vorteile im Überblick:
- Sie erhalten jedes Buch der Schriftenreihe pünktlich zum Erscheinungstermin – immer aktuell, ohne weitere Bestellung durch Sie.
- Das Abonnement ist jederzeit kündbar.
- Die Lieferung ist innerhalb Deutschlands versandkostenfrei.
- Bei Nichtgefallen können Sie jedes Buch innerhalb von 14 Tagen an uns zurücksenden.

***ibidem*-Verlag**
Melchiorstr. 15
D-70439 Stuttgart
info@ibidem-verlag.de

www.ibidem-verlag.de
www.ibidem.eu
www.edition-noema.de
www.autorenbetreuung.de